LA
LIBERTÉ POLITIQUE

PAR

JULES SIMON

QUATRIÈME ÉDITION

PARIS

LIBRAIRIE HACHETTE ET Cⁱᵉ

BOULEVARD SAINT-GERMAIN, Nᵒ 79

1871

LA
LIBERTÉ POLITIQUE

PARIS. — TYPOGRAPHIE LAHURE
Rue de Fleurus, 9

LA
LIBERTÉ POLITIQUE

PAR

JULES SIMON

QUATRIÈME ÉDITION

PARIS

LIBRAIRIE HACHETTE ET Cⁱᵉ

BOULEVARD. SAINT-GERMAIN, Nᵒ 79

1871

AVERTISSEMENT.

Ayant été obligé de relire attentivement *la Liberté*, qui formait jusqu'ici deux volumes, afin de mettre cet ouvrage au courant des modifications survenues dans la législation, j'ai profité de l'occasion qui m'était offerte pour adopter une disposition nouvelle, qui paraît à la fois plus régulière et plus simple. J'ai réuni toutes les questions politiques dans le volume qui paraît aujourd'hui, et je l'ai appelé : *la Liberté politique*. Ce qui touche à l'organisation de la famille, de la propriété et de l'atelier fera la matière d'un écrit séparé, et paraîtra très-prochainement sous ce titre : *la Liberté civile*. Ces deux volumes réunis à *la Liberté de conscience*, formeront ainsi l'exposition complète d'une même doctrine, — la doctrine de la Liberté nécessaire et suffisante à l'Ordre, — dans sa triple application à la politique, à la vie sociale, à la science.

LA
LIBERTÉ POLITIQUE.

CHAPITRE I.

PREMIERS PRINCIPES DE LA PHILOSOPHIE POLITIQUE.

1. La législation de 1789 est fondée sur la loi naturelle. — 2. Aucune loi écrite, aucune constitution ne peut se passer de la loi naturelle. — 3. Il faut obéir à la loi naturelle, lors même que ses prescriptions sont ou paraissent être contraires à l'intérêt commun. — 4. Quoique la justice puisse succomber pour un temps, elle finit toujours à la longue par l'emporter, et c'est ce qui constitue le progrès.

L'homme a été créé libre; donc il doit conserver et développer sa liberté.

Il est libre : donc il y a au-dessus de lui une loi naturelle qui oblige sa liberté sans la contraindre.

Sur ces deux axiomes repose toute la morale.

Ce qui est vrai de l'homme, pris comme individu, est nécessairement vrai de l'humanité et de toutes les sociétés humaines.

Toute société doit être libre et soumise à la loi naturelle.

1

Une loi qui ne dérive pas de la loi naturelle par une con-séquence nécessaire est une loi tyrannique.

Il n'y a pas une science de la société et une science de l'homme, une morale pour la vie privée et une morale pour la vie publique. Il est absurde de dire qu'il y a deux morales, puisque le caractère le plus évident de la loi morale est d'être invincible, universelle, absolue.

Aucun homme ne peut douter de sa propre liberté. Sans réfléchir, sans nous demander en quoi la liberté consiste, nous nous croyons, nous nous sentons libres. Tous nos actes, les plus humbles comme les plus importants, sup-posent cette croyance à notre liberté. C'est cette croyance qui nous force à délibérer, qui nous fait hésiter, qui nous rend fiers ou honteux de la conduite que nous avons te-nue. C'est elle aussi qui nous fait aimer ou haïr les au-tres hommes, avoir confiance en eux ou les craindre : on ne prie pas un automate, on ne lui donne pas d'ordres, on ne s'irrite pas contre lui, on ne lui sait pas gré des services qu'il rend. Pour arriver à supposer que l'homme n'est pas libre, et qu'il obéit aveuglément à certaines in-fluences, il faut avoir beaucoup raisonné, entassé un grand nombre de sophismes; encore n'aboutit-on, après tant de peines, qu'à un scepticisme théorique, car la na-ture proteste toujours : il n'y a de vrais fatalistes que dans les livres. On a beau soutenir théoriquement que, si je lève la main ou si je me tourne à droite ou à gauche, c'est en vertu d'une loi qui commande à mes mouvements comme les lois physiques commandent aux mouvements réguliers et ordinaires des corps; dans le moment même que l'on fait cette belle démonstration, il n'est personne qui n'en voie intérieurement la fausseté, qui ne se sente maître de sa propre force, et qui ne soit prêt à défier tous les autres hommes de prédire infailliblement l'usage qu'il en saura faire. En présence d'une conviction si entière, si universelle, si complétement inébranlable, et d'une con-viction appuyée sur le témoignage le plus immédiat de la

conscience, c'est vraiment perdre son temps que de se
jeter dans des argulies d'école. Aucun fait ne m'étant
mieux attesté que ma liberté, je ne puis douter d'elle, sans
douter immédiatement de toutes choses et de moi-même.

L'existence et l'autorité de la loi morale ne sont pas
moins incontestables. Je n'ai pas besoin que Platon ou
Aristote viennent m'enseigner que ma liberté a une règle.
La nature parle en moi assez haut; et, sans m'embarrasser d'aucun système, je sais parfaitement ce que c'est
qu'une bonne conduite, et ce que c'est qu'une mauvaise.
Quand un fils qui a des bras et qui peut travailler, laisse
mourir son père de faim, ai-je besoin d'aller à l'école
pour savoir qu'il est un misérable? Le plus grand savant
des universités et des académies n'est pas plus avancé sur
ce point que le premier pâtre venu. J'entre dans une maison qui n'est pas la mienne: je m'assure que personne
ne peut me voir ni m'entendre; j'ai la certitude que ma
présence en ce lieu ne sera jamais connue, et, ne doutant
pas de l'impunité, je mets la main sur le bien d'autrui,
sur son héritage, sur le prix de son travail : d'où vient
que je tremble et que je frissonne, dans cette solitude,
dans cette sécurité? D'où vient qu'une douleur poignante
s'élève en moi pour ne plus me quitter? La société se
taira, mais ma conscience ne se taira point. Ce n'est pas
à cause de mon rang, ni de mon siècle, ni de mon pays,
ni de mon éducation; c'est parce que je suis un homme.
Personne, si ce n'est Dieu, ne m'a fait capable du remords.

Nous passons notre vie à nous disputer sur toutes choses, à mettre tout en question, à élever des systèmes dont
celui-ci s'engoue, et qu'un autre renverse comme des
châteaux de cartes; il n'y a qu'un point sur lequel nous
soyons d'accord, et c'est l'existence de la loi morale. Chacun la tire de son côté et prétend l'approprier à ses instincts, à ses besoins, à ses convoitises, mais personne
ne la nie. On l'invoque, même en la violant. On ruse avec

elle, on la déguise, on la défigure, on la voile; mais on ne la nie pas. Il faut donc avouer que, quand même tout le reste serait faux, ces deux points demeureraient iné-branlables, en dehors et au-dessus de la science : c'est que l'homme est libre, et que sa liberté est soumise à la loi naturelle.

Demandons-nous un instant si nous avons quelque autorité sur la loi naturelle, si nous pouvons la modifier, la traiter comme nos lois humaines, que nous renversons quand elles nous gênent, pour les remplacer par des lois plus appropriées à nos convenances. Est-il en mon pouvoir de changer quelque chose à cette loi qu'aucun maître ne m'a enseignée, et dont j'entends les oracles au fond de ma conscience? Quand elle prononce que je dois respecter la vie et le bien d'autrui, ai-je autre chose à faire que de me soumettre? Ce que je ne puis pas moi-même, quelque autre le pourra-t-il à ma place? Y a-t-il quelque homme sous le ciel qui puisse me dispenser d'entendre la voix de la conscience, me dispenser de lui obéir, me dispenser, quand je lui ai désobéi, de souffrir le remords? Non, cette force est absolument invincible, et quand tous les hommes ligués ensemble m'ordonneraient de commettre un assassinat, un parjure, un sacrilége, ces millions de voix retentissant à mes oreilles ne feraient pas assez de bruit pour m'empêcher d'entendre la voix du maître intérieur.

La liberté et la loi sont nécessaires l'une à l'autre; ce sont deux termes qu'on ne peut séparer. Il y a une vérité pour les actes comme pour les pensées; et de même que la pensée n'est qu'un rêve tant qu'elle n'est pas dominée par les éternelles lois de la logique, l'action qui n'est pas conforme à la loi morale est une perte de force, une diminution de l'être.

On se donne quelquefois beaucoup de peine, et bien mal à propos, pour expliquer et développer la loi morale avec le secours d'un autre principe. « Il est certain, dit-on, que nous devons tout sacrifier à la loi morale; mais qu'ordonne-t-elle cette loi? Il faut bien l'entendre : ordonne-t-elle de brider et de gêner notre nature? Nous est-elle donnée comme un maître farouche toujours prêt à nous déchirer le cœur? Œuvre d'un Dieu bienfaisant, comme tout ce qui existe, éternelle expression de son éternelle pensée, elle est d'accord avec toutes les lois du monde, avec l'ordre universel, et elle y concourt en nous dirigeant nous-mêmes vers le vrai bonheur. C'est donc lui obéir, que de conformer nos actions à l'ordre. Étudions les voies de la nature et nos propres aptitudes, et mettons tous nos soins à ne pas contrarier en nous la force qui entraîne tous les êtres vers l'accomplissement d'une destinée commune. » Par ce raisonnement ou d'autres pareils, en conservant à la justice sa dignité, son autorité, en déclarant bien haut qu'elle est l'unique maîtresse de la vie, on arrive tout doucement à la remplacer par un système. Celui-ci veut lire les lois de la justice dans celles du monde physique, et celui-là s'en tient aux lois de la nature humaine : un autre, amnistiant tous nos penchants par ce prétexte que Dieu n'a rien fait d'inutile, trouve moyen de rattacher, même le mal moral, au principe de la justice.

C'est en vérité une grande folie que de quitter ainsi une lumière naturelle, éclatante, commune à tous, pour se livrer à la conduite incertaine d'un système. Si nous savons qu'il y a du bien et du mal, c'est parce que Dieu le révèle directement à chacun de nous avec une autorité infaillible dans le fond de notre raison; qu'avons-nous besoin de chercher d'autre guide, et où pouvons-nous espérer d'en trouver un meilleur? L'ordre universel est sans doute un modèle admirable à se proposer; mais comment le connaître, et comment avoir la certitude qu'on le connaît? L'intelligence de l'ordre universel suppose toutes les sciences achevées et toutes les sciences infaillibles. La nature humaine est plus près de nous; mais cet atome, perdu dans l'immensité du monde, qui le connaît, qui

peut le sonder ? Il n'y a pas une de nos passions qui ne
nous réserve des étonnements après des années d'étude.
N'est-il pas merveilleux que Condillac, Reid et Kant
passent leur vie à étudier l'homme, et que toute cette vie
employée à la même étude sur cet unique sujet, les conduise à des conclusions si différentes ? Il n'y a vraiment
qu'un principe fixe et inébranlable dans la vie, un seul
principe qui ne dépende ni des systèmes, ni des préjugés,
ni des passions, ni de la science elle même ; il n'y en a
qu'un qui se présente à nous entouré d'une autorité invincible, non à titre d'hôte, mais en souverain ; appuyé
d'une part sur le remords, et de l'autre sur le ravissant et
glorieux témoignage d'une conscience pure, prêt à devenir le bourreau ou la consolation de notre vie, selon l'u-
sage que nous aurons fait de la liberté, acclamé par tout
le genre humain comme un bienfaiteur et comme un
maître ; c'est le principe du devoir. Tenons-nous-y, puisque aussi bien les systèmes et les passions ne sauraient
nous donner que de mauvais conseils. Acceptons de bonne
grâce la condition que Dieu nous a faite, c'est-à-dire la
condition d'hommes libres uniquement gouvernés par la
loi naturelle.

1° DE LA LIBERTÉ.

Si toute cette doctrine est simple, claire, naturelle, satisfaisante pour les esprits cultivés, accessible aux plus
humbles intelligences quand il s'agit du gouvernement
de la vie privée, il existe malheureusement encore dans
nos sociétés modernes un préjugé contre la sévère application de la morale à la vie publique. On entend répéter
que l'homme et la société humaine ne peuvent pas se gouverner de la même façon, ou, en d'autres termes, que la
morale et la politique forment deux sciences différentes.
J'avoue qu'il est assez difficile de se rendre compte de
l'existence d'un préjugé pareil. On l'aurait compris à la

rigueur du temps des entités scolastiques, quand on s'efforçait de voir dans l'humanité autre chose que la totalité des hommes passés, présents et futurs. Mais puisque le sens commun a reconquis ses droits, et que la science, grâce à lui, ne connaît plus d'autres êtres que ceux qui existent, il doit être bien évident pour tout le monde que, si l'homme est libre et doit rester libre, l'humanité est libre et doit rester libre ; et que si l'homme est soumis à la loi naturelle, l'humanité doit être soumise, au même titre, de la même façon, dans les mêmes conditions, à la loi naturelle. Tout va ensemble dans le monde. Le vent qui enfle la voile entraîne à la fois le vaisseau et les passagers. Cependant, quoique cela paraisse clair et net, quand on pose ainsi la question dans toute sa généralité et dans toute sa simplicité, nous voyons que la liberté a bien des ennemis sous le ciel ; et que dès qu'il s'agit de juger les faits historiques ou de prendre un parti dans les affaires humaines, au lieu de dire, comme le bon sens et la justice le veulent : qu'est-ce qui est juste ? on dit souvent, et sans trop de honte : qu'est-ce qui est utile ?

Nous ne parlons pas ici de ceux qui combattent la liberté parce qu'elle leur nuit et qu'ils sont malhonnêtes en politique comme d'autres le sont dans la morale ordinaire, simplement parce qu'ils sacrifient leur devoir à leur intérêt. Nous parlons des théoriciens qui trouvent que la liberté n'est pas bonne, et que la loi naturelle, applicable seulement à la vie privée, n'a plus de force pour régir les affaires publiques. C'est ce double sophisme qui fausse toute la science politique, qui fournit des excuses à toutes les apostasies, et qui érige la versatilité et la pusillanimité en système. S'agit-il de le réfuter ? non ; mais de le démasquer, car il ne vit que de mauvais sentiments et d'équivoques.

Parlons d'abord de la liberté, et nous parlerons ensuite de la loi morale, quoique, à vrai dire, ces deux questions ne soient distinctes qu'en apparence, la justice et la li-

liberté ne pouvant pas marcher l'une sans l'autre. La première demande que nous adressons à ceux que la liberté
effraye, et qui pensent que la société peut s'en passer,
c'est de s'expliquer sur la question philosophique du libre
arbitre. L'homme pris individuellement, comme homme,
non comme citoyen, est-il libre, oui ou non? Qu'ils se
prononcent avant tout sur ce point-là. S'ils sont fatalistes,
c'est-à-dire, s'ils croient que l'homme, au lieu de la liberté, n'a que l'illusion de la liberté, nous n'avons plus à
discuter contre eux pour le moment; nous ne pouvons pas
leur faire une guerre de principe. Mais s'ils croient,
comme tout le monde au fond, que l'homme a été créé
libre, maître et responsable de ses actes, nous leur demanderons encore comment ils veulent traiter cette liberté
dans la vie privée; s'ils veulent la développer, ou tout au
moins la conserver; ou s'ils aiment mieux lutter contre
elle, l'entraver, et, s'il est possible, la détruire.

Cette question, qui doit nous mener à une démonstration simple et solide des droits de la liberté publique, n'est
pas aussi vaine qu'on pourrait le croire au premier abord.
Non-seulement il est possible de détruire en nous la liberté privée, le libre arbitre, mais cette destruction est le
but et le résultat de plus d'une doctrine, et l'homme peut
mutiler la nature morale de l'homme, comme il peut mutiler son corps. Il importe de s'en bien convaincre avant
d'aller plus loin; et au fond, la liberté, comme tout ce
qui est obligé de lutter, a besoin de connaître ses ennemis.
Voyons donc par combien de manœuvres on peut arriver
à détruire dans l'homme le libre arbitre. Il faut deux
choses pour être libre : savoir l'être; vouloir l'être. On
peut donc nuire à ma liberté de deux façons; en attaquant
mon intelligence, ou en attaquant ma volonté. Nul doute
qu'un homme éclairé ne soit plus réellement libre qu'un
ignorant : en ce sens, répandre l'instruction, c'est vraiment répandre la liberté, comme aussi, nuire au progrès
des sciences, aux progrès plus nécessaires, parce qu'ils

sont l'origine de tout, de l'instruction primaire, c'est attaquer la liberté dans sa source. Un idiot n'est pas libre ;
un homme, d'ailleurs éclairé, mais qu'on empêche d'acquérir des lumières spéciales sur la question dont il s'agit,
ne vote pas librement sur cette question. Dire qu'il est
libre, parce qu'on lui permet de voter en lui refusant de
s'éclairer, c'est à peu près donner à un aveugle la liberté
d'aller sans guide où il lui plaira. Ne parlons pas des
mensonges qu'on peut répandre, des passions qu'on peut
exciter, ni de cette tactique déloyale qui consiste, en présence de deux partis, à donner à l'un la parole, avec tous
les moyens de se faire connaître et de se faire aimer, et
à tenir l'autre dans l'oppression et dans le silence: C'est
ainsi qu'on peut attaquer la liberté en attaquant la pensée.
Pour la volonté, c'est autre chose : il y a mille moyens
d'en venir à bout ; la passion d'abord, cela va sans dire :
mais ensuite, deux principales méthodes, fréquemment
employées, l'une indirecte, qui consiste à donner aux hommes l'habitude de ne pas vouloir ; l'autre directe, qui consiste à leur inspirer la volonté de ne pas vouloir. Pour la
méthode indirecte, l'habitude de ne pas vouloir est, comme
toutes les habitudes, une affaire d'éducation ; non pas
seulement d'éducation proprement dite, quoique celle-là
soit ici très-puissante, mais d'éducation légale, d'éducation
sociale, de celle qui se continue pendant toute la vie. Mon-
trons cela par un exemple : voilà un citoyen anglais ; que
lui dit la loi de son pays ? « Je ne ferai rien pour ton oisiveté, mais je te protégerai dans ton travail. » Ainsi averti, il
étudie ses aptitudes et ses ressources, et il entre résolûment
dans la bataille de la vie, ne comptant que sur soi-même.
Voici au contraire un sujet ottoman ou égyptien auquel
la loi de son pays tient ce langage : « Je gouverne pour
toi et sans toi ; j'administre sans toi ; je fais le commerce,
j'ouvre des ateliers, je récolte des moissons sans toi. Tu
ne peux être que mon fonctionnaire, c'est-à-dire un agent
passif dans mes mains ; un rouage dans le mécanisme que

je fais mouvoir. » Que sera l'homme ainsi élevé ? Un mendiant et un despote, c'est-à-dire, pour deux raisons, moins qu'un homme. Mendiant devant le pouvoir, despote devant ses administrés, dès que, par la moindre place, il est devenu un des organes de la machine gouvernementale. Cette comparaison nous explique comment l'habitude fortifie ou débilite la volonté. Voulons-nous voir maintenant comment la volonté se renonce elle-même ? Il y a encore deux moyens pour cela : la peur, ou l'indolence; une terreur exagérée de la faute et par conséquent de la responsabilité, un amour exagéré du repos. On dit à un homme : « L'usage de la liberté est si périlleux, qu'à chaque pas vous pouvez tomber. Une longue pratique de la vertu n'est pas même une garantie. Abdiquez, prenez un maître dont vous serez sûr. Débarrassez-vous sur lui, en une fois, du fardeau de votre destinée. » Qui ne connait ces arguments ? Et qui ne voit, pour le dire en passant, qu'il n'y a pas la moindre différence entre les arguments qui conduisent au suicide moral dont nous venons de parler, et ceux qui conduisent à l'autre suicide. La vie est trop lourde ! la vie n'en vaut pas la peine ! De même pour la liberté. Et sur l'un ou l'autre de ces fondements, on y renonce de gaieté de cœur.

Il y a donc, comprenons-le bien, possibilité de détruire la liberté de l'homme intérieur, ce qu'on appelle en philosophie le libre arbitre. Un moine, dans la rigueur de sa condition, est un homme qui a renoncé à son libre arbitre en faisant vœu d'obéissance passive. Il était responsable de sa destinée; il ne l'est plus, ou croit ne plus l'être. Il ne s'agit plus pour lui de délibérer ou de vouloir; au contraire, il s'agit de ne pas délibérer, de ne pas vouloir, de se soumettre purement et simplement à la règle; d'être comme un cadavre dans les mains de son supérieur.

Eh bien ! nous demandons encore aux ennemis de la liberté publique s'ils sont du même coup ennemis de la liberté privée; s'ils étendent leur doctrine jusque-là, s'ils croient que la liberté est mauvaise, non-seulement dans la place publique, mais dans les affaires privées, dans la maison, dans le for intérieur.

A vrai dire, le despotisme absolu, celui qui envahit l'homme tout entier, a bien peu de partisans. Il en a peu surtout dans notre pays, dans la société où nous vivons. On y trouve, en assez grand nombre, des hommes qui n'aiment pas, ou qui ne comprennent pas la liberté publique; qui se soucient assez peu de participer à la confection des lois et à l'examen du budget; qui aiment mieux confier la plupart des fonctions sociales à des agents de l'État qu'aux forces de l'industrie privée; mais si on menace ces mêmes hommes d'exercer un contrôle sur leurs dépenses, sur la gestion de leur fortune; de régler, en leur lieu et place, l'éducation et la carrière de leurs enfants; de leur imposer d'autorité certaines prières, et certaines formules de culte public ou privé, aussitôt vous les voyez s'indigner, réclamer leurs priviléges d'hommes libres, parler de tutelle outrageante et intolérable, revendiquer en un mot la liberté comme un droit inaliénable et sacré.

Or, c'est en cela qu'ils manquent de logique. Beaucoup de liberté dans la maison, et pas du tout de liberté sur la place publique, c'est à coup sûr une très-mauvaise organisation sociale. Elle n'est pas juste, évidemment; elle n'est avantageuse pour personne; elle est pleine de troubles et de tempêtes. Comment serait-il juste que je fusse accoutumé à penser et à vouloir, pour me trouver forcé de subir pieds et poings liés une domination que mon bon sens et ma conscience repoussent? C'est le supplice de Prométhée. Les gouvernements paternels sont bien plus raisonnables; car, ne voulant avoir que des sujets, ils n'élèvent pas les hommes en citoyens.

Dans les anciennes familles, quand on élevait l'aîné pour la guerre et le cadet pour le cloître, on ne leur donnait pas la même éducation. On accoutumait l'aîné aux

plaisirs bruyants, au spectacle du monde, aux exercices
qui donnent l'audace et la force; on tenait son frère à
l'écart, par humanité; on le pliait à l'obéissance, à la
subordination; si sa nature était vigoureuse et demandait une grande expansion, on s'efforçait de la dompter,
de la restreindre; on diminuait l'homme dans son corps
et dans son âme pour l'accommoder à la vocation qu'on
lui imposait. Si on avait agi autrement, si pendant vingt
ans on avait inspiré le goût de la liberté, le goût de l'activité et des aventures à cet enfant qu'attendaient l'ombre
et le silence du cloître, quel père eût voulu commander
le sacrifice, et quel abbé eût accepté le gouvernement de
la victime ?

Demandez à un roi absolu, lequel aime-t-il mieux pour
sujet, d'un homme indolent, inactif, accoutumé à se laisser faire, croyant ce qu'on lui dit de croire, abandonnant à autrui la garde et l'accroissement de sa fortune,
ne sortant de sa maison que pour ses plaisirs, bornant
son ambition à obtenir une place, une décoration, une
distinction; ou d'un esprit éclairé, d'un cœur vaillant,
ne se reposant sur personne du soin de conduire ses
affaires et sa famille, étudiant par lui-même les conditions de la vie, suivant sa voie en connaissance de cause,
sans demander et sans accepter de secours, et préférant
à un repos ignoble, les hasards, les fatigues et jusqu'aux
périls de la lutte? Et demandez aussi au sujet, condamné
à subir une loi qu'il n'a pas faite, une administration dont
il ne connaît pas les secrets, une taxe dont il ne contrôle
ni la répartition, ni la destination, une église imposée offi-
ciellement, une histoire, vraie ou fausse, écrite dans les
livres et dans les journaux par ceux qui ont intérêt à le
tromper, une justice mystérieuse, sans publicité, sans
appel, sans libre défense, sans égalité; demandez-lui ce
qui rend sa souffrance plus dure. C'est, n'en doutez pas,
tout ce qu'il y a en lui de force morale; c'est la fermeté de
son jugement, la perspicacité de son esprit; c'est le vif

sentiment d'une activité qu'on étouffe. C'est précisément tout ce qui devrait le grandir, qui, dans l'abaissement où on le tient, fait son malaise et sa honte.

Il ne faut pas dire : « Je donnerai un dérivatif à l'activité humaine; je la verserai dans le commerce, dans la fabrique, afin de régner paisiblement sur le reste. » Retenez donc ce commerçant et ce fabricant dans la routine; car le jour où il aura de plus grandes visées, le jour où il voudra améliorer ou créer, ce jour-là il rencontrera vos lois restrictives, votre administration tracassière. Il sera forcé de vous montrer que vous frappez par vos impôts son industrie dans sa source; que vous monopolisez sans profit les forces naturelles qu'il utiliserait pour vous en les rendant productives pour lui-même; que vous intervenez tout exprès dans ses transactions pour les rendre stériles; que votre force gouvernementale étant employée uniquement à restreindre, à diminuer la force de l'humanité, un excédant de force, de production et de bonheur, est détruit, anéanti par votre législation. Il n'y a pas, pour un esprit éclairé, une seule question de commerce ou d'industrie, qui ne soit indissolublement liée à la politique. Tout se tient dans la société humaine; toutes les libertés se tiennent. Je ne puis pas être libre entre ces quatre murailles. A chaque instant, je viendrai me heurter contre la loi, à moins que la loi ne soit faite pour m'aider et non pour me nuire. Il faut donc être tout à fait sujet ou tout à fait citoyen. Il faut fonder la société sur l'obéissance passive, ou sur la liberté.

Autrefois, il n'y a pas du reste bien longtemps, la société avait un parti pris. Elle posait en principe la religion d'État; elle donnait pour fondement à l'autorité politique le droit divin; le roi, dans cette société, décidait souverainement de la paix ou de la guerre; les travaux publics n'étaient entrepris, dirigés, exploités que par lui; il fixait l'impôt par ordonnance; il donnait, et même le plus souvent, il vendait tous les emplois; la justice s'exerçait en

son nom, et il y intervenait directement, par les attributions de juges, par les créations de juridictions, par les dé-
tentions arbitraires, par l'évocation des causes, par la
cassation des jugements, par le droit de faire grâce ; les
productions de l'esprit étaient soumises à la censure ; le
travail manuel lui-même n'était pas de droit commun ; il
était érigé en privilége, et le souverain vendait à ses sujets
le droit de gagner leur vie en travaillant. Enfin, cette société était divisée en castes, pour que le privilége eût des
formes et des applications nombreuses, et ne parût pas
monstrueux en restant solitaire ; et ces castes, par la dégradation et l'anoblissement, étaient dans la main du monarque. La propriété elle-même n'allait pas de soi, naturellement, par le résultat du travail ou la transmission
héréditaire ; le droit féodal y introduisait des conditions,
des interdictions, des bizarreries. Ces bizarreries étaient
nécessaires dans cet ordre social, et non accidentelles ;
elles servaient à bien montrer que le droit de posséder dé-
rivait d'une cause mystique telle que la conquête, ou l'institution féodale, ou la donation royale, et non pas du
droit naturel, de la loi divine et humaine, que les hommes
peuvent formuler, mais qu'ils ne créent pas, et dont l'allure est simple, droite, toujours intelligible, toujours ex-
plicable. Voilà quelle était l'ancienne société.

Quand cet échafaudage s'écroula par la substitution
du droit naturel au droit institué, au droit coutumier, la
propriété, le travail, le capital, furent émancipés ; les
castes ne parurent qu'une invention grotesque, le pouvoir
central ne fut plus qu'une magistrature, tirant sa légitimité de son utilité seule, et du libre consentement des
mandataires. La transformation fut d'autant plus radicale,
que l'ancienne société était morte longtemps avant de tomber. Elle était restée debout comme ces hommes puissants
que leur seule masse soutient, et fait paraître encore vi-
goureux et redoutables quand ils ne sont déjà plus qu'un
cadavre. Faut-il s'étonner que des esprits timides, incer-

tains, s'efforcent de mêler à notre vie moderne, si vraie et si forte, quelques restes de ces préjugés, de ces formalités, de ces terreurs qui donnaient une vie factice au vieux monde? L'un, n'ayant plus la ressource des officialités et des monitoires, veut donner une compétence théologique aux tribunaux correctionnels; l'autre, dans son horreur de la concurrence, veut rétablir sous d'autres noms les jurandes; un autre encore veut entrer dans les ateliers pour prescrire les procédés et les méthodes, pour dicter le contrat entre le patron et l'ouvrier, pour compter les heures de travail, ou dans les boutiques, pour fixer l'heure et le lieu de la vente, le maximum du prix, les conditions du crédit. Un autre veut que l'État soit le seul industriel. L'État creusera nos canaux, nivellera, exploitera nos chemins de fer, endiguera nos fleuves, tirera le fer et le charbon de nos mines, enrégimentera des travailleurs pour ensemencer le sol et des fonctionnaires pour répartir le blé. Et croyez-vous qu'on nous propose cette restauration, cette exagération d'institutions mortes, au nom de l'imbécillité de là raison humaine et pour en finir une fois pour toutes avec la liberté? Pas du tout. C'est au nom de la liberté, c'est pour elle, c'est pour achever la construction de la société moderne, qu'on nous offre de n'être plus maîtres dans nos élections, dans notre budget, dans nos tribunaux, dans nos champs, dans nos ateliers, dans nos boutiques, dans nos maisons, dans nos temples. Revendiquons, contre ces tristes utopies, en même temps que les droits de la liberté, ceux du bon sens et de la logique.

Je n'ai pas besoin de raisonner pour savoir que ma liberté est inviolable. Elle est mon droit, comme la vie elle-même. Personne ne peut m'ôter la vie sans crime, et personne aussi ne peut mutiler mon être, le vicier, le dégrader, sans crime. Je tiens du même Dieu l'existence, et les facultés qui la rendent possible. Il ne se peut pas que les lois divines et humaines condamnent l'assassin, et absolvent le liberticide; que les tribunaux aient des potences et des galères pour protéger mon argent et mon coin de terre, et qu'un homme puisse impunément abuser de la force, ou de la loi injuste, qui est la même chose que la force, pour m'empêcher de penser ou d'agir à ma façon, et de faire de mon bien ce qu'il me plaît. La propriété même, dont nous sommes si jaloux, et qui est l'objet de presque toutes les lois écrites, qu'est-elle autre chose qu'une forme abstraite de la liberté? Car si l'argent n'est pas une force au repos, dont on peut à son gré se servir pour produire tel ou tel effet, l'argent n'est rien.

Pour que ma liberté ne fût pas entière, il faudrait qu'on l'eût aliénée pour moi ou que je l'eusse aliénée moi-même: deux suppositions également impossibles.

Mon père, dites-vous, m'a donné à ce maître avec toute ma descendance? Mais comment mon père pourrait-il livrer mon âme, puisque, selon la loi de tous les peuples, il n'est pas maître de mon corps? Il ne peut me tuer; donc il ne pouvait me vendre. Parce qu'il a plu à un de mes ancêtres, à un barbare, peut-être à un criminel, de se donner lui et les siens, il y a huit siècles, je naîtrai esclave ou sujet, moi intelligent, moi probe, moi capable d'améliorer la société, moi digne d'être aimé et respecté? Voilà certes une étrange exagération du principe de la propriété et du dogme de la transmission des fautes. Vieille doctrine, dit-on, que cet esclavage héréditaire! Personne ne la soutient; c'est perdre son temps que de la combattre. A la bonne heure, pourvu qu'on n'équivoque pas sur le degré. C'est toute la liberté que j'apporte en naissant. Il ne suffit pas de dire qu'il n'y a plus de fédoalité ni de castes : il faut qu'on reconnaisse mon droit entier, ma liberté sans limites.

Non-seulement elle est à moi, par la seule grâce de Dieu, comme ma vie, et personne n'en peut disposer à ma place; mais je ne suis pas maître d'en disposer moi-même. Ce n'est pas assez de dire que la liberté est un droit : la liberté est un devoir. Je ne puis interroger ma conscience

sans comprendre qu'il ne dépend pas de moi de rejeter la
responsabilité que Dieu m'a imposée ; et, quand je m'efforce de reconstruire par la pensée le plan de cet univers, je comprends encore mieux qu'il ne m'est pas permis
de déserter le poste où m'a placé le Créateur.

Le monde existe-t-il par lui-même ou par un Dieu ? Il
est clair qu'il existe par un Dieu ; car, s'il était par lui-
même, il serait parfait. L'être qui a en lui-même la cause
et la raison de son existence est parfait. Ainsi le monde a
une cause, de laquelle il tient tout ce qui le constitue, et
cette cause n'ayant aucune cause au-dessus d'elle, et ne
relevant que de sa propre force, a nécessairement la plénitude de l'être ; elle est parfaite. Il suit de là que la cause
du monde est une ; car, si elle était multiple, étendue, si
elle se développait dans le temps et dans l'espace, elle
marcherait vers la perfection, et ne serait pas actuellement
parfaite. Le monde au contraire est étendue et durée. Il
est essentiellement mobile, car c'est la nature de tout ce
qui est dans le temps et dans l'espace de se modifier incessamment. L'immobilité, dans le parfait, résulte de la
perfection ; l'immobilité dans l'imparfait, c'est la mort. Le
mouvement bien ordonné est celui par lequel l'imparfait
tend sans cesse vers le parfait, sans jamais y atteindre ; la
loi du progrès n'est pas autre chose. Qu'est-ce que la
tendance de l'imparfait vers le parfait ? Pour s'en rendre compte, il faut se rappeler le caractère propre du
parfait qui est l'unité absolue, et le caractère propre de
l'imparfait qui est la multiplicité ; le mouvement régulier
est nécessairement celui qui, à chacune de ses phases,
rend la multiplicité plus semblable à l'unité. Or, par quel
moyen le multiple peut-il ressembler à l'unité ? par la loi.
La totalité du multiple ressemblera à l'unité absolue, autant que le permet l'opposition de leurs essences, quand
tous les êtres et tous les mouvements de chaque être seront
soumis à des lois constantes, et quand toutes les lois ne seront, sous des formules diverses, que la reproduction d'une

loi unique. C'est aussi ce qu'est le monde. De même qu'il
est produit par un seul Dieu, par un seul acte de la
volonté de Dieu, il est conduit dans l'immensité de son
étendue et de sa durée, par une seule et unique loi, expression permanente dans le développement de l'univers créé,
de la toute-puissante créatrice. Chaque science humaine a
pour effet de reconstruire sous l'œil du savant un coin de
cette grande unité du monde ; et la philosophie, qui est
proprement la science des sciences, réunissant les dernières données de chaque science particulière, démontre que
toutes les lois sont des formules diverses d'une unique loi,
et que cette loi primordiale n'est que le développement
dans le temps et l'espace de l'acte du créateur. Si l'esprit
humain ne sentait pas à chaque instant sa limite, nous di-
rions qu'il a trois moyens pour reconstruire scientifique-
ment l'ensemble, le système du monde. L'un, de partir
de l'unité de Dieu, de l'unité de l'acte créateur ; d'expliquer
la souveraine loi par cet acte, toutes les lois par la souveraine loi, et tous les êtres par la loi qui les gouverne ;
l'autre de partir du plus humble mouvement, pour s'élever à la loi la plus voisine des faits ; de comparer les lois
après avoir comparé les événements ; de monter ainsi peu
à peu d'échelon en échelon, jusqu'à ce que l'unité de la
création se déroule dans sa majesté ; le troisième enfin,
d'abandonner le spectacle du développement des êtres et
de leur action réciproque les uns sur les autres ; de les étudier dans leur fond, non dans leur développement ; dans
leur essence, non dans leur histoire ; et de retrouver dans
chacun d'eux le ressort qui produit, dès qu'il est en jeu,
le mouvement régulier dont la loi n'est que l'expression.
Car tout concourt à faire resplendir sous nos yeux cette
unité de la création, image de l'unité créatrice : la raison
la déduit des premiers principes, l'expérience la constate
dans le mouvement combiné de tous les êtres vers un
même but, l'analyse la retrouve à l'état rudimentaire dans
les forces simples qui, sous le nom de substances, forment

l'ensemble des réalités créées. Que je puisse lire dans la volonté de Dieu, et j'y verrai la loi à laquelle le monde se conforme; que j'embrasse la totalité des êtres, et toutes les espèces comme tous les mouvements se classeront sans effort dans une hiérarchie et une dépendance parfaite; que l'essence métaphysique des êtres se dévoile à mon entende·ment, et je lirai dans cette unité simple toute leur histoire future, je conclurai leur développement de leur force. Pourvu que le soleil et la pluie, et le sol nourricier ne fassent pas défaut, le chêne immense est tout entier dans le gland.

Puisque tous les êtres et tous les mouvements du monde ont une même origine, un même but, une même loi ou des lois analogues, ils ont évidemment pour triple destinée de se conserver et de se développer eux-mêmes, de se combiner harmonieusement avec les êtres voisins pour concourir à une fin commune, et de reproduire à leur rang et suivant les forces qui leur ont été données, cette image de l'unité qui est le maximum de beauté, et en même temps le maximum de vérité que la créature puisse atteindre. De même qu'une armée, en se déployant au soleil, ne se précipite pas au hasard comme une horde indisciplinée; mais, au contraire, avance en bon ordre, en colonnes régulières, le général marchant d'abord, puis les chefs supérieurs suivis de leurs régiments, et dans chaque régiment, les compagnies gardant leurs distances; ainsi, sous l'œil et sous la main du Tout-Puissant, s'avance depuis le commencement l'armée de ses créatures : aucun mouvement n'est imprévu, aucun être n'est inutile; il y a une loi pour le soleil, et il y en a une pour le grain de sable.

L'homme, dans cet ensemble, a la première place. Il est le spectateur de ces merveilles, l'hôte de ces palais. Pourquoi la forme, s'il n'y avait pas de soleil, et pourquoi les splendeurs de la création, s'il n'y avait pas l'intelligence humaine? Il fallait que la beauté fût admirée, et que l'intelligible fût compris, afin que l'essence de la beauté et celle de l'intellligible fussent parfaites. Il semble que cette nécessité d'un témoin soit une preuve, entre mille, de l'immortalité de nos âmes ; car ce témoin doit embrasser la suite du progrès ; il ne doit pas périr avec les phénomènes auxquels il s'est mêlé pour un temps. Capable d'étendre à l'infini les résultats de l'expérience, l'esprit de l'homme doit vivre comme les lois qu'il découvre, semblable à un acteur qui assiste au reste de la comédie quand il est descendu du théâtre. Enfin, cet hôte du monde, appelé à survivre au monde, est traité comme le fils aîné dans la maison du père de famille. Les lois fatales pour le reste des êtres créés ne sont pour lui qu'obligatoires. Dieu, en lui donnant un avenir immortel, voulut le séparer, comme par un sceau, du reste des créatures ; c'est pourquoi il le fit libre, capable de déchoir et de mériter.

Voilà ce que l'homme a de commun avec toute la création : c'est d'être une partie harmonieuse de l'ensemble, d'avoir sa loi, analogue à toutes les lois ; et voilà ce qui distingue l'homme du reste de la nature : c'est d'être intelligent, libre et immortel.

L'immortalité de l'homme est une conséquence de son intelligence ; car Dieu ne peut frapper à mort un esprit qui voit le coup, et qui se sent anéantir. Elle est une conséquence de la liberté ; car il ne peut y avoir de sacrifice sans récompense. L'homme intelligent était nécessairement libre : il fallait bien que le spectateur de la nature pût agir sur elle, lui résister quelquefois et le plus souvent l'aider dans son œuvre. L'homme libre ne pouvait se passer des clartés de l'intelligence ; car la première condition pour choisir, c'est de connaître les alternatives. Telle est la connexion entre l'intelligence et la liberté, que la liberté étant donnée, elle s'accroît de tous les progrès de la pensée. Ainsi tout se tient dans l'homme comme dans le monde. De même qu'un esprit sans limites reconstruirait le monde, s'il connaissait seulement un des individus

qui le composent, tant le plan de la nature est parfait, de
même il suffit d'une des facultés de l'homme pour
connaître tout l'homme, car tout ce qui est en lui est
nécessaire à sa destinée. La conséquence, c'est qu'il ne
faut jamais violenter la nature; il faut l'étudier, la comprendre et la suivre. Il faut placer l'homme dans l'univers, à l'endroit où ses facultés et ses aptitudes l'appellent;
il faut l'y maintenir entier, dans la plénitude de sa force,
et comprendre que, s'il est défendu de détourner un
être de sa fin, on ne peut, sans un véritable sacrilége,
ôter à l'univers son témoin, et à Dieu son coopérateur, en
aveuglant l'intelligence de l'homme ou en enchaînant sa
liberté.

Celui qui veut influer sur l'homme par la constitution
de la société doit se rappeler que l'homme a une loi naturelle, la loi commune à tous les êtres créés; qu'il est
obligé, en conséquence, de se conserver et de se perfectionner, de concourir à la conservation et au perfection-
nement de ses semblables, et de tendre incessamment,
par toutes les forces de son âme et par toutes les actions
de sa vie, vers celui qui est le commencement et la fin,
la cause et l'idéal; que plus la nature de l'homme est
puissante, plus le devoir de la perfectionner, et de l'utiliser, et de la régler sous la loi est impérieux; que la pa-
renté de notre âme immortelle avec le créateur est étroite;
que ce n'est pas obéir à la loi, mais s'y soustraire, que de
descendre de son rang par une dégradation volontaire;
qu'ôter à l'homme la liberté et par conséquent l'intelligence, afin de rendre impossibles les abus de la liberté,
c'est supprimer du même coup toute la destinée humaine,
laisser une place vacante dans l'ensemble, changer et
mutiler le plan de la Providence; et qu'enfin si l'immortalité est fondée sur l'intelligence et la liberté, c'est par le
développement de nos facultés que nous devons nous ef-
forcer de la conquérir. Donc la liberté, j'entends la liberté politique, est de droit étroit. Passons maintenant à

la loi naturelle, et à son rôle dans le gouvernement de la société.

2° DE LA LOI NATURELLE.

S'il est absurde de vouloir une liberté mensongère, ou une liberté tellement restreinte qu'elle n'est qu'un fardeau pour celui à qui on la laisse, une liberté qui ne dépasse pas le seuil de la porte, la liberté dans la maison et l'esclavage sur la place publique, il est bien autrement déraisonnable de vouloir enfermer aussi dans je ne sais quelle limite arbitraire la loi naturelle; de dire aux hommes : la loi naturelle sera valable depuis ici jusque-là. Pascal se moquait de nos pauvres lois humaines qui varient des deux côtés des Pyrénées; mais voici bien une autre affaire; c'est dans le même pays, pour les mêmes hommes, que la loi va changer de caractère et de nature. Et quelle loi? la loi de Dieu, non pas la loi humaine. Chacun gouvernera ses actions suivant les préceptes de deux morales différentes et contradictoires entre elles : l'une étroite et sévère pour la vie privée, l'autre accommodante, relâchée pour la vie publique. Ce qu'il serait honteux et coupable de faire dans le cercle de la famille et des relations ordinaires, il sera innocent, et même, selon les cas, il pourra être glorieux de le faire comme citoyen. Ainsi, par ces lâches et dégradantes théories, la loi morale est traitée comme la liberté : on la conserve dans la maison, et on la chasse du forum.

1. La législation de 1789 est fondée sur la loi naturelle.

A peine l'Assemblée constituante eut-elle conquis l'union des trois ordres, qu'elle parla d'écrire une Déclaration des droits de l'homme. Rien de plus logique : l'union des trois ordres, c'est la liberté; la Déclaration des droits, c'est le dogme de la loi naturelle. D'où vint l'opposition? Du roi, de la cour, du haut clergé. A coup sûr le roi, l'évêque d'Auxerre, l'évêque de Langres, Malouet, n'étaient pas des athées en politique ; mais, attachés à la religion d'État, ils ne voulaient pas laisser promulguer le droit naturel. L'Assemblée, suivant eux, avait un dogme, le dogme révélé ; elle devait donc entrer immédiatement dans les faits, dans la pratique. L'immense majorité pensa autrement, parce qu'étant fermement résolue à fonder la liberté, elle comprenait, sans se l'avouer encore, qu'il n'y avait plus de religion d'État, et qu'il fallait proclamer la religion naturelle. On n'était pas divisé sur la nécessité d'un dogme; mais seulement sur l'origine et le caractère de ce dogme. Ce fut la philosophie qui l'emporta. La Déclaration des droits de l'homme, inscrite en tête de la Constitution, apprit au monde entier que la révolution française était faite pour lui. Cette déclaration est si réellement, si essentiellement une œuvre philosophique, qu'elle n'a pas de date nécessaire. Elle aurait pu être promulguée à Athènes, à Philadelphie, quatre siècles plus tôt ou quatre siècles plus tard. Personne en Europe ne s'y trompa. La chute de la Bastille fut saluée avec enthousiasme jusqu'à Saint-Pétersbourg[1]. On répéta partout ces paroles de la Fayette donnant la cocarde tricolore à Louis XVI: « Elle fera le tour du monde; » et cette adresse de l'Assemblée nationale : « Nous porterons chez les princes allemands, non le fer et le feu, mais la liberté.» Dans ces actes, dans ces paroles, dans cette Déclaration

---

1. « Quoique la Bastille ne fût assurément menaçante pour personne à Saint-Pétersbourg, je ne saurais exprimer l'enthousiasme qu'excitèrent parmi les négociants, les marchands, les bourgeois et quelques jeunes gens d'une classe plus élevée, la chute de cette prison d'État et le premier triomphe d'une liberté orageuse. Français, Russes, Anglais, Danois, Allemands, Hollandais, tous, dans les rues, se félicitaient, s'embrassaient comme si on les eût délivrés d'une chaine qui pesait sur eux. » (*Mémoires de M. de Ségur*, ambassadeur de France à Saint-Pétersbourg en 1789.)

des droits, éclate le sentiment de la fraternité des peuples, et de l'universalité de la révolution[1].

Ses ennemis ne manquèrent pas de lui en faire un reproche. Ils l'accusèrent de n'être qu'une abstraction. C'est l'éternel grief invoqué contre la philosophie. Il lui revient de tous les côtés ; et par une contradiction étrange, les catholiques, accoutumés cependant à vivre dans le monde spirituel, empruntent quelquefois ce médiocre argument aux docteurs du matérialisme. « Votre Constitution n'est pas faite pour la France, disait Joseph de Maistre, elle est pour *l'homme*. Or, il n'y a point *d'homme* dans le monde [2]. »

Assurément, quoique l'Assemblée constituante pût

1. J'emprunte à M. Wolowsky (*Principes d'économie politique* de Guillaume Roscher, traduits et annotés par M. Wolowski) la note suivante sur la date des lois modernes d'abolition de la servitude. Presque partout, c'est la Révolution française qui a prononcé. « *Lois modernes d'abolition :* Prusse, 1708, 1807, 1819 (Lusace) ; Autriche, 1781 (Bohême et Moravie, 1782 (les autres pays allemands) ; 1790 (Hongrie) ; Bavière, 1808 ; Royaume de Westphalie, 1808 ; Hesse-Darmstadt, 1811 ; Wurtemberg, 1817 ; Bade, 1783, 1820 (les pays nouvellement acquis) ; Mecklembourg, 1820 ; royaume de Saxe, 1832 ; Hanovre, 1833 ; Danemark, depuis 1764 ; Livonie, 1804 ; Poméranie suédoise, 1806 ; Pologne, 1807. La Russie est le seul peuple chrétien qui ait encore actuellement des serfs en Europe ; en 1834, on en comptait plus de 22 millions, c'est-à-dire plus de 40 pour 100 de la population totale. » (Tome I, p. 165.) — Cette note de M. Wolowsky était écrite avant le mouvement d'émancipation qui a commencé en Russie en 1857. Charles-Emmanuel affranchit les serfs en Sardaigne, par édit du 20 janvier 1762.

2. Joseph de Maistre s'exprime ainsi dans une *Critique de la Constitution de l'an* III : « La Constitution de 1795, tout comme ses aînées, est faite pour *l'homme*. Or, il n'y a point *d'homme* dans le monde. J'ai vu dans ma vie des Français, des Italiens, des Russes, etc.; je sais même, grâce à Montesquieu, qu'*on peut être Persan ;* mais quant à *l'homme*, je déclare ne l'avoir rencontré de ma vie ; s'il existe, c'est bien à mon insu.

Y a-t-il une seule contrée de l'univers où l'on ne puisse trouver un conseil des Cinq-Cents, un conseil des Anciens et cinq Directeurs ? Cette Constitution peut être présentée à toutes les associations humaines depuis la Chine jusqu'à Genève. Mais une Constitution qui est faite pour toutes les nations n'est faite pour aucune ; c'est une pure abstraction,

montrer des esprits rompus aux affaires, et d'autres qui,
comme Mirabeau, suppléaient aux connaissances pratiques à force de bon sens, la grande majorité manquait
également de science et d'expérience. Ses généreux désirs
de rénovation sociale étaient mêlés des plus étranges illusions. Sa hardiesse, son enthousiasme tinrent souvent
à son ignorance; beaucoup de ses fautes vinrent de la
même source. Pendant la période révolutionnaire, bien
des choses furent rejetées, non parce qu'elles étaient
mauvaises, mais parce qu'elles étaient anciennes[1]. Ces
législateurs arrivés brusquement au pouvoir, et plus accoutumés pour la plupart à la spéculation qu'au maniement des grandes affaires, ne surent pas toujours leur
métier de législateurs; mais ils surent à merveille leur
métier de réformateurs. Leurs lois n'ont pas toutes été
viables; leurs constitutions sont tombées les unes sur les
autres; mais les principes qu'ils ont proclamés sont restés
debout, précisément parce qu'ils appartiennent à la philosophie générale. Le vrai service qu'ils ont rendu, c'est
d'avoir transformé en maximes populaires des propositions renfermées jusque-là dans les écoles et dans le
monde des lettrés. C'est là proprement la Révolution; car
la révolution qui n'est que dans les faits n'a ni la profon-

une œuvre scolastique, faite pour exercer l'esprit d'après une hypothèse
idéale, et qu'il faut adresser à l'*homme*, dans les espaces imaginaires où
il habite.

« Qu'est-ce qu'une Constitution? N'est-ce pas la solution du problème
suivant :

« Étant données la population, les mœurs, la religion, la situation
géographique, les relations politiques, les richesses, les bonnes et les
mauvaises qualités d'une certaine nation, trouver les lois qui lui conviennent?

« Or, ce problème n'est pas seulement abordé dans la Constitution de
1793 qui n'a songé qu'à l'*homme*. »

1. Robespierre disait (Rapport du 28 floréal an II, 17 mai 1794, sur le
culte de l'être suprême) : « Qu'y a-t-il de commun entre ce qui est et ce
qui fut?... Le genre humain est dans un état violent, qui ne peut être
durable. »

deur ni la durée d'une révolution opérée dans les esprits. Quelques efforts qu'on ait tentés depuis 1789 pour restaurer le droit divin, les inégalités sociales, les priviléges, ni le raisonnement, ni l'éloquence, ni la force n'y sont parvenus; il a fallu que même les ennemis de la souveraineté populaire fissent appel à la toute-puissance du peuple. Le sophisme s'est réfugié dans les conclusions, mais tout le monde a été obligé de subir les prémisses. Nous naissons, grâce aux réformateurs de 1789, avec la conviction et l'intelligence de notre droit. Nous nous savons citoyens. Nous savons, nous sentons ce que c'est que d'être un homme. Que M. de Maistre feigne de l'ignorer, pour mieux injurier la raison. Avec lui et les siens, nous ne serions que des sujets.

Ce caractère philosophique n'éclate pas seulement dans les termes de la déclaration des Droits de l'homme et du citoyen; on le retrouve dans toutes les discussions de l'Assemblée constituante. Les orateurs écoutés défendent des thèses générales. Ils ont d'autant plus de puissance sur l'Assemblée qu'ils développent des principes plus élevés et plus abstraits. Quand de loin en loin un représentant, invoquant ses cahiers, vient rappeler les droits particuliers de sa province ou de son bailliage, et introduire dans le débat des arguties de légiste, on sent qu'il n'est pas dans le courant des idées qui emportent tous les esprits; cette petite scène fait disparate dans le grand et puissant drame; l'Assemblée passe dédaigneusement sur ces misères, et poursuit son œuvre générale, son œuvre spiritualiste. Elle est bien réellement l'organe de la révolution universelle, quand elle décide, le 14 juillet 1789, que la Constitution française contiendra une Déclaration des droits de l'homme et du citoyen; quand elle abolit, le 4 août, les derniers restes et le dernier prestige de la féodalité; quand elle pose, quelques jours plus tard[1], le principe de la distinction du pouvoir temporel et du pouvoir

____

1. 23 août 1789.

spirituel ; quand elle établit la gratuité de la justice [1], le
jury en matière criminelle [2], et l'appel en matière civile [3],
la publicité des débats [4], l'égalité des partages dans les
successions *ab intestat* entre les héritiers de même degré
sans distinction d'âge ni de sexe [5] ; et l'Assemblée législative ne fait que suivre les traces de sa devancière, quand
elle appelle par un décret [6] tous les bienfaiteurs de l'humanité à jouir en France des droits de citoyen. En vertu
de ce décret, Thomas Payne, Anglais, siégea parmi les
juges de Louis XVI. Ce représentant du peuple français
ne savait pas la langue de sa patrie adoptive. Chaque jour
on entendait proclamer au nom de Dieu, dans le sein de
l'assemblée, le droit éternel. Les grands orateurs faisaient
de la tribune une chaire, entourée de vingt-six millions
de disciples. Ces chefs de la première Révolution avaient
le langage, les tendances, le caractère des sectaires religieux. Ils en eurent aussi la destinée [7].

Si la Révolution française s'était bornée à des réformes
intérieures, si elle n'avait pas sans cesse rappelé le droit,
et promulgué en quelque sorte la morale, non-seulement
elle n'aurait été qu'une réforme, mais encore elle n'aurait
été que française. Or, on ne peut nier qu'elle a été universelle. Les réactions qui l'ont suivie, et qui ont triomphé
dans la plupart des États, n'ôtent rien à cette vérité. Cette
date de 1789 est la grande date de tous les peuples. Beaucoup d'institutions sont tombées à cette date ; celles qui
ne sont pas tombées se sont transformées ; quelques-unes
qui paraissent vivre, ne sont plus que des ombres. Dans
la pratique de tous les peuples et dans la spéculation de
tous les peuples, est la trace philosophique de la Révolution française. Les écrivains et les publicistes qui la combattent la subissent malgré eux. Ils sont comme illuminés
de ses éclairs.

1. 4 août 1789. — 2. 30 avril 1790. — 3. 1er mai 1790.
4. 19 janvier 1791. — 5. 12 mars 1791. — 6. 10 août 1792.
7. Voyez M. de Tocqueville, *l'Ancien régime et la Révolution*, liv. I, chap. III.

Le malheur de la Révolution, c'est que les événements ont nui à la marche de l'idée. Les intérêts, comme il arrive, se sont jetés à la traverse des principes. Au lieu de poursuivre avec sérénité l'œuvre de la Constituante, des démagogues sont venus qui, ne sachant pas attendre, et désespérant de convaincre, ont remplacé le droit et la démonstration par la force. Aussitôt le caractère philosophique de la Révolution s'est effacé. Les luttes de parti ont énervé l'esprit public, les coups d'État et les usurpations se sont succédé, et les gouvernements n'ont pensé qu'à se maintenir, abandonnant tour à tour quelqu'une des doctrines de l'Assemblée constituante, à mesure qu'ils avaient besoin de consolider leur conquête et de s'armer contre la liberté. C'est le malheur des temps agités que l'individu se défie toujours du pouvoir qui se fortifie, et que le pouvoir s'efforce toujours de contenir l'essor de l'individu. On ne songe de part et d'autre qu'au parti, et non au pays. A un moment, le drapeau libéral et révolutionnaire s'est trouvé dans les mains d'une bande de parvenus qui n'aspiraient qu'à restaurer à leur profit les places, les honneurs, les priviléges, dont ils avaient violemment dépouillé les royalistes. Des représentants du peuple qui, pendant leurs missions, avaient fait régner l'égalité par la terreur, se transformèrent en courtisans dans les salons du Directoire ; ils devinrent comtes ou barons sous l'Empire et prêchèrent la doctrine de la monarchie absolue. Le peuple, en voyant défiler ces sénateurs affublés de leur manteau de soie, se rappelait la carmagnole et l'écharpe républicaine. Encore si on avait rougi de ces conversions effrontées ! Mais on cherchait à les expliquer, à les justifier, à les glorifier ; on inventait d'incroyables sophismes pour montrer qu'on était toujours dans la révolution et dans la même révolution ; on commençait à préférer ouvertement l'habileté à la conscience, et à prétendre que le véritable homme politique était celui qui se maintenait aux affaires sous tous les gouvernements. On appelait cela servir le pays. Ce n'était pas la faute de Fouché s'il l'avait servi comme moine sous l'ancien régime, comme tribun sous la Terreur, et comme duc d'Otrante sous l'Empire. Dans les Cent-Jours, presque tous ceux qui tenaient la tête de la société par leur position officielle donnèrent l'exemple de trois ou quatre apostasies en moins de trois mois ; on ne les comptait plus. Quand, le sénat, ce même sénat dont Napoléon disait : « Un signe de ma part était un ordre pour le sénat, qui toujours faisait plus qu'on ne désirait de lui[1] ; » quand ce sénat courut avec empressement au-devant de l'invasion, ne songeant dans le malheur de la patrie qu'à stipuler la conservation de son argent, il ne fut que conséquent avec la nouvelle doctrine qu'il avait déjà pratiquée et enseignée. Il restait au pouvoir et gardait ses dotations, par excès de dévouement patriotique ! Les gouvernements tour à tour chassés et rappelés étaient à peine plus scrupuleux. Ils gardaient les mêmes ministres et les mêmes laquais. On en était quitte pour les frais d'une cocarde et d'une aune de galon. A quinze jours de distance, le même homme envoyait des royalistes en prison, ou courait sus aux bonapartistes. Un chef de corps mettait son habit de gala, courait dans une salle où il y avait la plupart du temps un crucifix et le buste fraîchement replacé d'un souverain, et après une exhortation énergique qui ne fait ni rire ni trembler personne, car l'apostasie, à force d'être vulgaire, ne paraissait plus ni odieuse ni grotesque, il recevait, pour l'empereur ou pour le roi, le serment des fonctionnaires, sauf à recommencer quinze jours après. Que de grands hommes nous avons vu conduire au cimetière avec toute la pompe publique, entourés des hommages de la société officielle et des respects de l'opposition libérale, et qui seraient couverts d'opprobre si l'on mettait sur leur tombeau, pour unique épitaphe, la liste et la date de tous leurs titres ! C'est par cette

1. Proclamation de Napoléon à l'armée, 5 avril 1813.

conduite et ces spectacles qu'on transforme la politique en une science d'expédients, et qu'on en bannit la morale.

2. Aucune loi écrite, aucune constitution ne peut se passer de la loi naturelle.

Cet oubli momentané des principes serait doublement malheureux, si, en même temps qu'il abaisse le caractère national, il venait en aide aux théories de ceux qui ne veulent voir dans la Révolution que des violences, et dans la société moderne qu'une lutte entre les intérêts, que ne gouverne aucun principe fixe. La société, en quittant le joug des religions d'État pour entrer en possession de la liberté, n'a pas pu et n'a pas voulu se soustraire à la loi naturelle, sans laquelle la liberté ne serait ni souhaitable ni réalisable. Si je puis prendre impunément la vie, les biens et l'honneur de mon voisin, c'est-à-dire, en d'autres termes, s'il n'y a pas de morale et si l'ensemble des préceptes qu'on décore de ce nom n'est qu'une création de l'intérêt social, alors, je le reconnais, l'homme est un loup pour l'homme, « homo homini lupus, » et les chefs des peuples n'ont rien à respecter. Mais si la loi naturelle existe, si elle est écrite dans nos consciences par la même main qui a constitué notre être et fondé l'univers, il n'y a pas de sophisme au monde qui puisse soustraire les diverses communautés humaines à cette éternelle loi de l'humanité. On peut sortir d'une religion positive, mais on ne peut sortir de la religion naturelle, sans sortir de l'humanité en même temps.

Le premier caractère de la loi morale, c'est son universalité. Elle ne serait pas obligatoire, si elle n'était pas universelle. Elle oblige évidemment tout le monde en même temps que moi-même. Je la subis, je l'impose. Dès que vous faites acception des temps, des lieux, des personnes, la conscience proteste, la loi est violée. On me

dit : « Tu ne tueras point ! » J'entends cela parce que la
règle est universelle et absolue ; mais si on vient soutenir que cette règle est bonne pour moi et non pour un
autre, qu'elle est obligatoire aujourd'hui, sur ce coin de
terre, et qu'elle perd ailleurs son empire, elle n'est plus
à mes yeux qu'un mensonge dont on veut leurrer mon
esprit, une injuste entrave imposée à ma liberté. « Tu ne
voleras point ! » Que ce soit la règle, pourvu qu'elle nous
enchaîne tous à jamais. Je veux bien vivre et mourir dans
la pauvreté. Je veux bien que mon enfant manque de nourriture et de remède à la porte du riche. J'accepte la loi,
si c'est une loi. Si c'est une convention et une imposture,
je la foule aux pieds. On ne se sacrifie qu'à ce qui est
éternel.

N'est-ce pas insulter au bon sens, à la logique, à l'humanité, que d'imposer une loi à l'homme quand il est
seul, et de l'en affranchir quand il s'associe à d'autres
hommes ? Si je dirige ma vie privée par mon intérêt sans
tenir compte de la loi morale; je serai condamné, je serai
infâme, et si l'on me donne à gouverner le corps social et
que je le gouverne d'après les mêmes principes, je serai
absous ? La morale des grands rois sera la même que celle
des voleurs de grands chemins ? On pendra ceux-ci, on
adorera ceux-là, et ce sera bien ? Il y aura je ne sais quel
méprisable sophisme, déguisé sous le nom de raison d'État
qui aura plus de force aux yeux d'un pays, aux yeux de
la postérité, que la justice ? Non, s'il y a un Dieu, et s'il
y a une morale, il ne se peut pas que la morale ne soit
immuable. La France a trente-six millions d'hommes; la
Grèce en a à peine un million ; Athènes était une bour-
gade. Est-ce que les chefs de cette petite république athé-
nienne jouissaient, pour si peu, de l'impunité ? Que les
défenseurs de la raison d'État nous disent combien il faut
être d'associés pour avoir le droit de se railler de la vérité
et de la justice.

C'est pitié de voir des hommes prendre et quitter une

doctrine au gré de leurs passions, sans comprendre à quel point ils se dégradent. Tel qui n'a que les mots d'honneur et de probité à la bouche, et dont la parole est sacrée dans les transactions privées, fera un parjure politique sans hésitation. Tel homme de bien qui sacrifierait sa fortune plutôt que de faire tort à un concitoyen, votera dans une assemblée pour spolier tout un peuple, et aura la conscience tranquille. Cependant, vienne l'émeute, vienne la révolution, et vous les entendrez tous invoquer le droit, parler de justice et de sacrifice. Ils se souviennent de Dieu alors, comme l'impie dans un naufrage.

3. Il faut obéir à la loi naturelle lors même que ses prescriptions sont ou paraissent être contraires à l'intérêt commun.

Je sais bien que l'on dit quelquefois que la justice même et l'intérêt se confondent quand il s'agit de l'intérêt de la société. C'est une proposition bien générale, et qui est à bon droit suspecte, car elle a servi à couvrir bien des infamies. Sans doute on peut prétendre que Dieu étant bon, il fait bien tout ce qu'il fait ; qu'ayant jeté la société humaine sur la terre, il la conduit et la dirige lui-même à travers le temps ; que l'intérêt de l'humanité ne peut pas être différent de son devoir ; et que, le genre important plus que l'individu, chacun de nous, peut être sûr de faire ce qu'il doit, quand il se sacrifie au bonheur de la famille humaine. Mais la question est de savoir s'il nous est loisible de quitter ainsi le principe pour la conséquence, et si nous avons été faits pour connaître aussi infailliblement la conséquence que le principe. Or, il n'en est rien, et il suffit de regarder en nous-mêmes pour nous en convaincre. Prenons d'abord la notion du devoir que chacun de nous trouve au fond de sa conscience. Quel est le caractère propre du devoir ? N'est-

ce pas d'être impérieux, et, pour ainsi dire, invincible?
Il entraîne si visiblement le sentiment d'obligation, que
c'est à ce signe surtout que je le reconnais. Le devoir est
ce que je ne puis pas ne pas faire, sans me dégrader,
sans sentir le remords. J'ai beau entasser les sophismes
au profit de mes passions : dans l'exaltation même de
mon plaisir, le devoir parle, et il m'arrache à la volupté
coupable. Un sentiment contraire et tout aussi énergique
naît spontanément de l'exercice du devoir : un sentiment
de paix et de force. Je me sens dans l'ordre, en faisant
le devoir; je me sens à ma place, je sens que je deviens
meilleur, plus grand, plus digne de Dieu. Le devoir accompli est, comme la vérité découverte, une prise de possession de l'être; le devoir violé est, comme l'erreur, un
amoindrissement, une déperdition de la force humaine.
Voilà le devoir. Qu'est-ce que l'intérêt? Moins que rien,
si je le prends en lui-même : un fait, un accident; rien
de général et d'universel. Il se compose de tous nos désirs, de toutes nos affections, troupe indisciplinée qui ne
devient vraiment puissante que sous le joug de la justice. S'il s'agit de nous, l'intérêt change tous les aspects
et nous change nous-mêmes; s'il s'agit de l'ensemble, il
n'arrive jamais qu'à des systèmes dont la valeur dépend
de la force de notre esprit, de la nature de notre âme.
Chaque homme rêve le bonheur de l'humanité en songeant
à soi, et les plus désintéressés nous rendent au moins
dupes de leurs goûts et de leurs rêveries. Même quand
l'intérêt est légitime, il n'en résulte rien pour lui, sinon
qu'il n'est pas nécessaire de le combattre. Et cette légitimité, qui n'est qu'une vertu négative, où la puise-t-il?
Dans la justice; car c'est uniquement parce qu'il ne la
blesse pas qu'il est légitime; de sorte que ce n'est pas
lui, l'intérêt, qui est le principe, mais la seule justice,
reine et maîtresse de toute action et de toute liberté. Le
devoir n'est pas un conseiller, c'est un maître. La volonté
évidente de Dieu est que nous nous soumettions sans

cesse à lui, dans nos sentiments, dans nos pensées, dans
nos actes, dans l'ordre des choses privées et dans la vie
publique : c'est la lumineuse colonne vers laquelle doit
tendre sans cesse l'humanité, comme un navire guidé vers
un phare au milieu des orages. « In regno nati sumus :
Deo parere libertas est[1]. » Attachons-nous donc, il le faut,
à la loi morale telle que la conscience nous la montre. A
elle seule. Il est impie de la rejeter; il est dangereux et
funeste de l'interpréter. On ne doit ni limiter l'autorité de
la morale, comme ceux qui veulent la chasser de la politique, ni l'assujettir à un système, comme ceux qui, sous
prétexte que la justice s'accorde avec l'intérêt commun,
prennent l'intérêt commun pour règle et pour étoile,
préférant les chances si souvent trompeuses d'un calcul
à l'inflexible et inviolable avertissement de la conscience.
Si une fois nous calculons, si nous pesons les chances,
au lieu d'obéir purement et simplement à la loi, la passion aura beau jeu avec nous; elle se glissera dans nos
raisonnements, elle nous fera voir avec ses yeux. Nous
viserons à la profonde politique. Nous n'aurons plus ni
assez de sens, ni assez de cœur pour rester simples et
justes.

La fameuse doctrine de la glorification du succès n'est
que la théorie des deux morales transportée de la politique
dans la philosophie et dans l'histoire. De même qu'en politique on abandonne la règle morale sous prétexte qu'il
sortira de cette violation du devoir un grand avantage pour
l'État, de même en histoire toutes les fois qu'un grand but
est atteint, on couvre, pour ainsi dire, de ce manteau de
gloire les fautes et les crimes du début, et l'on nous dit,
on ose nous dire : « Cela était juste, malgré les prescriptions de la morale ordinaire, puisqu'en définitive cela
a été grand. »

A l'aide de cette fausse maxime, des penseurs d'élite,

---

1. Sénèque. *De vitâ beatâ*, cap. xv.

qui ont eu le tort de considérer la philosophie non comme
le principe, mais comme la conclusion de l'histoire (c'est
grand'pitié quand le valet chasse le maître), ont entrepris
de réhabiliter Louis XI, Richelieu, la Terreur, tous ceux
qui ont fait de grandes choses par de grandes injustices.
Certes, Louis XI aux yeux de la morale était un fourbe et
un traître. Il n'a connu ni l'amitié, ni la reconnaissance,
ni la justice, ni l'humanité. Son premier acte politique a
été de se révolter contre son père ; le grand but de sa vie a
été d'écraser la maison du bienfaiteur de sa jeunesse. Un
serment, un parjure, ne lui coûtait rien. Il faisait accrocher
un homme à la première branche venue, sans forme de
procès, au gré de son intérêt ou de sa colère. Ses ministres passaient, sans transition, de son conseil dans les
cages de fer dont il est l'inventeur. Il les y laissait pourrir. Cependant cet homme sans foi, sans justice, sans humanité, ce tyran, car jamais personne plus que lui ne mé-
rita d'être flétri d'un tel nom, se verra réhabilité dans
l'histoire, mis au rang des grands rois et presque des
grands hommes, parce qu'à force de cruautés et de mensonges, il a pu ajouter quelques provinces à la carte de
la France, ou parce qu'il a contribué, dit-on, à fonder
l'unité nationale en affaiblissant les grands vassaux. Richelieu a la même fortune. Ne croyez pas qu'on le loue
seulement de sa politique européenne, favorable à l'as-
cendant de la France, ni de ses grands établissements à
l'intérieur : on lui sait gré du sang qu'il a versé et des
lois qu'il a violées : tant on sent de tendresse pour l'injustice qui profite ! Il est bien clair que Louis XIV, en réduisant les chefs des maisons féodales à n'être que des valets
dans sa cour, a concouru, je ne dis pas à l'unité, mais à la
centralisation du royaume. Il est grand pour cela, et même,
dit-on, nécessaire ; car on ne s'arrête pas dans cette fureur
d'amnistier, et on en vient jusqu'à bénir le despotisme
comme un instrument de la Providence. Ces faux jugements sur l'histoire mènent tout droit à des conséquences

immorales. Si Charles IX a eu tort de faire la Saint-Barthélemy, c'est parce que ce vaste égorgement n'a pas ter-
miné les guerres de religion; bourreau, parce qu'il a
échoué, grand homme s'il eût réussi. Même sentence sur
Louis XIV. (Je ne parle pas ici du Louis XIV qui a vaincu
et gouverné l'Europe, et qui a eu Colbert pour ministre;
mais du pénitent du P. Le Tellier et de madame de Main-
tenon.) Louis XIV aurait eu raison de révoquer l'édit de
Nantes, si l'hérésie avait été dangereuse, et si les dragonnades l'avaient extirpée. Depuis César jusqu'à la terreur,
nous ne trouvons que l'application en grand de cette doctrine de l'immolation de la justice à un intérêt public. En
histoire, le succès, en politique, l'intérêt; c'est, sous prétexte de deux morales, la négation de la morale. C'est la
morale chassée de la politique, qu'elle devrait gouverner
en souveraine absolue. Peu s'en faut, en vérité, que les
théoriciens dont je parle ne nous convient à admirer
l'égoïsme des grands hommes qui ont tout sacrifié, et
même la morale et la justice, à la splendeur d'un règne
ou à la prospérité d'un peuple. Comme si un véritable
bien pouvait jamais sortir du mal [1], ou comme si la première de toutes les grandeurs n'était pas celle du devoir
accompli.

Notre jugement est si faible, et nous avons tant de
peine à pénétrer jusqu'à la nature des choses, que nous
nous sentons comme poussés malgré nous à les estimer
par leurs conséquences, à peu près comme nous en croyons
les hommes sur parole, ne pouvant pas lire dans le fond
des cœurs. Il n'y a pas d'esprit que ne fascine le mot de
victoire. Et pourtant qu'est-ce qu'une victoire? C'est la
pluie tombée à propos; c'est le vent qui aurait pu souffler
au midi, et qui a soufflé au nord. On dit : « Bonnivet fut
un mauvais général, car il conseilla la bataille de Pavie. »

1. Ἀνάγκη γὰρ χρόνῳ ποτὲ ἐκ τῶν ψευδῶς ἀγαθῶν ἀληθὲς συμβῆναι
κακόν.) Arist. *la Politique*, livre VI, chap. x, § 5. Trad. franç., par
M. Barthélemy Saint-Hilaire, t. II, p. 245.)

On pourrait peut-être dire plus justement : « Condé fut un mauvais général, car il livra la bataille de Rocroy. » De même en morale. Néron, s'il était mort sur le trône, entouré de ses flatteurs comme Auguste, ne serait pas Néron aux yeux de la postérité. Telle est la perversité de nos jugements, et la lâcheté de nos cœurs. Apprenons que la loi morale existe par sa propre force. Rien ne peut me grandir ou me flétrir, de ce qui ne dépend pas de ma volonté libre[1].

Les apologistes du succès sont de deux sortes. Il y en a qui admettent la justice, et l'autorité universelle et absolue de la justice; mais ils soutiennent que la justice serait violée, si Dieu permettait ici-bas, même pour un temps, le triomphe d'une mauvaise cause. Ainsi la théorie du succès ne s'introduit chez eux que de seconde main. Les charmes qu'ils prêtent à la victoire et à la force ne sont qu'un éclat emprunté. D'autres, meilleurs logiciens, quoique détestables moralistes, vont plus loin dans la même thèse. Ils ne se croient pas obligés de soutenir cette absurde gageure, que toute cause qui réussit doit être juste. Au lieu de transformer la justice pour l'accommoder au succès, ils la limitent, ils lui font sa part. Ils lui tracent sa sphère d'action, afin de pouvoir se passer d'elle dans les occasions solennelles. Pour ceux-là, l'intérêt n'a pas besoin de s'appuyer sur un sophisme et

---

1. Πολλαὶ γὰρ δὴ φυγαὶ καὶ διώξεις ἀτέκμαρτοι γεγόνασί τε καὶ ἔσονται. Διὸ φανερὸν ὅρον τοῦτον οὐκ ἄν ποτε λέγοιμεν, ἀλλ' ἀμφισβη-τήσιμον περὶ καλῶν ἐπιτηδευμάτων καὶ μὴ, νίκην τε καὶ ἧτταν λέγοντες μάχης. Ἀλλὰ περὶ αὐτοῦ ἑκάστου ἐπιτηδεύματος πειρώμεθα λέγοντες πείθειν ἡμᾶς αὐτούς· νίκας δὲ καὶ ἥττας ἐκτὸς λόγου τανῦν θῶμεν. « Il y a eu et il y aura encore bien des défaites et des victoires dont il est difficile d'assigner la cause. Ne nous servons donc point des batailles gagnées ou perdues comme d'une preuve décisive de la bonne ou de la mauvaise disposition des lois : c'en est une preuve fort douteuse... Voyons plutôt ce qu'il nous faut penser de chaque institution en l'examinant en elle-même, et en mettant à part les défaites et les victoires. » (Platon, *les Lois*, liv. I, p. 638 A, traduction de M. Cousin, t. VII, p. 37.)

de prendre un faux air de vertu. Il ne vit pas d'une vie d'emprunt, « mole suâ stat. » Il tire son droit de lui-même, ou plutôt, il est au-dessus du droit. Il est la raison d'État. « Salus populi, suprema lex [1]. »

Mais la forte et simple loi de la justice éternelle condamne avec une égale énergie ceux qui regardent le succès comme le signe de la justice, et ceux qui le regardent comme l'absolution de l'injustice.

Ni si haut, ni si bas. Le succès n'appartient pas toujours aux justes, et il ne justifie jamais les coupables. Voilà la vérité, sans faiblesse et sans exagération. Après l'avoir constatée, après avoir établi fermement qu'il faut estimer les choses humaines par la morale, non par le profit, il est consolant de pouvoir ajouter qu'en thèse générale, et malgré des exceptions éclatantes, c'est la cause juste qui réussit. La Providence permet parfois le triomphe du mal, pour que nous ne puissions douter de la vie à venir, et pour que nous apprenions à nous attacher uniquement à la morale; mais gardons-nous de prendre l'exception pour la règle, et de fournir une excuse aux âmes faibles en proclamant le divorce éternel du succès et de la justice. La vertu peut servir avec Épictète, ou régner avec Marc Aurèle. Ne faussons pas l'histoire pour fausser la morale. Ne disons pas que le succès a pour condition nécessaire l'injustice, afin de trouver dans cette prétendue nécessité le prétexte d'une nouvelle morale qui ne serait que la négation de la morale. N'augmentons pas à plaisir le nombre des victimes pour appuyer une inconséquence sur un mensonge. Tenons-nous à égale distance de ceux qui glorifient le succès et de ceux qui nient le progrès.

1. Regio imperio duo sunto; iique præeundo, judicando, consulendo prætores, judices, consules appellantur... Ollis salus populi suprema lex esto. » (Cf. Cicer., *De leg.* III, m. Tr. fr., t. XXVII, p. 210.)

4. Quoique la justice puisse succomber pour un temps, elle finit toujours à la longue par l'emporter, et c'est ce qui constitue le progrès.

Ce qui grandit à nos yeux le nombre des défaites de la vertu, ne serait-ce pas l'indignation qu'un tel spectacle nous inspire? Quand le succès et la vertu vont de compagnie, cela nous semble tout uni et tout naturel, c'est l'ordre même des choses; mais les exceptions nous arrêtent, elles nous émeuvent, elles nous épouvantent. Elles restent dans nos souvenirs comme des points de repère sinistres; et ces grandes injustices qui ne sont que d'éclatantes et funestes exceptions, dénaturent pour nous le caractère de toute l'histoire.

D'ailleurs, est-on bien sûr de ne pas se tromper d'une autre manière, en confondant la fortune des hommes avec celle des principes? Voilà, par exemple, dans Athènes, Anytus et Socrate aux prises. Qu'est-ce qu'Anytus? Un prêtre des faux dieux de la Grèce, exerçant pour quelque profit un sacerdoce méprisé, prêchant une théogonie à laquelle il ne croit pas, et qui trompe tout au plus la lie du peuple : homme sans honneur, sans considération, sans vertu, sans talent, qui attaque dans Socrate la sagesse et le désintéressement poussés jusqu'à l'héroïsme. Qui l'emporte dans cette lutte? C'est Anytus, si vous regardez les hommes; c'est Socrate, si vous regardez les principes. Oui, c'est Socrate, car, le lendemain du jour où il a bu la ciguë, Platon et Aristote peuvent parler librement dans Athènes, et la postérité leur appartient. Descendons dans l'histoire, traversons quatre siècles. Voici le plus grand de tous les vaincus : Jésus-Christ crucifié. Les fidèles qui pleurent au pied de sa croix infâme croient-ils que tout soit fini avec sa mort? Ils pleurent! mais cette défaite d'aujourd'hui est le plus grand de tous les triomphes dont l'histoire ait gardé le souvenir. La persécution de l'idée chrétienne commence à cette croix, et elle dure quatre siècles. Dans ces prétoires où les apôtres sont traînés les mains liées, dans ces cachots où ils luttent contre la faim, dans ces arènes où on les expose aux bêtes, dans les catacombes où ils cachent leurs mystères et leurs espérances, croient-ils donc le Christ vaincu, parce qu'ils meurent? Attendez encore, et vous allez voir luire la première aurore de la liberté. Comment sera-t-elle saluée dans le monde? Apparemment par des cris de joie? L'esclave qu'on veut affranchir va porter en triomphe ses libérateurs? Hélas! les défaites sont de tous les jours, et le succès n'arrive qu'après bien des siècles. Il coûte des siècles d'attente, il coûte du sang; mais il arrive.

Quand une cause est juste, il faut tôt ou tard qu'elle triomphe. Voilà le vrai, le définitif[1]. Cela n'empêche pas l'obstacle d'exister. L'obstacle, il y en a de toutes sortes : l'ignorance, la force brutale, l'espace, le temps, tout ce qui nuit, tout ce qui arrête. Ceux qui font un si grand étalage des succès de César croient que César est quelque chose, mais César n'est rien. Il n'y a que le principe, il n'y a que l'idée qui importe. Prenez l'histoire par ce côté-là, et vous ne verrez pas de si fréquents divorces entre le succès et la justice.

L'unique règle de la liberté, c'est le devoir : la loi constante, la loi consolante de l'histoire, c'est le succès de la cause juste. Il ne faut pas remplacer l'avertissement de la conscience par un système et regarder le succès comme le signe de la justice; et il ne faut pas, même en suc-

---

1. Ἀλλὰ μὲν οὐχ ἥ γ' ἀρετὴ φθείρει τὸ ἔχον αὐτὴν, οὐδὲ τὸ δίκαιον πόλεως φθαρτικόν. «Non, certes, la vertu ne ruine pas celui qui la possède, la justice n'est point un poison pour l'État.» (Arist., *Politique*, livre III chap. vi, § 1. Trad. fr., t. I, p. 263.)

combant, douter de la vertu, et du triomphe futur de la
vertu. Si la bataille dure longtemps, l'armée qui sera
victorieuse le soir peut perdre des soldats à toutes les
heures de la journée. Loin de se nuire, ces deux doctrines, nées de la même pensée, se fortifient l'une l'autre;
car la première donne de la sûreté à la décision, et la seconde de la douceur au sacrifice.

Le plus grand bienfait de Dieu et la plus chère consolation de la vie, c'est cette souveraineté paisible et incon-
testée de la conscience morale, en dehors de nos dissen-
sions et de nos systèmes. Dans nos temps agités, où les
petites révolutions se succèdent dans la grande, à quoi
voulez-vous attacher vos espérances? Les partis mêmes
se divisent et tombent en poussière. Les hommes politiques s'entr'égorgent dans un même parti comme des forçats
rivés à la même chaîne. Ce ne sont que défections, trahi-
sons. Chacun s'élève un autel. On risque d'avoir aidé une
ambition en voulant donner sa vie pour une idée. On
croit au dévouement, à la vertu, à la fermeté des convictions; et l'on se voit souvent réveillé par d'abominables
apostasies. Ceux qui restent fidèles à leur parti, plus honnêtes sans doute, ne restent pas toujours fidèles à leurs
idées. Ils se promettent de profiter de leur chute pour
changer de conduite et de principes s'ils reviennent au
pouvoir. En dehors de la politique, l'anarchie est la même :
il n'y a pas de grande école ni de grande passion dans les
arts; la philosophie est entraînée par une sorte de mode
vers un panthéisme mal défini : triste refuge pour des
âmes tourmentées; en histoire, on sacrifie tout à l'érudition, souvent à une érudition nécessairement stérile, et
si l'on fait encore un peu d'histoire générale, c'est pour
plier les faits et les théories aux exigences de partis sans
grandeur. Ces dernières années ont vu éclore à défaut
d'école, une petite secte d'esprits ingénieux, subtils et
indifférents qui se font gloire de tout connaître, de tout
critiquer et de n'être gênés par aucun préjugé, c'est-

à-dire au fond par aucune croyance ; qui extraient, pour ainsi dire, la quintessence des systèmes, et les réduisent à une sorte de poésie dont ils aiment le sens général sans y adhérer trop expressément, et sans prendre d'ailleurs aucun souci des détails : épicuriens de la science, qui jouent avec les idées, et rendent le scepticisme contagieux en l'entourant de l'appareil de l'érudition et des charmes du style, et en lui donnant, par intervalle, à force d'éclectisme et de belle indifférence, les apparences et l'air d'autorité d'une doctrine.

Le remède à cette misère des écoles, à cet abaissement des systèmes, à cette invasion de l'indifférence, c'est de se rattacher avec énergie à la morale, et à cette élite de cœurs généreux, d'esprits vaillants, écrivains, hommes publics, vieillards éprouvés dans les luttes de la vie, jeunes hommes aux convictions ferventes, qui, divisés sur des points de détail, s'accordent sur l'honneur et sur la vertu, et sont au milieu de nous, par leurs mœurs plus encore que par leurs doctrines, comme une protestation vivante contre les envahissements de la corruption et du scepticisme. A leur exemple, à leur suite, ravivons dans nos cœurs les mâles doctrines du stoïcisme, épurées par la pensée chrétienne. Prenons le devoir pour règle de nos jugements et de nos actes. Dans la vie privée, aimons-le surtout quand il vient accompagné de sacrifices parce qu'il est alors plus sûr et plus grand. Dans la vie publique, jugeons tout, décidons de tout par cette lumière : l'utilité, le profit, même l'utilité la plus générale ne doivent venir qu'après. Exagérons la probité : c'est une belle sorte d'exagération, dont on n'a pas encore abusé. Sachons préférer à certaines victoires une noble défaite. Comptons sur l'avenir, introduisons l'immortalité dans nos calculs. Si le sentiment de l'immortalité pénètre dans cette société, on s'y accoutumera du même coup aux longues échéances. Nous ne sommes pas de simples usufruitiers, si notre âme est immortelle, si notre cause est éternelle.

Creusons stoïquement le sillon dans lequel les révolutions pourront ensevelir nos os, mais avec la pensée que la récolte ne sera pas perdue.

Quand même il serait vrai que le devoir fût en tout temps un sacrifice pour les hommes et pour les peuples, il faudrait encore embrasser le devoir, parce que tout est préférable à une prospérité mal acquise. Même dans l'absurde hypothèse de la séparation constante du succès et de la justice, c'est la justice qui serait la bonne part. Heureux les peuples, heureux les hommes qui n'ont pas à rougir de leurs succès ! La loi est la loi ; il faut en tout temps lui obéir, coûte que coûte. C'est n'être pas assez honnête que d'avoir seulement hésité devant un devoir austère. Celui qui ne sent pas dans sa conscience qu'il préférerait mille fois le rôle de Caton à celui de César doit se défier de son cœur !

CHAPITRE II.

FAITS HISTORIQUES.

1. De l'état des personnes en France avant la Révolution. — 2. Du pouvoir royal en France à l'époque qui a précédé la Révolution. — 3. De l'opposition des parlements. — 4. De l'appel aux états généraux. — 5. Des causes de la durée du pouvoir absolu en France. — 6. Les préludes de la liberté. — 7. Réformes opérées par l'Assemblée constituante.

1. De l'état des personnes en France avant la Révolution.

Pour faire connaître la nature de la liberté, nous en étudierons l'histoire dans notre pays. On verra clairement en quoi elle consiste, en apprenant comment elle est née.

Lorsque l'Assemblée constituante se réunit en 1789, la nation était encore composée de deux castes, les nobles et les roturiers.

Sous cette division principale, il y en avait un grand nombre d'autres. Ainsi, parmi les roturiers, les uns étaient libres, les autres de condition serve. L'abolition du servage dans les domaines de la couronne fut prononcée par un édit de Louis XVI en date du 8 août 1779[1], et le parlement qui l'enregistra deux jours après, y ajouta cette clause : « Sans que les dispositions du présent édit puissent nuire aux droits des seigneurs. »

Le servage n'était pas au dix-huitième siècle ce qu'il avait été au temps de la féodalité. Les seigneurs n'étant plus isolés et tout-puissants, avaient cessé d'être à peu près les seuls juges de leurs propres droits; et l'autorité royale, qui garantissait leurs priviléges, les maintenait en même temps dans les limites consacrées par la coutume ou par les titres de propriété. On peut dire d'une façon générale que les habitants d'une terre étaient soumis à des redevances, à des corvées, et à la justice particulière du seigneur pour les terres auxquelles le droit de justice était attaché.

Le servage pouvait être personnel ou réel. Il était personnel, lorsque les titres de propriété d'un domaine conférait au seigneur la plénitude des droits seigneuriaux sur les serfs nés sur sa terre; le servage personnel était quelquefois aggravé et consacré par le droit de suite ou de poursuite; c'est-à-dire que, si le serf quittait le domaine sans la permission du seigneur, celui-ci pouvait à son gré ou le soumettre à la taille dans son nouveau domicile, ou le contraindre à revenir, ou confisquer et vendre ses biens. Le servage réel était attaché à la possession d'une terre, que le premier possesseur n'avait cédée qu'en réservant ses droits seigneuriaux. Le vassal qui renonçait à la terre ainsi possédée devenait libre de tout vasselage. Une personne libre, un noble, quelquefois

---

1. « Nous n'avons pu voir sans peine, disait le roi dans le préambule, les restes de servitude qui subsistent dans plusieurs de nos provinces; nous avons été affecté en considérant qu'un grand nombre de nos sujets, encore servilement attachés à la glèbe, sont regardés comme en faisant partie, et confondus, pour ainsi dire, avec elle; que, privés de la liberté de leurs personnes, ils sont mis eux-mêmes au nombre des possessions féodales, qu'ils n'ont pas la liberté de disposer de leurs biens après eux, etc. »

même un haut et puissant baron, pouvait, par la possession d'une terre, devenir vassal d'un autre seigneur. Dans
les siècles de féodalité, cette coordination des propriétés
était générale; et il en subsista des traces nombreuses
jusqu'à la Révolution.

La condition des roturiers libres était naturellement
fort différente de celle des serfs, puisqu'ils dépendaient
uniquement de l'autorité royale. C'étaient ou des serfs
affranchis par leur seigneur, ou des serfs affranchis par
charte royale, ou d'anciens nobles tombés en roture pour
avoir perdu leur domaine et cessé de vivre noblement, ou
des familles franches, qui avaient échappé aux entreprises
du baron, et ne s'étaient ni données, ni vendues, ni recom-
mandées. Depuis qu'il y avait des hommes libres, ils s'é-
taient associés de diverses façons; car c'était le seul
moyen de défendre et de maintenir leurs franchises.
Ainsi il y avait d'abord les communes, qui étaient l'association de tous les habitants d'une même ville; puis les
associations par corps de métiers, qui avaient aussi leurs
chartes et leurs priviléges consacrés par la loi civile et par
la loi pénale.

On sait que les communes avaient été affranchies successivement, presque toutes après une insurrection heureuse contre leur seigneur, et dans des conditions souvent
fort différentes. Elles avaient obtenu, ou elles s'étaient
donné des chartes qui consacraient des libertés plus ou
moins étendues, de sorte qu'au douzième siècle, certaines
villes du Midi étaient constituées sur le modèle des républiques italiennes, tandis que, dans le Nord, le système de
l'inégalité et du privilége prévalait dans l'organisation municipale : la commune était libre dans la seigneurie, et
les bourgeois ne l'étaient pas dans la commune. Cette diversité de condition pour les communes entraîna nécessairement les mêmes diversités pour les différents corps
d'état, ou pour mieux dire les mêmes bizarreries; car ces
chartes, nées de circonstances sans analogie entre elles,

et rédigées dans des siècles à demi barbares, consacraient, sous le nom de droits, des priviléges dont il est
souvent impossible aujourd'hui de découvrir l'origine et
le but.

Voilà donc, parmi les roturiers, de profondes différences de condition : les serfs, les hommes libres, et parmi
les hommes libres, les ouvriers et les patrons; les bourgeois égaux et relativement indépendants des municipalités méridionales, et les bourgeois des communes du
nord, à moitié serfs et à moitié libres, entravés par une
foule de règlements, armés de priviléges les uns contre
les autres, assujettis à des coutumes inintelligibles, et
qui variaient quelquefois d'une rue à l'autre dans la même
ville. Les progrès de la civilisation, le grand commerce,
l'étude des lois, produisirent dans la roture une nouvelle
classe qui, sous le nom de financiers et de légistes, ne
tarda pas à balancer à beaucoup d'égards l'influence de la
noblesse. Plus riches et plus instruits que les nobles, ils
employèrent à lutter contre les priviléges de la noblesse
la force que donne l'argent et l'intelligence. Ils furent de
bonne heure secondés dans cette lutte par le pouvoir royal,
qui en fit ses instruments et par conséquent ses créatures.

Cette division de la société en deux classes, dont l'une
avait tous les priviléges et l'autre toutes les charges, remontait à la conquête en passant par la féodalité. Tout
le monde sait que la royauté a soutenu en France une
longue lutte contre le pouvoir féodal, et qu'elle a fini par
l'abattre. Mais elle a détruit le pouvoir féodal sans détruire la féodalité elle-même; l'organisation sociale resta
debout après la ruine de la forme politique; et s'il est vrai
que Louis XI et Richelieu aient changé la nature des rapports entre les classes, il est vrai aussi que ce changement
fut toute autre chose qu'un rapprochement. C'est ce qu'on
ne peut méconnaître quand on se rappelle les phases diverses du développement du pouvoir monarchique.

Sous Charlemagne, avant la naissance de la féodalité, la royauté avait été tout en France. Le héros n'eut que des rois pour successeurs. Sous leurs mains débiles, les fiefs et les arrière-fiefs devinrent héréditaires, de temporaires et ensuite viagers qu'ils avaient été dans l'origine ; ce qui entraîna deux conséquences : l'une que la puissance royale, par l'interposition du seigneur moyen, se trouva reculée d'un degré, quelquefois de plusieurs[1] ; l'autre que le détenteur du fief, soutenu par les propriétaires des arrière-fiefs, et joignant désormais le droit de propriété aux droits d'administration civile et militaire qui faisaient primitivement l'essence du fief, cessa d'obéir aux ordres du roi, et se gouverna sur sa terre avec une entière indépendance. Dès lors, la souveraineté fut considérée comme un des attributs de la propriété, et cette confusion fut proprement l'essence du droit féodal. Quand la doctrine de l'identité de la souveraineté avec la propriété fut partout répandue, le roi de France n'eut plus que l'autorité que lui donnait l'étendue de ses domaines, et celle qu'il devait à l'antériorité de possession, tous les grands fiefs n'étant en définitive que des démembrements de son ancien territoire. De ces deux sources de sa puissance, la première seule était réelle ; la seconde, fondée sur un droit abstrait, était souvent méconnue dans un temps où les abstractions étaient dédaignées et mal comprises, et où le droit se matérialisait, pour ainsi dire, en s'identifiant avec la propriété territoriale. Tant que le domaine des rois fut ainsi restreint, leur souveraineté, en dehors de cette limite, fut précaire et purement honorifique. Même dans le duché de France, les vassaux immédiats s'étaient rendus indépendants par le fait, et les rois furent réduits à conquérir par les armes leur propre domaine. Dans cette campagne en quelque

---

1. Montesquieu, *Esprit des lois*, liv. XXXI, chap. xxvi, édition Hachette, t. II, p. 307.

sorte domestique et dans la lutte qui suivit, la création de
nouvelles communes servit puissamment l'autorité royale
par les ressources directes qu'elles lui fournirent en subsides et en milices, et par l'affaiblissement proportionnel
des seigneurs dont les fiefs se trouvaient entamés et res-
serrés par suite des affranchissements [1]. A la fin du douzième siècle, les rois se virent maîtres chez eux, dans leur
domaine particulier. Aussitôt, de suzerains contestés et
insignifiants qu'ils étaient, ils voulurent redevenir rois
comme au temps de Charlemagne; leurs prétentions naissaient avec leur force. Ces prétentions, quelles furent-
elles? Non de s'emparer de la propriété, des vassaux,
mais de séparer la souveraineté de la propriété, de laisser la
propriété aux mains qui la détenaient, et d'attirer à eux, et
à eux seuls, la souveraineté. La lutte fut longue, et traversa
des phases bien diverses. Le douzième siècle avait rendu
aux rois de France leur duché; le treizième leur rendit leur
royaume: Philippe Auguste, saint Louis et Philippe le Bel,
un guerrier, un saint, un despote, triomphèrent à la fin de
la résistance des grands vassaux. A peine reconstituée,
l'unité de la France fut menacée de nouveau, ou plutôt
détruite par les apanages. C'est seulement à la fin du
quinzième siècle, que, grâce à la politique profonde de
Louis XI, les maisons apanagées de Bourgogne, d'Orléans,
de Bourbon et d'Anjou, cessèrent de se partager et de se
disputer le royaume. En même temps que ce prince abattait
les maisons rivales, il commençait fortement la refonte des
lois et de l'administration. Par lui, pour la première fois
depuis Charlemagne, la France eut de l'unité. Les guerres
d'Italie, au seizième siècle, et, aussitôt après, les guerres
de religion entravèrent une fois de plus le développement
de l'autorité royale. Ces dernières agitations, un moment
contenues par les héroïques mains d'Henri IV, vinrent

[1]. M. Guizot, *Histoire de la civilisation en France*, 3ᵉ édit., in-8,
t. IV, 12ᵉ leçon, p. 107 sq.

4

expirer sous le ministère de Richelieu, qui mit fin à la puissance politique de la féodalité. Il était au-dessus des forces d'un homme d'identifier entre eux les éléments si profondément hétérogènes dont la féodalité et avant elle la conquête avaient couvert notre sol; mais ne pouvant supprimer les différences, il supprima du moins la lutte. A sa mort, le roi était le souverain unique de la France, et les nobles avaient définitivement cessé de régner chacun sur leur terre. Quand plus tard, à deux ou trois reprises différentes, la doctrine féodale de l'identité du droit de propriété et du droit de souveraineté fut invoquée, elle ne le fut pas par les seigneurs, auxquels ne restait que le seul droit de propriété, mais par les rois qui, n'ayant enlevé aux seigneurs que la souveraineté, songeaient à entamer aussi la propriété par la confiscation et l'impôt arbitraire. Cet appel de la royauté à un principe qu'elle avait combattu et détruit, et sur les ruines duquel elle s'était élevée, ne parut aux contemporains que l'égarement du despotisme [1].

On a dit que Louis XI et Richelieu, en fondant le pouvoir royal, avaient du même coup contribué sans le savoir à fonder la liberté, parce que l'égalité qu'ils avaient mise entre leurs sujets en abattant le pouvoir des nobles, était le point de départ nécessaire de la liberté et la condition de son avénement. Sur ce fondement, on s'est complu à grandir démesurément ces deux hommes, et à fermer les yeux sur les manques de foi, les injustices et les cruautés dont ils se sont rendus coupables. Il y a au fond de ces apologies une erreur morale et beaucoup d'erreurs historiques. On se trompe en morale, quand on estime les actions par leur résultat et non par leur cause; on se

---

1. Louis XIV disait à son fils (*OEuvres de Louis XIV*, t. I, p. 57) : « Vous devez être persuadé que les rois ont naturellement la disposition pleine et libre de tous les biens qui sont possédés aussi bien par les gens d'Église que par les séculiers, pour en user en tout temps comme de sages économes, c'est-à-dire suivant le besoin général de leur État. »

trompe en histoire, quand on affirme que l'humanité
n'a jamais qu'une seule et unique route pour aller d'un
point à un autre[1]. Ici, le but atteint, c'est la destruction du despotisme des seigneurs; le moyen employé,
c'est l'affranchissement et l'exagération du despotisme
royal. Or, il est faux qu'il n'y eût pas d'autre moyen d'arriver au même résultat. L'humanité n'est pas tellement
condamnée à la servitude qu'elle ne puisse secouer un
joug qu'à la condition d'en subir un autre. Le joug
forgé par les mains de Louis XI et de Richelieu était plus
solide, sinon plus dur, que celui qu'ils renversaient.
Il n'y a rien à ôter au génie de ces deux tyrans illustres;
mais il y a beaucoup à rabattre sur leurs prétendus services.

D'abord il faut remarquer qu'en promenant sur la
France leur terrible niveau, ils ont supprimé du même
coup le despotisme des seigneurs et les libertés naissantes
des communes. Ainsi, en même temps qu'ils dépouillent
les seigneurs de leurs priviléges, ils dépouillent les citoyens de leurs droits. Il y avait donc tout à la fois, pour
les sujets, un bénéfice et une perte. La perte était bien
réelle, car les municipalités se trouvaient anéanties et
l'esprit municipal avec elles; le gain fut illusoire, puisque
le roi hérita des priviléges qu'il ôtait aux seigneurs. Et
certes, ces priviléges ainsi transférés étaient en bonnes
mains. Ni Richelieu, ni son héritier Louis XIV ne les lais-
sèrent se rouiller.

Quant à l'égalité qu'on prétend qu'ils ont commencée
parce que leur pouvoir s'est étendu jusque sur les seigneurs et les princes, un juge attentif n'y peut voir qu'une
illusion; pis que cela, une équivoque. C'est un singulier
genre d'égalité que celui qui consiste à trembler sous la
même verge. Il résulte sans doute de cette communauté

<hr>

[1]. Cf. M. Edgar Quinet, *Philosophie de l'histoire de France*, dans ses
OEuvres complètes, t. I, p. 358 sq.

d'esclavage que celui qui tient la verge est le maître de
tous les sujets; mais il n'en résulte pas le moins du
monde que tous les sujets soient égaux entre eux. La condition du seigneur est empirée, celle du vassal n'est pas
améliorée. Il n'était pas plus difficile à Richelieu de tuer
Cinq-Mars que de pendre un manant; mais il serait ridicule d'en conclure que le manant fût devenu l'égal de Cinq-
Mars.

La vérité est que la révolution commencée par Louis XI,
achevée par Richelieu, a été purement et simplement une
transformation de la nature du privilége; voilà toute leur
œuvre. Le privilége a régné, sous eux et après eux, dans
toute sa force. Il était encore, sous Louis XVI et jusqu'à
la révolution de 1789, le seul et unique fondement de la
législation française.

Certes, il n'y a rien de plus opposé que le pouvoir
royal et le pouvoir féodal qu'il remplaçait. Le pouvoir
féodal était joint à la propriété, et par conséquent concret : le pouvoir royal était abstrait, attaché à la personne
du roi, indépendant de toute terre et de tout domaine.
Le pouvoir féodal mettait les relations de vasselage et de
féodalité au-dessus des relations de nationalité, parce
qu'il faisait comme un état spécial de chaque seigneurie,
avec des lois, des mœurs et des intérêts particuliers; il
était organisé en vue de l'avantage de la noblesse, et né-
gligeait complétement les intérêts de la roture : le pouvoir royal put s'inquiéter de la gloire et de la force de la
nation au dehors; il put faire des lois dans l'intérêt du
peuple, établir quelque unité dans l'administration et
dans la législation, entreprendre des travaux de longue
haleine, et porter ses vues au delà de l'horizon qu'on
peut embrasser du haut d'une tour. Il est clair que la
féodalité, malgré sa hiérarchie, qui ne devint régulière et
savante que quand le principe périssait, était un dissolvant.
Disons, si l'on veut, que le pouvoir royal a mieux mené
la France que ne l'aurait fait la tyrannie féodale; mais

n'en concluons pas qu'il a préparé la liberté et commencé
l'égalité.

Tout au contraire. Je vais plus loin maintenant, et je
montrerai qu'en enlevant à la noblesse son pouvoir, et en
lui laissant ses priviléges, qui survécurent ainsi à leur
cause, Richelieu a augmenté l'inégalité, creusé un gouffre
plus profond entre les classes.

Nul ne peut contester la déchéance de la noblesse, au
point de vue de l'autorité, à partir de Louis XI, à partir
de saint Louis, si l'on veut. Cette déchéance a été rapide
et complète. On voit déja saint Louis juger même les seigneurs, frapper d'appel tous leurs jugements, les déférer
aux parlements ou cours royales. Il importe peu qu'à l'origine, les cours royales fussent elles-mêmes composées de
seigneurs, puisque ces seigneurs étaient convoqués par le
roi, présidés par lui, et chargés de faire observer sa loi
et sa volonté ; plus tard, ils cédèrent la place aux légistes.
Une réforme analogue s'introduisit dans l'administration.
Louis XI affecta de laisser les vrais seigneurs à l'écart, ou
de les confiner dans des charges de pure décoration, sans
autorité réelle, pour faire gérer toutes les affaires par des
hommes à lui, des parvenus, sans consistance personnelle.
Louis XIV l'imita dans cette politique, qui est la vraie et
constante politique de l'absolutisme. Dans les divers ordres
de l'administration et de la judicature, des magistrats
d'institution royale décidèrent toutes les affaires, eurent
en main tous les intérêts. La noblesse n'eut plus dans
l'État qu'une fonction : celle de combattre. Elle forma le
gros de l'armée française avec ses vassaux, qui restèrent
encore assez longtemps dans l'armée sous sa dépendance
immédiate [1]. En cela même, Louis XIV la harcela. Il établit un ordre du tableau, créa des inspecteurs, fit tout
plier devant l'autorité du grade, et donna les grades à la
faveur ou au mérite plutôt qu'à la naissance, surtout à la

---

[1]. L'arrière-ban fut convoqué pour la dernière fois en 1689.

faveur[1]. L'usage de donner les grandes places sans tenir compte du mérite, dura jusqu'à la fin de la monarchie. En 1740, Louis XV donna à un enfant de treize ans, le vicomte de Turenne, la charge de colonel-général de la cavalerie, qui était d'un détail immense, et qui, depuis la suppression du colonel-général de l'infanterie, était la première place de l'armée après les maréchaux. Le roi donnait ou vendait ces grandes charges, en tirait la finance, permettait d'y faire des profits, et s'appliquait à leur ôter toute autorité véritable. La plupart des emplois n'étaient plus qu'une décoration et une ressource. Les colonels avaient conservé le droit de nommer aux grades subalternes. Ils le perdirent après la guerre de Sept ans, sous l'administration de Choiseul[2].

Ainsi la noblesse, qui avait eu tout pouvoir, n'eut plus aucun pouvoir : voilà, certes, une révolution radicale. Mais cette noblesse impuissante, inutile, ne perdit pas ses priviléges en même temps que son autorité. Elle retint les revenus du pouvoir dont l'effectif lui échappait. La royauté, après avoir tremblé si longtemps devant les seigneurs, les garda comme décoration quand ils ne furent plus bons que pour la parade. Elle les combla de tous les priviléges qui n'étaient onéreux qu'aux roturiers et qui ne faisaient pas obstacle à la puissance souveraine[3].

Le premier (on peut dire que celui-là impliquait tous les autres), était l'exemption presque absolue de la plupart des impôts. Jusqu'au 4 août 1789, toute terre noble fut en principe exempte d'impôt, et tout noble personnel-

1. Voy. les *Mémoires de Saint-Simon*. édit. Hachette, in-8, t. XII, p. 137 sqq.

2. Ordonnance de décembre 1762.

3. « Les droits féodaux qui restent (en 1738) ne nuisent qu'au public, mais sans offusquer la monarchie. Elle a écarté ce qui lui était le plus incommode. » Le marquis d'Argenson. *Considérations sur le gouvernement de la France.*

lement exempt de la taille. Le clergé jouissait des mêmes exceptions; et il était, de plus, dispensé de la capitation et des vingtièmes, moyennant un don gratuit dont le chiffre était toujours très-inférieur à celui que la capitation et les vingtièmes auraient produit. Ce système d'iné-galité était poussé si loin que, dans certaines provinces (Languedoc et Normandie), quand les trois ordres se réunissaient pour tenir les états, les frais du déplacement de la noblesse étaient à la charge du tiers. Il en fut ainsi aux états généraux de 1484. Le tiers état réclama vaine-ment devant le conseil contre cette iniquité; le chancelier lui donna tort.

Cette exemption d'impôts accordée exclusivement à la classe riche et oisive est plus qu'un privilége, plus qu'un déni de justice; c'est une contradiction flagrante [1]. Qu'est-ce que l'impôt? C'est le sacrifice par lequel chaque citoyen achète la protection de l'État. La justice veut que l'impôt et la protection soient également répartis entre tous; mais si l'État ne protége pas également les citoyens, s'il donne à quelques-uns d'entre eux une situation privilé-giée, n'est-il pas évident, en bonne foi et en bonne jus-tice, que ce privilégié doit payer plus cher? que l'impôt doit peser d'un poids plus lourd sur le privilégié que sur le disgracié? Cependant, jusqu'à la Révolution, c'est le contraire qui a eu lieu; le privilégié n'a rien payé, le disgracié a payé pour lui-même et pour son maître. Voilà donc la justice deux fois méconnue, dans la distribution des avantages et dans celle des sacrifices. On frappait d'impôts non les plus capables de payer, mais les plus incapables de se défendre. C'est une société faite à contre-

---

1. La même contradiction existait à Rome. Les patriciens s'attribuaient la jouissance exclusive de l'*ager publicus*; et les terres dont ils jouis-saient ainsi par privilége ne comptaient pas pour le cens. Cette attribu-tion exclusive du fonds commun à l'aristocratie fut l'origine de leurs lois agraires. Le patriciat romain avait au moins, comme la pairie anglaise, l'excuse d'être une fonction.

sens [1]. C'est l'organisation du privilége, et par conséquent
la négation formelle du droit, car le privilége, à le bien
prendre, n'est que l'injustice obtenant une consécration
légale, l'injustice avec les dehors vénérables du droit.

Pendant que le noble jouissait en France de l'exemption d'impôt, il y avait aussi une indemnité pareille en
Angleterre, mais pour qui? Pour les pauvres. L'aristocratie contribuait aux charges de l'État en proportion des
avantages que l'État lui faisait. De même chez nous aujourd'hui, l'administration porte en non-valeur la cote
de tout contribuable hors d'état de payer ou qui ne pourrait payer sans se réduire à la misère; dans la plupart
des villes, au delà d'un certain chiffre de location, la
contribution mobilière est surimposée, ce qui permet
d'exonérer entièrement les loyers inférieurs. Cette mesure est à la fois juste et prudente. Et pourtant, voyez la
différence : l'inégalité qui est aujourd'hui entre les fortunes, ce n'est pas la société qui la fait, car la société ne
connaît plus de castes ni de priviléges; ses lois sont les
mêmes pour tous les citoyens, et l'inégalité sociale pro-
vient de l'inégalité d'aptitude et de travail ou des chances
aléatoires du commerce. Au contraire, sous l'ancien régime, la société était la cause directe des inégalités
sociales; elle les avait créées, elle les maintenait, par la
force et par l'injustice : elle était donc deux fois plus responsable que la société moderne. Elle devait, pour mille
raisons, à ses déshérités, à ses victimes, l'exonération
de l'impôt. Que faisait-elle? Elle les faisait payer pour
eux et pour les autres. Elle mettait dans le lot des nobles

1. « VII. Ce gouvernement serait digne des Hottentots, dans lequel il
serait permis à un certain nombre d'hommes de dire : C'est à ceux qui
travaillent à payer; nous ne devons rien, parce que nous sommes oisifs.
— VIII. Ce gouvernement outragerait Dieu et les hommes, dans lequel des
citoyens pourraient dire : L'État nous a tout donné, et nous ne lui devons
que des prières. » Voltaire, *Pensées sur le gouvernement*, et voyez aussi
la *Voix du sage*.

les exemptions avec les priviléges. Si, pendant les derniers
siècles de là monarchie, une portion, d'ailleurs restreinte,
de la bourgeoisie, acquit de l'influence et des richesses,
elle dut cette importance nouvelle, non à la loi, qui lui
était contraire[1], mais à l'inertie et à la mauvaise éducation de la noblesse, à la politique astucieuse du cabinet
de Versailles, et à la force naturelle du talent et de l'esprit d'entreprise[2].

1. Il faut remarquer d'ailleurs qu'un grand nombre de fonctionnaires,
quoique non nobles, jouissaient des exemptions de la noblesse. Tels
étaient les conseillers de parlement, après un certain temps d'exercice,
certains officiers de la maison du roi, des officiers de la monnaie, etc., les
professeurs de droit de Valence, etc. Sous les derniers Valois, il s'éleva
en Dauphiné une contestation entre les premiers ordres et le tiers état,
qui supportait seul toutes les charges. Le procès ne fut jugé qu'en 1602
par Henri IV, en conseil. Il fut décidé que le tiers supporterait seul les
charges, et que la répartition en serait faite par les deux autres ordres.
« Le prince étant très-puissant, et le royaume en paix, dit de Thou, il
fallut prendre patience. Cependant, comme la patience a ses bornes, il
serait bon que ceux qui sont à la tête des affaires prissent garde à ne la
pas pousser trop loin. » (Liv. CXXIX, t. XIV, p. 449.)

2. Le clergé était également exempt de la taille et de divers autres impôts. Il est vrai qu'on tirait de lui, sous forme de don gratuit, des sommes très-inférieures à ce qu'aurait produit un impôt régulier. Dupont de
Nemours déclara à l'Assemblée constituante, dans la séance du 23 octobre 1789, que si le clergé, au lieu du don gratuit, avait payé à l'État des
contributions régulières, non sur le pied du tiers, mais seulement sur le
pied de la noblesse, le trésor public aurait bénéficié, depuis 1600, d'une
somme de deux cents milliards sept cent cinquante millions. Aux états
de 1614, l'orateur du clergé, qui n'était autre que Richelieu, s'exprime
en ces termes sur les exemptions dues à son ordre : « Quant aux vexations que quelques uns des nôtres ont reçues par les recherches du sel
et les impôts de la taille, auxquels on a voulu les assujettir indirectement à raison des biens roturiers qu'ils possèdent, n'est-ce pas une
honte d'exiger des personnes consacrées au vrai Dieu ce que les païens
n'ont jamais désiré de ceux qui étaient dédiés au service de leurs idoles?
Les constitutions des empereurs et des conciles sont expresses pour nos
exemptions. On a toujours reconnu par le passé que *le vrai tribut qu'on
doit tirer des ecclésiastiques est la prière.* » (Coll. Michaud, 2ᵉ série,
t. VII, p. 86 sq.) Personne n'ignore que le clergé possédait, en biens de
mainmorte, une grande partie de la France, et qu'il tirait encore, de
la dîme et de ses autres revenus, des sommes immenses. Treilhard
(dans la séance du 18 décembre 1789) évalua les biens de mainmorte à

Exempts d'impôts, les nobles conservèrent le droit de
percevoir des redevances et d'exiger des corvées, non pas,
il est vrai, avec la même exagération et la même dureté

la somme de quatre millards; et, de son côté, le comité estimait à cent
trente-trois millions le revenu de la dîme. Mettons que de ces cent trente-
trois millions, quarante à peu près fussent absorbés par les collecteurs;
que Treilhard se soit trompé d'un milliard dans l'appréciation des biens de
mainmorte; défalquons un certain nombre d'édifices improductifs, et ne
comptons le rendement des terres qu'à deux et demi : les revenus du
clergé, dans ce temps où l'argent avait plus de valeur qu'aujourd'hui,
ne pouvaient pas être inférieurs à une somme annuelle de cent quatre-
vingts millions. Cette fortune était très-inégalement répartie. Tandis que
les curés à portions congrues ne touchaient que cinq cents francs, beaucoup d'évêchés valaient trois ou quatre cent mille livres de rente. Pour
ne citer qu'un exemple, à la mort de M. de Beaumont, en 1781, il fut
constaté que l'archevêché de Paris rapportait un revenu de sept cent
mille livres. On sait qu'outre les curés et les évêchés, le clergé avait de
grands biens en abbayes, prieurés, etc. Ces abbayes se donnaient par faveur comme une pension; il n'en résultait aucune obligation pour le titulaire. Le comte de Clermont, prince du sang, qui commanda plusieurs
fois des corps d'armée sous Louis XV, était abbé de saint-Germain-des-
Prés. Il avait une maîtresse qui demeurait avec lui très-publiquement
dans le palais abbatial. Les biens dont il avait la jouissance en sa qualité
d'abbé produisaient un revenu de cent quatre-vingt mille livres. Sous
Louis XIV, le clergé s'étant plaint des agents du domaine, le roi, par
une déclaration du 29 décembre 1671, ordonna à tous les bénéficiers de
fournir un état détaillé de leurs bénéfices. Il ne fut pas obéi. Le clergé
obtint des délais jusqu'au 20 novembre 1725, où une nouvelle ordonnance fut rendue sous le ministère du duc de Bourbon. Cette ordonnance
n'eut pas de suite. Le 21 août 1750, le contrôleur-général Machault fit
une nouvelle tentative. Le clergé résista encore. Il répondit ces propres
paroles : « Sire, la justice et la magnanimité de Votre Majesté nous est
si connue, qu'elles nous autorisent à répondre que nous ne consentirons
jamais que ce qui a été jusqu'ici le don de notre amour et de notre respect devienne le tribut de notre obéissance. » Le roi fut d'abord irrité;
mais le clergé, à force d'habileté, obtint une surséance de cinq années,
la fit renouveler, et, de surséance en surséance, gagna l'année 1785. Sous
le ministère de Calonne, le 2 septembre 1787, parut un arrêt du conseil
qui donnait raison aux prétentions du clergé, tout, en annonçant que
la matière était mise à l'étude, et que le roi aviserait. Le contrôleur général renonça à exiger les vingtièmes pour les biens du clergé, mais il
donna ordre de les porter sur les rôles, « pour mémoire, » afin de savoir
à quel chiffre ils se seraient élevés. Le clergé se plaignit hautement de
cette prétention dans ses remontrances du 15 juin 1788. « On affecte,
dit-il, de confondre les biens ecclésiastiques avec les biens laïques. » On

qu'autrefois; le roi se fit sa part et sa large part dans la substance du contribuable; mais il laissa au noble les droits
utiles dont la légalité était constatée, et qui continuèrent
à être considérés comme faisant partie de sa propriété.
Parmi ces droits utiles, outre les redevances et les corvées, il faut compter surtout le droit de chasse, exclusivement réservé au noble, et qui s'exerçait même sur les
terres du vassal, le droit de garenne, les droits de bana-
lités, de lods et ventes, de péage et d'aubaine, le droit de
banvin. Il y avait aussi les droits ridicules, comme cette
neige qu'une abbesse devait recevoir de ses vassaux au
mois d'avril, et les droits particuliers, comme le ban
d'août, attaché à l'archevêché de Lyon, et qui causa une
émeute en 1786. Tous ces droits subsistèrent jusqu'à la Révolution. S'il y eut un moment, sous l'administration de
Turgot, où les droits féodaux les plus oppressifs parurent sérieusement menacés, l'opposition immédiate du parlement,
qui affecta de les défendre au nom du principe de la propriété [1], leur donna une consécration nouvelle, et Louis XVI,
qui, en 1779, avait donné le premier exemple de l'abolition des droits féodaux en y renonçant dans ses propres
domaines, était si loin de contester la légitimité des droits
qu'il abandonnait, qu'il répéta dans le préambule de l'é-
dit, et plusieurs fois plus tard, que, si ces droits étaient
onéreux, ils étaient justes; qu'on pouvait demander une

arriva ainsi à la Révolution et au mois de novembre 1789, où tous les
biens de l'Église furent mis par une loi à la disposition de la nation.

1. Séance du parlement du 23 février 1776. — Le 12 mars, dans un lit
de justice tenu à Versailles pour l'enregistrement de l'édit qui abolis-
sait la corvée et la remplaçait par un impôt sur toutes les classes, le
premier président prononça ces étranges paroles : « Cet édit donne une
nouvelle atteinte à la *franchise naturelle* de la noblesse et du clergé. »
Le prince de Conti disait qu'il ne fallait pas supprimer la corvée, de peur
d'introduire la confusion dans les États. C'est le même prince qui, à la
veille de la Révolution, dans l'assemblée des notables de 1788, fit cette
demande : « Que tous les nouveaux systèmes soient proscrits à jamais,
et que les formes anciennes soient maintenues dans leur intégrité. »

renonciation aux seigneurs, mais non l'exiger; que, gardien de la propriété de ses sujets, si les réclamations des vassaux prenaient le caractère d'une spoliation légale, il ne souffrirait pas « qu'on portât la moindre atteinte aux droits féodaux de sa noblesse[1]. » L'avocat général Séguier disait en plein parlement, le 22 février 1766, que les droits féodaux font « partie intégrante de la propriété; » et, le 8 mai 1788, le roi lui-même mettait les justices seigneuriales au nombre des propriétés auxquelles il ne lui était pas permis de porter atteinte[2]. Cette assimilation des droits féodaux et du droit de propriété était devenue, vers 1789, le mot d'ordre du parti de la cour. Le seul ministre qui comprît et appelât la Révolution subissait sur ce point capital les préjugés de ceux qui l'entouraient[3]. La même année qui avait vu abolir la corvée et les jurandes en vit aussi le rétablissement. Les jurandes ne

---

1. Déclaration du roi, du 28 juin 1789.

2 « Nous n'avons pas oublié que les justices seigneuriales font partie du droit des fiefs; et la protection que nous devons à toutes les propriétés de nos sujets écartera toujours de nos conseils l'intention d'y porter atteinte. »

3. « Il n'entrera jamais dans l'esprit du tiers-état de chercher à diminuer les prérogatives seigneuriales ou honorifiques qui distinguent les deux premiers ordres dans leurs propriétés ou dans leurs personnes. » (Necker, Rapport au roi sur le doublement du tiers, 27 décembre 1788.) — « Sont nommément exceptées des affaires qui pourront être traitées en commun, celles qui regardent les droits antiques et constitutionnels des trois ordres.... les propriétés féodales et seigneuriales, les droits utiles et les prérogatives honorifiques des deux premiers ordres. » (Art. 8 des déclarations du roi, 23 juin 1789.) — « Toutes les propriétés sans exception seront constamment respectées, et Sa Majesté comprend expressément sous le nom de propriétés, les dîmes, cens, rentes, droits et devoirs féodaux et seigneuriaux, et généralement tous les droits et prérogatives utiles ou honorifiques attachés aux terres ou aux fiefs, ou appartenant aux personnes. » (*Ibid.*, art. 12.) » — Louis XVI disait, dans une lettre confidentielle adressée à l'archevêque d'Arles, en parlant de la nuit du 4 août : « Le sacrifice est beau; mais je ne consentirai jamais à dépouiller mon clergé, ma noblesse. Je ne donnerai point ma sanction à des décrets qui les dépouilleraient.

furent abolies définitivement que par la constituante; la corvée fut remplacée en 1786 par une prestation en argent, imposée aux seuls roturiers[1]. Un grand nombre de seigneurs conservèrent, jusqu'au dernier jour, les droits de haute, basse et moyenne justice; il est vrai que la haute justice ne s'exerçait plus sans appel, et que les juges seigneuriaux furent soumis de plus en plus à la surveillance et à l'autorité des magistrats royaux. Enfin, la plupart des dignités ecclésiastiques, toutes les charges de la cour, les grades dans les corps privilégiés, le gouvernement des provinces, places de grande représentation et de grand profit sans autorité, furent réservés à la noblesse. Même devant la justice, le noble et le roturier étaient inégaux; ils n'avaient ni les mêmes juges, ni les mêmes supplices. On décapitait le noble; on pendait le vilain, supplice infamant. Quand, au dernier jour de l'ancienne monarchie, Louis XVI convoqua les états-généraux qui furent l'Assemblée nationale, tous les nobles furent électeurs; les roturiers n'élurent que par députés. On songea même un instant dans quelques coteries à demander pour tous les nobles possédant fief le droit d'entrer et de siéger aux états. Dans les corporations d'artisans, il y eut un électeur pour cent membres présents; dans les corporations de professions libérales, deux électeurs pour cent membres; les roturiers qui n'appartenaient à aucune corporation furent assimilés aux corporations libérales, par la grâce de leur oisiveté, de leur inutilité. A tous ces signes, il est impossible de ne pas reconnaître le privilège dans sa force. En dehors de la noblesse, tous les corps organisés conservèrent également de leurs règlements et de leurs usages ce qui les séparait entre eux, et ne perdirent que ce qui les fortifiait contre l'action du pouvoir central. On a pu dire justement que le pouvoir royal avait

---

1. D'après le plan de Turgot, la prestation devait être assignée sur les vingtièmes, et par conséquent payée par tout le monde.

laissé subsister la société féodale, en se contentant de régner sur elle[1].

Quand une organisation sociale survit à la politique dont elle est le produit, une révolution est inévitable. Comment y aurait-il association solide entre deux éléments dont l'un est la négation de l'autre? La féodalité en elle-même et quand elle réunissait le pouvoir politique aux priviléges sociaux, était déjà un contre-sens[2]. Cependant dans ce monde mal organisé, le noble donnait quelque chose en échange de tous les biens, de tout le pouvoir et de tous les honneurs qui lui étaient prodigués. Il gouvernait ses vassaux, il les défendait; le semblant de justice qui régnait entre eux émanait de lui; quand un seigneur voisin venait avec ses archers pour mettre le village à feu et à sang, les serfs trouvaient un abri et des vivres dans le château. Mais, après Richelieu, les fossés furent comblés, les tours rasées, les guerres intérieures cessèrent, la paix régna. Le noble ne fut plus, sur sa propre terre, qu'un premier habitant. Si le paysan eut besoin d'être protégé par un soldat, ce soldat fut envoyé par le roi. S'il fallut vider un différend ou punir un crime, la justice royale prit la place du seigneur. C'est

1. « Elle était demeurée la plus grande de toutes nos institutions civiles, dit M. de Tocqueville, en cessant d'être une institution politique. » (*L'Ancien régime et la Révolution*, liv. II, chap. I.)

2. On connaît trop l'absurdité de certains priviléges féodaux pour qu'il soit nécessaire d'en citer des exemples. Nous n'apporterons que celui-ci, qui est doublement caractéristique. On lit dans le *Journal de Barbier*, février 1722 : « Le marquis de Chastellux a un beau droit dans l'église d'Auxerre; il a une prébende, et il a droit de venir à l'office en surplis et en épée, avec un chapeau de plumes sur sa tête, botté et éperonné, deux chiens qu'il tient en laisse d'une main, et un oiseau de proie sur l'autre. Et à la stalle où est sa place, il y a un anneau pour attacher la laisse des chiens, et quelque chose pour poser l'oiseau. » Il est curieux de voir exercer un pareil droit au dix-huitième siècle, et d'entendre des publicistes sérieux soutenir que si ce beau droit est attaqué, le principe de la propriété est en péril. A l'assemblée des notables de 1787, le comte de Chastellux, « premier chanoine héréditaire de l'église d'Auxerre, » figura comme élu général des états de Bourgogne.

le roi qui fit ouvrir les routes, qui bâtit les hospices, qui
fit la police des villes. Les seigneurs n'eurent plus qu'à
chasser et à mener joyeuse vie, ou à partir pour la
cour où ils achetaient des plaisirs exorbitants au prix de
leur liberté et de leur dignité. Qu'étaient-ils donc désormais, ces nobles, dans la ruche commune? des oisifs,
des inutiles, des parasites. Ils n'étaient pas seulement
des oisifs, ils étaient l'oisiveté érigée en droit et en honneur [1]. Le peuple labourait la terre, le peuple élevait les
maisons, creusait les canaux, fabriquait les étoffes et les
outils; le peuple cultivait les sciences, les lettres, rendait
la justice. Cependant ces ouvriers, ces laborieux payaient
seuls la dîme; ils payaient seuls la taille réelle et personnelle; ils payaient avec les nobles, mais sous des conditions plus dures, les aides, les gabelles, la capitation,
les deux et trois vingtièmes, les quatre sous pour livre;
ils donnaient, suivant les temps et les lieux, le tiers, la
moitié, les deux tiers de leurs bénéfices; ils fournissaient

1. Il est étrange, mais il est vrai qu'il reste encore quelque chose de
ce préjugé dans nos mœurs modernes. On se souvient d'une époque où
un grand corps politique exigeait qu'un médecin célèbre renonçât à sa
clientèle avant de recevoir le titre de pair de France. Quelquefois on
daigne consentir à travailler, mais à condition de ne tirer aucun profit
matériel de son travail. Ou bien, on établit des distinctions entre les travaux de diverses sortes. On veut bien être avocat ou médecin, mais si
la clientèle ne vient pas, on mourra de faim plutôt que de prendre simplement un mètre à la main, et d'humilier la dignité de ses diplômes en
mesurant des étoffes. A plus forte raison méprise-t-on le travail manuel.
Dans beaucoup de familles, même de très-petite bourgeoisie, les femmes
croiraient se dégrader si elles tenaient un commerce, ou contribuaient
directement par leur travail à alléger les charges communes. Ainsi l'ancien préjugé de nos pères : *vivre noblement*, n'est pas aussi complète-
ment extirpé qu'on le croirait à première vue, et nous avons encore des
bourgeois gentilshommes qui rougissent de leurs boutiques dès qu'ils se
sont élevés à la dignité de propriétaires. Quand la raison humaine a été
faussée sur un point pendant des siècles, il ne faut pas s'étonner qu'elle
ait de la peine à se redresser. En 1781, l'Académie de Madrid mit au
concours cette question : « Prouver que l'exercice des industries utiles
n'a rien de déshonorant! »

seuls l'impôt du sang, car la milice ne se recrutait que
parmi eux, et encore le plus souvent à l'exclusion de la haute
bourgeoisie[1]; ils ne comparaissaient devant leur roi qu'à
genoux et découverts; ils prenaient la dernière place à
l'église, dans les salons et jusque dans la rue; toutes les
grandes charges, les emplois, les grades leur étaient
refusés; sous Louis XVI même, un roturier, en versant
son sang, ne pouvait s'élever au-dessus du grade de bas
officier; une ordonnance du 22 mai 1781 décida que tout
sujet proposé pour le grade de sous-lieutenant devrait
faire preuve de quatre générations de noblesse paternelle, à moins qu'il ne fût fils de chevalier de Saint-
Louis; et je ne compte pas les dénis de justice, les arrêts

1. Plusieurs villes étaient exemptées du tirage pour la milice. Ce privilége fut aboli, le 30 octobre 1742, sous le ministère du cardinal Fleury.
Une ordonnance générale rendue le 13 février de l'année suivante, quinze
jours après la mort du cardinal, soumit à la milice les six corps de marchands; toutefois, ceux qui payaient cent livres de capitation exemptaient leurs enfants et un apprenti; ceux qui payaient cinquante livres,
exemptaient l'aîné de leurs enfants; il n'y avait plus d'exemptions au-
dessous de cinquante livres. Les libraires, les imprimeurs et les marchands de vin étaient assimilés pour la milice aux marchands des six
corps. Jusqu'à cette ordonnance, la milice se recrutait exclusivement
parmi les petits marchands (étrangers aux six corps), les artisans, les ouvriers, garçons de bureau, cochers de place, etc., et parmi les habitants
des campagnes. Les titulaires d'un office public, les avocats au parlement
et au conseil inscrits sur le tableau et leurs enfants, les greffiers, deux
clercs de notaire ou de procureur par étude, demeurèrent exempts. Dans
Paris, un grand nombre de personnes, depuis les princes du sang jusqu'aux conseillers au Châtelet et aux avocats inscrits, eurent aussi le privilége d'exempter leurs laquais. Les procureurs, notaires, et quelques
gros marchands purent exempter un laquais, mais seulement un seul.
Ainsi presqu'aucun domestique ne tirait au sort, tandis que le fils d'un
avocat non inscrit pouvait être incorporé. Voltaire s'en plaint dans une
lettre du 20 mai 1766 : « Pourquoi, dit-il, ne pas faire tirer les capu-
cins à la milice (il n'était pas encore père temporel), au lieu des enfants
des avocats? » L'ordonnance de 1742 disposait en outre que tous les
gens sans aveu, profession ou domicile fixe, comme domestiques hors de
condition, ouvriers sans maîtres et vagabonds, seraient miliciens de
droit. Étaient compris dans les listes du tirage tous les garçons de seize
à quarante ans.

de *committimus* qui soustrayaient les nobles à la justice ordinaire; la faculté qu'avait le pouvoir d'*appointer* les causes, c'est-à-dire de les faire juger sur rapport, les attributions de juges différentes au criminel selon la qualité des accusés; ni les pensions, ni les sinécures lucratives, ni les lettres de cachet, ni les insolences permises, applaudies; ni Voltaire impunément bâtonné par un croquant qui avait sur lui le ridicule avantage d'une naissance illustre : n'était-ce pas une société raisonnablement organisée, et le bon sens, la philosophie étaient-ils bien venus à demander que ces priviléges meurtriers ou burlesques fussent enfin remplacés par l'éternelle justice[1]?

1. C'est un triste spectacle que celui des cahiers de la noblesse aux anciens états généraux. Aux états de 1484 (sous la régence d'Anne de Beaujeu), la noblesse supplie le roi « de ne pas convoquer le ban et l'arrière-ban hors du cas de nécessité absolue..., de faire cesser les obstacles qu'elle éprouve dans la jouissance de son droit de chasse..., de n'accorder les places de gouverneurs, sénéchaux et baillis qu'aux gentilshommes les plus accrédités dans les provinces, et non à des étrangers qui ne tiennent à la France que par des intérêts pécuniaires. »

Voici qui est encore plus tristement significatif; c'est la *requête présentée au roi par la noblesse de l'assemblée des notables*, le 10 février 1627.

« Article 1. Votre Majesté est très-humblement suppliée de souffrir à l'avenir que les gouvernements, charges nobles de votre maison et les militaires, ne soient vénales ni rendues héréditaires par survivance ni tenues par autres que par les nobles.

« Art. 2. Et comme les nobles tiennent un rang honorable dans l'État, étant doués des qualités nécessaires, ils semblent mériter la préférence aux charges les plus élevées en l'église et en la justice. Afin de les convier à s'en rendre capables, il plaira à Votre Majesté de les préférer à tous bénéfices, et ordonner que le tiers des canonicats et prébendes tant aux églises cathédrales que collégiales du royaume, sera affecté aux personnes de noble extraction, etc.

« Art. 3. Et pour à l'égard des monastères des religieuses, il plaira à Votre Majesté ne pourvoir aux abbayes, prieurés et places des religieuses, que des filles de noble extraction pour les monastères de fondation royale, et sans argent.

« Art. 4. Que la quatrième partie de tous les régiments et compagnies de cavalerie entretenus en temps de paix, sera remplie de gentilshommes, ou rétablir les compagnies de gendarmes selon les anciennes ordonnances.

« Art. 5. Et d'autant que votre royaume, Sire, est aujourd'hui rempli

2. Du pouvoir royal en France à l'époque qui a précédé la Révolution.

Si telle était la société féodale, et telle la contradiction de cette société avec le nouvel ordre politique établi sur

d'un nombre infini de colléges, lesquels, au dommage de l'État, soustraient au public une infinité de gens qui abandonnent les arts, le commerce, le labourage et la guerre, tournent à charge au public, et qui, pour avoir passé leur jeunesse dans l'oisiveté des lettres, deviennent pour la plupart incapables de servir ; Votre Majesté est suppliée de retrancher le nombre excessif desdits colléges, et au lieu d'iceux avoir agréable d'ordonner et faire établir en chaque archevêché ou province des colléges militaires pour l'institution de la jeune noblesse.

« Art. 6. Il plaira aussi à Votre Majesté d'établir quelque nombre de gentilshommes des plus savants et mieux nourris dans les affaires pour avoir entrée et voix délibérative dans vos parlements, rang et séance, selon qu'il plaira à Votre Majesté l'ordonner.

« Art. 7. Que le tiers de vos conseils des finances, de direction et des parties, sera composé de noblesse.

« Art. 8. Il plaira aussi à Votre Majesté instituer un ordre nouveau pour la pauvre noblesse, sous le nom et titre de Saint-Louis, qui consiste en chevaleries et commanderies, dont la plus basse soit de cinq cents livres et la plus haute de six mille livres à prendre sur les bénéfices vacants à proportion du revenu, etc.

« Art. 9. Que les chevaux et armes des gentilshommes et capitaines des régiments entretenus ne pourront être saisis, si ce n'est par les marchands mêmes, ou autres qui en auraient fait la vente.

« Art. 10. Et pareillement que l'ordonnance des quatre mois qui se trouve universellement trop rigoureuse n'aura point lieu contre les nobles d'extraction et capitaines entretenus.

« Art. 11. Qu'en cas de crimes, les exécutions des condamnations à mort ordonnées contre les gentilshommes de nom et armes seront sursises pendant quinze jours, pour éviter les précipitations procédantes des haines et passions d'aucun juge à l'endroit des criminels, au préjudice de Votre Majesté, bien et honneur de la noblesse, hormis les crimes exceptés.

« Art. 12. Que conformément aux anciennes ordonnances, aucun roturier ne pourra acquérir fief ou terre noble sur peine de nullité des contrats, sans permission de Sa Majesté.

« Art. 13. Que les gentilshommes pourront avoir part et entrée au commerce, sans déchoir de leurs priviléges. .

« Art. 14. Et afin de convier un chacun à embrasser avec plus de couelle depuis plusieurs siècles, cet ordre politique lui-même était-il régulier, concordant dans toutes ses parties, bien approprié à son but? Tant s'en faut. C'était une autre sorte de priviléges, mais c'était encore une montagne de priviléges : du droit naturel, il n'en fallait pas parler. S'il se montrait par intervalles dans les faits, on doit en faire honneur à la nature humaine, qui brise quelquefois les formes factices sous lesquelles la société la déguise, et à la religion chrétienne ; mais les lois politiques, les usages politiques, les pouvoirs politiques, tout reposait uniquement sur l'inégalité et le privilége. Ce n'était d'ailleurs de tous côtés que chaos et contradictions de toutes sortes.

D'abord, la France était une monarchie ; mais était-ce une monarchie absolue, ou une monarchie tempérée par des lois constitutionnelles? C'est ce dont on n'était nullement d'accord.

Le roi avait été tour à tour un chef barbare, un empereur romain, un souverain féodal. Revenu, après les révolutions du seizième siècle aux traditions de la royauté romaine, il était à la fois le représentant de la nation, comme les anciens empereurs, à qui cette fiction redoutable conférait la dictature absolue, et le propriétaire de la couronne en vertu des doctrines féodales. La noblesse dépouillée de son pouvoir, quoique confirmée et augmentée dans ses priviléges, s'attacha tant qu'elle put aux lois et aux traditions germaniques[1], et ne cessa de revendiquer ses droits fondés sur la conquête[2] ; revendication de plus en plus timide, à mesure que le pouvoir royal

rage la condition de soldat, Votre Majesté est suppliée de faire bien et paisiblement jouir tous les gentilshommes, capitaines et soldats estropiés, des maladreries, hôpitaux, oblats et autres concessions qui leur ont été faites, etc. »

1. Cf. M. Édouard Laboulaye, *Recherches sur la condition civile et politique des femmes depuis les Romains jusqu'à nous.*

2. Cf. M. Poirson, *Histoire du règne d'Henri IV*, t. I, p. 301.

prenait de la stabilité, et que l'importance du tiers grandissait. Louis XIII eut encore besoin d'une armée contre les prétentions des seigneurs; Louis XIV les renvoya au bourreau; le régent les renferma, en riant, à la Bastille. Quant au peuple, il naquit à la liberté communale au douzième siècle, à la liberté politique au quatorzième. Il eut, dès le quatorzième siècle, une aspiration ardente vers le droit (Marcel et Robert Le Coq), une explosion de haine et de vengeance contre le privilége (la Jacquerie). Ramené violemment en arrière, il conserva pourtant, de cette puissante période de son histoire, comme un rêve de liberté, et la prétention de compter comme corps politique dans l'État. De là trois doctrines contraires: l'absolutisme, doctrine du roi [1]; l'aristocratie dominante, doctrine des nobles [2]; la monarchie constitutionnelle doctrine du tiers [3].

Dans ce conflit d'opinions opposées, quelques institutions paraîtraient solidement établies, si chacun des trois partis ne les avait expliquées d'une façon différente. Ainsi nul ne contestait la loi de l'hérédité de la couronne, ni la toute-puissance administrative et militaire du roi, ni la distinction de la nation en trois ordres, ni les droits des états généraux et spécialement celui de voter les subsides, ni même le double droit conféré aux parlements de rendre la justice, et de vérifier et enregistrer les lois. Mais ces institutions que ne consacrait

---

1. « La royauté, engagée sans retour dans la voie des traditions de Rome impériale, secondant l'esprit de civilisation et contraire à l'esprit de liberté, novatrice avec lenteur et avec la jalousie de pourvoir à tout par elle-même. » (Augustin Thierry, *le Tiers état*, t. I, p. 59.)

2. « La noblesse gardant et cultivant l'héritage des mœurs germaines adoucies par le christianisme, opposant au dogme de la monarchie absolue celui de la souveraineté seigneuriale, nourrie d'orgueil et d'honneur, s'imposant le devoir du courage, et croyant qu'à elle seule appartiennent les droits politiques. » (*Id., ib.*, p. 60.)

3. Voy. particulièrement, outre les actes de 1356, le *Journal des états généraux tenus à Tours* en 1484, p. 146, 148 et 150.

aucune charte , fondées seulement sur des traditions vagues, incertaines, diversement interprétées , laissaient le peuple comme la noblesse, dépourvu de tout moyen de résistance légale. De sorte que le roi ne dépendait en rien de la constitution ; ou plutôt la constitution n'existait qu'à l'état de théorie, dont le plus fort n'était jamais en peine de se débarrasser[1].

Les rois (*ab Jove principium*) se proclamaient absolus, surtout depuis Richelieu et Louis XIV, et agissaient presque constamment comme tels. Ils ne reculaient que devant les faits ; leur droit n'avait d'autres limites que celles de leur pouvoir. Je me trompe : il en avait une autre chez plusieurs de nos rois, dans leur sentiment de la justice et dans leur attachement à la patrie ; mais il s'agit de l'institution et non des hommes ; du caractère de la royauté, et non de la conduite des rois. Les rois de France étaient, de l'aveu de tous, législateurs, chefs souverains de l'administration, de l'armée et de la justice. « Si veut le roi, si veut la loi » était une maxime consacrée dans les écoles et au palais. Ils établissaient des impôts par ordonnance, sans se soucier des états généraux et de l'enregistrement[2]; beaucoup d'impôts, et par exemple, les impôts connus sous le nom d'accessoires des

---

1. « On a bien tort de dire que la France en 1789 n'avait pas de constitution : elle en avait huit ou dix, entre lesquelles chacun restait maître de faire un choix. Est-ce le despotisme qu'on préférait? Il est préconisé partout. Est-ce une monarchie tempérée? *Le roi est dans l'heureuse impossibilité de toucher aux lois fondamentales.* Craint-on l'autorité du Sénat? Le roi est seul législateur : *Si veut le roi, si veut la loi.* Au contraire, veut-on un corps intermédiaire entre le monarque et le peuple? On n'a qu'à choisir entre le parlement, les états généraux et la Cour des pairs. » Montlosier, *De la Monarchie française,* t. II, p. 125.

2. Le roi n'était pas seul à lever des contributions irrégulières. Les gouverneurs de province en faisaient autant à leur profit. Lorsque Sully, en 1598, mit un terme à cet abus, le duc d'Épernon réclama avec tant d'aigreur qu'ils faillirent en venir aux mains. Le roi écrivit de Fontainebleau au duc de Sully qu'au besoin il lui servirait de second.

En 1784, Necker réfuta dans le préambule de son compte rendu «cette

tailles, et le droit de joyeux avénement, auquel Louis XVI renonça, ne furent jamais enregistrés. Ils créaient ou supprimaient des dignités et des offices, opération fiscale triplement onéreuse parce qu'elle augmentait les dettes du trésor, diminuait ses recettes, et retirait l'argent du commerce et de l'agriculture : Pontchartrain, au dire des courtisans, avait fourni pendant huit ans cent cinquante millions par an avec du parchemin et de la cire[1]. Ils disposaient, sans forme de procès, de la liberté et même de la vie de leurs sujets, arrêtaient des procédures commencées, faisaient sortir de la conciergerie, par lettre de cachet, des prisonniers contre lesquels le parlement avait commencé une instruction[2], changeaient les juges, nommaient des commissaires de jugement pour être plus sûrs de l'arrêt. Sous Louis XIV, l'intendant de Picardie Courtin, ayant refusé de juger Fargues pour des faits antérieurs à l'amnistie de 1659, on le remplaça par Machault qui accepta la place et la condition ; et Fargues fut pendu. Les rois régnaient sur les consciences : ne pas admettre la souveraineté spirituelle du pape était un crime puni suivant les temps par la mort, les galères ou l'exil. Ils régnaient sur les fortunes par la confiscation, par l'impôt arbitraire, et par la pérennité des revendications fiscales. Ils usaient en un mot de la nation comme

pretention inconstitutionnelle que l'augmentation des impôts est soumise à la puissance du roi ; » mais pour qu'un ministre libéral fût réduit à réfuter cette doctrine, à la veille même de la Révolution, il fallait que la constitution, si elle donnait raison à Necker, fût bien mal connue et bien mal appliquée. On peut voir par les remontrances de la Cour des aides, du 9 juillet 1768, qu'entre autres manœuvres pour échapper à l'enregistrement, on avait recours à des changements de noms, et que l'augmentation des tailles passait sous le titre de *droits accessoires*. La taxe pour le logement des gens de guerre était fixée arbitrairement, et n'avait été établie par aucune ordonnance enregistrée.

1. « En imaginant des charges, et faisant des marottes, » dit l'abbé de Choisy. (*Mémoires de Choisy*, coll. Michaud, 3e série, t. VI, p. 603.)

2. Affaire de Pomereu, 1716 ; affaire des filles Serchey et Duchesne, parlement de Rouen, 1753, etc.

un propriétaire de sa chose, et disaient fièrement qu'ils n'étaient responsables de leur conduite que devant Dieu [1].

C'est ainsi que Henri IV, pour ne pas remonter plus haut, déclarait en plein parlement que sa volonté devait servir de raison [2]. Il se croyait « au-dessus des lois, » et c'est ce que reconnaissait expressément le premier président Achille de Harlay en lui portant les remontrances du parlement sur le rétablissement des jésuites [3]. Louis XIII, ou pour mieux dire Richelieu, ne souffrait guère, à ce qu'il semble, que sa volonté fût discutée. Il ne croyait pas que le gouvernement fût possible si l'on ne trouvait moyen d'échapper « aux épines des compagnies qui font difficulté de tout [4]. » Louis XIV poussait si loin l'ivresse du souverain pouvoir qu'il appelait publiquement au trône ses enfants doublement adultérins, montrant ainsi qu'il se prenait pour la loi vivante, *legem animatam*, et que les lois mêmes de la nature devaient fléchir devant lui. « La volonté de Dieu, dit-il dans ses Mémoires, est que quiconque est né sujet obéisse sans discernement [5]. » Il était plein de mépris pour « ces corps

1. « Quant aux institutions, la royauté, dans sa *prérogative sans limites*, les recouvre et les embrasse toutes, hors une seule, les états généraux, dont le pouvoir mal défini, ombre de la souveraineté nationale, apparaît *dans les temps de crise*. » (Aug. Thierry, *le Tiers état*, p. 6.)

2. La Cour des comptes de Nantes ayant fait difficulté d'enregistrer le traité conclu avec le duc de Mercœur, Henri IV écrivit : « La Cour s'est tant oubliée que d'avoir pensé que j'envoyois mes articles secrets vers mon cousin le duc de Mercœur pour en avoir avis, et les mettre en délibération. En telles affaires, je ne communique mon pouvoir à personne : à moi seul appartient, en mon royaume, d'accorder, traiter, faire guerre ou faire paix, ainsi qu'il me plaira. Ç'a été une grande témérité aux officiers de madite chambre de penser diminuer un iota de ce que j'ai accordé. » (*Lettres missives*, t. IV, p. 970.)

3. En 1604. Voy. de Thou, liv. CXXXII. Éd. de 1734, t. XIV, p. 309.

4. Montesquieu (un parlementaire) dit en rapportant ce passage du *Testament politique* : « Quand cet homme n'auroit pas eu le despotisme dans le cœur, il l'auroit eu dans la tête. » (*Esprit des lois*, liv. V, chap. x, édit. Hachette, t. I, p. 173.)

5. *Mémoires de Louis XIV*, t. II, p. 336.

formés de tant de têtes, » comme il appelait avec dédain
les parlements[1], et il regardait comme la dernière calamité où « un homme de notre rang » pût être réduit,
« l'assujettissement qui met le souverain dans la nécessité de prendre la loi de ses peuples[2]. » Louis XV ayant
prononcé ces dures paroles : « C'est à moi seul qu'appartient le pouvoir législatif, sans dépendance et sans
partage[3], » le parlement reconnut humblement, dans
les remontrances qu'il présenta quelques jours après,
que cette omnipotence du roi était la vraie doctrine
constitutionnelle, et que le roi n'était comptable qu'à
Dieu seul de l'exercice du pouvoir suprême. Même le
dernier roi de France, Louis XVI, malgré ses intentions
incontestablement bienfaisantes et son réel amour pour
le peuple, répéta plus d'une fois qu'il ne devait compte
qu'à Dieu de l'exercice de son pouvoir ; qu'il avait reçu
de ses ancêtres la plénitude de la puissance royale, et
qu'il devait en remettre le dépôt intact à ses descen-
dants[4]. « Mon peuple ne fait qu'un avec moi, disait-il[5] ;
ses droits et ses intérêts sont les miens ; c'est dans ma
main seule qu'ils reposent, et j'en suis le gardien suprême. Vos arrêts et vos arrêtés ne doivent jamais vous
faire des titres pour défendre ce que j'ai ordonné, ou
pour ordonner rien de contraire à mes volontés. » Et
comme le parlement de Paris essayait de soutenir que le
roi, quand il venait au parlement, devait se soumettre à
la majorité, le roi, triomphant de la multiplicité de ces
cours suprêmes qui toutes avaient le même droit d'enregistrement, répondit qu'on voulait réduire la monarchie
à n'être plus qu'une aristocratie de magistrats[6], et le lé-

1. *Mémoires de Louis XIV*, t. II, p. 201. — 2. *Ibid.*, p. 26.
3. Le 3 mars 1766.
4. Discours du garde des sceaux (Lamoignon) à la séance du roi au
parlement, le 19 novembre 1787.
5. Réponse du roi aux députés du parlement de Besançon, le 10 janv. 1783.
6. Réponse au parlement de Paris, le 17 avril 1788.

gislateur à avoir autant de volontés qu'il y aurait de délibérations différentes dans les parlements. « Je dois garantir la nation d'un pareil malheur, ajoutait-il. De combien de lois utiles la France n'est-elle pas redevable à l'autorité de ses rois, qui les ont fait enregistrer non-seulement sans égard à la pluralité des suffrages, mais contre cette pluralité même, et malgré la résistance des parlements! »

En effet, si le roi n'était pas le législateur unique, si le parlement était, comme il le prétendait, le conseil nécessaire du pouvoir royal [1], si la nécessité de l'enregistrement lui conférait un droit de véto, il n'y avait pas de roi de France qui ne violât la constitution plusieurs fois dans son règne, et qui ne méritât d'être traité comme un usurpateur ou un rebelle. Tantôt le roi recourait aux lits de justice, simple formalité qui anéantissait le parlement et le réduisait à l'obéissance passive, tantôt il transférait le parlement de Paris à Troyes, celui de Bordeaux à Libourne; tantôt il supprimait d'un seul coup deux chambres des requêtes; il ôtait et il rendait le droit de remontrances, disposant ainsi de la constitution comme de tout le reste, au cas qu'il y eût une constitution. Il faisait apporter à Versailles le registre des délibérations et arrêtés du parlement, déchirait tranquillement la page qui ne lui convenait pas et la mettait dans sa poche [2], ou bien il ordonnait, par une simple lettre, de biffer les arrêts contraires à ses volontés, ce qui était, au dire de Louis XVI, épurer ses registres plutôt que les altérer [3]; il rendait obligatoires des lois enregistrées seulement à la Cour des comptes, ou dans un parlement intérimaire qui n'était au fond qu'une commission royale. Quand il allait jusqu'à punir les conseillers pour leurs votes ou pour leurs opi-

1. Remontrances du 11 avril 1788.
2. 21 novembre 1751. Affaire de l'hôpital général.
3. Réponse du roi aux remontrances du 17 avril 1788.

nions exprimées sur les fleurs de lis, comme Henri II, qui fit arrêter deux conseillers en sa présence par son capitaine des gardes, comme Louis XVI, qui commanda à Vincent d'Agout « d'employer la violence [1] » pour arrêter Goislard et d'Espréménil dans la grand'chambre, le parlement protestait, mais il subissait; il criait au despotisme, mais le despotisme allait de l'avant. Ce n'est pas la force du parlement ou celle de la prétendue constitution qui a fait avorter la révolution de Maupeou en 1771, celle de Lamoignon en 1788. Le roi a cédé, parce que son caractère était faible et irrésolu; parce que le pouvoir royal, absolu en droit, était précaire en fait. Le roi avait le droit de tout ordonner, et le peuple avait le pouvoir de tout refuser. La révolution de Maupeou n'aurait été qu'un jeu pour Louis XIV, s'il avait jugé utile de la faire. C'est surtout l'incroyable détresse de ses finances qui mit Louis XVI à la merci des parlements. Le roi de France est mort de misère; mais il est mort absolu. Il l'était encore en 1789, le jour de l'ouverture des états généraux.

A cette doctrine de l'absolutisme constamment professée et pratiquée par les délégués directs de l'autorité royale dans les derniers siècles de la monarchie, on objecte que la loi même en vertu de laquelle le roi régnait, appelait au trône ses successeurs de mâle en mâle dans l'ordre de primogéniture; qu'il n'était pas au pouvoir du roi d'intervertir cet ordre, ni surtout de donner la couronne à une femme; que Louis XIV voulant appeler éventuellement ses bâtards au trône après l'extinction de tous les princes du sang légitimes, ne crut pas pouvoir le faire sans le concours des pairs et du parlement; que, malgré l'absolue puissance qu'il exerçait, l'expression la plus formelle de sa volonté pendant sa vie, et dans son testament après sa mort, ne put assurer la durée de cette

____

1. Séance du parlement, du mardi 6 mai 1788. Tous les règnes fournissent de pareils exemples de violence.

légitimation; qu'aucun roi de France n'aurait pu supprimer l'ordre du clergé, celui de la noblesse, et décider,
par une loi, que les états généraux ne seraient plus convoqués. Quoiqu'aucune loi écrite, aucune constitution ne
consacrât ces établissements, tous les partis s'accordaient
à les reconnaître comme la base fondamentale de la monarchie. Cela est vrai; mais comme il n'est pas moins
vrai que les états généraux ne pouvaient être convoqués
que par le roi, et que les parlements qui prétendaient,
sans aucun titre, être des états généraux au petit pied [1],
étaient fort loin d'être acceptés en cette qualité par la
cour et par une partie notable de la nation, et manquaient
d'ailleurs de tout moyen matériel de faire reconnaître
leur autorité, supposé qu'elle fût légitime; que signifiait
cette organisation tant vantée et tant invoquée, qui ne
donnait à la nation aucun moyen légal de résistance, et
la laissait sans cesse dans l'alternative de recourir à l'insurrection ou de subir le despotisme? En droit même, à
part ces états généraux, contemporains de la royauté suivant la tradition, mais qui n'avaient de force effective que
dans les circonstances critiques et quand le roi se sentait
hors d'état de gouverner, le roi de France n'était-il pas
le roi de droit divin, ce qui suppose évidemment l'autorité
absolue? On parlait vaguement d'acclamation par les pairs
et d'élection par le peuple, vaines formules dont personne
n'était dupe. Est-ce que quelqu'un en France prenait au
sérieux la question adressée au peuple pendant le sacre

1. C'est l'expression des états de Blois (1576-1577) : « Les édits doivent être vérifiés et comme contrôlés és-cours de parlement, lesquelles,
combien qu'elles ne soient qu'une forme des trois états raccourcie au
petit pied, ont pouvoir de suspendre, modifier et refuser les édits. »
(*Mémoires de Nevers*, t. I, p. 449.) Jamais la royauté ne reconnut pleinement ce droit réclamé pour les parlements par les états de Blois. Déjà
la prétention des parlements avait été condamnée par l'article 2 de l'ordonnance de Moulins, rendue en 1566, sous le règne de Charles IX, par
le chancelier de L'Hospital. Elle le fut encore par l'article 53 du code
Michau (1629), sous Richelieu, et par le titre I de l'ordonnance de 1667
'sous Colbert).

du roi par l'évêque officiant : « Acceptez-vous ce prince pour votre roi ? » Le clergé la fit supprimer au sacre de Louis XVI comme une comédie inutile, et il eut évidemment raison. Même l'onction des saintes huiles n'était que la consécration par l'Église d'une puissance qui résidait naturellement et invinciblement dans la personne royale. La Ligue avait vainement prétendu le contraire, et Henri IV, encore huguenot, invoquant les droits de la conquête, répondit « que la seule loi fondamentale était la loi salique, loi sainte, immuable, établie comme par ordonnance divine. » Le roi était donc roi par privilége. Il semblait qu'il y eût un peuple pour que le roi pût exercer sa fonction, et jouir de sa dignité. Le duc de Saint-Simon raconte que le duc de Bourgogne eut un jour une idée hardie, terrible, qu'il ose à peine rappeler; et cette idée introduite par Fénelon dans la tête de l'héritier de la couronne, c'est qu'un roi est fait pour les sujets, et non les sujets pour lui [1].

Il paraît évident en effet que le pouvoir royal existait seul sous l'ancien régime, que tous les autres pouvoirs émanaient de lui, et qu'en tout cas, ils ne pouvaient agir sur lui ou contre lui que quand il y consentait par faiblesse ou par impuissance [2]. Cette organisation de la société était déplorable. Le parlement exilé à Troyes par Louis XVI la jugeait en ces termes, dans son arrêté du 27 août 1787 : « La monarchie française serait réduite à

[1]. « Je n'ose achever un grand mot, un mot d'un prince pénétré : « Qu'un roi est fait pour les sujets, et non les sujets pour lui. » (*Saint-Simon*, t. X, p. 113.)

[2]. « La France est un État monarchique dans toute l'étendue de l'expression. Le roi y représente la nation entière, et chaque particulier n'y représente qu'un seul individu envers le roi. Par conséquent toute puissance, toute autorité résident dans les mains du roi, et il ne peut y en avoir d'autres dans le royaume que celles qu'il établit.... La nation ne fait pas corps en France. Mais elle réside tout entière dans la personne du roi, etc. » (Manuscrit d'un cours de droit public de la France, composé sous l'inspection de M. de Torcy, ministre du roi, pour l'instruction du duc de Bourgogne; citation faite par Lemontey, *OEuvres complètes*, in-8, 1829, t. V, p. 15, note 2.)

l'état de despotisme, s'il était vrai que des ministres qui abuseraient de l'autorité du roi pussent disposer des personnes par des lettres de cachet, des propriétés par des lits de justice, des affaires criminelles par des évocations et cassations, et suspendre le cours de la justice par des exils ou des translations arbitraires. » Tout ce que suppose le parlement par ces paroles était vrai, et le parlement le savait bien; la conclusion qu'il en tirait était légitime [1]. Mais le parlement ne voyait d'autre remède au mal que l'agrandissement de son autorité; triste remède pour de telles plaies. La révolution remplit toute cette fin du dix-huitième siècle, comme, dans le *Tartufe* de Molière, Tartufe remplit les deux premiers actes de la comédie sans y paraître.

Cependant la doctrine du pouvoir absolu avait, même sous Louis XIV, deux sortes d'adversaires; d'abord les parlements, ensuite les théoriciens qui en appelaient aux états généraux, ou comme Saint-Simon, à la pairie. Il nous reste à examiner de plus près ces diverses prétentions; mais disons-le sur-le-champ : quelle que fût la force qu'on essayât d'opposer au privilége royal, cette force reposait encore, non sur un droit, mais sur une exception, sur un privilége.

3. De l'opposition des parlements.

C'est un curieux spectacle que l'opposition des parlements. Sachons d'abord ce qu'étaient ces grands corps qui à diverses époques tinrent la royauté en échec. Il y

1. « Sur la question de savoir si; en 1789, la France avait une Constitution, nous croyons pouvoir répondre qu'elle n'en avait pas, ou que, si elle en avait une, elle se résumait tout entière dans un mot : l'omnipotence royale, contrariée quelquefois, jamais entravée.... » M. uvergier de Hauranne, *Histoire du gouvernement parlementaire*, t. I, p. 16.

avait douze parlements en France [1], tous indépendants les uns des autres. A diverses reprises, et notamment en 1755, ils essayèrent d'établir entre eux une étroite solidarité, en se considérant comme les douze classes d'un parlement unique ; mais cette union ne fut jamais qu'à l'état de prétention des parlementaires. Le grand parlement, le vrai, c'était celui de Paris. Il se composait, du temps de Louis XV, d'un premier président, de neuf présidents à mortier, de vingt et un présidents ordinaires, et d'environ deux cents conseillers, parmi lesquels trente conseillers clercs. Il faut y ajouter les gens du roi, c'est-à-dire un procureur général et trois avocats généraux. Il se divisait en plusieurs chambres : la grand'chambre, où siégeaient le premier président et tous les présidents à mortier, la tournelle, qui n'était qu'une chambre de roulement, cinq chambres des enquêtes, qui furent réduites à trois, et ensuite à deux, et deux chambres des requêtes du palais, qui furent aussi réduites à une seule. Il fallait vingt-cinq ans de service dans les enquêtes pour monter régulièrement à la grand'-chambre. Une charge de conseiller au parlement s'est vendue jusqu'à cent et cent cinquante mille francs ; elle est descendue jusqu'à trente-cinq et quarante mille, dans les moments où le parlement était maltraité par la cour ; mais en aucun temps elle n'a rapporté directement l'intérêt du prix qu'elle coûtait. La place de conseiller ne rapportait rien pendant près de vingt-cinq années ; il fallait ensuite, pour gagner des épices, être nommé rapporteur par le

---

1. Paris, établi en 1302, Toulouse en 1444, Grenoble en 1453, Bordeaux en 1462, Dijon en 1494, Aix en 1501, Rouen en 1515, Rennes en 1553, Pau en 1620, Metz en 1634, Besançon en 1676, Douai en 1686. Un treizième parlement fut érigé à Nancy en 1775. Le décret de la Constituante qui supprime les parlements est du 6 octobre 1790.

Les conseils supérieurs d'Alsace et de Roussillon avaient, comme corps judiciaires, la même autorité que les parlements. Le conseil supérieur d'Artois, qui jugeait certaines causes en dernier ressort, était néanmoins compris dans le ressort du parlement de Paris. Le parlement de Dombes, qui siégea à Lyon, puis à Trévoux, n'eut qu'une existence éphémère, et fut supprimé en 1775.

président de sa chambre; et ces épices, sous Louis XV, ne
montaient pas à huit mille livres pour un conseiller de
grand'chambre, et à trois mille pour un conseiller des enquêtes. On achetait, en entrant au parlement, des honneurs, de la considération, et quelques exemptions ou
priviléges. Il est vrai que, l'ambition et la cupidité s'infil-
trant partout, les conseillers avaient des sources irrégu-
.lières de revenus dans les abbayes pour les clercs, dans
les places de rapporteur de la cour ou de commissaires
extraordinaires, dans certaines exactions auxquelles on
soumettait les justiciables; et tout cela sans compter les
chances d'avancement, les présidences, les charges de
prévôt des marchands, de conseillers d'État, de maîtres
des requêtes, de ministres même. Un assez grand nombre
de conseillers passèrent sans intermédiaire de leur chambre au ministère ou au contrôle général. Toutes les charges de conseillers et de présidents étaient vénales; il fallait
pour les acheter obtenir l'agrément du roi, qui était ainsi
maître de la composition de la cour, et de l'avancement de
ses membres. La juridiction du parlement était d'ailleurs
considérable; il jugeait toutes les causes souverainement
et sans appel dans toute l'étendue de son ressort; il avait
le droit de mander à sa barre les officiers de police de
l'ordre le plus élevé, et de leur notifier ses ordres. Les
princes du sang et les pairs de France faisaient nécessairement partie du parlement, qui, par leur présence, devenait cour des pairs, et pouvait juger jusqu'à des princes
du sang royal. Enfin, quoique le parlement, dans son fond,
ne fût qu'une cour de justice, il revendiquait deux prérogatives essentiellement politiques et limitatives des droits
ou priviléges de la couronne, le droit de vérification ou
d'enregistrement, et le droit de remontrance. Ni l'un ni
l'autre de ces droits n'étaient contestés, excepté dans les
moments de crise et de lutte entre le pouvoir parlementaire et le pouvoir royal. Toute loi émanée du souverain
était portée au parlement, qui en délibérait et entendait

les observations des gens du roi. Après cette délibération, il ordonnait la transcription de la loi sur ses registres, avec ou sans réserves, ou il surséait, et chargeait son président, accompagné d'une députation de la cour, de se retirer devers le roi pour lui faire de très-humbles remontrances. Quelquefois les remontrances n'avaient pas pour occasion une nouvelle loi; et le parlement intervenait directement dans les affaires publiques par ces harangues solennelles qui, sous le titre de doléances, contenaient une très-verte critique de la politique des ministres. Et nonseulement la harangue du président était transcrite sur les registres; mais on la faisait imprimer, crier dans les rues, afficher sur les murs.

On voit sur-le-champ que ces deux prérogatives du parlement, poussées à la rigueur, équivalaient à un partage très-effectif de la puissance souveraine. Le droit d'enregistrement était tout simplement un droit de véto; et les simples remontrances, malgré leur nom, étaient un acte d'opposition formidable, quand il émanait d'un corps populaire, où les plus grands seigneurs du royaume et les princes mêmes siégeaient à côté des magistrats sortis du peuple et rendus illustres par leur caractère et par leurs talents. Si le roi voulait faire un emprunt, il était rare que le parlement consentît à enregistrer l'édit sans avoir fait d'abord de fortes remontrances, qui naturellement ne rendaient pas l'opération plus avantageuse et plus facile. On différait sur l'origine de ce double droit; les rois n'y voyaient qu'une concession du trône, consacrée par un long usage, mais essentiellement révocable; et les parlementaires affectaient de le regarder comme une loi constitutive de la monarchie, aussi ancienne et aussi respectable que la loi même qui assurait l'hérédité de la couronne dans la famille royale[1]. Il était difficile de leur donner raison

1. Dans le lit de justice du 15 juin 1586, le premier président de Harlay exprime ainsi en s'adressant à Henri III : « Nous avons, sire, deux

sur ce point puisque la création des parlements ne remontait qu'à Philippe le Bel. Le premier président La Vaquerie, parlant en 1484 au duc d'Orléans, sous la régence d'Anne de Beaujeu, avait reconnu tout le premier que le parlement n'était chargé que de rendre la justice, et qu'il ne pouvait se mêler des affaires générales du royaume sans un exprès commandement du roi[1]. Enfin, grave argument contre un droit uniquement fondé sur des traditions et des précédents, les rois avaient à plusieurs reprises suspendu l'usage des remontrances, et transféré à d'autres cours souveraines ou à de simples commissions la faculté de l'enregistrement. Mais quelles que fussent sur ce point les prétentions théoriques, la victoire était toujours au plus fort. Quand le roi s'appelait Louis XIV, il contraignait le parlement à l'obéissance et au silence ; quand le parlement ne rencontrait devant lui que Louis XVI, il entravait l'administration et brisait des ministères.

Qu'était-ce d'ailleurs qu'un droit si précaire qu'il suffisait pour l'anéantir de la simple formalité d'un lit de justice? Le seul droit des parlements, en vérité, était de désobéir, et de fatiguer le souverain par des lenteurs jusqu'à ce qu'il lui plût de parler et d'agir en maître. Si le roi prévoyait une opposition radicale contre un édit

sortes de lois ; les unes sont les ordonnances de nos rois qui peuvent se changer suivant la diversité des temps et des affaires, les autres sont des ordonnances du royaume qui sont inviolables, par lesquelles vous êtes monté au trône, et cette couronne a été conservée par vos prédécesseurs. Entre ces lois publiques, celle-là est une des plus saintes, et laquelle vos prédécesseurs ont religieusement gardée, de ne publier ni loi, ni ordonnance qu'elle ne fût vérifiée en cette compagnie. Ils ont estimé que violer cette loi, c'était aussi violer celle par laquelle ils sont rois, et donner occasion à leur peuple de mécroire de leur bonté. »

1. « La cour (de parlement) est instituée par le roi pour administrer justice ; et n'ont point ceux de la cour l'administration de guerre, de finances, ni du fait et gouvernement du roi ni des grands princes.... et par ainsi, venir faire ses remontrances à la cour (au roi), et faire autres exploits sans le bon plaisir et exprès consentement du roi, ne se doit pas faire. » (7 janvier 1484.)

d'importance, il avait recours à un lit de justice. Il se rendait au parlement en personne, faisait délibérer et compter les voix devant lui; puis, quand tout le monde avait voté, et voté contre la loi, le chancelier prononçait ces paroles : « le roi veut être obéi. » Aussitôt l'enregistrement avait lieu, et la loi devenait exécutoire.

Le parlement, de son côté, ne manquait pas de protester dès que le roi était parti, et d'inscrire sa protestation sur le registre. Le roi, le lendemain, la faisait biffer[1], et envoyait quelques magistrats des plus influents en exil ou à la Bastille. Alors le parlement avait recours au grand moyen : il cessait de rendre la justice. *Plectuntur Achivi*, toutes les affaires étaient interrompues[2]. Les juges étaient aussitôt exilés par lettres de cachet à Troyes, à Soissons, à Pontoise. Dès ce moment, ce n'était plus qu'une lutte de patience. C'était à qui se lasserait le premier, le roi de n'avoir plus de parlement, le parlement de vivre loin de ses affaires et de ses relations dans une bicoque. Tout finissait par un accommodement, où le plus fort des deux, suivant les temps et les circonstances, emportait les plus gros morceaux.

A juger cette organisation théoriquement, elle était de tout point insoutenable.

D'abord, il faut convenir que le parlement n'avait rien dans son origine et dans sa nature qui lui permît de s'ériger ainsi en tuteur des rois ou tout au moins en repré-

1. L'arrêt du parlement, rendu le 7 septembre 1734, sur l'affaire de la Constitution, et qui était une sorte de manifeste ou de déclaration de principes, fut biffé deux jours après sur le registre par un simple huissier du conseil, qui écrivit à la marge l'arrêt du conseil cassant et supprimant l'arrêt du parlement.

2. En 1765, à l'époque des luttes du parlement de Bretagne avec le duc d'Aiguillon, et du procès de La Chalotais, la démission d'un grand nombre de conseillers amena une suspension momentanée de la justice. La commission extraordinaire, nommée pour juger La Chalotais, jugea en même temps les prisonniers qui s'étaient accumulés dans les prisons de Rennes : il y en avait deux cent trente-cinq.

sentant de la nation. Si l'on regardait son origine, il était
assurément de création royale[1]. Ce corps, institué par les
rois, ne pouvait avoir reçu ni d'eux, ni du peuple, la mission de régler et de contenir leur autorité. Le parlement
puisait-il une force particulière dans la manière dont il se
recrutait? Non; puisque les charges de conseillers étaient
mises à prix, et s'achetaient, comme aujourd'hui une étude
de notaire. Il fallait, pour les acquérir, obtenir l'agrément
du roi, ce qui n'augmentait pas beaucoup l'indépendance
du corps. Il est vrai qu'une fois nommés les conseillers
étaient inamovibles; c'est un présent que Louis XI leur
avait fait[2] et qui fut contesté pour la première fois sous le
règne de Louis XV[3]. Cette inamovibilité était, à vrai dire,
la principale cause de l'influence et de la popularité du
parlement, quoiqu'elle fût loin d'être entière. Le roi, qui
ne pouvait destituer un conseiller, pouvait l'emprisonner;
il y eut de nombreux exemples, avant d'Espréménil et
Goislard, de conseillers saisis par les soldats jusque sur
leur siége. Le roi surtout pouvait l'exiler, et aucun roi ne
s'en fit faute. Un conseiller d'ailleurs, après avoir payé
une lourde finance pour une charge dont le revenu était
nul ou insignifiant, dépendait du président de sa chambre

1. Cf. l'ordonnance de Philippe le Bel, 23 mars 1302 ; l'ordonnance
de Philippe de Valois, 1344.

2. Par la loi du 21 octobre 1467, enregistrée le 23 novembre suivant,
et consacrée par un vœu solennel des états généraux assemblés à Tours
en 1484, sous le règne de Charles VIII. Le roi répondit « qu'il était raisonnable que nul officier ne fût destitué de son office et état, sinon par
mort, résignation, ou forfaiture préalablement jugée par juges compé-
tents. »

3. En 1756, il fut sérieusement question de supprimer des charges de
conseillers (ce qui n'est pas la même chose que de destituer les titulaires), mais le roi se contenta, dans le lit de justice du 13 décembre 1756, de supprimer la quatrième et la cinquième des enquêtes, en
incorporant les magistrats qui les composaient dans les autres chambres.
C'est seulement en 1758 que le roi supprima soixante-quatre charges de
conseillers, en les remboursant sur le pied de quarante mille francs ;
exemple qui fut depuis allégué par le chancelier Maupeou, quand il
publia la fameuse ordonnance du 13 avril 1771.

pour avoir des sacs, et du président du parlement pour passer après vingt-cinq ans de service des enquêtes dans la grand'chambre [1]. Il y avait aussi dans l'intérieur du parlement des fonctions qui dépendaient du gouvernement, celles, par exemple, de rapporteur de la cour à la grand'-chambre, ordinairement occupée par un conseiller clerc, parce que les clercs n'étaient jamais de tournelle. Les conseillers, au nombre de trente, qui appartenaient à l'Église, désiraient des bénéfices ; et tous les conseillers, clercs ou laïcs, s'ils avaient quelque talent ou quelque protection, aspiraient à être prévôt des marchands, intendants de province, conseillers d'État, ou présidents à mortier, ou simplement présidents de chambre : ils dépendaient de la cour de toutes les façons. Leurs fonctions d'ailleurs ne les disposaient pas à être des hommes politiques ; c'étaient des jurisconsultes, fort peu initiés aux affaires qui ne sentaient pas la chicane. Quand ces avocats, décorés d'une robe rouge pour leur argent, qui passaient leurs journées à approfondir les dossiers d'une procédure, ou à faire donner la question à un pauvre diable, quittaient tout à coup leurs sacs et leurs formules pour se transformer en politiques et en tribuns, la cour riait, et le pauvre peuple, qui

1. On appelait des autres chambres du parlement à la grand'chambre, et ces appels donnaient droit, outre les autres épices, à huit écus (l'écu, au palais, valait quatre livres) pour le rapporteur, et un écu pour le président. Cela fut ainsi réglé le 12 décembre 1780, dans un moment assez mal choisi, puisque le roi lui-même était effrayé de l'énormité des frais de justice. Non-seulement il fallait payer le fisc et les épices, mais les secrétaires mêmes de *messieurs* trouvaient moyen de rançonner et de piller les plaideurs. Tous les bureaux se tenaient chez le premier président, qui était censé assister à tous, quoique cela fût matériellement impossible puisque plusieurs bureaux siégeaient ensemble ; les vacations étaient payées par heure de séance, et le bureau, après chaque séance, fixait le nombre d'heures, non pas d'après le temps réel qu'il avait employé, mais d'après l'importance de l'affaire, en vertu de ce principe, qu'un magistrat intelligent fait en une heure une besogne qui coûterait trois heures à un juge moins habile. On calcula, en 1783, qu'en comptant l'âge du premier président d'Aligre par les vacations qu'il avait reçues, il n'avait pas vécu moins de quatre cents ans.

leur savait gré de le défendre, ne s'expliquait guère d'où leur venait cette prérogative. Il ne comprenait rien à la politique d'un corps qui, tantôt, invoquant la liberté, parlait des droits de la nation et du respect dû à la loi, étalait les misères des contribuables, résistait à des impôts oppressifs ; et qui, si l'on touchait aux jurandes, aux droits féodaux, à sa propre compétence, à son organisation intérieure, à l'étendue de son ressort, résistait avec énergie aux améliorations les plus nécessaires. C'est qu'en effet il ne s'agissait pas, pour le parlement, d'avoir droit ni d'avoir raison ; il n'était question que de maintenir sa dignité, de sauver son privilége. Ce grand corps, qui représentait dans l'État la routine elle-même, n'avait aussi que la tradition pour protéger et pour fonder ses prétentions : n'était-ce pas justice ?

La tradition ! ce grand nom, que pendant tant de siècles on a opposé au droit, la tradition, ce fondement de tout privilége, pouvait bien planer sur le parlement, puisqu'elle exerçait le même empire sur la royauté absolue. Le roi pouvait tout ; il pouvait violer la loi, puisqu'il était lui-même la loi vivante ; mais il ne pouvait violer la tradition, le fait longtemps établi, et devenu droit par le seul bénéfice de la durée, c'est-à-dire, pour parler mieux, devenu privilége. Ainsi le roi absolu pouvait faire une loi, n'importe quelle loi ; mais pour qu'elle fût exécutoire, la tradition exigeait l'enregistrement. Donc le roi demandait l'enregistrement, et quelquefois l'achetait. S'il le fallait, il sortait en pompe de son palais, faisait dix lieues, passait une mortelle journée à entendre des harangues, bravait l'impopularité qui s'attache toujours aux coups d'État, et tout cela, pour arriver à faire écrire sa loi sur un registre que la tradition rendait indispensable. Quand il devint impossible de faire obéir le parlement, on eut recours à la chambre des monnaies, ou au grand conseil, ou à la Cour des aides, ou à un parlement provisoire. Il fallait être enregistré quelque part ; sans cela le pouvoir absolu tombait dans l'impuissance. Et n'était-ce qu'au parlement que l'autocratie royale trouvait devant elle cette barrière? C'était jusque dans la cour et dans les fonctions de la domesticité. Si le roi était las de son chancelier, il ne pouvait lui ôter sa place : il l'exilait, comme il faisait du parlement, et le remplaçait par un garde des sçeaux. Louis XIV eut une fois envie de changer un capitaine de ses gardes du corps : c'était M. de Chandenier; il lui demanda sa démission, que M. de Chandenier refusa. Que fit le roi absolu? Il courba la tête devant la souveraineté de la tradition. Chandenier resta capitaine des gardes; seulement le roi l'envoya posséder sa charge à la Bastille [1] où il mourut. De même, quand Louis XIV voulut faire des héritiers du trône de ses enfants adultérins, croit-on qu'il lui suffit d'un édit émané de sa toute-puissance? Non, il rusa, comme toujours; c'était la condition du pouvoir absolu devant la tradition. Il obtint qu'Achille de Harlay inventât un précédent. Le précédent trouvé, la chose allait de soi, parce qu'on eut une tradition à opposer à une autre. Quand nous nous moquons aujourd'hui de l'importance attachée par nos pères à cette reine exigeante et gourmée qu'ils appelaient l'étiquette, c'est que nous ne comprenons pas qu'étiquette c'est tradition, que tradition c'est privilége, et que tout est privilége dans la France de l'ancien régime. Dans la fameuse querelle du *bonnet*, entre les ducs et les présidents de grand'chambre, les pairs de France furent sur le point de s'abstenir d'aller au parlement, ce qui était renoncer à leur dernier droit politique, parce que le premier président prétendait leur demander leur avis sans ôter son bonnet à mortier [2]. La plus grosse question de tout le règne de Louis XIV fut celle de

1. Lisez dans *Saint-Simon*, t. II, p. 318, l'histoire du *tabouret* de la chancelière, Séguier. Le cardinal de Richelieu, alors à l'apogée de sa toute-puissance, *n'osa* pas proposer ce tabouret. Il fut obligé de ruser, et ne réussit qu'à demi.

2. Voy. *Mémoires de Saint-Simon*, t. XI, p. 337, 339.

savoir si les princes légitimés traverseraient en diagonale
le parquet de la grand'chambre du parlement pour se rendre à leur rang de pairie, ou s'ils prendraient, comme les
autres pairs, les deux côtés du carré. Nous en rions, parce
que nous ne savons plus comprendre.

En fait, la lutte du parlement contre l'autorité royale
n'aboutit jamais qu'à des troubles. Sous la minorité de
Louis XIV, le parlement fut factieux. Il marcha droit
plus tard, parce que Louis XIV le tint rudement dans sa
main. Il fut pourtant, sur la fin du règne, privé du droit
de remontrance[1]. Il releva la tête sous le régent; sous
Louis XV, sous Louis XVI, ce ne furent que luttes perpétuelles. Le parlement osa dire en face à Louis XVI
« qu'on n'avait recours aux lits de justice que pour manifester des volontés contraires aux intérêts de la nation[2]. » La seule bulle *Unigenitus* nous montre le parlement tour à tour menacé, flatté, proscrit, décimé, exilé.
De 1771 à 1788, de Maupeou à Lamoignon, l'histoire des
parlements n'est qu'une suite de coups d'État de l'autorité royale et de rébellions des parlementaires, de remontrances factieuses et de réponses despotiques. Le roi reproche au parlement d'être une aristocratie[3], de s'opposer
à tous les progrès, et d'être un obstacle vivant à l'unité du
royaume[4]; les parlements reprochent au roi d'employer le
pouvoir absolu à ruiner et à corrompre la nation[5]. Tout

---

1. 24 février 1673. Sous la régence du duc d'Orléans, le 21 août 1718,
un arrêt du conseil interdit de nouveau au parlement toute immixtion
dans les affaires de l'État.

2. Déclaration du 13 septembre 1788.

3. « Si la pluralité dans nos cours forçait ma volonté, la monarchie ne
serait plus qu'une aristocratie de magistrats. » (Discours du roi, 17 avril
1788.)

4. « La volonté du roi, pour être juste, doit varier suivant les provinces. » C'est-à-dire qu'elle doit se conformer aux diverses traditions
locales. (Remontrances du 4 mai 1788.)

5. « Le règne du feu roi, marqué par tant de lits de justice, l'est aussi
par l'excès des impôts, des emprunts et des profusions. » (*Ibid.*)

était vrai dans les griefs des parlements, la ruine, la corruption, le despotisme ; mais il n'avait pour lui ni la constitution (il n'y en avait pas), ni une tradition constante, ni la force. L'aristocratie parlementaire se servait de la liberté comme d'un manteau pour couvrir ses droits et ses procédures barbares, son attachement fanatique aux priviléges et à la tradition, son horreur de tous les progrès, son ambition et son népotisme[1]. Ce semblant de droit politique, revendiqué par une cour de justice sous un monarque absolu, ne pouvait ni être subi par le roi, ni être pris au sérieux par le peuple, et n'aboutissait qu'à d'interminables intrigues[2].

1. Il y avait des familles de robe chez lesquelles les magistratures étaient en quelque sorte héréditaires, non-seulement par la préférence qui leur était donnée, mais par la paulette, établie en 1604, par les brevets de retenue sur les grandes charges, et par le concert des magistrats entre eux pour arriver à ce résultat. Le parlement de Paris, dans ses remontrances du 8 décembre 1787, avoue assez hautement cette quasi-hérédité. « Qu'il nous soit permis, sire, de vous représenter qu'en nous dévouant au service public, en lui consacrant nos fortunes, nos veilles, notre existence, en élevant nos enfants pour les mêmes sacrifices, nous n'avons pas cru nous destiner, et nos enfants, à de pareils malheurs, moins encore à de pareils outrages. »

2. Les parlements de province exerçaient aussi leur droit de remontrance, et, comme celui de Paris, refusaient l'enregistrement. Quand Louis XV, en 1763, voulut proroger des impôts dont le terme était expiré, en créer de nouveaux, et contraindre la plupart des créanciers du Trésor à subir une réduction forcée, tous les parlements s'unirent à la résistance de celui de Paris. Le cabinet prit partout des mesures sévères, qui rencontrèrent une résistance inflexible. Les parlements de Rouen, de Toulouse, de Grenoble donnèrent leurs démissions en masse. Le duc de Fitz-James, gouverneur du Languedoc, mit les membres du parlement de Toulouse aux arrêts dans leurs maisons. Après tout ce développement de force, ce fut le ministère qui céda. Il n'était pas rare de voir un intendant, ou même un commandant de province, décrété d'ajournement personnel. Quelquefois, au-dessous d'un ordre de l'intendant affiché au coin des rues, le parlement faisait afficher une défense d'obéir. L'issue de ces conflits était très-variable ; mais en somme les victoires des parlements sont plus nombreuses que leurs défaites. Ces alternatives usaient également la royauté et la magistrature. Le vice de toute cette organisation était surtout flagrant quand les parlements se divisaient, et qu'un édit, enregistré dans certaines cours,

Qu'il y eût dans le parlement des citoyens et des magistrats dignes des plus beaux temps de l'antiquité; qu'à
côté de l'esprit de caste et de routine, de l'envie d'empiéter et de se grandir, on trouve dans l'histoire de ce grand
corps un fond persistant de patriotisme, un profond attachement à la légalité, une horreur légitime du pouvoir
absolu, des vues sages et élevées sur la pondération des
pouvoirs et les droits réels de la nation, c'est ce qu'il
n'est pas permis de méconnaître, et ce qui explique la
popularité des parlements à diverses époques, et les hési-
tations de la cour devant cette autorité qu'elle avait tant
de moyens de briser. Il était regrettable que le parlement
ne fût pas ce qu'il prétendait être, c'est-à-dire un corps
politique, représentant légitime des vœux de la nation, et
armé du pouvoir nécessaire pour contre-balancer le despotisme royal. Le parlement tirait toute sa force d'une hypothèse.

En dehors du parlement, qu'opposait-on au pouvoir
royal? Quelques rêveurs, comme le duc de Saint-Simon,
voulaient faire revivre la pairie, prétention mille fois
plus absurde que celle du parlement[1]. La pairie, qu'était-
ce, qu'une ombre vaine de cette ancienne puissance,
égale ou supérieure à la puissance royale, qui ne s'était
guère exercée pacifiquement, et qui s'imposait, aux temps
de la féodalité, par cette solide raison de la force, la seule
qu'on connût alors? Le duc de Saint-Simon lui-même
avait l'un des premiers rangs parmi les pairs de France,
et sa pairie ne remontait pas plus haut que son père, un
favori de Louis XIII, élevé à cette éminente dignité parce
qu'il savait bien sonner du cor. Non, la pairie n'était
rien en France. Elle donnait le droit de siéger au parlement, et d'y opiner du bonnet, le droit aussi de porter
un manteau d'hermine et un chapeau à bouquet de plu-

était dans les autres l'objet de remontrances et de refus d'enregistrement.

1. Voy. *Mémoires de Saint-Simon*, t. XI, pages 270, 279.

mes, le droit pour les femmes de s'asseoir sur un tabouret au cercle de la reine : n'était-ce pas d'assez grandes prérogatives, et le duc de Saint-Simon n'était-il pas bien exigeant de demander une juridiction et une action politique pour les pairs de France, pour ces gentilshommes par excellence, dont les pères, comme dit L'Estoile, savaient « porter en un cor sans baver? »

4. De l'appel aux états généraux.

Une prétention bien autrement sérieuse, la seule sérieuse, était celle qui en appelait aux états généraux. Les états généraux étaient populaires et pouvaient être puissants, parce que seuls, des institutions de l'ancien régime, ils ressemblaient moins à un privilége qu'à un droit. Pendant longtemps il avait été de règle que le roi ne pouvait exiger d'impôt qu'il n'eût été consenti par les états [1]. Charles VII, le premier, décréta un impôt de sa propre autorité et le fit percevoir par ses agents. Cette entreprise fut cause sans doute des alarmes éprouvées par les états généraux de 1484, sous Charles VIII, qui déclarèrent expressément « qu'ils n'entendaient pas qu'on imposât aucune somme de deniers sur le peuple sans convoquer les états généraux et avoir obtenu leur consentement, conformément aux libertés et priviléges du royaume [2]. » Les

1. L'article 5 de l'ordonnance de 1355, concertée entre les états généraux et le roi Jean, défend de lever des impôts qui n'auraient pas été librement consentis par le peuple, et il ajoute : « Et si, par aventure, aucun de nos officiers ou autres, sous ombre de mandements ou impétrations aucunes, voulaient ou s'efforçaient de prendre ledit argent, lesdits députés et receveurs pourraient et seraient tenus de résister de fait, et pourraient assembler leurs voisins des bonnes villes et autres, selon que bon leur semblerait, pour eux résister comme dit est. »

2. Dans le lit de justice du 6 août 1787, le premier président dit au roi : « Le principe constitutionnel de la monarchie française est

états de 1355, de 1356, de 1576, demandèrent que le roi
fût obligé d'accepter les propositions votées par les trois
ordres et de leur donner force de lois fondamentales. Cette
lutte entre les états, qui voulaient être tout, et les rois, qui
voulaient les réduire à n'être rien, revenait toujours
avec plus ou moins d'énergie, selon les temps. En 1484,
en 1561, on demanda la périodicité des états. « Des états
généraux tous les deux ans. » Déjà l'Assemblée de 1356
avait demandé pour les états le droit de se réunir par leur
seule volonté, sans convocation royale. C'était mettre la
royauté en tutelle. En 1576, on professa la doctrine « qu'il y
a différence entre les lois du roi et du royaume; » en 1588,
on disait ouvertement « que le roi n'était que comme président des états, lesquels ont tout pouvoir[1]. » Ce fier langage aurait mieux convenu à ces assemblées si le roi
n'avait pas eu le droit exclusif de les dissoudre, en lais-

que les impositions soient consenties par ceux qui doivent les supporter : il n'est pas, sire, dans le cœur d'un roi bienfaisant d'altérer ce
principe qui tient aux lois primitives de votre État, à celles qui assurent l'autorité et qui garantissent l'obéissance. » Ce langage était une
menace. Pendant que le parlement parlait ainsi, par l'organe de son
président, le roi et toute la France savaient à merveille qu'un grand
nombre des impôts sous lesquels on gémissait, étaient d'institution
purement royale. M. de Nicolaï, à la Chambre des comptes, déclara
très-nettement que la vérification des impôts par les cours souveraines
n'avait pour effet que d'avertir les rois et non de sanctionner l'impôt;
les rois, en s'emparant d'un droit que la nation s'était réservé, en-
couraient une responsabilité que personne ne pouvait ni ne voulait
partager avec eux : « Les cours n'eurent jamais le droit d'octroyer
et de consentir les impôts; depuis longtemps la France, remettant au
souverain le pouvoir d'imposer, l'a rendu l'économe de la fortune publique, et nos rois ont chargé leurs cours de les éclairer, par la vérification, sur les besoins de l'État. »

1. « Le roi sera supplié d'homologuer ce qui sera fait, conclu et arrêté par les états, comme loi fondamentale de son royaume. » (6 octobre 1568.) On demandait en outre que les lois émanées des états ne
fussent pas sujettes à enregistrement, et que toutes les autres le fussent, sans que le roi pût recourir à des lits de justice pour les faire
enregistrer par force. Si cette théorie avait prévalu, avec celle de la
périodicité des états, qu'on ne cessait de réclamer, le roi n'aurait plus
été qu'un roi constitutionnel.

sant leurs cahiers sans publicité et sans réponse. Il y eut encore des états généraux sous Charles IX, sous Henri III et pendant la minorité de Louis XIII, en 1614 [1]; puis on ne les connut plus en France jusqu'à la veille de la Révolution ; et ce fut aux yeux des rois un crime de les demander, à peu près comme, vers le même temps, les papes excommuniaient les appelants au futur concile [2].

Disons ce que c'était que les états généraux. Quand le roi sentait l'autorité trop ébranlée, ou quand il avait besoin de nouveaux subsides, il convoquait au chef-lieu de chaque grand bailliage [3] tous les électeurs du ressort,

1. Je ne parle pas des assemblées de notables, qui furent assez fréquentes, parce que les notables, convoqués et choisis par le roi, n'avaient ni la même origine, ni les mêmes droits, ni la même autorité que les états généraux. En 1787, le ministre répondit à un magistrat qui se plaignait d'être omis, que le roi avait convoqué une assemblée *de* notables, et non pas l'assemblée *des* notables, et qu'il avait pu faire ses choix avec une liberté absolue.

2. Le duc du Maine, fils légitimé de Louis XIV, privé par arrêt du parlement du droit de successibilité à la couronne, en appela aux états généraux. Un parti considérable de la noblesse saisit cette occasion de rappeler les anciens droits de la nation, mais le régent, qui était lui-même en cause, et qui se sentait appuyé par l'opinion publique contre le duc du Maine, affecta, malgré sa débonnaireté ordinaire, de considérer cette demande de la noblesse comme séditieuse. Plusieurs des signataires furent mis à la Bastille ou à Vincennes. L'huissier à verge qui avait signifié l'appel au procureur général et au greffier du parlement, fut interdit pendant six mois. Il faut remarquer la scission qui éclata à la même époque entre les prétentions de la noblesse, comme formant le second ordre de l'État, et celles des pairs, qui, exerçant seuls une sorte de droit politique personnel (le droit de siéger au parlement), voulaient être considérés comme les seuls représentants de l'aristocratie. (Voy. les *Mémoires de Saint-Simon*, t. XIV, p. 294 sq.)

3. On appelait grands bailliages ou bailliages royaux, ceux qui avaient un bailli d'épée, les cas royaux, le ressort sur d'autres juridictions, et qui eux-mêmes ressortissaient directement à un parlement. Les grands baillis qui réunissaient à l'origine la double fonction de chefs du ban et de l'arrière-ban et de juges, avaient perdu leurs attributions judiciaires, dans lesquelles ils étaient remplacés par des baillis de robe. Chaque grand bailliage se trouvait aussi divisé, pour l'administration de la justice, en plusieurs bailliages inférieurs, au chef-lieu desquels se tenaient les assemblées primaires pour les élections aux états généraux.

c'est-à-dire tous les nobles, tous les ecclésiastiques et des
délégués seulement des communes et des corporations
libres. Les délégués étaient eux-mêmes choisis par des
assemblées primaires, qui rédigeaient en même temps
des cahiers ou doléances. L'élection était donc directe pour
la noblesse et le clergé, et à deux degrés pour le tiers
état[1]. Les nobles, les évêques et les électeurs institués
par les assemblées primaires, se réunissaient au bailliage
sous la présidence du bailli d'épée, et là ils accomplis-
saient la double tâche d'élire les députés aux états généraux, et de dresser les cahiers des doléances du bailliage.
Chaque ordre faisait séparément son cahier et ses élections. Le clergé était le premier ordre ; la noblesse, le
second ; le tiers état représentait le reste de la nation, et
par conséquent l'immense majorité, plus de vingt-quatre
millions sur vingt-six. Quand les membres des états généraux avaient été ainsi élus dans toutes les provinces, ils
se réunissaient au lieu indiqué par la cour sous la présidence du chancelier ou de tel autre grand personnage
nommé par le roi. Le chancelier, dans une séance d'ouverture, « faisait la demande, » c'est-à-dire exposait le
but de la réunion des états. Chaque ordre délibérait ensuite séparément, tant sur cette demande que sur les
objets contenus dans les cahiers. Il résultait de ces délibérations des cahiers généraux, qui étaient, pour chaque
ordre, le résumé des vœux de tout le royaume. Ces cahiers
une fois rédigés, on nommait trois orateurs chargés de les
présenter au roi, en le haranguant chacun au nom de son
ordre respectif. Le chancelier annonçait la volonté royale
dans une séance de clôture, et la mission des états était
terminée.

L'organisation des états était assurément fort défec-
tueuse, et l'on ne saurait y voir, comme dans les parle-

---

1. Assemblée des notables en 1788. Réponse du deuxième bureau à
la vingt-septième question.

ments d'Angleterre, les assises de la liberté. D'abord, il n'y avait pas de périodicité des états, pas de convocation nécessaire; le roi seul était juge de l'opportunité : le droit restait dans sa main. L'élection, au premier et au second degré, se faisait sans règle fixe, et sous la présidence d'un magistrat royal. Le nombre des députés de chaque ordre n'était pas même fixé; partout, il fallait recourir à la coutume ou se soumettre à des décisions arbitraires[1]. On peut juger des résultats que donnaient les élections par bailliages, en songeant qu'en 1789, le bailliage du Vermandois, par exemple, comptait onze députés pour sept cent soixante-quatorze mille cinq cent quatre habitants, tandis que celui de Dourdan en avait quatre pour sept mille quatre cent soixante-deux habitants[2]. Malgré cette disproportion entre les bailliages, il y avait eu de nombreux avis, à la seconde assemblée des notables, pour accorder à chacun d'eux une représentation égale. La division par ordres dans les colléges électoraux livrait les électeurs, et sur-

1. Le 5 juillet 1788, un arrêt du conseil déclara qu'après plusieurs mois de recherches sur les anciens états généraux, il avait été impossible de constater d'une façon positive la forme des élections, non plus que le nombre et la qualité des électeurs et des élus. (*Anciennes lois françaises*, t. XXVIII, p. 601. Cf. M. Henri Martin, t. XIX, p. 530). De son côté, le parlement avouait (5 décembre 1788) « qu'à l'égard du nombre, celui des députés respectifs n'était déterminé par aucune loi, ni par aucun usage constant pour aucun ordre. » (*Introd. au Moniteur*, p. 564.) La formule des lettres de convocation n'était pas constante. En 1483, elles portaient « un député par ordre, » et non plus; en 1560, c'était « un député au moins. » Ces prescriptions ne furent pas scrupuleusement suivies. Aux états de 1484, le tiers état comptait trente députés de plus que le clergé, vingt-trois de plus que la noblesse; aux états de 1576, quarante-six de plus que le clergé, soixante-dix-huit de plus que la noblesse; aux états de 1588, cinquante-huit de plus que le clergé, douze seulement de plus que la noblesse; aux états de 1614, quarante et un de plus que le clergé, et cinquante-sept de plus que la noblesse.

2. *Introd. au Moniteur*, p. 500. (Rapport de Necker au roi, du 27 décembre 1788.) Le nombre des députés pour chaque bailliage devait être autant que possible, en raison composée de la population et des contributions.

tout ceux du tiers, à l'influence du gouvernement exercée
par le président du collége. Une fois réunis, les membres
des états votaient encore par ordre et séparément, ce qui
avait le double inconvénient de faciliter les intrigues de la
cour, et de fausser radicalement la représentation; car les
deux premiers ordres, qui avaient des intérêts communs
et le plus souvent, par les évêques et les abbés, une
origine commune, faisaient la majorité contre le tiers
état, c'est-à-dire contre la nation presque entière. Ce qui
corrigeait un peu cet abus, c'est que les états n'émettant
que des vœux, il n'y avait pas lieu d'arriver à une conclusion commune; mais plus la forme du gouvernement était
aristocratique, et plus les avis conformes du clergé et de
la noblesse avaient de force morale contre l'opinion isolée
du tiers. En outre, la composition intérieure de chaque
ordre était fort différente, et n'influait pas peu sur leur
rôle et leur importance. La noblesse, malgré l'antago-
nisme de plus en plus prononcé entre les nobles de cour
et ceux qui vivaient dans leur province, n'avait au fond,
et comme corps, qu'un seul intérêt, celui de caste. Le
clergé, qui, en France, avait le privilége d'être un ordre
de l'État, tenait à conserver son importance politique, et
ses richesses, qui étaient immenses[1]. L'opposition entre
le haut et le bas clergé disparaissait devant ce suprême
intérêt; et l'on sait d'ailleurs quelle est, par la constitution ecclésiastique, la situation du clergé du second

1. Il parut en 1770 un livre intitulé : *Du droit du souverain sur les
biens-fonds du clergé et des moines, et de l'usage qu'il peut faire de ces
biens pour le bonheur des citoyens.* Dans ce livre, qu'on attribua au marquis de Puységur, et dont les assertions furent énergiquement démenties
par le clergé, il est dit que les dîmes, droits seigneuriaux et rentes de
toutes natures appartenant aux ecclésiastiques, suffisaient amplement pour
faire vivre et bien vivre les pasteurs et les communautés; de sorte que
l'État pourrait s'emparer des propriétés territoriales de l'Église sans nuire
aux besoins réels du culte. Ces propriétés sont évaluées par l'auteur
au tiers des biens de la France, c'est-à-dire à dix mille lieues carrées et
à trois milliards deux cent quatre-vingt-un millions six cent mille francs
de revenu.

ordre en présence des évêques[1]. Au contraire, rien n'était plus opposé d'intérêts, d'éducation, de richesse, d'influence sociale que les membres qui composaient le tiers état. D'abord chaque province, chaque ville, chaque corporation avait ses priviléges dont le maintien était contraire aux intérêts des villes et des corporations rivales, et, en outre, les marchands, les hommes des corps d'état, drapiers, fourreurs, tailleurs d'habits, orfévres, ressemblaient-ils en quelque chose aux magistrats des cours souveraines? Non-seulement les membres des parlements et des cours des aides, les trésoriers de France, les fermiers généraux étaient riches, plus riches que la noblesse, mais ils étaient plus éclairés; toutes les lumières du pays leur appartenaient. Ils étaient aussi les plus puissants, depuis que les nobles avaient perdu leur autorité seigneuriale et ne conservaient que des priviléges de faveur, d'exemptions et de prééminence; car, outre la force que donnent les magistratures par elles-mêmes, ils étaient les agents nécessaires du pouvoir, comme juges, intendants, conseillers et même ministres. Des hommes dans cette situation souffraient de se voir confondus avec le dernier ordre de la nation. Ils avaient beau exercer des emplois : la noblesse les primait partout pour le rang; cette roture leur était comme une tache originelle. Ils achetaient des terres et des seigneuries, mais on pouvait être seigneur sans être noble, et noble sans être seigneur[2]. Certaines charges, et même des charges assez minces conféraient, soit immédiatement, soit après une durée d'exercice déterminée, la no-

1. Le clergé du second ordre était plutôt représenté par des bénéficiers, c'est-à-dire par des privilégiés, que par des curés. Pour l'élection des assemblées du clergé, les curés étaient, pour ainsi dire, exclus du bureau diocésain, où ils n'avaient qu'un seul représentant; c'est ce qui explique la longue tyrannie des gros-décimateurs et l'insuffisance des portions congrues.

2. Voy. la réponse du premier bureau de la seconde assemblée des notables à la quarante-quatrième question.

blesse personnelle, ou la noblesse héréditaire, ou, à défaut de la noblesse, une partie des exemptions attachées. à la qualité de gentilhomme; mais dans cette position équivoque, qui les faisait repousser également de l'ordre où ils voulaient entrer et de celui qu'ils abandonnaient, les anoblis étaient fort loin de pouvoir se comparer aux anciennes maisons. La nécessité de « faire des preuves, » c'est-à-dire de prouver plusieurs degrés de noblesse, était une barrière imaginée par la noblesse véritable pour se garantir des empiétements de la noblesse nouvelle. Le ministre plébéien ou anobli n'entrait pas dans les carrosses du roi; il cédait le pas au premier imbécile qui pouvait citer quatre générations d'ancêtres; les charges de la couronne lui étaient interdites; il ne pouvait prétendre ni au collier de l'ordre, ni à la pairie; sa femme n'était pas présentée; ses enfants ne pouvaient entrer dans les chapitres nobles. S'il paraissait aux états[1], il y

1. Il faut noter cependant qu'en 1789, tous les présidents et conseillers de parlements qui siégèrent dans l'assemblée, y avaient été envoyés comme membres de la noblesse. M. de Bonald remarque à ce propos (*Mélanges*, édit. de 1852, t. I, p. 551) « que les états généraux de 1789 sont les premiers où des anoblis aient siégé dans l'ordre de la noblesse. » Saint-Simon, t. XI, p. 376, affirme que les membres du parlement, et même le premier président, députés aux états généraux, ont toujours fait partie du tiers. « Mais il y a davantage, dit-il; c'est qu'un noble et dont l'extraction n'est point douteuse, mais qui se trouve revêtu d'une charge de judicature quelle qu'elle soit au parlement ou ailleurs, est par cela même réputé du tiers état, et ne peut être député aux états généraux qu'au tiers état. » Anne d'Autriche avait accordé aux parlements, en 1644, des priviléges de noblesse qui furent révoqués par Louis XIV le 15 août 1669. Cependant, les conseillers ne tombèrent pas absolument dans la roture. Sous Louis XV, lorsque toutes les chambres du parlement, à l'exception de la grand'chambre, donnèrent leur démission à l'occasion des querelles du jansénisme, le cardinal Fleury menaça les démissionnaires, entre autres mesures de sévérité, de les priver de la noblesse. Ils avaient une noblesse bourgeoise comme les échevins et les secrétaires du roi, la noblesse des anoblis, qui les exemptait de la plupart des charges personnelles sans les tirer de leur ordre et les assimiler à la noblesse véritable. A la cour, un ministre, homme de qualité, mangeait avec le roi; il perdait ce privilége s'il devenait chancelier, parce que le chancelier

était vêtu de laine noire, sans plume ni épée; et s'il y prenait la parole devant le roi, il se mettait à genoux. Le premier président du parlement de Paris, qu'on appelait monseigneur et qui faisait trembler tout le royaume, s'agenouillait pour parler au roi, tandis que les ducs, assis et couverts, savouraient son humiliation. Ce ne sont là, j'en conviens, que de vaines cérémonies; mais non pas aux yeux de nos pères. Nous sommes aujourd'hui, comparativement, un peuple de droit et de liberté : donc nous estimons les hommes et les positions par leur essence; nos pères étaient un peuple de privilége et de tradition : donc ils estimaient les hommes par leur rang, c'est-à-dire par leur apparence. Un galon d'or était chose sérieuse pour eux. L'étiquette, qui est la forme extérieure des mœurs, était le seul frein du pouvoir absolu.

Les parlementaires mirent tout en œuvre pour se séparer du reste du tiers, cela est constant. Individuellement, ils coururent après l'anoblissement; en corps, ils essayèrent à plusieurs reprises de former un quart état, intermédiaire entre la noblesse et le peuple. Ils y réussirent même aux états de 1558, où le roi leur permit de délibérer séparément. Le premier président du parlement de Paris, Jean de Saint-André, fit un discours, avant la clôture de l'assemblée, pour remercier le roi d'avoir donné cette satisfaction aux parlementaires. Certes, rien ne peint mieux l'état de la France. Si l'on avait senti le droit, cette élite du tiers n'aurait demandé qu'à se confondre avec les intérêts et les droits du peuple, et à dominer la nation en dominant le tiers état; mais parce que la France était un pays de privilége, on ne pou-

---

était de robe. C'était pourtant la première dignité du royaume depuis qu'il n'y avait plus de connétable, et le chancelier avait le pas sur les ducs et pairs sans difficulté.

En 1780, Dupaty ayant acheté une charge de président à mortier au parlement de Bordeaux, cette cour, qui ne voulait pas le reconnaître, fit un arrêt de règlement pour exiger de tout président à mortier « ou la noblesse, ou trois générations de magistrature. »

vait se grandir qu'en se séparant, non en s'associant :
on demandait des honneurs, c'est-à-dire des préséances.
Le pouvoir n'étant et ne pouvant être qu'un don, on voulait avant tout se rapprocher de celui qui était la source
de tous les dons. La royauté absolue avait tous les droits
dans sa main, et en les distribuant les transformait en faveurs.

Un dernier vice des états généraux, qui achevait de
les réduire à l'impuissance, c'est qu'à part la question
des subsides, où leur droit paraissait bien établi (jusqu'à Charles VII, pas plus loin[1]), tout le reste était
abandonné à la discrétion du roi. Leurs cahiers faits et
remis, on prononçait d'un mot la dissolution de l'assemblée ; et aussitôt, ces représentants de la nation retom-
baient dans leur néant ; personne ne pouvait ni parler ni
réclamer en leur nom, le ministère faisait de leurs cahiers
ce qu'il voulait[2]. En 1484, les réclamations obstinées, ardentes des états, obligèrent la cour à souffrir que des députés de l'assemblée assistassent aux délibérations des ministres sur les demandes contenues dans les cahiers. « Le
chancelier, sur chaque article, prenait l'avis de ses asses-
seurs. Dès que l'un deux formait quelque objection, le
chancelier écrivait à la marge : «Rejeté, » ou « Renvoyé à

---

1. Commines dit cependant (liv. V, chap. xix) : «Notre roy est le seigneur du monde qui le moins a cause d'user de ce mot : *J'ay privilége de
lever sur mes subjects ce qui me plaist;* car ny luy ny autre ne l'a ; et ne
luy font nul bonneur ceux qui ainsi le dient pour le faire estimer plus
grand, mais le font haïr et craindre aux voisins, qui pour rien ne vou-
droient être sous sa seigneurie ; et mesmes aucuns du royaume s'en pas-
seroient bien qui en tiennent. » Il dit aussi (liv. VI, chap. xiii) : « qu'un
prince chrétien n'a authorité fondée en raison de rien imposer sans le
congé et permission de son peuple. » Mais s'il revendique si hautement
le droit du peuple, c'est parce que, de son temps déjà, il était contesté par
les défenseurs du pouvoir absolu. Depuis la taille imposée arbitrairement
par Charles VII, « plaie qui longtemps saignera, » dit Commines lui-
même, les rois se regardaient comme affranchis de ce dernier reste de
l'autorité des états.

2. Cf. M. Poirson, *Histoire du règne d'Henri IV*, t. I, p. 308.

un plus mûr examen. » Si les députés voulaient y répondre, il les interrompait en leur disant qu'ils avaient
rempli leurs charges, que les états n'avaient à l'égard du
roi que la voie de la représentation, et que désormais c'é-
tait au roi et à son conseil à juger de la légitimité de leurs
demandes.

Un des députés perdit patience et se leva de son siége :
« Que faisons-nous? dit-il avec colère. Pourquoi nous
« a-t-on mandés ici, si l'on nous défend de parler? Nous
« ne nous attendions pas qu'on traiterait avec cette légè-
« reté les représentants de la nation[1]. » Mais c'était là
l'erreur éternelle. Les états songeaient à ce qu'ils auraient
dû être; la cour les traitait pour ce qu'ils étaient. Et ils
n'étaient rien, qu'un conseil purement consultatif, bien
accueilli s'il flattait les volontés du souverain. On le vit
bien, en 1561, sous Charles IX; en 1576 et 1588, sous
Henri III, et en 1614, pendant la minorité de Louis XIII.
Qu'étaient donc ces états généraux avec cette convocation
arbitraire, ces élections faites au hasard, ces trois ordres
distincts et opposés d'intérêts, ces cahiers muets déposés
dans les archives d'un ministère, et ce déni de justice
final? Une ombre, un fantôme; un instrument de trompe-
rie dans la main des mauvais rois. Le 19 novembre 1787,
le garde des sceaux Lamoignon déclara en plein parlement que, depuis plus d'un siècle et demi, cet usage national était tombé en désuétude sous les deux plus longs
règnes de la monarchie ; qu'on avait vu, sous deux minorités, des orages très-alarmants, sous ces deux règnes de
grands changements et de grandes révolutions, des impositions auparavant inconnues, des factions, des batailles
perdues, l'ennemi dans l'intérieur du royaume, des désastres publics de tout genre, sans qu'aucune voix se
fût élevée durant un si long intervalle pour réclamer les
conseils de la nation. Il ajouta « que le pouvoir législatif

---

1. *Introd. au Moniteur*, p. 42.

réside dans la personne du souverain sans dépendance et
sans partage, qu'à lui seul appartient le droit de convoquer les états généraux, que lui seul doit juger si cette
convocation est utile ou nécessaire, qu'il n'a besoin d'aucun pouvoir extraordinaire pour l'administration de son
royaume; qu'un roi de France ne pourrait trouver dans
les représentants des trois ordres de l'État qu'un conseil
plus étendu composé des membres d'une famille dont il
est le chef, et qu'il serait toujours l'arbitre suprême de
leurs représentations ou de leurs doléances. » Cependant,
quelles que fussent l'incertitude et l'incohérence de l'organisation des états généraux, l'opinion pouvait les inves-
tir tout à coup de l'autorité absolue, ôter la force au roi, la
transporter à cette assemblée délibérante. Pourquoi?
parce que, si le droit était quelque part dans la société
ancienne, il était là; non pas tout le droit, mais le germe
du droit, le principe. Que la philosophie éclaire le peuple,
que les lumières se répandent ; et les rois qui se riront
des parlements, des pairs de France, de la noblesse,
des chartes communales; qui auront, contre toutes les
forces populaires, un argument irrésistible, la Bastille,
ces rois absolus, ces Louis XIV, ces Louis XV, ces
Louis XVI, trembleront au seul nom d'états généraux[1].
Sous Louis XVI surtout, après Rousseau, après Voltaire,
après l'*Encyclopédie*, le peuple ne pouvait plus s'assembler impunément. Le jour où le parlement de Paris demanda, je dis *demanda*, la convocation des états généraux,
ce jour-là la Révolution fut infaillible. Car aussitôt que le
nom du droit fut prononcé dans ce monde du privilége,
le privilége fut moralement vaincu. Il fut impossible au

---

1. Cette frayeur des états généraux remontait beaucoup plus loin,
comme le prouve, entre autres, ce passage de Commines : « Et disoient
quelques-uns de petites conditions et de petite vertu, et ont dit par plusieurs fois depuis, que c'est un crime de lèze-majesté que de parler d'assembler les estats, et que c'est pour diminuer l'authorité du roy. »
(Liv. V, chap. xix.)

roi de ne pas convoquer les états, puisqu'on les demandait, et impossible aux états, lorsqu'ils furent réunis, de
ne pas se déclarer assemblée nationale. La logique le voulait. Elle s'était bien fait attendre !

5. Des causes de la durée du pouvoir absolu en France.

Avant de voir la besogne que fit l'Assemblée constituante quand une fois elle se fut proclamée elle-même, il
y a une chose qu'il faut se demander. Pourquoi la France
resta-t-elle courbée sous le privilége jusqu'à la fin du
dix-huitième siècle, quand depuis près de trois cents ans
le droit avait éclaté en Angleterre? On a dit à cela que nous
étions de ce côté-ci du détroit un peuple éminemment
monarchique, que nous aimions nos maîtres avec passion,
qu'il nous était agréable d'être despotiquement gouvernés,
et que nous avions cédé, à l'époque de la Révolution, à
un entraînement factice produit par la philosophie, et
complétement en dehors de notre caractère national. C'est
un arrêt bien vite lâché, et assez humiliant pour la
France et pour la nature humaine. Ne serait-ce pas
qu'on aurait confondu chez nous l'habitude avec la nature? Quand un paysan revient dans son village après
huit ans de service, il porte le cou droit, la tête haute, il
marche en cadence, il laisse voir partout dans ses mouvements et dans sa conduite la trace de la discipline. Ce n'est
pas le terroir qui l'a fait tel que nous le voyons; c'est le
sergent et le caporal. Peut-être en est-il de même de la
France [1].

Pour le moins, quand on étudie l'histoire du douzième
et du treizième siècle, car pourquoi remonter plus haut?
la France ne paraît pas une nation de caractère servile.

1. Voir la dissertation déjà citée de M. Edgar Quinet, *Philosophie
de l'histoire de France*, t. III de ses OEuvres complètes, in-12,
p. 357 sq.

Elle est assez entravée, assez garrottée à cette époque.
Elle est couverte d'un bout jusqu'à l'autre d'une multitude
de petites forteresses, qui l'oppriment comme une cui-
rasse. Contre qui se sont élevés ces créneaux? contre
l'Anglais? Non, contre le peuple. Si vous regardez attentivement, au-dessous de ces tours de granit qui couron-
nent toutes les montagnes, voici quelques groupes de
cabanes, quelques tentes faites à la hâte avec du torchis et
de la paille : les paysans sont là, les manants, les serfs,
le peuple de France, attendant que les seigneurs abaissent
leurs ponts-levis, et viennent avec leurs meutes et leurs
valets chevaucher sur les terres labourées. Que peuvent-
ils ces hommes désarmés, en face de ces colosses bardés
de fer et cantonnés derrière des murailles inaccessibles?
Ce qu'ils peuvent? vous le savez. Le douzième siècle est
plein d'insurrections locales, qui ont ce caractère étrange
dans une telle oppression et dans une telle barbarie, de
savoir précisément ce qu'elles veulent, et de se contenir
elles-mêmes. Un beau jour les manants se lèvent; ils vont
sonner le tocsin à la tour de quelque église; ils prennent
leurs fourches, leurs outils, des torches au besoin; à leur
tour, ils creusent des fossés, ils élèvent des remparts, et
ils crient : Liberté communale! Il n'y a pas à leur résister; presque partout les seigneurs reculent; sûrs d'être
vaincus, ils se font au moins payer leurs concessions, ils
donnent ou ils vendent des chartes; les communes s'organisent. C'est miracle de voir ces serfs de la veille user de
la liberté. Ils savent commander dès le premier jour; ils
savent ménager les deniers de la commune, défendre ses
droits, soutenir son honneur; ils rendent la justice mieux
que des clercs; ils quittent la forge où ils forgeaient des
épées, et attachant à leur côté l'arme qu'ils ont fourbie
et aiguisée, ils ont bonne contenance dans la plaine; on
dirait de vieux soldats. La royauté n'intervient qu'à l'appel du peuple, et pour sanctionner les droits qu'il a conquis. Elle ne songe qu'à abattre les seigneurs ou à jouer

le rôle d'arbitre pour se grandir elle-même par ces dis-
sensions. Elle n'a ni l'initiative, ni le goût, ni l'intelligence de la liberté. Dans la création des communes,
comme dans les réformes opérées par les états, tout le
mouvement vient du peuple. Il crie vers les rois pour se
donner un allié; au fond, il fait tout et il le sait. Lorsque, vers la même époque, la bourgeoisie se trouve aux
états généraux, elle y prend, malgré les priviléges des
deux autres ordres, une influence prépondérante, par l'é-
nergie, par l'entente des affaires, surtout par un attachement très-remarquable à ses droits nouvellement conquis, chèrement achetés. Cette terre, ce peuple sont faits
pour la liberté. Que seraient-ils devenus si on les avait
laissés grandir? Il y avait eu au Midi une grande république stoïcienne, Rome; il y eut de bonne heure au
Nord la forte nation des Provinces-Unies : d'où serait venue à la France une malédiction particulière? Pourquoi
serait-elle servile, issue des Gaulois et des Germains qui
ne l'étaient pas, et placée géographiquement entre l'Italie, les Pays-Bas et l'Angleterre, qui ont été tour à tour
la patrie de la liberté? Voit-on que la Louisiane et la
Floride, peuplées de Français et d'Espagnols, soient moins
libérales que les autres provinces de l'Union? Les Vau-
dois, superstitions à part, sont des hommes; les protestants, quand ils luttent dans la Rochelle, quand ils sur-
vivent à la Saint-Barthélemy, quand ils organisent la
guerre des Cévennes, quand ils résistent aux dragonnades,
ne sont-ils pas aussi des hommes? Nous connaissons mal
l'histoire des insurrections, parce que nos historiens sont
plus monarchiques que notre histoire. On n'interroge pas
assez les champs de bataille et les champs de supplices.
Si les vaincus avaient parlé, peut-être ne paraîtrions-nous
pas si pauvres en grands caractères. La royauté du quatorzième siècle et des siècles qui suivirent, ne voulait
pas d'hommes en France, elle n'y voulait que des sujets. Ces prétendus initiateurs de la liberté ont fait une

besogne utile, mais il est permis de croire que les communes seraient venues à bout des barons sans l'intervention du roi.

La France, dit-on, y aurait perdu son unité. Cette grande raison de l'unité nationale est la pierre angulaire de la plupart de nos systèmes historiques. On affirme sans hésiter que, si le mouvement communal du treizième siècle n'avait pas été étouffé, l'unité de la France était pour jamais compromise. Il y a des esprits que cette crainte conjecturale console de cinq siècles d'oppression. Pour moi, je ne comprends pas cette sagesse après coup, qui veut qu'on ait mis tant de siècles à faire l'unité sans la liberté, et la liberté en trois mois. Si c'est une loi, pourquoi a-t-elle été différente en Angleterre? Et quelle loi, qui fait de la liberté au douzième siècle, au treizième, au seizième et jusqu'au commencement du dix-septième siècle (états de 1614), et qui tout d'un coup laisse la liberté, la refoule, au profit de l'unité, dit-on, mais en réalité, au profit du despotisme, pour ne la reprendre ensuite qu'en 1789? Tout cela est arbitraire, et un esprit de bonne foi n'y peut voir ni loi, ni conséquence.

L'erreur des contemporains s'explique, parce que le roi absolu était, sur deux points capitaux, en communauté d'idées et d'intérêts avec le peuple. D'abord, le peuple n'étant rien, il n'y avait pas d'autre représentant de l'unité nationale que le roi. Ensuite, le roi aimait, comme le peuple, l'égalité[1], par indifférence, étant hors de pair, et par instinct de despotisme, car les grands sont une gêne pour le pouvoir absolu; tout privilége, s'il n'est purement honorifique, lui fait obstacle, le diminue, partage avec lui. Depuis que Louis XI, Richelieu et leurs successeurs battaient en brèche la féodalité, c'est-à-dire le privilége, le peuple les voyait faire avec plaisir, quoique le

---

1. L'égalité politique. L'égalité politique est utile à la toute-puissance du roi, l'inégalité sociale est utile à l'éclat et à la sécurité du trône.

despotisme y gagnât ses coudées franchès. C'était de la
besogne toute faite pour la démocratie, qui finalement
absorba le roi quand le roi eut absorbé les nobles et les
parlements, mais qui, chemin faisant, n'ayant pas encore
conscience d'elle-même, et souffrant moins, dans son
abaissement, du despotisme royal que des priviléges de la
noblesse, aspirant à l'égalité et ne rêvant pas encore la
liberté comme corps de nation, savait gré au roi de renverser ces puissances féodales, qui empêchaient également
le roi de régner, le peuple de vivre, et la nation d'être
une. Mais aujourd'hui que le peuple se sait capable d'agir
par lui-même, c'est un véritable anachronisme que de
voir dans le despotisme de Richelieu la condition nécessaire de l'égalité et de l'unité nationale.

Il n'est pas vrai d'ailleurs que l'esprit communal soit
identique avec l'esprit fédératif. C'est une autre chimère
de nos historiens. La France divisée en municipalités
n'aurait pas été moins une que la France divisée en généralités et en élections. Le progrès des lumières accéléré
par la liberté aurait fait sentir le besoin de l'association
et en aurait fourni les moyens. Les serfs voyant à côté
d'eux des hommes libres se seraient levés à leur exemple.
La contagion de la liberté aurait parcouru la France
depuis le Rhin jusqu'à l'Océan [1]. Aujourd'hui nous serions accoutumés depuis des siècles à conduire nos propres affaires et à ne compter que sur nous-mêmes, tandis
que nous en sommes réduits à commencer la liberté par
les semences. La Révolution n'aurait pas été nécessaire,
parce que le vieux monde serait tombé pièce par pièce;
et si pourtant elle avait eu lieu, elle aurait été conduite

1. Augustin Thierry remarque lui-même « le fait curieux de la filiation
des chartes communales et de leur propagation par la puissance de
l'exemple, soit dans une même province, soit hors de ses limites, et quelquefois à de grandes distances. » *Histoire du tiers état*, t. II, p. 36
éd. de 1856.)

par des hommes pratiques, non par des théoriciens, ce qui nous aurait garantis des exagérations et des excès.

Mais pour le malheur et l'abaissement du caractère national, la liberté devait être étouffée dans son germe et pour des siècles. Le roi faucha du même coup les seigneurs et les communes. A la vérité, il ne rasa pas les forteresses des villes comme celles des barons. Il fit mieux, il y mit des gouverneurs royaux et des échevins à sa solde et sans autorité véritable. Peu à peu il en vint à remplacer partout les magistrats élus par ses créatures. Il mit toute la justice dans les mains de ses báillis, la force armée dans les mains de ses gouverneurs, toute l'administration dans les mains de ses intendants. Pendant que le peuple s'éjouissait de voir diminuer l'importance des nobles, lui-même perdait peu à peu toutes les libertés conquises. Il était bien question, sous Richelieu, de franchises communales! Quand il faisait décapiter, à Lyon, sur la place des Terreaux, Cinq-Mars et de Thou, ou quand il faisait trancher la tête, dans Toulouse, à un duc de Montmorency, frère d'une princesse de Condé, ce n'était pas pour respecter l'indépendance ou les priviléges d'un capitoul! On chercherait vainement dans tout le cours du règne de Louis XIV une occasion, un moment, où le peuple a pu agir par lui-même et prendre l'initiative de quelque chose. Mais venons au dernier jour, et voyons sous Louis XVI où était, je ne dirai pas la liberté, il n'en saurait être question, mais l'action populaire, l'initiative individuelle. Non, le sujet français était enveloppé dans une législation et dans une administration qui le portait à droite, à gauche, en avant, en arrière, sans qu'il eût besoin de s'en mêler. Il n'avait qu'à travailler à sa place, sous l'œil et le bon plaisir du gouvernement; mais d'initiative, de responsabilité personnelle, de sentiment de son droit, il n'y en avait en vérité nulle trace.

Pour nous en convaincre, prenons d'abord le noble.

Nous l'avons vu, il ne pouvait être que courtisan ou soldat. Voilà déjà une partie de la nation réduite à un rôle
mécanique. Pour le serf, le mieux pour lui, c'était de ne
rien rêver au delà de sa charrue et de son village. A vrai
dire, il ne sortait pas de là. Il cultivait son champ le matin, il rentrait dans sa cabane au couvre-feu, voilà sa vie.
Si seulement il savait lire, il était perdu, car alors il pouvait penser. Que pouvait être l'agriculture, livrée à ces
mains serviles? Quels perfectionnements attendre de ce
laboureur attaché à la glèbe, ignorant, écrasé par la corvée et par les tailles, soumis au bon plaisir du bailli,
obligé de moudre au moulin de son seigneur, de cuire à
son four, de vendre à son marché, rançonné à chaque pas
par des péages, des douanes intérieures? Les fonctionnaires de l'État, l'intendant, le subdélégué, ne songeaient
à lui que pour le pressurer. Jamais ni aide, ni conseil. Une
fois, les intendants de plusieurs généralités craignirent la
disette : aussitôt, ils demandèrent une loi qui défendît de
planter des vignes; excellent moyen, en effet, d'avoir du
blé! Cette loi fut renouvelée et généralisée en 1731. En
1740, année de famine, quoiqu'il n'y eût pas eu de stérilité, on défendit de faire du pain blanc, d'employer le
grain à faire de la bière, de la poudre à poudrer, ou dans
les tanneries; on réduisit les prisonniers de Bicêtre à une
demi-livre de pain par jour [1]. Voilà comment on entendait la protection de l'agriculture. Les villes n'étaient pas
traitées plus favorablement. L'artisan, dans une ville, avait
une ambition, l'ambition de faire son chef-d'œuvre pour
obtenir une maîtrise [2]. Devenu maître, il ne songeait plus

----

1. Barbier. Septembre 1740.

2. Les maîtrises furent abolies en principe dans la nuit du 4 août;
mais, par la difficulté d'en rembourser le prix, on les laissa subsister
jusqu'au décret du 16 février 1791, qui prononça en même temps la
suppression et le remboursement. Dans la séance du 15, La Rochefoucauld déclara que le remboursement des charges de perruquiers, toutes
déductions faites, coûterait vingt-deux millions, et celui du reste des

qu'à maintenir la discipline, c'est-à-dire la routine. Les lois particulières à chaque corporation disaient à quel âge on serait apprenti, compagnon et maître ; par quel procédé et avec quels outils on ferait du drap ; sur quelle place on le vendrait et à quel prix : tout était bien réglé, bien prévu, l'imagination n'avait pas à se donner carrière. L'État n'encourageait guère l'industrie, puisqu'il était de règle que le travail était dégradant : travailler, pour un noble, c'était déchoir. Quand il s'occupait des ouvriers, c'était pour immobiliser leurs méthodes, ou pour les soumettre à quelque taxe. Vous voulez entrer dans un corps d'état? payez l'entrée. Être compagnon? payez le prix du compagnonnage. Être maître? payez la patente. Vous achetez des outils? une taxe. La matière première? une taxe. Vous emmagasinez vos produits? c'est tant par aune. Vous les portez au marché? c'est tant pour droit de transport. Vous les étalez? c'est encore une somme que vous demande le collecteur[1]. Si vous passez d'une ville à une autre, vous avez une barrière à la limite de chaque territoire, et conséquemment un péage. Avant d'arriver du producteur au consommateur, les blés, les vins payent à la douane trois ou quatre fois leur valeur. Les créations de maîtrises sont traitées comme l'anoblissement et les charges vénales par le pouvoir central qui ne voit en tout

offices, quinze ou seize millions. Il ne s'agissait que des maîtrises postérieures au mois d'août 1776.

1. « La base de ces statuts est d'abord d'exclure du droit d'exercer le métier quiconque n'est pas membre de la communauté ; leur esprit général est de restreindre le plus qu'il est possible le nombre des maîtres, de rendre l'acquisition de la maîtrise d'une difficulté presque insurmontable pour tout autre que les enfants des maîtres actuels. C'est à ce but que sont dirigées la multiplicité des frais et des formalités de réception, les difficultés du chef-d'œuvre toujours jugé arbitrairement, surtout la cherté et la longueur des apprentissages et la servitude prolongée du compagnonnage. L'esprit de monopole qui a présidé à la confection de ces statuts a été poussé jusqu'à exclure les femmes des métiers les plus convenables à leur sexe, tels que la broderie. » (Préambule de l'édit de février 1776. Ministère de Turgot.)

cela qu'occasion de finances [1]. Le commerçant est encore plus maltraité que le producteur. Là, le monopole est partout, sous les formes les plus diverses et parfois les plus bizarres. Tantôt c'est l'État qui directement en recueille les bénéfices ; le plus souvent ce sont des fermiers qui s'enrichissent de la substance du peuple, et ne rendent à l'État qu'une maigre part du produit de leurs exactions. Les admirables et éphémères lois de Turgot, en 1774, nous montrent cette armée de traitants organisant d'un bout à l'autre du royaume la misère et la famine. Passe encore pour les poudres, ou les soies, ou les cristaux ; mais des priviléges sur le grain, sur la boulangerie [2], abolis seulement en 1775, et à demi restaurés quelques jours après ! Tel est le sort de l'artisan, de l'industriel, du commerçant. Hors de là, il faut s'enrégimenter ; car tout est une place à la nomination du roi, ou de l'intendant, qui le représente. S'il reste à faire çà et là quelque nomination d'échevin, on peut être sûr que les fonctions de l'échevinage sont nulles, et que le collége a au-dessus de lui un prévôt de nomination royale, seul et unique maître de la ville en dépit du conseil électif, car les élections communales ne sont plus qu'une comédie. Elles furent abolies toutes en masse en 1692, puis vendues aux villes qui avaient de l'argent pour les racheter ; puis abolies de nouveau, pour être de nouveau vendues. Ce jeu infâme se renouvela sept fois dans l'espace de quatrevingts ans [3]. Toute province et toute place forte ont un

---

1. Henri III voulant donner, dit L'Estoile, à son cousin le cardinal de Bourbon, les priviléges de premier prince de son sang, lui accorda, par lettres du 17 août 1588, le droit de créer un maître de chaque métier dans chaque ville du royaume.

2. On sait que Louis XV spéculait lui-même sur les grains, et qu'on s'oublia jusqu'à faire figurer dans l'almanach de 1774 le nom de Mirlavaud, *trésorier des grains au nom de Sa Majesté*. Dès que la cour s'aperçut de cette confession étrange, elle obligea l'imprimeur à faire un carton.

3. *L'Ancien régime et la Révolution*, liv. II, chap. III. — Louis XIV et

gouverneur nommé par le roi, qui commande les troupes
et la milice; douze parlements couvrent toute la France de
leurs ressorts, et jugent sans appel. Au-dessous d'eux des
sénéchaux, des baillis, des prévôts, tous magistrats de nomination royale, rendent la justice, en matière civile, criminelle et commerciale. Il n'est question, bien entendu, ni
de justice de conciliation, ni de jurys; la justice est dure et
inquisitoriale dans ses formes, barbare dans ses arrêts; la
loi n'accorde de conseil aux accusés pour crimes, que dans
le cas de péculat ou de banqueroute frauduleuse[1]. L'organisation imparfaite et tardive des tribunaux consulaires,
ébauchés plutôt que fondés par L'Hôpital, est un des bienfaits de l'administration de Colbert[2]. Outre l'interdiction
du prêt à intérêt, qui rendait le grand commerce presque
impossible, l'usage avait introduit des arrêts de surséance,
rendus en conseil, c'est-à-dire arbitrairement, et qui
avaient pour effet de suspendre indéfiniment le recouvrement de la dette. Un débiteur ayant des protections à la
cour payait ses créanciers avec un arrêt de surséance qui
les mettait sur la paille. Louis XVI en accorda au prince
de Guémené, après la plus énorme et la plus scandaleuse
banqueroute, et l'on admira beaucoup ce roi honnête
homme d'avoir exilé le banqueroutier dans ses terres,
malgré le rang et les emplois de la famille de Rohan.
Pour s'élever aux grades de l'armée, il faut être noble, et
de plus il faut être riche, car les grades se vendent, et
montent parfois à des sommes fabuleuses. Il en est de

Louis XV agirent de même pour les titres de noblesse. Ils abolirent les
titres qu'ils avaient vendus, et les vendirent de nouveau à ceux qui trouvèrent de l'argent pour les racheter. « Je ne crains pas de dire, ajoute
M. de Tocqueville, après avoir cité ce fait et plusieurs autres, qu'il n'y a
pas un particulier qui eût pu échapper aux arrêts de la justice, s'il avait
conduit sa propre fortune comme le grand roi, dans toute sa gloire, me-
nait la fortune publique. » (*Ibid.*, liv. II, chap. x.)

1. Ordonnance de 1670, titre xiv, art. 8.

2. On voit des juges consulaires institués à Toulouse en 1549; à Rouen,
en 1556; à Paris, en 1563.

même de la magistrature. On offrit à Fouquet dix-huit
cent mille francs de sa charge de procureur général. Les
brevets de retenue dans l'armée, la paulette dans la robe
constituent une sorte d'hérédité qui retient le peuple en
bas de l'échelle sociale. Pour se *décrasser*, c'est-à-dire
pour acheter à des prix exorbitants quelque sinécure, il
faut avoir passé par la finance. La maltôte est l'anticham-
bre de la noblesse. Tout ce qui touche aux impôts est réglé par le commissaire départi, par l'élu, un magistrat
royal malgré son titre, par le tribunal des Trésoriers
de France et par la Cour des aides [1]. Quant à la taille, elle
est imposée arbitrairement par les subdélégués, et malheur au paysan enrichi qui laisse deviner son bien-être;
le subdélégué le frappe d'un plus fort impôt, et il n'a travaillé que pour le fisc [2]. Le collecteur n'était au commen-

1. Pour se débarrasser des parlements sans les détruire, les rois avaient
créé successivement un grand nombre de tribunaux exceptionnels. Ainsi,
il y avait le grand conseil, qui s'attribuait, même sur les arrêts du parlement, une sorte de droit de cassation, source de conflits perpétuels ; le
prévôt de l'hôtel qui avait la juridiction dans les résidences royales ; le
bailli du palais, chargé de la police dans l'enceinte du parlement ; la
Chambre des comptes, la Cour des aides, la Cour des monnaies, la chambre du domaine et du trésor établie à Paris, les élections pour la répartition des impôts et le jugement des cas litigieux, les greniers à sel, la juridiction des traites (ou douanes), les trésoriers de France chargés de la
voirie urbaine, les requêtes de l'hôtel ; la connétablie et maréchaussée,
l'amirauté, les eaux et forêts : trois juridictions dont le siége était à la
table de marbre ; les lieutenants généraux de police, le Châtelet ou prési-
dial de Paris, la juridiction de l'hôtel de ville, celle des intendants, les
juges-consuls. La justice régulière comprenait les douze parlements, les
conseils souverains d'Alsace, de Roussillon et d'Artois, les sénéchaussées,
les bailliages, les présidiaux, les justices seigneuriales. Il va sans dire
que, dans ce chaos de juridictions, on manquait de règles fixes et précises
pour les attributions de juges et les compétences. La loi elle-même
variait d'un siége à l'autre, quoique les rois eussent fait bien des
efforts, depuis saint Louis, pour arriver à l'uniformité. A l'époque de la
Révolution, on ne comptait pas en France moins de trois cents coutumes.

2. « Il me fit entendre qu'il cachait son vin à cause des aides, qu'il
cachait son pain à cause de la taille, et qu'il serait un homme perdu si
l'on pouvait se douter qu'il ne mourût pas de faim. Tout ce qu'il me dit à

cement que le premier citoyen venu, sorte de garnisaire
que l'on rendait responsable des impôts d'une commune,
et qui était obligé de dénoncer et de pressurer les autres
pour n'être pas dévoré lui-même[1]. L'ardeur de la spéculation se porta aussi de ce côté. On créa, moyennant finance,
des offices alternatifs, triennaux, mi-triennaux de receveurs des tailles. En même temps, sur toute la surface du
royaume, une armée d'employés percevait les aides que
nous appelons maintenant l'impôt indirect, et veillait aux
barrières qui couvraient le territoire, doublant et triplant
le prix des denrées. Les agents de la ferme remplis-
saient de leurs victimes les cachots et les galères. Le
23 mars 1787, dans la première assemblée des notables,
le prince qui fut depuis Louis XVIII prononça textuelle-
ment ces paroles : « Le tableau de la gabelle et de ses effets, présenté page première du mémoire, est si effrayant,
qu'il n'y a pas de bon citoyen qui ne voulût contribuer,
fût-ce d'une partie de son propre sang, à l'abolition d'un
pareil régime. » Les billots et devoirs de Bretagne, l'équi-
valent du Languedoc, le masphaneng d'Alsace, le privilége exclusif de la vente des boissons dans les provinces de
Flandre, Artois, Hainaut et Cambrésis, ne furent abolis
qu'en 1791, en même temps que les maîtrises. Cette confusion, « cette bigarrure, » comme dit Necker[2], est une

ce sujet, et dont je n'avais point la moindre idée, me fit une impression
qui ne s'effacera jamais. Ce fut là le germe de cette haine inextinguible
qui se développa depuis dans mon cœur contre les vexations qu'éprouve
le malheureux peuple et contre ses oppresseurs. Cet homme, quoique aisé,
n'osait manger le pain qu'il avait gagné à la sueur de son front, et ne
pouvait éviter sa ruine qu'en montrant la même misère qui régnait autour
de lui. Je sortis de sa maison aussi indigné qu'attendri, et déplorant le
sort de ces belles contrées à qui la nature n'a prodigué ses dons que
pour en faire la proie des barbares publicains. » (J. J. Rousseau, *les Confessions*, part. I, liv. IV. Éd. Hachette, t. VIII, p. 116.

1. La contrainte solidaire entre les habitants d'une même paroisse pour
le recouvrement des tailles ne fut abolie que le 3 janvier 1775. Ce fut un
des bienfaits de Turgot.

2. *Compte rendu*, art. Gabelles.

amorce pour la contrebande, une injustice permanente pour
les contribuables, une plaie pour l'administration, qui
tombe dans le décri et se ruine à tenir sur pied une armée
de surveillants. Les grosses et les petites fermes sont un
autre nid d'abus de toutes sortes. L'usage de tout mettre en
commissions fait du monopole la règle du marché. Plus
l'État a de besoins et d'exigences, plus les traitants deviennent avides [1]. Tout le monde prend part à la rapine,
la cour par les croupiers, les juges même de la Cour des
comptes par les énormes présents que leur font leurs justiciables [2]. De son côté, le public luttait par la contrebande,
augmentant ainsi les exigences des traitants et le désordre
général. La contrebande des sels se pratiquait sur une si
grande échelle que, dans la seule année de 1783, on avait
fait près de 4000 saisies domiciliaires, on avait arrêté sur
les routes 2500 hommes, 2000 femmes, 6600 enfants, près
de 1200 chevaux, et condamné plus de 200 personnes aux
galères. Déjà, en 1752, le public se demandait avec effroi pourquoi le pain se vendait à un prix exorbitant, quand
depuis plusieurs années il n'y avait pas eu de disette [3].
L'unique réponse à cette question était la scandaleuse
fortune des fermiers généraux. Le pacte de famine dura
jusqu'à la Révolution! Pour les travaux publics, ils sont
dirigés et exécutés au nom de l'État par le corps royal

1. Voici un exemple des déprédations des traitants : Sous Louis XV, le
droit de joyeux avénement, affermé vingt-trois millions, en coûta quarante et un au peuple.

2. Les quarante payeurs de rente de l'hôtel de ville, en présentant
leurs états de payement à la chambre des comptes, déposaient sur le bureau, chacun quatorze mille livres en or, soit une somme totale de cinq
cent soixante mil'e livres, qui se partageaient entre les juges. Cette somme
fut encore versée le 31 décembre 1789. (*Révolutions de Paris*, n° 25, p. 31
2 janvier 1790.)

3. Le 3 juin 1739, le premier président de la Cour des aides dit au roi
« que le peuple gémissait dans la misère sans pain et sans argent, obligé
de disputer la nourriture aux bêtes, pendant que le luxe immodéré des
partisans et des gens d'affaires semblait encore insulter à la calamité publique. » Journal de Barbier, juin 1739.

des ponts et chaussées. L'administration est représentée
dans chaque généralité par un intendant de finances et
justice, que l'on appelle aussi commissaire départi, parce
que c'est, le plus souvent, un maître des requêtes envoyé
en commission pour gouverner souverainement une province. Tout dépend de l'intendant, rien ne peut se faire
sans lui, ni une taxe, ni une route, ni un fossé, ni un
mouvement de troupes, ni une éclaircie dans une forêt, ni
l'endiguement d'un cours d'eau, ni l'érection d'une cha-
pelle ou la construction d'un hôpital, ni un règlement de
police; il est roi absolu dans sa généralité [1]. Il prononce
seul, après avoir pris l'avis de l'élection, sur l'assiette de
l'impôt, et, sans prendre aucun avis, sur les accessoires
de la taille, les réductions et les remises [2]. Quelquefois
l'intendance est réunie à la place de premier président.
En Provence, cette union est de règle. A Grenoble, le premier président est commandant-né de la province. On
comprend que cette réunion dans les mêmes mains du
pouvoir exécutif et du pouvoir judiciaire n'allége pas
pour les subordonnés le poids de l'administration. Quand
l'intendant est un maître des requêtes, l'inconvénient est
différent sans être moindre, car alors l'intendant lutte
contre son parlement, comme à Paris le ministère; et s'il
succombe assez souvent dans les affaires publiques, parce

---

1. Le marquis d'Argenson raconte dans ses Mémoires qu'un jour Law
lui dit : « Je n'aurais jamais cru ce que j'ai vu quand j'étais contrôleur
des finances. Sachez que ce royaume de France est gouverné par trente
intendants. Vous n'avez ni parlements, ni états, ni gouverneurs ; ce sont
trente maîtres des requêtes commis aux provinces, de qui dépendent le
malheur ou le bonheur de ces provinces, leur abondance ou leur stérilité. » (Cf. Tocqueville, *l'Ancien régime et la Révolution*, p. 79.)

2. « J'ai vu que, dans chaque province, un homme seul, tantôt présent,
tantôt absent, était appelé à régir les parties les plus importantes de l'ordre public; qu'il devait s'y trouver habile après s'être occupé toute sa vie
d'études différentes ; que, passant fréquemment d'une généralité dans
une autre, il perdait par ces changements le fruit des connaissances
ocales qu'il avait acquises, etc. » (*Compte rendu*, administration provinciale.)

que la province ne manque pas de soutenir le parlement de toutes ses forces, il a toujours le moyen d'avoir le dessus dans les affaires privées; en effet, il en est quitte pour faire évoquer l'affaire au conseil, car si la tradition se montre partout, il y a partout un moyen de la tourner. Un jour un intendant demandait l'évocation d'une affaire au conseil. « Le juge ordinaire, disait-il, est soumis à des règles fixes qui l'obligent de réprimer un fait contraire à la loi; mais le conseil *peut toujours déroger aux règles* dans un but utile[1]. » La Cour des aides va jusqu'à dire, dans les célèbres Remontrances de 1775, que « des branches entières d'administration sont fondées sur des systèmes d'injustice, sans qu'aucun recours ni au public, ni à l'autorité supérieure soit possible. » Avec tous ces magistrats, avec toutes ces brides, garrotté, réduit à rien, il ne reste au simple citoyen que la pensée [2]. Mais ici, il trouve un autre monde de difficultés et d'entraves. Sa pensée est gouvernée comme sa volonté. D'abord la religion romaine est la religion de l'État : donc, on ne peut rien écrire contre elle, les évêques, les officialités, le parlement lui-même et les intendants y mettent bon ordre; ensuite, outre la

1. « Rien n'est plus onéreux au peuple et ne trouble plus le repos des familles que ces combats de tribunaux, et ce pouvoir attribué aux maîtres des requêtes et aux conseillers d'État dont le nombre s'est si extraordinairement accru depuis trente ans, pouvoir qui donne atteinte aux arrêts des cours souveraines et rend leurs jugements incertains au préjudice de la sûreté publique. Il n'y a personne qui ne voie cet abus et qui n'en gémisse; cependant toutes les plaintes faites à ce sujet (plaintes fréquentes), n'ont aucun effet et sont toujours éludées par ceux mêmes qui connaissent le mieux combien elles sont justes. » (De Thou, liv. CXVII, t. 13, p. 25.)

2. « Au dix-huitième siècle, les villes ne peuvent ni établir un octroi, ni lever une contribution, ni hypothéquer, ni vendre, ni plaider, ni affermer leurs biens, ni les administrer, ni faire emploi de l'excédant de leurs recettes, sans qu'il intervienne un arrêt du conseil sur le rapport de l'intendant. Tous leurs travaux sont exécutés sur des plans et d'après des devis que le conseil a approuvés par arrêt. L'adjudication en est faite devant l'intendant; la direction est aux ingénieurs de l'État. » (*L'Ancien régime et la Révolution*, p. 94.)

censure ecclésiastique, il y a la censure des livres [1], la censure des théâtres [2] ; il y a le pilori, il y a les parlements qui font lacérer les ouvrages par la main du bourreau, et qui condamnent les auteurs et les distributeurs d'un ouvrage philosophique aux galères perpétuelles [3]. Et comme si tout ce réseau n'avait pas des mailles assez serrées, il y a par-dessus tout cela le bon plaisir royal, les lettres de cachet et la Bastille. Il est impossible de faire des hommes à une pareille école et avec de pareilles lois.

[1]. Le concile de Latran (mai 1515) et le concile de Trente, en 1546, décidèrent que les livres, avant d'être mis sous presse, seraient soumis à la révision épiscopale, et qu'ils ne paraîtraient qu'avec visa ou approbation. Cette mesure fut introduite en France par l'ordonnance d'Henri II (11 novembre 1547), et par celle de Charles IX (10 septembre 1572).

[2]. Ceux qui se rappellent l'histoire de *Tartufe* et celle de *Figaro* savent que la représentation d'une comédie était souvent une affaire d'État. Lorsque Collé, lecteur du duc d'Orléans, voulut faire représenter la *Partie de chasse de Henri IV*, comédie monarchique s'il en fut, la censure s'y opposa « par respect pour Henri IV. » Les comédiens et l'auteur insistèrent. L'affaire fut portée au conseil d'État, et discutée en présence du roi. Les avis furent partagés, le roi se réserva la décision, et la décision fut qu'on ne jouerait pas la pièce. Elle fut jouée cependant en 1766. Voilà dans quelles puérilités cette manie de réglementation universelle entraînait le gouvernement.

[3]. La loi de 1757 prononçait la peine de mort contre les écrivains irréligieux. Cette loi ne fut jamais appliquée, et Vanini, brûlé en 1619 par arrêt du parlement de Toulouse, est probablement le dernier écrivain exécuté à mort pour ses opinions philosophiques. Mais la faiblesse, ou, si l'on veut, la modération du gouvernement n'empêche pas l'atrocité de la loi.

En 1727, un libraire de la rue Saint-Jacques, nommé Osmont, pour avoir imprimé un Mémoire sur la Constitution *Unigenitus* adressé au cardinal de Noailles par trente curés de Paris, fut condamné au carcan et à trois ans de bannissement.

L'année suivante (29 mai 1728), parut une déclaration du roi portant défense d'imprimer sans permission tout ce qui a rapport à la Bulle et à la religion, sous peine du carcan pour la première fois.

Le 18 mai 1745, arrêt du parlement qui défend « de composer et débiter tous écrits qualifiés de gazettes ou nouvelles à la main, sous peine du fouet et du bannissement pour la première fois. »

(Voyez ci-après la note de la page 216.)

Louis XIV n'a peut-être jamais dit au parlement :
« l'État, c'est moi. » Mais ce grand mot est la formule la
plus juste de toute la politique de Louis XI, de Richelieu,
de Louis XIV, de la monarchie française après la défaite
de la féodalité politique. C'est le roi qui gouverne, qui
combat, qui juge ; qui agrandit ses États et son influence,
qui remporte des victoires ; c'est lui qu'il faut servir et
défendre, c'est pour sa gloire qu'il faut mourir. Il n'est
jamais question, ni dans les actes, ni dans les mots, de
la patrie, des intérêts communs, des aspirations communes ; non pas même de la vertu : le roi partout et toujours. C'est une guerre incessante aux idées abstraites ;
tout est personnifié, tout est concret. Le roi remplaçait la
patrie ; l'honneur remplaçait le devoir. La France était
comme un régiment qui se dévoue sans arrière-pensée à
son drapeau : quatre aunes de soie cousues à une hampe.
Au fond cela était logique : un peuple asservi ne doit que
sentir : à un peuple qui pense, il faut la liberté.

6. Les préludes de la liberté.

Ce fut l'apparition du droit naturel qui détruisit cet ancien monde de la tradition et du privilége que nous venons
de décrire. Mirabeau s'écria : « Guerre aux privilégiés et
aux priviléges[1] ! » La Révolution partit de là. Le privilége
fut-il détruit en un jour ? Le fut-il complétement ? Le fut-il
pour longtemps ? C'est ce que nous avons maintenant à
examiner.

Tout le monde connaît les caractères les plus généraux
de nos deux grands siècles littéraires, le dix-septième et
le dix-huitième. Au point de vue philosophique, ce qui
les sépare le plus, c'est que le dix-septième siècle ré-

----

1. Lettre de Mirabeau du 16 août 1788, dans les *Mémoires de Mirabeau*
t. V, p. 189.

sume et élève la tradition, et que le dix-huitième la combat. Prenez tous les écrivains du siècle de Louis XIV, grands et petits : ils acceptent le fait établi, la religion, la royauté, la société telle qu'elle est. Les frondeurs, car il y en a, n'opposent jamais le droit naturel ou l'observation de la nature aux conventions existantes; ils cherchent leur force dans des traditions antérieures, comme Saint-Simon, qui veut faire renaître la pairie; comme les magistrats, qui veulent restaurer la puissance politique des parlements; comme Bossuet, qui relève l'Église gallicane. Chacun des grands esprits de cette grande époque était convaincu que le monde était à son apogée. Que seulement le roi voulût bien être plus humain, et il n'y avait plus qu'à garder fidèlement l'organisation sociale, politique, littéraire, due à Richelieu et consacrée par Louis XIV. L'ardeur de ces convictions s'affaiblit dans la vieillesse du roi, parce que les ruines et le factice se montrent partout ; à la régence, tout le monde se trouve prêt pour une désertion. L'incrédulité religieuse déborde la première, et avec elle s'introduit une altération profonde des mœurs. Les esprits une fois émancipés de leur respect absolu pour la convention et l'établissement, pour tout ce que Pascal avait appelé la grimace, la curiosité les envahit, sentiment éminemment philosophique. Ils se demandent le pourquoi des choses. Si l'on fait encore de l'histoire, ce n'est pas pour prouver, comme la veille, c'est pour critiquer. Montesquieu, dans *l'Esprit des lois*, accepte beaucoup de traditions, mais sans en être dupe, en les expliquant, au contraire, en les corrigeant l'une par l'autre; des abîmes séparent son livre de celui de Bossuet : *La politique tirée de l'Écriture sainte.* Il entraîne les esprits par la nouveauté, par la profondeur pourtant accessible, par l'initiation à la philosophie de la politique et de l'histoire; mais l'art avec lequel il explique et adopte les complications de la science, mais son puissant effort pour conserver le passé en l'épurant et en le fécondant, échappent à ses contemporains, qui

sont très-pressés de faire du nouveau, et n en veulent.pas
ou n'en savent pas faire avec du vieux. Il. est plus près
d'eux dans ses *Lettres persanes*, où il ne fait que railler et
détruire. Voltaire, soit qu'il conduise, ou que simplement il exprime son siècle, est à lui seul tout le génie de
la nation française pendant cette période. En l'ouvrant, on
comprend dès la première page que la tradition n'est rien
pour lui. Il soupçonne toujours l'histoire d'être un roman.
Il l'étudie en historien guidé par un sens critique très-fin
et très-sûr, et en philosophe très en garde contre tous les
préjugés. Il est d'autant plus fort et, si on peut le dire,
d'autant plus français, qu'il n'est pas excessif, ou qu'il
l'est rarement. Sa critique a ses excès, mais jamais son
dogmatisme. Il n'a ni parti pris, ni esprit de système; personne assurément ne fut moins crédule et ne chercha moins
à tirer parti de la crédulité des autres. S'il se passe un pa-
radoxe, c'est par boutade; car cet incomparable esprit a
été toute sa vie gouverné par un incomparable bon sens.
Des choses établies, il accepte tout ce qui lui paraît juste,
ou simplement commode, élégant et agréable; car il est
du monde, quoique philosophe; et comme l'aristocratie lui
semble très-naturelle, très-conciliable avec la liberté, et
même très-nécessaire à une liberté bien entendue, il est
ouvertement aristocrate, par la pratique et par la théorie,
tout en sachant à merveille que les prétentions historiques
de l'aristocratie sont d'une faiblesse à ne pouvoir être discutées. Il traite la royauté de la même façon : la colombe
de Saint-Denis, le saint-chrême, les acclamations du peuple et des pairs, la tradition non interrompue, la chaîne
des temps, il sait ce qu'il en faut croire, mais un roi est à
ses yeux indispensable pour maintenir l'ordre, et pour
servir de prétexte et de rempart à l'aristocratie. Il le veut
absolu, parce qu'il ne découvre en dehors de lui que des
grands seigneurs sans patriotisme, et des parlements exécu-
teurs de lois barbares et défenseurs obstinés de la routine;
il compte fermement que le progrès des lumières le fera

doux et juste, et que de bonnes lois bien observées achève-
ront de faire disparaître le plus grand nombre des abus.
C'est, on le voit, une trame politique bien légère; mais la
philosophie de Voltaire, quoique de bon aloi, s'arrête partout aux surfaces, et n'aime pas à prévoir ni à sonder les
complications. Il est très-probable que, s'il avait vécu sous
la Révolution, il aurait été très-promptement de la réaction
sans cesser toutefois d'être libéral. Il ne faut pas oublier
qu'il avait pris parti pour Maupeou contre le parlement et
pour l'Angleterre contre l'Amérique[1]. Rousseau, à côté de
lui, est bien plus philosophe dans le vrai sens du mot; il
remonte bien plus au principe des choses, à leur essence,
il voit bien plus clairement que la grimace est une grimace;
aussitôt qu'il a fait le discernement de ce qui est naturel,
et de ce qui n'est qu'une convention arbitraire, il prend
sa découverte au tragique, et la proclame avec une em-
phase qui paraîtrait exagérée si on ne comprenait qu'elle
est sincère. Il va si loin dans sa haine des traditions, qu'il
abandonne celles qui sont commodes, et celles même qui
sont presque indispensables. Quoiqu'il ait du bon sens, il
met le bon sens contre lui, en l'exagérant. C'est un homme
qui n'a jamais soupçonné la force de la modération. Aussi
son influence a-t-elle été moins universelle, plus contestée
que celle de Voltaire; mais pour les âmes dont il s'est em-
paré, il les a faites siennes. Les encyclopédistes qui se
croient, et que l'on croit le troupeau de Voltaire, sont à
Voltaire en effet par leurs opinions littéraires, par le caractère de leurs œuvres, par leur incrédulité; mais ils sont
à Rousseau plus qu'ils ne pensent, par l'acharnement de
leur lutte contre les conventions et le fait établi. Le siècle
qu'ils instruisaient ne pouvait pas manquer d'abandonner
la tradition, et de revendiquer la nature, c'est-à-dire le
droit et la liberté. Sur la fin du dix-huitième siècle, on s'en
enivra. Ce n'était plus pour personne une raison de res-

1. Lettre à M. Doigny de Ponceau, 12 oct. 1775.

pecter une institution ou un usage parce qu'ils duraient depuis longtemps. Au contraire, on se disait : Cette autorité
est bien dure ; quels sont ses titres? Cet usage est bien
tyrannique ; est-il conforme à la nature? C'était la tour-
nure de tous les esprits, même des dévôts et des monarchiques. Jamais un siècle ne fut si complétement lui-
même.

Dès le commencement du siècle de Louis XVI, tout le
monde était convaincu que la société allait mal et qu'il fallait la réformer, non d'après un principe traditionnel, mais
d'après un principe philosophique. On invoquait la nature
et le droit de tous les côtés ; les écrivains et les philosophes, dont c'était la profession ; la cour, les nobles, qui se
promettaient de ne pas aller trop loin, et de s'arrêter au
moment où la réforme cesserait d'être juste pour devenir
excessive et violente ; le bas clergé, qui appartenait deux
fois au tiers état et qui avait, plus qu'on ne le croit généralement, l'instinct de la liberté ; les physiocrates, qui eurent l'immense honneur de montrer les premiers que la
philosophie pouvait et devait s'appliquer à toutes les questions politiques et sociales ; Turgot qui, pendant son ministère, entravé par la mauvaise volonté de Maurepas le
principal ministre, par les habitudes routinières des parlements, et par Necker qui opposait au principe de la liberté celui de la protection des classes pauvres, ébaucha
en quelque sorte la révolution ; Malesherbes, dont les remontrances, prononcées en 1775 au nom de la Cour des
aides, mirent à nu l'effroyable système du privilége en
matière d'impôt, et posèrent les bases d'une administration financière équitable ; le parlement enfin, qui commençait à être infecté de philosophie, après avoir si longtemps fait brûler les livres des philosophes, et qui, dans
son besoin de popularité, ne trouvait plus d'autre moyen
d'en obtenir que de demander, lui, l'organe séculaire de la
tradition, des réformes radicales. La désastreuse administration de Louis XV et de ses ministres avait créé un pas-

sif énorme, qui mettait le gouvernement aux abois[1]. Le revenu public à la mort de Louis XV s'élevait à 375 331 873 livres, mais la dette absorbait à elle seule, malgré les banqueroutes, 190 858 531 livres; il ne restait donc que 184 473 343 livres[2] pour faire face à deux cent dix millions de dépenses[3]. Le déficit prévu, s'il n'y avait

1. On lit dans les *Mémoires de Barbier*, avocat au parlement (t. III, p. 156, édit. Charpentier) : « La succession de Samuel Bernard va à trente millions. *Dans un État bien policé, cela ne se souffrirait pas.* Il est inutile de retrancher des rentes viagères, de réduire les rentes sur la ville au denier quarante, de laisser des rentes sur les états de Bretagne au denier cinquante, sous prétexte de soulagement de l'État, et d'incommoder par là tous les particuliers, qui contribuent d'ailleurs au dixième dans le besoin, pour laisser une pareille fortune, acquise aux dépens de l'État, dans les mains d'une seule personne. »

2. Telle était la détresse des finances à la fin du règne de Louis XV, qu'on fut obligé de renoncer aux fêtes annoncées pour le mariage du comte de Provence (Louis XVIII), parce que les fournisseurs ne voulaient rien faire à crédit. (*Mémoires de Bachaumont*, t. V, p. 257.)

3. D'après le compte rendu, les dépenses du département de la maison du roi s'élevaient à trente-trois millions sept cent quarante mille livres. Le total des pensions était de vingt-huit millions. Les maisons de la reine et des princes coûtaient plus de treize millions. En 1783, le roi, si économe dans sa vie ordinaire, se laissa aller à acheter le domaine de Rambouillet à cause de ses chasses. Rambouillet coûta quatorze millions. De son côté, la reine eut la ruineuse fantaisie d'acheter Saint-Cloud au duc d'Orléans. Cette acquisition fut faite en 1785, au prix de six millions. Plusieurs grands seigneurs, au milieu de la détresse générale, se signalaient par leur avidité et leur prodigalité. Le cardinal de Rohan disait qu'un honnête homme ne pouvait pas vivre à moins de douze cent mille livres de revenu. Le prince de Guémené fit une banqueroute de plusieurs millions, et le cardinal disait : « Il faut être un roi ou un Rohan pour faire une telle banqueroute. » Louis XVI eut la faiblesse de protéger le banqueroutier par des arrêts de surséance et par des évocations au conseil. Le duc de Chartres, dont les affaires étaient obérées, fit la banque, et transforma la plus grande partie de son palais en boutiques. Malgré les bonnes résolutions du roi, la liste des pensions s'enflait chaque année.

Outre les pensions, l'État s'épuisait par des échanges onéreux. En trois ans, ces échanges coûtèrent soixante-dix millions au trésor; soixante-dix millions perdus, ou à peu près. Lorient, avec une autre terre, valant ensemble cent quatre-vingt mille livres de rente, fut acheté au prince de Guémené pour une somme de douze millions et demi, sans compter

ni augmentation de dépenses, ni diminution de recettes, était de vingt-cinq à vingt-six millions par année. En 1775, Turgot l'évaluait déjà à trente-six millions ; et, malgré les allégations du Compte rendu, contredites par Calonne et peu vraisemblables en elles-mêmes, il ne fit évidemment que s'accroître. Il était de cinquante millions en 1785, en ne tenant pas compte de la dette flottante. Les évaluations du contrôleur général de Calonne dépassent tous ces chiffres. Dans son discours, prononcé le 22 février 1787 devant l'assemblée des notables, il accuse pour l'année 1784 un déficit de quatre-vingts millions et une dette flottante de six cent quatre millions. Quelques jours après, le 6 mars, il porte le déficit pour l'année courante à cent millions, puis à cent quinze. Il était en réalité de quatre-vingt-dix-sept ou quatre-vingt-dix-huit millions. Le roi, qui désirait ardemment soulager le peuple, qui se sentait plein de sympathie pour ses souffrances et prêt à tous les sacrifices personnels, était obligé d'augmenter les impôts. On ajouta en juillet 1782 un troisième vingtième à ceux qui existaient déjà, l'impôt le plus commode au gouvernement et le plus lourd aux contribuables à cause du mode de répartition ; on renouvela l'impôt du timbre, on augmenta les aides ou impôts indirects.

L'impôt du timbre paraissait particulièrement tyrannique, parce qu'il avait pour effet, disait-on, d'entraver les transactions. Les vingtièmes, impôts sur le revenu et sur l'industrie[1], étaient d'autant plus durs que le roturier

la principauté de Dombes, dont le revenu était de quarante mille livres. La Fayette déclara dans le bureau des notables dont le comte d'Artois était président, « que le roi, depuis son avénement au trône, avait acheté pour environ sept cent mille livres de revenus en terres et forêts, payés par sept cent vingt mille livres de rente, dont cinquante tout au plus en rentes viagères, et par des sommes montant en argent à plus de quarante-cinq millions. »

Depuis le renvoi de Turgot jusqu'en 1786, on avait dévoré, en emprunts et anticipations, seize cent trente millions d'extraordinaire. (Remontrances du 24 juillet 1787.)

1. Le premier vingtième fut établi en mai 1749, le second le 7 juil-

seul était soumis aux investigations du fisc et taxé à la rigueur, tandis que le noble était cru sur parole. Quant au
clergé, il ne payait point les vingtièmes. Toutes ces taxes
étaient établies et perçues sans que le public en connût le
rendement. Les emprunts mêmes de l'État étaient négociés
sans qu'aucun document pût éclairer les prêteurs sur les
obligations antérieures du Trésor, et sur les rapports des
recettes avec les dépenses. Même après le compte rendu,
même après les confessions du Contrôleur général de Calonne, ni les notables, ni le parlement ne purent obtenir
la présentation des pièces comptables. L'énormité des
acquits au comptant, qui couvraient les dépenses secrètes
sous la responsabilité dérisoire d'une simple signature,
rendait toute vérification et toute lumière impossible.
Cette détresse financière, et l'opposition qui en fut la
suite, portèrent Louis XVI à des mesures tyranniques,
bien opposées à ses promesses, à ses premiers actes, à ses
sentiments, à sa volonté[1]. Le parlement fut exilé ; des conseillers furent proscrits, emprisonnés ; un jour même, le
palais de justice fut en quelque sorte pris d'assaut par
un capitaine aux gardes à la tête de six compagnies. On
juge de la situation de Louis XVI, en présence d'un

let 1756, et le troisième en mars 1760. C'est ce troisième que Louis XVI
remit en vigueur en juillet 1782.

1. Le 5 août 1787, le parlement déclara que les projets d'impôts pré-
sentés à l'enregistrement depuis l'avénement du roi auraient porté l'accroissement des charges à la somme énorme de deux cents millions.

Cinq jours après, sur la dénonciation d'Adrien Duport, alors conseiller, et qui fut depuis ministre de la justice, le parlement rendit un arrêt
dont les considérants frappent plus haut que le ministre disgracié qu'il
s'agit d'atteindre : « la cour donne acte au procureur général du roi de
sa plainte des déprédations des finances, soit par des charges et acqui-
sitions onéreuses à l'État, soit par l'extension des emprunts au delà des
sommes portées dans les édits et déclarations enregistrés en la cour, soit
par des manœuvres dans la refonte des monnaies, soit par des fonds du
trésor royal fournis clandestinement pour soutenir un agiotage funeste à
l'État, soit par des abus d'autorité et autres de tout genre commis par le
sieur de Calonne dans l'administration des finances, etc.... permet d'in-
former, etc. »

peuple dont les espérances avaient été surexcitées, pour
qui la royauté avait cessé d'être une religion, qui voyait
ses charges s'accroître, qui entendait ses griefs solennel-
lement exprimés par les magistrats eux-mêmes, et sous
les yeux duquel on déployait chaque jour tout l'appareil
du pouvoir absolu. Les lois étaient odieuses et impuissantes, le pouvoir royal était despotique et nul ; le parlement n'était occupé qu'à défendre ses propres abus, à dénoncer ceux de la cour, et à résister obstinément à tous
les remèdes. Tous les pouvoirs publics, acharnés les uns
contre les autres, achevaient de se déshonorer et de se
détruire mutuellement. Le procès du collier, où le parlement condamna pour ainsi dire la reine, et la comédie
de *Figaro*, jouée malgré la cour, et qui tournait la cour et
le parlement en ridicule, marquent bien le rapide mouvement de cette décadence. Le parlement, à bout de son
rôle, ne pouvait plus ni résister ni obéir ; la force des
choses le porta jusqu'à réclamer les états généraux[1].

1. La Cour des aides, dans ses remontrances du 23 juillet 1763 et
dans celles du 6 mai 1775, le duc de La Rochefoucauld, dans le sein
du parlement, en 1774, avaient déjà demandé les états généraux. Mais
on ne pensait alors qu'à la lutte des parlements contre le pouvoir absolu, et cet appel aux états généraux, aussi contraire aux prétentions du
parlement qu'à celles de la cour, ne fut pas entendu. A la première assemblée des notables, La Fayette proposa dans son bureau de demander
« une assemblée nationale pour 1792. — Quoi, monsieur, dit le comte
d'Artois qui présidait, vous demandez les états généraux? — Oui, monseigneur ; et même mieux que cela. » Dans la même assemblée, M. de
Castillon, procureur général du parlement d'Aix, s'exprima en ces termes : « Votre Altesse Royale me permettra de lui dire qu'il n'est aucune puissance légale qui puisse admettre l'impôt territorial tel qu'il est
proposé ; ni cette assemblée, quelque auguste qu'elle soit, ni les parlements, ni les états particuliers, ni même le roi : les états généraux en
auraient seuls le droit. »

L'arrêté du parlement prescrivant aux commissaires chargés de dresser
les remontrances, d'y exprimer « le vœu de voir la nation assemblée
préalablement à tout impôt nouveau,» est du 16 juillet 1787. Le 30 juillet, la compagnie déclara plus explicitement que « la nation, représentée
par les états généraux, était seule en droit d'octroyer au roi les subsides
nécessaires. » Elle dit, dans son arrêté du 5 août : « que le roi n'ignore

C'était de sa part une abdication; car les états généraux, représentant le droit du peuple, n'étaient pas moins mortels pour les priviléges du parlement que pour ceux de la royauté. Le parti de la cour eut beau le représenter à ses adversaires : la lutte a cette conséquence, que quand elle est poussée à l'extrême, elle oblige les partis à oublier leurs intérêts pour obéir à la logique. Pendant la longue suspension dont les avait frappés la réforme opérée par Maupeou, en 1771, les parlements, comme adversaires du pouvoir absolu et comme victimes, avaient conquis une sorte de popularité bien vite évanouie après leur retour en 1774[1] quand on les vit de nouveau défendre les priviléges, entraver la liberté de penser, appliquer des lois presque sauvages, se refuser aux plus justes demandes pour la diminution des épices et des frais de justice, interrompre à chaque instant les affaires des particuliers pour faire aux mesures adoptées par la cour une opposition systématique, et quelquefois dictée par l'horreur de toute innovation. Convaincus enfin de leur impuissance, ils se virent réduits à invoquer contre la cour le corps même dont ils se disaient les perpétuels représentants, et qui par sa présence les effaçait et les annulait. Parmi les nombreux arrêtés qui contiennent la demande des états généraux, le plus énergique est celui du 27 août 1787. Le parlement venait d'être exilé à Troyes, et dans ces premiers moments de persécution, il se sentait animé

pas que le principe constitutionnel de la monarchie française est que les impositions soient consenties par ceux qui doivent les supporter; qu'il n'est pas dans le cœur d'un roi bienfaisant d'altérer ce principe qui tient aux lois primitives de l'État, à celles qui assurent l'autorité, et à *celles qui garantissent l'obéissance.* »

1. La vénalité des charges ne paraît pas avoir contribué à l'impopularité des parlements. Elle fut détruite en 1771 et rétablie en 1774, sans opposition de la part du public.

Quand les charges étaient vénales, on faisait jurer aux magistrats qui venaient d'acheter une charge, qu'ils l'avaient eue sans la payer. Voltaire, *Remarques sur l'Esprit des lois*, rem. XXVII, note des édit. de Kehl. Voyez aussi édit. Beuchot, t. XXX, p. 100.

d'un courage qui ne se démentit que trop. « La cour....
a arrêté qu'elle ne cesserait de réclamer auprès du roi les
maximes nécessaires au soutien de la monarchie; de lui
représenter que les états généraux peuvent seuls sonder
et guérir les plaies de l'État, et octroyer les impôts dont
la nature et la quotité auraient été jugées nécessaires
après amples discussions et mûres délibérations; que la
monarchie française serait réduite à l'état de despotisme,
s'il était vrai que des ministres qui abuseraient de l'autorité du roi pussent disposer des personnes par des lettres
de cachet; des propriétés, par des lits de justice; des affaires civiles et criminelles, par des évocations ou cassations, et suspendre le cours de la justice par des exils particuliers ou des translations arbitraires. » Ce cri de colère
du parlement de Paris est un aveu, il résume toute la situation; c'est un acte d'accusation, non-seulement contre
le ministre de Calonne, comme le voulaient Duport et
d'Espréménil, mais contre la monarchie.

Aucun historien ne sera jamais aussi sévère pour le
parlement que l'était alors la royauté, ni pour la royauté
que l'était le parlement. Il est triste de dire que ces deux
ennemis implacables avaient raison l'un contre l'autre.
Voici encore, pour conclure, un éloquent et curieux passage des remontrances du 17 avril 1788, où le parlement
se vante d'avoir demandé les états généraux, comme d'une
abdication héroïque, et du plus grand service qu'il pût
rendre à la royauté et au pays.

« La constitution française paraissait oubliée; on traitait de chimère l'assemblée des états généraux. Richelieu
et ses cruautés, Louis XIV et sa gloire, la régence et ses
désordres, les ministres du feu roi et leur insensibilité
semblaient avoir pour jamais effacé des esprits et des
cœurs jusqu'au nom de la nation : tous les états par où
passent les peuples pour arriver à l'abandon d'eux-mêmes,
terreur, enthousiasme, corruption, indifférence, le ministère n'avait rien négligé pour y laisser tomber la nation

française. Mais il restait le parlement. On le croyait frappé d'une léthargie en apparence universelle ; on se trompait. Averti tout à coup de l'état des finances, forcé de s'expliquer sur deux édits désastreux, il s'inquiète, il cesse de se faire illusion : il juge de l'avenir par le passé, il ne voit pour la nation qu'une ressource, la nation elle-même. Bientôt, après de mûres et sages réflexions, il se décide, il donne à l'univers l'exemple inouï d'un corps antique, d'un corps accrédité, tenant aux racines de l'État, qui remet de lui-même à ses concitoyens un grand pouvoir, dont il usait pour eux depuis un siècle, mais sans leur consentement exprès. Un prompt succès répond à son courage : le 6 juillet, il exprime le vœu des états généraux ; le 19 septembre, il déclare formellement sa propre incompétence ; le 19 novembre, Votre Majesté annonce elle-même les états généraux ; le surlendemain elle les promet, elle en fixe le terme, sa parole est sacrée. Qu'on trouve sur la terre, qu'on cherche dans l'histoire un seul empire où le roi et la nation aient fait aussi paisiblement d'aussi grands pas en aussi peu de temps : le roi vers la justice, et la nation vers la liberté !... Nous pouvons demander à vos ministres : A qui le roi doit-il ce grand dessein ? à qui la nation doit-elle ce grand bienfait ? »

La demande des états généraux prit comme une traînée de poudre. Tous les parlements s'en mêlèrent, tous les salons, tous les publicistes. Ce fut un cri général. La cour refusa, puis elle promit, en ajournant, puis elle rassembla les notables, puis enfin elle céda, et fixa une époque pour la convocation de l'assemblée. Dès lors l'ancien régime était vaincu. Le parti de la cour fit de grands efforts pour établir que le roi n'était pas obligé de convoquer les états généraux, qu'il était seul juge de l'opportunité de cette convocation ; qu'il n'avait aucun besoin du concours des états pour l'administration de son royaume ; que les états réunis ne formaient qu'un conseil plus étendu chargé de donner des avis dont le roi restait l'arbitre suprême[1]. Mais que cette doctrine fût ou non conforme à la tradition, elle n'intéressait déjà plus personne. C'était affaire au cabinet de Versailles et au parlement de compulser des registres. La nation dans ce grand péril, et dans ce grand réveil, et dans ces nouvelles et magnifiques espérances, n'invoquait plus que le droit éternel. Le droit ne pouvait pas paraître sur la scène sans effacer tous les priviléges. On eut beau s'en prendre à des habiletés de détails ; il n'y avait plus de possible désormais pour ce régime destiné à périr, qu'un atermoiement.

La cour essaya pourtant une mesure qui aurait pu pour quelque temps conjurer la tempête, si elle avait été prise à temps, c'est-à-dire avant que tous les esprits fussent dans l'attente des états généraux. Elle fit ce que les contemporains appelèrent la révolution de 1787 : fort petite révolution assurément pour nous qui avons vu la grande, mais dont les contemporains durent juger bien autrement, car c'était la première défaite officielle de la tradition ; et les réformes du chancelier Maupeou, qui avaient fait tant de bruit dix-huit ans auparavant, se trouvaient bien distancées par les nouvelles mesures. Le parti de la cour jouait gros jeu en attaquant la tradition, quoiqu'on s'en fît alors une arme contre lui. Il attaquait là l'autorité légale d'un principe sur lequel la royauté vivait, et qui, moralement détruit par les progrès de la philosophie, n'avait été jusque-là ni contesté ni ébranlé par les pouvoirs publics.

Le ministère avait alors pour chefs l'archevêque de Sens, M. de Brienne, et le garde des sceaux, Lamoignon. Fatigué des lits de justice, des lettres de jussion, des exils et des remontrances, l'archevêque voulut reprendre l'œuvre de Maupeou, et en finir une bonne fois avec l'op-

---

1. Discours de M. de Lamoignon, garde des sceaux, à la séance du roi u parlement du 19 novembre 1787.

position des parlements, en leur enlevant tous leurs droits politiques, et en les confinant dans leurs attributions judiciaires. La nation, suivant lui, devait comprendre facilement que le parlement n'avait pas caractère pour la représenter; qu'il n'était qu'une assemblée de légistes dont les charges étaient vénales et dont tout l'avenir dépendait de la cour; qu'il maintenait de tout son pouvoir des formes de procédure peu libérales, une législation compliquée, arbitraire, presque barbare dans quelques-unes de ses parties[1], une pénalité atroce; que l'étendue des ressorts, et surtout du ressort du parlement de Paris, rendait la justice lente, onéreuse aux justiciables; qu'en fait, il n'invoquait jamais contre le roi que la tradition, et n'opposait, par conséquent, au privilége qu'un autre privilége;

---

1. La multitude et la disproportion des ressorts, l'absence de cour régulatrice, de hiérarchie et de jurisprudence commune, avaient pour résultats des arrêts qui, rendus à la fin du dix-huitième siècle, semblaient d'effrayants anachronismes. Tout le monde connaît l'histoire de Calas, de Sirven et du chevalier de Labarre; mais tout le monde ne sait pas quel service la Révolution a rendu par la réforme des lois criminelles. En voici un exemple, choisi entre mille autres à cause de l'étrangeté de ses péripéties : Marot, receveur des tailles d'Angoulème, trouve un déficit dans sa caisse. Il accuse du vol son commis, nommé Laplanche. C'était un vol domestique entraînant la peine de mort. Après une longue instruction, la Cour des aides, saisie de l'affaire parce qu'il s'agissait de comptables, condamne Laplanche à être pendu. L'arrêt est du 6 septembre 1781. Appel du condamné, appuyé par le procureur général, qui le croyait innocent. Le 2 décembre 1782, le grand conseil casse l'arrêt de la Cour des aides, et renvoie Laplanche devant le Châtelet de Paris. La cause n'est jugée que le 18 juin 1784. Le Châtelet décharge Laplanche de l'accusation, et condamne Marot, son patron, à des dommages-intérêts envers lui. Marot en appelle de cette condamnation, et la Tournelle, se trouvant ainsi saisie de l'affaire, recommence toute la procédure. L'arrêt définitif fut rendu le 27 janvier 1785. Le parquet fut unanime pour déclarer Laplanche innocent; les juges, au nombre de dix-neuf, furent unanimes pour le déclarer coupable. Il fut condamné à être pendu. Le procès avait duré sept ans. Il est juste de dire que le roi et ses ministres désiraient la réforme des lois criminelles et couvraient de leur protection le président Dupaty, qui travaillait activement à signaler les abus, et à préparer le remède. Les parlements, malgré le cri public, opposaient à tout projet de réforme une résistance obstinée.

que son opposition paralysait l'action du gouvernement,
sans l'éclairer ni la rendre plus juste, et n'aboutissait qu'à
des troubles, dont la fin était toujours funeste à la liberté.
Quelques sages améliorations dans la procédure, dans la
pénalité, dans l'étendue des ressorts, dans l'assiette des
impôts, publiées en même temps, devaient achever de
gagner l'opinion. Parmi ces mesures, depuis longtemps
élaborées à la chancellerie, et brusquement promulguées
alors pour le besoin du moment, il suffira de citer l'abolition de la torture préalable et de la sellette, l'obligation
imposée aux juges de motiver leurs arrêts ; l'établissement
d'un certain nombre de grands bailliages, jugeant en dernier ressort au criminel, et au civil quand la somme liti-
gieuse ne dépassait pas le chiffre de vingt mille francs ; la
promesse, ajournée il est vrai, de la suppression d'un des
trois vingtièmes ; enfin la création très-importante et très-
féconde d'assemblées provinciales permanentes, ou repré-
sentées pendant les vacances par des commissaires délégués.
Ces assemblées avaient été proposées au roi, en 1778,
par Necker, qui établit alors les assemblées du Berry et
du Rouergue[1], mais dont les projets furent contrecarrés
par les parlements jusqu'à sa première retraite du ministère, arrivée en 1781.

Dans cette dernière institution surtout était l'originalité
de la mesure. Meaupeou avait déjà essayé de réformer la
justice par la création de nouveaux ressorts et la suppression des droits politiques du parlement[2] ; mais c'était la
première fois, depuis l'établissement définitif de l'autorité royale, que le pouvoir central se dessaisissait

---

1. 12 juillet 1778 (*Anciennes lois françaises*, t. XXV, p. 354). D'autres assemblées furent établies, dans la généralité de Grenoble, le 27 avril
1779 ; dans celle de Montauban, le 11 juillet de la même année ; dans
celle de Moulins, le 19 mars 1780. « Une autre généralité, dit M. Henri
Martin (t. XIX, p. 380), refusa l'assemblée provinciale qu'on lui offrait,
parce que cet établissement, purement consultatif, dérogeait au droit des
citoyens de voter l'impôt. »

2. 20 janvier 1771.

d'une partie considérable de l'administration pour la mettre directement dans les mains du pays. Cependant tel est le malheur des derniers défenseurs de la monarchie, qu'ils semblent inintelligents et maladroits même dans ce qu'ils font de bien. Il est clair qu'en établissant les conseils provinciaux, ils ne songeaient pas à diminuer les abus de la centralisation. Ce qui aurait pu être l'inauguration d'une politique nouvelle était tout simplement un expédient pour capter la faveur publique. Médiocrement conçue, puisqu'elle laissa subsister les intendants à côté des conseils qui devaient les remplacer et ne servirent qu'à les fortifier, exécutée sans franchise, cette grande mesure ne fit que rendre l'administration difficile, et désarmer le gouvernement au moment où il avait le plus besoin de force. La division des ordres, qui entraînait celle des intérêts, rendait d'ailleurs la constitution de ces assemblées presque impossible. On peut dire que cette création ne fut comprise ni du ministère qui en prit l'initiative, ni des parlements, qui l'avaient provoquée et qui ne tardèrent pas à la combattre [1], ni du peuple. Ceux qui, à cette époque, avaient de l'intelligence politique visaient beaucoup trop haut pour s'arrêter à une réforme administrative.

Même dans la réforme judiciaire, l'archevêque ne sut mettre aucune habileté. Il se laissa devancer par le parlement, qui fit la demande des états généraux, dépassant ainsi d'emblée tout ce que le roi voulait et pouvait donner; il exerça des vengeances contre les conseillers, et fit, comme on disait alors, violer le sanctuaire de la loi par des gardes françaises; il supprima, d'un seul coup, plus de cent offices de conseillers, ce qui lui aliéna un grand nombre de familles et força en quelque sorte le parlement

---

1. On prétendit que ces assemblées, qui devaient surveiller et presque remplacer les intendants, deviendraient des instruments dociles dans leurs mains, et qu'ils s'en serviraient pour établir leur prépondérance sur les cours souveraines. Ce fut en partie l'opposition des parlementaires à cette mesure qui amena la retraite de Necker en 1781.

tout entier à la résistance. En voyant le parlement de
Paris réduit à soixante-sept conseillers, le public put presque croire qu'on le supprimait[1]. Enfin, la faute la plus
grave était de faire renaître le souvenir des cours pléniè-
res. L'archevêque transférait le droit d'enregistrement
qu'il ôtait au parlement de Paris et à tous les parlements
du royaume, à une cour plénière composée de la grand'-
chambre du parlement, de princes, de pairs, de gouverneurs de provinces, de conseillers d'État et d'autres per-
sonnages désignés par le roi pour faire partie de la cour.
Il est clair que ces commissaires royaux, choisis et triés
exprès, ne pouvaient exercer aucun contrôle sur les actes
du gouvernement, et que tout se réduisait à une vaine parade. D'un côté, on les rendait inamovibles, ce qui était
une garantie, et de l'autre, on déclarait que leur nombre
serait illimité, ce qui rendait l'inamovibilité insignifiante.
A un moment où les passions et les espérances étaient
surexcitées, on sentit vivement ce qu'il y avait de puéril
et d'odieux dans cette comédie.

De son côté, le parlement se donna le tort de protester
avec aigreur et d'insister surtout sur l'injustice faite à
ceux de ses membres qu'on privait de leurs offices. Les
exclus protestèrent contre leur exclusion, et les conservés
contre l'exclusion de leurs collègues. Ils invoquèrent l'é-
dit de Louis XI, qui leur garantissait l'inamovibilité. La
cour répondit par une équivoque. Le public se détourna
bientôt de cette querelle, qui parut méprisable dans l'ardente préoccupation des esprits. Il haïssait le ministère,
et les réformes qu'on offrait en son nom étaient si loin
de ses espérances et de ses demandes, qu'il ne daigna pas
lui en savoir gré. Il ne pouvait s'intéresser sérieusement
au parlement qui avait défendu avec tant d'énergie les
droits féodaux et les maîtrises; qui s'était opposé aux réformes judiciaires les plus urgentes, et qui montrait en

1. Le ressort du parlement de Paris s'étendait d'Aurillac à Boulogne,
et de la Rochelle à Mézières.

toute occasion au moins autant d'éloignement pour les
innovations commandées par l'esprit du siècle que pour
le despotisme royal. On continua de tous côtés à demander
les états généraux, c'est-à-dire une représentation réelle
de la nation, et des réformes radicales. Le parlement lui-
même, presque à la veille de la Révolution [1], rendit un
arrêt qui montre bien l'état de l'opinion. Après avoir supplié le roi de ne plus permettre aucun délai pour la tenue
des états généraux, il déclare « qu'il ne subsisterait aucun
prétexte d'agitation dans les esprits s'il plaisait à Sa Majesté de consacrer le retour périodique des états, leur droit
d'hypothéquer aux créanciers de l'État des impôts déterminés, leur obligation envers les peuples de ne décréter
aucun autre subside qui ne soit défini pour la somme et
pour le temps, et de répartir également les impôts entre
les trois ordres ; la responsabilité des ministres, la liberté
individuelle des citoyens par l'obligation de remettre immédiatement tout homme arrêté dans une prison royale
entre les mains de ses juges naturels, et la liberté légitime
de la presse, seule ressource prompte et certaine des gens
de bien contre la licence des méchants, sauf à répondre
des écrits répréhensibles après l'impression, suivant l'exi-
gence des cas. »

Quelques jours après, les assemblées électorales con-
sacrèrent des vœux analogues dans les cahiers du tiers par
toute la France, en y ajoutant encore la suppression sans
rachat des droits féodaux attentatoires à la dignité et à la
liberté de l'homme, et la faculté de rachat pour tous les
autres. C'est la célèbre distinction entre la féodalité dominante et la féodalité contractante qui servit de base aux
premières réformes financières de l'Assemblée nationale.
On peut lire surtout les cahiers du tiers état de Paris ;
toute la Constitution de 1791 y est contenue, et même la
Déclaration des droits de l'homme. « ... Tout pouvoir

____

1. 5 décembre 1788.

émane de la nation et ne peut être exercé que pour son
bonheur.... La nation peut seule concéder le subside; elle
a le droit d'en déterminer la quotité, d'en limiter la durée,
d'en faire la répartition, d'en assigner l'emploi, d'en demander le compte, d'en exiger la publication.... Toute
propriété est inviolable. Nul citoyen ne peut être arrêté
ni puni que par un jugement légal.... Tout citoyen a le
droit d'être admis à tous les emplois, professions et dignités.... La liberté naturelle, civile, religieuse de chaque
homme, sa sûreté personnelle, son indépendance absolue
de toute autre autorité que celle de la loi, excluent toute
recherche sur ses opinions, ses discours, ses écrits, ses
actions, en tant qu'ils ne troublent pas l'ordre public et
ne blessent pas les droits d'autrui [1].... » Ainsi toute la
nation savait où elle allait et ce qu'elle voulait. La nuit du
4 août fut si peu une surprise que tous les décrets de cette
nuit fameuse étaient déjà prévus et ordonnés par les cahiers.
Déjà même, dans les assemblées primaires, les électeurs
avaient refusé de subir la présidence des magistrats nommés par le roi, et désignés pour cet office par la loi et la
coutume : tant on avait clairement conscience de l'avénement d'un principe nouveau, le principe du droit naturel,
devant lequel le privilége et la tradition devaient se taire.
Dès 1774, un livre écrit sous les yeux et par l'inspiration
de Turgot [2] avait clairement tracé la différence qui allait
séparer la France moderne de l'ancienne France, en po-

---

1. L'esprit public avait été préparé non-seulement par les écrits des
grands philosophes, mais par des dissertations où étaient proposées et
discutées la plupart des mesures adoptées par la Constituante. Nous ci-
terons, entre autres, un mémoire attribué au marquis de Puységur
et qui parut en 1770, intitulé : *Du droit du souverain sur les biens-
fonds du clergé et des moines, et de l'usage qu'il peut faire de ces biens
pour le bonheur des citoyens.* L'usage qu'il en peut faire, suivant l'auteur, c'est de les prendre, et de fournir aux besoins légitimes du clergé
par des pensions annuelles.

2. *Mémoire au roi sur les municipalités.* On attribue cet écrit à Dupont
de Nemours.

sant ce principe : « Les droits des hommes réunis en société ne sont point fondés sur leur histoire, mais sur leur
nature. »

7. Réformes opérées par l'Assemblée constituante.

Quand la première partie de la tâche de la Révolution
fut accomplie, après la convocation de l'Assemblée, la
réunion des trois ordres, la nuit du 4 août, le vote de la
Déclaration des droits de l'homme et du citoyen et la promulgation de la première Constitution française, voici quel
était l'état de notre pays régénéré :

Les dernières traces du régime féodal avaient disparu.
Il n'y avait plus ni redevances au profit des seigneurs,
ni dîmes au profit du clergé, ni rentes perpétuelles, ni
droit de banalité, ni droit de chasse, ni droit de garenne, ni droits de lods et ventes, ni exemption d'impôts
et de service militaire, ni justice exceptionnelle et privilégiée, ni emplois et honneurs réservés à la naissance.
Tous les hommes naissaient égaux en droits, c'est-à-
dire, en d'autres termes, que le droit était reconnu, et
qu'il n'y avait plus de privilége. La réforme était donc
complète et entière quant à l'état des personnes. On avait
poussé le principe de l'égalité si loin - que les titres
mêmes, et les formes nobiliaires, qui ne représentaient
plus désormais que des souvenirs, avaient été abolis
avec les droits utiles et honorifiques. « Tous les Français,
disait la Constitution, sont et demeurent égaux devant
la loi, sans autre distinction entre eux que les vertus et
le mérite. » La liberté des cultes, que la philosophie et
les mœurs réclamaient depuis si longtemps [1], avait enfin

---

1. Le roi avait porté au parlement, le 19 novembre 1787, un édit que
le garde des sceaux Lamoignon commenta en ces termes : « Sa Majesté
ne veut point d'autre culte dans son royaume que celui de la religion
catholique, apostolique et romaine. Cette religion sainte, dans laquelle

été établie sur des bases solides. La loi ne faisait plus aucune différence entre les catholiques et les protestants, entre les chrétiens et les juifs[1]. L'autorité des pasteurs ne s'exerçait plus que sur les matières spirituelles et dans l'intérieur de leurs églises. Toutes les opinions philosophiques et religieuses pouvaient s'exprimer sans entraves par la voie de la presse. On avait ôté aux ministres du culte catholique les fonctions d'officiers de l'état civil. La loi seule et les magistrats, organes de la loi, consacraient les mariages. Il n'y avait plus dans l'État que des citoyens. Le régime de la propriété avait été remanié. Jusque-là, il y avait plusieurs manières de posséder la terre : dans les mains des nobles, elle était incessible, insaisissable et transmissible de mâle en mâle, à l'exclusion, presque partout, des puînés et des filles ; les roturiers la possédaient franche et la transmettaient librement, ou n'étaient que colons, propriétaires seulement des édifices et superfices, et congéables à la volonté des seigneurs terriens. Ces anomalies, dont les effets perpétuaient la distinction et la séparation des races, avaient été remplacées par une loi fondée sur le véritable principe de la propriété. Il n'y avait plus en France qu'une manière de posséder la terre, et c'était de la posséder purement et simplement, fonds et surface. Elle pouvait être saisie, aliénée, donnée, transmise; seulement la loi intervenait pour régulariser les partages dans les successions *ab intestat*, et pour empêcher les volontés particulières de créer un nouveau droit d'aînesse et une nouvelle aristocratie territoriale.

le roi est né, sous laquelle le royaume a été florissant, sera toujours la seule religion publique et autorisée dans ses États.

« Sa Majesté prescrit les formes légales qui doivent constater la naissance, les mariages et la mort de ses sujets non catholiques; et elle borne sa justice à leur égard à ces facultés primitives, qui sont un droit sacré de la nature plutôt qu'un bienfait arbitraire de la loi. »

1. Voy. *la Liberté religieuse*, par Jules Simon, 4ᵉ édition, 1ʳᵉ partie, c. 22.

Elle accordait au fils un droit sur le domaine paternel, mais dans une juste mesure, en laissant une part disponible, comme instrument et garantie du pouvoir paternel, et comme représentation éventuelle des améliorations introduites dans le fonds patrimonial par le travail et l'industrie du père. Une réforme analogue et non moins importante avait détruit les entraves apportées jusqu'alors au travail. Pour exercer un état, une profession, il suffisait désormais d'en être capable. Le commerce avait vu tomber les barrières qui jusque-là, en arrêtant les transactions, en rendant les transports difficiles, souvent impossibles, produisaient des disettes artificielles, et créaient la famine à côté de marchés surchargés. L'égalité devant la loi, la liberté de conscience, la propriété et le travail étaient donc fortement constitués, et de la féodalité civile, hier encore toute-puissante, il ne restait nulle trace.

Voyons ce qu'on avait fait de l'organisation politique introduite sous les derniers règnes.

Les parlements avaient sombré. On avait vite oublié la popularité qu'ils s'étaient acquise par leur résistance à quelques édits malencontreux, par trois années de persécution, et par la demande des états généraux. Les parlements représentaient, dans la justice, le privilége, et dans la politique, la tradition : ils étaient donc, par leur essence, opposés à l'esprit nouveau. Ils rappelaient au peuple des procédures ruineuses, interminables, une pénalité arbitraire, souvent atroce[1]. Une organisation sa-

---

1. On lit dans le cinquième numéro des *Révolutions de Paris*, p. 28 (15 août 1789) : « Quand le peuple entend parler du parlement, son étonnement est aussi grand que si ce corps n'existait plus depuis trois siècles. La déclaration du roi (sur les attributions de juges) a été enregistrée en parlement le 12, et cet enregistrement est promulgué avec la déclaration, comme une sanction nécessaire pour son exécution.

« Ce n'est pas sans impatience que l'on voit les parlements faire encore des actes relatifs à la législation. Les cris de joie, les applaudissements qui partent de tous côtés quand on prononce dans l'Assemblée nationale

vante avait mis à leur place des tribunaux de première
instance et des cours d'appel, assistées dans chaque ressort de cours d'assises ambulantes; un tribunal de cassation, qui ne jugeait que le point de droit, assurait l'uniformité de la jurisprudence. L'institution du jury, qui
aurait pu être plus étendue, garantissait les justiciables
contre l'esprit de corps de la magistrature, tandis que la
présidence des magistrats les garantissait contre la violation de la loi et des formes protectrices qu'elle institue.
L'élection des juges avait succédé à la vénalité des offices.
Les débats judiciaires étaient contradictoires et publics,
la défense libre, la justice gratuite.

On avait renoncé à la division par provinces. Cette division, que l'histoire avait faite et non la logique, était le
triomphe de la tradition. Elle entretenait un esprit de
terroir qui nuisait à l'unité nationale, et rendait l'administration inégale et difficile. La division de la France en
départements fut, dans les circonstances, un grand coup
de politique, et la démonstration visible à tous les yeux
qu'on se laissait guider par la nature des choses, et non,
comme autrefois, par des précédents. En même temps que
cette importante mesure concourait, avec la destruction
des priviléges locaux et des douanes intérieures, à accomplir l'œuvre de l'unité nationale, la Constituante bat-
tait en brèche la centralisation, si différente de l'unité,
et si souvent confondue avec elle. Au lieu du commissaire
départi, dont les subdélégués portaient jusque dans le
dernier hameau le pouvoir absolu du souverain, le dépar-

---

le mot de suppression des parlements, la motion qui en a été faite par
les représentants de trois grandes provinces; cette assertion enfin qui est
dans la bouche de tous les bons citoyens : « Point de liberté, si le nom
même du parlement n'est pas anéanti, » tout prouve que l'opinion publique est entièrement déclarée contre ces corps aristocrates qui, depuis
tant d'années, se sont dits si effrontément les représentants du peuple, et
qui n'ont voulu l'être que pour augmenter leur pouvoir et combler la
mesure de ses malheurs. »

tement eut à sa tête un directoire électif; de sorte que le roi et l'Assemblée gardèrent le maniement des intérêts communs, la confection de la loi, la fixation de l'impôt, et que l'administration locale resta aux mains des délégués locaux, hommes du pays, et par conséquent intéressés à sa prospérité, éclairés sur ses besoins; élus par leurs concitoyens, et par conséquent forts; dominés par la loi générale, et par conséquent incapables de nuire à l'unité de la France. Les communes étaient réglées sur le même modèle, et toutes égales en droits, comme les citoyens.

Le principe tutélaire de la séparation du pouvoir législatif et du pouvoir exécutif était proclamé. Le roi absolu, devenu roi constitutionnel, n'était plus que le premier fonctionnaire de son royaume, chargé de faire exécuter-la loi. Le peuple exprimait sa volonté par ses mandataires directs. La nation émancipée ne dépendait plus que d'elle-même. Devant les manifestations de la souveraineté populaire, le roi et les tribunaux ne pouvaient plus qu'obéir.

On pouvait donc considérer la France comme entièrement et radicalement changée. Au lieu de castes ennemies, l'une oisive et préférée, l'autre laborieuse, humiliée, condamnée, des citoyens égaux en charges, en droits et en devoirs; au lieu d'un clergé dominateur, la tolérance universelle; au lieu des majorats et du droit d'aînesse, le partage égal des patrimoines; la responsabilité du débiteur et la sincérité de son gage, entières; nulle entrave au travail; des lois uniformes, des juges indépendants; une représentation permanente, élective, souveraine; des impôts également, équitablement répartis; des administrations électives : tels sont les prodiges accomplis par deux années de législature, aidées d'un siècle de philosophie. Nous exprimerons toute cette révolution d'un seul mot : le droit naturel avait succédé au privilége. Le droit n'était plus une possession acquise, une propriété privée;

mais un bien naturel, indépendant de toute loi[1]. C'était
un de ces courts moments de l'histoire où la raison domine dans les lois comme dans les mœurs, où la passion
n'a de flamme que pour servir la justice, où ceux qui
font la loi et ceux qui l'exécutent n'ont qu'un même esprit
et un même cœur, où toutes les forces d'un grand peuple,
au lieu de lutter entre elles dans des agitations stériles,
conspirent au bonheur commun, et se disciplinent d'elles-
mêmes sous l'empire de la loi morale : spectacle digne
des regards de Dieu, digne de l'admiration et des éternels
regrets de l'humanité.

Pour raconter la naissance de la liberté, il a fallu montrer le point de départ, c'est-à-dire faire le tableau des
institutions de l'ancien régime. La justice oblige maintenant d'ajouter que, dans les années qui précédèrent la
Révolution, les hommes valaient mieux que les lois. On
aurait une idée fausse de ce temps et de ce régime, si l'on
croyait que le despotisme y était aussi entier dans la
pratique que dans la théorie. Mille choses le gênaient :
les parlements, les pays d'états, la noblesse, les corps
privilégiés, le clergé, la cour de Rome. Les mœurs, dans
les derniers temps, et les lettres devenues toutes-puis-
santes, étaient une terrible barrière contre lui. Pour
juger cette situation, il suffit de jeter les yeux sur la
société littéraire, sur ces lois draconiennes, sur ces
ordonnances de prise de corps contre les auteurs, sur ces
livres lacérés, brûlés, sur le pouvoir exorbitant du chancelier, du lieutenant de police, du directeur de la librairie,
des censeurs, et de se souvenir en même temps que Paris
était inondé malgré tout des productions de Voltaire, et
d'autres livres en grand nombre qu'on n'oserait pas
écrire aujourd'hui, et qui ne seraient pas publiés impunément. C'était un singulier et continuel mélange de sé-

---

1. Voy. M. Gervinus, *Introduction à l'Histoire du XIXe siècle*, traduction de M. C. Bernard, p. 109 sq.

vérité dans les décisions et les règlements, de tempéraments et de mollesse dans l'exécution. Le roi même se sentait partagé entre les traditions théoriques de sa race (l'État, c'est moi), et un fond de bienveillance et d'ouverture d'esprit, qui lui montrait la liberté comme possible et souhaitable, et qui, un moment, fit de Louis XVI le défenseur de Turgot. Je sais tout le respect qu'on doit aux grandes choses accomplies par le peuple français sous l'ancienne monarchie, aux mœurs pures du dix-septième siècle, aux tendances libérales du dix-huitième. Je n'ai pas parlé des hommes, mais des institutions, qui, jusqu'à la Révolution, jusqu'à l'Assemblée constituante, ont été despotiques. Le 4 août 1789, la liberté, le droit individuel étaient chose nouvelle, sinon en France, à coup sûr dans la loi française.

Une fois entrée dans la voie des réformes, la Révolution ne sut pas s'arrêter à temps. Elle avait détruit tous les priviléges; elle porta la main sur des institutions justes et utiles qui n'avaient que le tort d'être anciennes, dans un temps où les esprits ardents aspiraient à faire table rase. Des oppositions maladroites eurent pour résultat d'accroître le mal qu'elles voulaient prévenir. On glissa par une pente rapide de la liberté sage à la liberté excessive, c'est-à-dire à l'anarchie. L'anarchie à son tour ramena le despotisme. La liberté n'est réelle dans l'homme que quand elle est gouvernée par la loi morale; elle n'est possible dans la société que quand elle est réglée par un pouvoir assez fort pour remplir sa mission, assez surveillé pour n'être pas tenté de la dépasser. L'autorité, dans la société, est l'expression et la force de la loi morale,

CHAPITRE III.

LES CONDITIONS ET LES GARANTIES DE LA LIBERTÉ.

1. De la forme du gouvernement : théories de Platon, d'Aristote et de Montesquieu. — 2. Des éléments de la liberté : exposition et commentaire des principes de 1789. — 3. Des garanties de la liberté : la loi précise et complète ; la loi, expression de la volonté générale ; la séparation des pouvoirs ; la publicité.

1. De la forme du gouvernement : théories de Platon, d'Aristote et de Montesquieu.

Nous entendons professer assez haut depuis quelque temps le bizarre principe de l'indifférence en matière de constitution politique. Les uns affirment que la liberté politique n'est qu'un leurre sous toutes les formes de gouvernement ; les autres, sans pousser la théorie aussi loin, croient qu'il n'y a rien de mieux à faire dans la pratique que de s'accommoder aux circonstances, et de défendre l'ordre sous un gouvernement populaire, ou d'arracher à un gouvernement despotique quelques mesures libérales.

Ce scepticisme politique ne saurait étonner personne ; c'est le fruit naturel des révolutions. Nous avons eu, en trois quarts de siècle, la constitution de 1791, celle de 1793, celle de 1795 (an III), le sénatus-consulte organique de 1804, la Charte constitutionnelle de 1814, l'acte additionnel de 1815, la Charte constitutionnelle de 1830, la Constitution de 1848, la Constitution de 1852; trois ou quatre sortes de républiques, et autant de monarchies. Quand un pays a changé plusieurs fois de constitution dans un petit nombre d'années, il se trouve tout rempli d'hommes qui ont à justifier ou à préparer une apostasie. Combien de fois, depuis 1789, a-t-on répété, en manière d'apologie, que tel homme avait changé de parti pour rester fidèle à son opinion? Pour moi, je ne nierai pas que de telles conversions aient pu être sincères : je regrette seulement qu'elles ne soient pas demeurées secrètes. Il peut arriver à un honnête homme, que des relations d'amitié ou de famille, ou peut-être un enthousiasme irréfléchi avaient entraîné dans un parti, de reconnaître de bonne foi qu'il s'est trompé, qu'il a pris des espérances pour des possibilités; que la sécurité, la gloire et l'avenir du pays sont sous un autre drapeau. Quand on a le malheur de faire en soi-même une pareille découverte après avoir publiquement donné des gages à la cause qu'on abandonne, la morale veut qu'on le reconnaisse hautement, et qu'après cette confession, on sorte de la politique pour n'y plus rentrer. Il ne faut pas se laisser duper par ce sophisme à l'usage des vaniteux, qu'on est nécessaire. Cela n'est vrai de personne, et surtout cela ne saurait être vrai d'un homme qui, s'étant trompé, de son propre aveu, en une matière grave, a donné par là une preuve médiocre de son intelligence. L'exercice du pouvoir a trop de charmes, et il est accompagné de trop d'avantages pour qu'une conversion ne soit pas suspecte quand elle a pour effet de permettre au nouveau converti de devenir l'associé et le copartageant des adversaires qui l'ont battu. Quand un général célèbre vit ou crut voir qu'en servant Napoléon Ier, il ne servait pas la cause de la France, son devoir était d'attendre la paix, et de rentrer dans la vie privée : au lieu de cela, que fit-il ? il porta à l'ennemi un nom déshonoré, et des talents désormais impuissants.

Le seul service que puisse rendre à son pays l'homme qui voit tomber ses illusions politiques, c'est de donner, en se mettant à l'écart, une preuve de sa loyauté et de son désintéressement. La France a plus besoin de caractères que de fonctionnaires. Si j'étais au pouvoir, je ne voudrais pas de ces recrues éclatantes qui me feraient gagner un serviteur, et feraient perdre un homme à la patrie. Si j'étais mêlé aux luttes politiques, je me réjouirais, je m'honorerais de ne voir devant moi que des adversaires fidèles à leur passé et à leurs convictions.

Il n'est pas vrai d'ailleurs que la politique soit si peu de chose ; c'est là un grossier sophisme qui ne peut être inventé et accueilli que par l'intérêt personnel. Le gouvernement absolu et le gouvernement représentatif diffèrent dans leur but, et dans les moyens qu'ils emploient pour y parvenir. Un pays ne peut pas, sans un grand péril pour sa prospérité et son influence, osciller longtemps de l'un à l'autre. Il ne peut pas garder, sous un régime, des institutions et des mœurs faites pour un régime différent. Une constitution n'est puissante dans un pays que quand elle est conforme à ses vœux, à ses besoins, à ses mœurs, à ses lois ; et, réciproquement, il n'y a de force, de stabilité pour les lois et pour les mœurs d'un pays que quand tout cela est couronné par une constitution analogue. Le scepticisme est faux, il est malsain. Il n'a pas plus de raison d'être en politique qu'en morale. Il dégrade l'âme qui s'y livre, et il aurait bientôt fait de démoraliser un peuple.

Il ne saurait être question ici d'examiner quelle est la meilleure constitution et celle qui convient le mieux à notre pays. Je n'ai ni la liberté ni le goût de me livrer à cette recherche : chacun, sur ce point, a une opinion faite, et je ne sens pour moi ni le besoin de justifier la mienne, ni le désir de lui gagner des partisans. Qu'il me soit permis seulement de rechercher s'il y a des principes communs et supérieurs à toutes les constitutions, principes tellement sacrés et tellement nécessaires, qu'une constitution ne saurait s'en écarter sans faire reculer la civilisation et sans violer la liberté publique. En me plaçant sur ce terrain, je ne parlerai ni à un parti ni au nom d'un parti, je parlerai à tout le monde au nom de la liberté et de la morale.

Quant à la théorie des formes politiques, que je laisse volontiers de côté, elle est tout entière dans Montesquieu. La théorie n'a pas fait un pas depuis la publication de *l'Esprit des Lois* : ce n'est pas faute d'avoir accumulé les expériences.

« Il y a, dit Montesquieu, trois espèces de gouvernements : le républicain, le monarchique et le despotique. Le gouvernement républicain est celui où le peuple en corps, ou seulement une partie du peuple, a la souveraine puissance ; le monarchique, celui où un seul gouverne, mais par des lois fixes et établies ; au lieu que dans le despotique un seul, sans lois et sans règle, entraîne tout par sa volonté et par ses caprices[1]. »

En y regardant attentivement, on voit que cette division ne comprend pas seulement trois gouvernements, mais bien quatre. En effet, ce gouvernement républicain, où le pouvoir est exercé par le peuple en corps, ou seulement par une partie du peuple, constitue la démocratie dans le premier cas, et l'aristocratie dans le second : c'est ce que Montesquieu établit lui-même dans le chapitre suivant.

Il aurait pu, pour achever sa classification, faire pour toutes les formes de gouvernement ce qu'il a fait pour le gouvernement d'un seul, qu'il a distingué en gouvernement monarchique et gouvernement despotique, suivant que le maître obéit aux lois, ou seulement à son intérêt.

1. *Esprit des Lois*, liv. II, chap. 1.

Il en est de même dans la démocratie, qui est le gouvernement de la foule ; et dans l'aristocratie, qui est le gouvernement du petit nombre. Quand elles abandonnent la justice pour se livrer à la passion, la démocratie dégénère en démagogie, et l'aristocratie dégénère en oligarchie.

Après avoir énuméré les différentes formes de gouvernement possibles, Montesquieu a recherché leur principe, décrit leurs caractères, prévu leurs conséquences avec tant de vérité et de profondeur, que l'histoire ni la philosophie n'ont plus rien à y ajouter. Il appartient à une classe d'esprits qui disparaît tous les jours, et que nous ne savons plus ni apprécier ni comprendre, parce que la pression croissante des faits nous rend incapables et presque indignes de la théorie. C'est un penseur qui, ne manquant à coup sûr ni de décision ni d'originalité, expose et juge avec impartialité les opinions mêmes qu'il repousse. Quoique dévoué à la monarchie constitutionnelle, qui n'était encore dans notre pays qu'une espérance, il sait toute la grandeur de la forme républicaine, et toutes les ressources de la monarchie absolue.

Il est assurément très-remarquable que Montesquieu ait pris toute sa théorie dans le sixième livre de la *Politique* d'Aristote, qui lui-même l'avait empruntée au huitième livre de la *République* de Platon : de sorte que ces deux grands génies se trouvent avoir raconté à l'avance l'histoire de l'humanité.

Aristote est surtout d'une précision parfaite dans la classification des gouvernements : il en reconnaît trois genres, qui se subdivisent chacun en deux espèces, selon que les gouvernants ont pour but l'intérêt général du pays, ou leur intérêt particulier.

Le premier genre est la monarchie, et le gouvernement d'un seul, qui s'appelle royauté quand le prince ne se propose que le bien public, et despotisme, quand il ne songe qu'à maintenir et à développer sa richesse et sa puissance. Le second genre est le gouvernement des minorités, et constitue suivant les cas une aristocratie ou une oligarchie ; enfin, le troisième genre, ou gouvernement des majorités, peut être une démocratie, si le peuple use de son pouvoir dans l'intérêt général, ou dégénérer en démagogie, s'il se laisse duper par des flatteurs qui tirent à eux sa puissance et s'engraissent à ses dépens[1].

On ose dire ici qu'Aristote, au moins égal à Montesquieu dans la classification des formes de gouvernements, lui est souvent supérieur dans l'analyse, et qu'il a déterminé en philosophe et en homme politique le but, les causes et les effets de chacune d'elles. Nous ne ferons qu'une remarque : c'est que le démagogue d'Aristote, absorbant en lui-même la démocratie, exerçant par délégation la puissance populaire, est déjà un tyran. Il y a une démagogie où la foule n'abdique pas, où elle fait la guerre à toute suprématie de naissance, de talent et de vertu, où elle érige en droit la supériorité du nombre, confond la liberté avec l'égalité, et ne connaît d'autre égalité que l'égalité numérique.

On peut reprocher aussi à la classification d'Aristote de tenir plutôt compte de la forme actuelle que revêt un gouvernement sous l'empire de circonstances passagères, que des institutions fondamentales qui subsistent indépendamment des faits et des personnes. Nous voyons bien qu'il distingue deux sortes de monarchies suivant la conduite du prince ; mais en réalité, un bon prince, qui sincèrement veut le bien public, et qui le fait, est un despote, s'il n'a au-dessus de lui aucune loi plus forte que lui ; tandis qu'un prince dont les instincts sont mauvais et la conduite coupable, n'est pas un despote, mais un roi, si son pouvoir est limité par une constitution sage et forte. C'est une erreur du même genre qui empêche Aristote

---

1. Voyez tout le livre VI. Aristote pousse beaucoup plus loin les subdivisions, mais nous nous en tenons aux traits généraux. Il distingue jusqu'à cinq espèces de royautés. (Cf. *Polit.*, liv. III, chap. IX et X.)

d'introduire dans ses classifications, comme éléments essentiels, le principe de l'hérédité et celui de l'élection. Un pays gouverné comme l'ancienne Pologne par un roi électif asservi à une noblesse héréditaire est bien moins une monarchie qu'une république aristocratique. Après avoir longtemps gouverné sous un conquérant, Aristote ne croyait pas assez à la force d'une loi contre un roi. Il est juste pourtant de dire que son idéal, comme celui de quiconque sait penser, était la substitution de la loi au roi.

Platon, qui n'avait pas été, comme son illustre disciple, le ministre d'un Alexandre, à défaut de l'expérience qui lui manque, tire toute sa politique de la psychologie. C'est dans l'âme humaine qu'il étudie les empires. C'est dans l'étude de nos passions qu'il va chercher et qu'il découvre la loi de toutes les agitations des États.

Il prend d'abord à partie la royauté. Il est difficile d'avoir un bon roi, ou plutôt, il n'y a qu'un moyen d'en avoir un, c'est de conférer la royauté à un philosophe. Si un homme investi du souverain pouvoir n'a pas en partage cette intelligence des besoins du peuple et ce désintéressement personnel que la philosophie seule peut donner, il est à craindre qu'il ne puisse régner longtemps conformément à la loi, et qu'il en vienne à considérer sa magistrature moins comme une charge que comme une propriété. La royauté s'est sauvée à Sparte en sauvant l'État avec elle [1], mais à la condition de se diviser, d'abord entre deux rois, après Aristodème, puis entre les rois et un sénat de vingt-huit vieillards, sous la Constitution de Lycurgue, auxquels Théopompe, un siècle plus tard, adjoignit encore deux magistrats presque égaux aux rois sous le nom d'éphores. Cette royauté divisée est déjà une aristocratie. L'aristocratie à son tour a besoin, pour vivre, que les chefs de la république n'aient ni ambition ni avarice. Si, à force d'user du pouvoir, ils en viennent

1. Platon, les *Lois*, liv. II. Trad. de M. Cousin, t. VII, p. 174.

à l'aimer pour lui-même et à vouloir à tout prix s'y per-
pétuer, ils élèvent une barrière entre eux et le peuple,
pour qu'il n'y ait plus que des semblants d'élection.
Cette barrière est le cens. Le cens est en effet le fond de
toute oligarchie; et le livre d'or de Venise n'aurait été bon
qu'à être jeté dans l'Adriatique, si les nobles n'avaient employé leur pouvoir à accroître leur richesse, et leur richesse
à garantir leur pouvoir. Il faut lire, dans la *République*,
la critique de l'oligarchie[1]. « Quels sont les vices que nous
reprochons à ce gouvernement? demande Glaucon. —
Remarque ce qui arriverait, répond Socrate, si dans le
choix du pilote on avait uniquement égard au cens, et
que le pauvre, fût-il plus capable, ne pût approcher
du gouvernail. Un pareil État par sa nature n'est point
un ; il renferme nécessairement deux États : l'un
composé de riches, l'autre de pauvres, qui habitent le
même sol et conspirent sans cesse les uns contre les
autres[2]. »

Qu'arrive-t-il alors? « Lorsque les gouvernants et les
gouvernés se trouvent ensemble en voyage, ou dans quelque autre rencontre, dans une théorie, à l'armée sur terre
ou sur mer, et qu'ils s'observent mutuellement dans les
occasions périlleuses, les riches n'ont certes nul sujet de
mépriser les pauvres; au contraire, souvent un pauvre
maigre et hâlé, posté dans la mêlée à côté d'un riche
élevé à l'ombre et surchargé d'embonpoint, en le voyant

---

1. Platon, *la République*, liv. VIII. Trad. de M. Cousin, tome X,
p. 141.

2. Voici en quels termes la doctrine que Platon combat dans ce passage a été introduite deux mille ans plus tard dans la législation de la
France. « Nous devons être gouvernés par les meilleurs; les meilleurs
sont les plus instruits et les plus intéressés au maintien des lois. Or, à
bien peu d'exceptions près, vous ne trouverez de pareils hommes que
parmi ceux qui possèdent une propriété.... Un pays gouverné par les propriétaires est dans l'ordre social; celui où les non-propriétaires gouvernent est dans l'état de nature. » (Rapport de Boissy d'Anglas, du 5 mes-
sidor an III.)

tout hors d'haleine et embarrassé de sa personne, ne penses-tu pas qu'il se dit à lui-même que ces gens-là ne doivent leurs richesses qu'à la lâcheté des pauvres ; et quand
ils seront entre eux, ne se diront-ils pas les uns aux
autres : En vérité, nos hommes d'importance, c'est bien
peu de chose [1]. »

Aussitôt que le peuple en est là, l'oligarchie ne peut
plus tenir. Le peuple se compte, et le voilà roi ! Combien
de temps régnera-t-il, ce roi qui a mille bras pour agir,
et mille cœurs pour vouloir ? Il régnera, comme tous les
rois, jusqu'au moment où il s'enivrera de sa puissance. « Lorsqu'un État démocratique, dévoré de la
soif de la liberté, trouve à sa tête de mauvais échansons qui lui versent la liberté toute pure, outre mesure et jusqu'à l'enivrer ; alors, si ceux qui gouvernent ne sont pas tout à fait complaisants, et ne donnent
pas au peuple de la liberté tant qu'il en veut, celui-ci les
acsuse ou les châtie comme des traîtres et des partisans de
l'oligarchie [2]. »

Le gouvernement, tombé dans cet excès, change encore
de caractère ; la multitude ne connaît plus aucun frein ;
elle se laisse mener au hasard, par ses passions, ou plutôt par les passions de ses flatteurs, qui ont l'art de déguiser leur ambition et leur avarice sous les dehors d'amis du peuple. La place publique regorge de votants ;
une poignée de démagogues se disputent la tribune aux
harangues ; les décrets se succèdent comme les éclairs
dans une nuit d'orage. Il n'y a personne aux champs, ni
à la frontière menacée par l'ennemi. Le trésor de l'État
est vide ; la justice même est à chaque instant violée,
parce que c'est la colère qui juge. C'est alors que du sein
de ce chaos sort un fléau plus horrible que tous les autres.
« Tout excès amène volontiers l'excès contraire dans les

1. Platon, *la République*. Tr. fr., p. 42.
2. Platon, *la République*, p. 106.

saisons, dans les végétaux, dans nos corps, et dans les États comme ailleurs. Ainsi dans un État comme dans un individu, ce qui succède à l'excès de la liberté, c'est l'excès de la servitude[1]. » Les démagogues maltraitent le peuple, qui se donne un chef pour leur résister. Mais par où le protecteur du peuple commence-t-il à en devenir le tyran? « N'est-ce pas évidemment lorsqu'il commence à lui arriver quelque chose de semblable à ce qui se passe, dit-on, dans le temple de Jupiter Lycéen en Arcadie? On dit que celui qui a goûté des entrailles d'une créature humaine mêlées à celles des autres victimes, se change inévitablement en loup. De même, lorsque le chef du peuple, assuré du dévouement de la multitude, trempe ses mains dans le sang de ses concitoyens; quand, sur des accusations injustes, suivant la marche ordinaire, il traîne ses adversaires devant les tribunaux pour les faire périr odieusement, qu'il abreuve sa langue et sa bouche impies du sang de ses proches, qu'il exile et qu'il tue, et montre à la multitude l'image de l'abolition des dettes et d'un nouveau partage des terres, n'est-ce pas alors pour cet homme une nécessité et comme une loi du destin de périr de la main de ses ennemis, ou de devenir tyran et de se changer en loup[2]? » Ainsi, de chute en chute, l'État tombe de la royauté ou de l'aristocratie dans l'oligarchie, de l'oligarchie dans la démocratie, de la démocratie dans la démagogie, qui aboutit nécessairement à la tyrannie, c'est-à-dire au plus grand de tous les malheurs. « Le véritable tyran est un véritable esclave, un esclave condamné à la plus dure et à la plus basse servitude, et le flatteur des hommes les plus méchants. Loin de pouvoir rassasier ses désirs, il manque presque de tout et il est vraiment pauvre. Pour qui sait voir dans le fond de son âme, il passe sa vie dans une frayeur continuelle, en proie aux chagrins et aux angoisses. Tel est cet homme;

1. Platon, *la République*, p. 169. — 2. *Ib.*, p. 174.

et sa condition ressemble à celle de l'État dont il est le maître [1]. »

2. Des éléments de la liberté : exposition et commentaire des principes de 1789.

Ne tirons de cet admirable huitième livre, qu'on est toujours heureux de relire, que cette conclusion : tous les gouvernements tombent par l'envahissement de l'intérêt personnel. Le gouvernement a pour mission de représenter la morale, c'est-à-dire de rendre le peuple juste et heureux par la possession de la liberté. Quand, au lieu de penser au peuple, il pense à lui, à sa durée, à son éclat, à sa richesse, tout ce qu'il prend au delà de la force nécessaire à l'accomplissement des lois, il l'usurpe. Il perd le caractère de guide et de ministre pour prendre celui de maître et d'ennemi ; déserteur du droit, il ne peut plus se maintenir que par la force ; il faut donc qu'il succombe après s'être inutilement déshonoré.

Voilà le mal : quel sera le remède ? Cherchons-le dans ces principes dont nous parlions tout à l'heure, et qui, supérieurs à toutes les constitutions, peuvent seuls leur donner de la légitimité et de la solidité. Étudions, pour ainsi dire, les éléments de la liberté. Dans toute théorie politique, il s'agit toujours de chercher quelle part doit être faite à l'autorité, quelle latitude doit être laissée à la liberté. Quand on a déterminé ce que l'autorité doit retenir, sous peine d'être inefficace, ce que la liberté doit revendiquer, sous peine d'être étouffée, il reste encore à se demander, suivant le génie, l'histoire, la population, la situation géographique et l'industrie particulière des peuples, à quelle forme de gouvernement on confiera la tâche d'exercer cette part de pouvoir sans la dépasser.

1. Platon, *la République*, p. 203.

Quel est le rapport entre cette étude des éléments de la liberté, que nous allons essayer, et celle des formes politiques que nous renvoyons à Montesquieu, ou plutôt, car ce ne serait pas encore assez loin, à Platon et à Aristote? Pour les esprits absolus, ce rapport est celui des prémisses à la conséquence. Pour les hommes qui ne confondent pas la politique avec la géométrie, il faut se contenter de dire que, la liberté étant le but commun, et la forme politique la méthode, on peut voir plusieurs chemins pour arriver au même but. Tâchons au moins de nous entendre sur le but, puisque nous ne savons plus et que nous ne pouvons plus discuter avec calme et liberté sur la question de méthode.

Notre tâche, ainsi circonscrite, est encore assez lourde, car il est à peine moins difficile de réformer que de créer[1]. En quoi consiste la liberté publique? Quels sont les éléments de la liberté, « les éléments du citoyen, » disait Hobbes, qui malheureusement confondait le citoyen avec le sujet. Ces principes de toute théorie du pouvoir, nous ne les demanderons ni à la philosophie ni à l'histoire ; nous les prendrons, pour ainsi dire, à côté de nous, et des mains mêmes de nos pères. Ce sont les immortels principes de 1789, que tout le monde invoque, et qu'on applique si rarement, faute de savoir ou de vouloir les entendre. C'est déjà un très-grand fait que cette unanimité malgré la différence des interprétations. Quand l'auteur de la charte de 1814 déclare, dans le préambule, qu'il a dû, à l'exemple des rois ses prédécesseurs, apprécier les effets des progrès toujours croissants des lumières, les rapports nouveaux que ces progrès ont introduits dans la société, la direction imprimée aux esprits depuis un demi-siècle et les graves altérations qui en sont résultées, je suis persuadé qu'il entend reprendre la

---

1. Ὡς ἔστιν οὐκ ἔλαττον ἔργον τὸ ἐπανορθῶσαι πολιτείαν ἢ κατασκευάζειν ἐξ ἀρχῆς. (Aristote, *Polit.*, liv. VI, chap. ι, § 4, Trad. fr., t. II, p. 177.)

monarchie constitutionnelle au lendemain du 4 août ; et
je suis également persuadé que s'il pouvait subsister un
doute à cet égard, les plus intelligents et les plus autorisés parmi les hommes qui représentent la cause vaincue
en 1830 s'empresseraient de proclamer qu'ils acceptent
les progrès accomplis, les démonstrations faites ; qu'ils ne
se croient pas obligés d'amnistier d'anciennes erreurs et
de nous enchaîner à des traditions abolies ; que la royauté
telle qu'ils la rêvent est une royauté alliée à la liberté, et
par conséquent franchement appuyée sur les principes de
1789. Ce sont ces mêmes principes que la charte de 1830
a voulu consacrer plus clairement et plus complétement,
et qui ont été rappelés et acceptés depuis par toutes les
constitutions.

Tout le monde est donc d'accord sur la lettre de la loi ;
il ne s'agit plus que de la commenter.

Je crois qu'on peut résumer toutes les conditions de la
liberté politique dans ces trois principes : le premier,
c'est que la loi écrite prenne partout la place de la volonté
arbitraire ; le second, c'est que la loi consacre et respecte
les droits naturels et imprescriptibles de l'homme, et le
troisième, qui se confond presque avec le second, c'est
que le gouvernement ne se regarde jamais comme ayant
un droit et un intérêt propre, mais qu'il agisse en toute
occasion comme le serviteur et le ministre de l'intérêt
général.

Le premier de ces trois principes est une vérité d'évidence. La liberté politique est la condition d'un homme
qui ne peut être obligé qu'à ce qui est juste. Or, si je suis
soumis à la volonté d'un autre, il arrivera de deux choses
l'une : ou ses commandements seront justes, ou ils seront
injustes. S'ils sont injustes, il est clair à tous les points
de vue que je ne suis pas libre. S'ils sont justes, il reste
à se demander s'ils le sont accidentellement, ou s'ils le
sont infailliblement. Quand même mon maître ne m'aurait donné, depuis qu'il existe et depuis que j'existe, que

des commandements justes, il suffit qu'il puisse demain
se tromper sur la justice, ou vouloir ce qui est injuste,
pour que dès à présent je ne sois pas libre. Enfin, par
impossible, supposons-le infaillible : dès lors mon abdication serait sans danger quant à ses conséquences ; elle
n'en serait pas plus légitime en elle-même, puisque la
Providence m'a fait libre, et m'a donné pour loi d'exercer
ma liberté à mes risques. Donc il n'y a d'homme libre
que celui qui obéit exclusivement à la loi.

Qu'est-ce qu'un homme ? C'est un être à la fois raisonnable et passionné. S'il n'a pas de raison, il est en dehors
de la vérité et de la justice ; s'il n'a pas de passion, il est
en dehors de la nature. Sa raison étant imparfaite ne
voit pas toute la vérité ; sa passion étant aveugle lutte le
plus souvent contre la justice. La plus grande des victoires est de dompter en soi sa passion. Il est plus facile
d'être maître de l'univers que de soi-même. Se donner à
un despote, même juste, c'est compter sur une victoire
éternelle, et par conséquent impossible de la raison sur
la passion. Ὁ μὲν οὖν τὸν νόμον κελεύων ἄρχειν, δοκεῖ κελεύειν
ἄρχειν τὸν νοῦν καὶ τοὺς νόμους. Ὁ δ' ἄνθρωπον κελεύων, προσ-
τίθησι καὶ θηρίον. « Appeler la loi au gouvernement de la
société, c'est y appeler la raison ; appeler un homme,
c'est y appeler en même temps la bête[1]. »

Le sophisme du despote est de dire : « Je ne veux que
votre bien ; » et le sophisme de l'esclave est de dire :
« Nous avons un doux maître. » Il faut répondre au despote : « Vous êtes homme, » et à l'esclave : « Vous êtes
né libre. » Vous, despote, vous vous élevez jusqu'à Dieu ;
vous, esclave, vous vous dégradez jusqu'à la brute. C'est
le délire de l'orgueil, et le délire de l'abjection.

Titus même n'est pas un argument : il eut pour suc-
cesseur Domitien. Il mourut à quarante et un ans : s'il
avait eu un long règne, peut-être serait-il devenu un

---

1. Aristote, *Polit.*, liv. III, chap. xi, § 4. Tr. fr., t. I, p. 345.

Domitien lui-même. La possession du pouvoir absolu fait au despote une condition plus dure que celle de l'esclave. Elle le met en dehors de l'humanité : donc elle le dégrade. Nous sommes faits pour nous appuyer les uns sur les autres, pour donner et recevoir tour à tour, pour exercer l'autorité et pour la subir. Nous avons besoin de participer au pouvoir, parce que nous sommes libres et raisonnables, et de sentir un frein, parce que nous sommes imprévoyants et passionnés. Il est impossible qu'un homme ne rencontre ni obstacle à sa volonté, ni frein à sa passion, et que pourtant il reste juste. Les deux ou trois tyrans dont l'histoire exalte la renommée doivent aux historiens et aux poëtes la meilleure partie de leur gloire. Le plus glorifié et le plus méprisable des hommes est Auguste.

Quand il y avait des souverains absolus, des millions d'hommes dépendaient du caractère et de l'intelligence d'un seul homme; le sort de l'humanité était remis au hasard. Il naissait un esprit impuissant et morose comme Louis XIII, ou un libertin comme Louis XV, et les destinées du pays changeaient avec cette disposition de l'âme du maître. Pendant de longues années, le plus grand intérêt politique de la France, réellement le plus grand intérêt, fut de savoir si la marquise de Pompadour trouverait un nouveau moyen d'amuser et de captiver son amant. Il n'y a pas de spectacle plus navrant que de voir dans les Mémoires contemporains avec quelle anxiété on observe les moindres mouvements d'un enfant de cinq ans, qui sera un jour le roi absolu, « la source de tout honneur et de toute justice, » comme dit Saint-Simon. Chaque courtisan épie ses vices pour s'en faire le serviteur; le peuple épie ses vertus pour rêver au moins un répit. Il y eut un moment, un bien court moment, sous le règne de Louis XVI, où l'on crut (à tort) que le roi s'était laissé prendre aux charmes d'une jeune dame : toute la nation en frémit, toute la cour tressaillit d'aise.

C'était bien peu d'années avant la Révolution; hommes
et choses, tout était déjà prêt pour le monde nouveau. Il
semble que le spectre muet de la Révolution contemplait
déjà cette cour qui allait périr, et qui se croyait un lendemain.

Pendant les derniers siècles de la monarchie, tout ce
qu'il y avait en France d'esprits réfléchis s'attachait à
chercher un remède contre l'absolutisme, qui était origi-
nairement ou qui était devenu, peu importe, le fond de
notre constitution. Les uns regrettaient le temps où la
noblesse fournissait à la couronne des conseillers nécessaires; les autres, au moyen de l'enregistrement et des
remontrances, voulaient transformer les parlements en
corps politiques; d'autres essayaient de donner quelque
vie aux assemblées provinciales; les plus hardis rêvaient
les états généraux; tout le monde comprenait qu'il n'y a
de liberté dans un pays qu'à la condition d'une loi souveraine que le monarque même ne puisse enfreindre. La
liberté d'un pays a précisément la même étendue que la
loi. A mesure que la loi se fortifie et s'étend, et que le
pouvoir arbitraire recule, la liberté s'établit : elle devient
complète le jour où tous les pouvoirs découlent de la loi,
lui sont soumis, n'ont plus d'autre mission que de l'appliquer : telle fut la plus grande des réformes accomplies
par la Révolution de 1789. L'Assemblée garda un roi,
mais elle abolit le bon plaisir. Il fut interdit au roi, sous
peine de déchéance, de modifier la loi et de lui désobéir.
Il devint l'organe de la loi, après avoir été la loi vivante.
La France fut libre.

Quand on dit que la liberté et le pouvoir arbitraire
s'excluent, on dit une vérité d'évidence; et pourtant il
est urgent de la dire, parce qu'en politique comme en
morale l'évidence même trouve des contradicteurs. Le
principe qu'on n'oserait pas combattre sous sa propre
forme, on le met sous les pieds dans les applications les
plus immédiates, les plus nécessaires. On dirait qu'il

suffit du moindre déguisement pour rendre l'arbitraire méconnaissable. On le confond à plaisir avec le principe de l'autorité, ce qui est tout aussi raisonnable que de confondre la liberté avec l'anarchie. Plus l'autorité est indispensable, plus il faut la rendre forte et tutélaire en la faisant dériver de la loi, en l'enchaînant strictement dans les prescriptions légales. C'est l'esprit même, c'est la lettre de 1789. C'est la grande Assemblée de 1789 qui a écrit elle-même en tête de notre droit public la souveraineté absolue et inviolable de la loi.

Le second principe, qui est, comme le premier, une vérité d'évidence, c'est que la loi ne peut être que la consécration des droits naturels et imprescriptibles de l'homme. Existe-t-il de tels droits? Oui, évidemmeut, pour quiconque croit à Dieu et à la raison. Si ce monde n'est pas un chaos, comment y aurait-il de si admirables lois pour les phénomènes physiques, et tous les phénomènes de la volonté seraient-ils livrés au hasard? L'unité de la création se lit en caractères éclatants dans les espaces infinis et dans le cœur de l'homme. Dès que mon intelligence prend des forces et est capable de se connaître, je vois en moi l'image de l'éternelle justice; ma conscience en est illuminée, tout mon cœur se porte vers elle. Je l'invoque, par une impulsion naturelle et invincible, à chaque pas que je fais dans la vie; elle domine toutes mes relations avec le reste de la nature. Chaque fois que la volonté d'un autre homme s'oppose à la mienne, et entrave le développement légitime de ma force ou la satisfaction légitime de mes désirs, je sens, je vois, je crie à Dieu qu'une injustice est commise, que le droit est violé en moi. Cela ne me vient pas du dehors; ce n'est pas la société qui me donne cela, ce n'est pas le spectacle de la nature, ce n'est pas même la réflexion; cela sort des profondeurs de mon être, comme l'eau jaillit de sa source. Le jour vient où je me sens capable, non-

seulement de penser, mais de gouverner et d'approfondir
ma pensée, où je me rends compte de mon rôle ici-bas,
et du rôle des créatures qui m'entourent, où je cherche
la raison de cette lutte d'intérêts qui constitue la vie
humaine, où je rattache le monde à Dieu comme à sa
cause toute intelligente et toute-puissante, où j'entrevois
la destinée de mon âme immortelle et le but divin vers
lequel m'emportent tous mes amours à travers toutes les
éphémères tragédies où ma liberté grandit et s'épure; ce
jour-là, ce qui n'était en moi qu'une notion souveraine,
mais incomplète, s'étend, se développe, se discipline, se
relie à son principe, se fortifie par l'intelligence de ses
conséquences, et devient une doctrine morale. Il me
semble alors que la voix de ma conscience est la voix
même de Dieu qui dirige ma liberté sans la détruire, et
illumine la route par laquelle je dois marcher pour retourner à lui. Voilà, en dehors de toutes les sociétés humaines et de toutes les conventions humaines, le fondement de mes droits et de mes devoirs. Une société ne
vit que par les lois qu'elle s'est données, et chacun de ses
membres doit obéissance à ces lois. Mais à quelle condition? A condition que cette morale, écrite dans des
codes, reconnaisse l'éternelle morale que Dieu a écrite
dans nos cœurs. Si Dioclétien m'ordonne, à moi chrétien,
d'encenser la statue de Jupiter, je renverse la statue, et
j'embrasse la mort. Si Gessler me condamne à menacer
la tête de mon fils, j'obéis à l'éternelle loi en refusant
d'obéir au tyran, et en vengeant ma patrie opprimée. Il
n'y a pas de droit contre le droit; et la législation d'un
peuple ne peut être une insurrection contre la volonté de
Dieu.

Ces droits naturels et imprescriptibles de l'homme, quels
sont-ils? On pourrait les demander à une analyse approfondie de la raison humaine; mais puisqu'il s'agit ici des
grands principes de 1789, contentons-nous de l'énumération incomplète que la Constituante elle-même en a don-

née : « Ces droits sont la liberté, la propriété, la sûreté et la résistance à l'oppression[1]. »

Et la Déclaration des droits de l'homme et du citoyen ajoute à ces droits naturels et imprescriptibles le droit politique de n'obéir qu'à la loi, de participer à la formation des lois, de voter l'impôt, d'en contrôler l'emploi, et d'exprimer librement ses opinions.

La Charte de 1830 dit les mêmes choses en d'autres termes. Le droit public des Français comprend, suivant elle, l'égalité devant la loi et devant l'impôt, l'admissibilité de tous les citoyens à tous les emplois, la liberté individuelle, la liberté des cultes, la liberté de la presse, l'inviolabilité de la propriété hors le cas d'intérêt public légalement constaté[2]. La Constitution de 1848 ajoute à ces droits l'inviolabilité de la demeure du citoyen, le droit d'association et de réunion, la liberté d'enseignement et la liberté du travail et de l'industrie[3]. Quinze ans après, M. Thiers résumant dans son premier discours politique prononcé devant le Corps législatif[4] les libertés nécessaires à la France, n'en compte pas plus de cinq : la sécurité ; il faut que le citoyen soit garanti contre la violence individuelle et contre tout acte arbitraire du pouvoir ; la liberté de la presse, sans laquelle il n'y aurait pas d'opinion publique ; la liberté électorale, qui donne à l'opinion publique des représentants autorisés, la liberté de la représentation nationale, et enfin la prépondérance de cette représentation dans la direction des affaires communes. Toutes ces énumérations diffèrent plus en apparence qu'en réalité, et les différences sont imposées en quelque sorte par les événements présents. Chacun

---

1. Constitution des 3-14 septembre 1791. Art. 2 de la Déclaration des droits.

2. Charte constitutionnelle du 14 août 1830. Droit public des Français. Art. 1, 2, 3, 4, 5, 7, 8 et 9.

3. Constitution du 4 novembre 1848. Chap. ii. Droits des citoyens garantis par la Constitution. Art. 3, 8, 9 et 13.

4. Discours prononcé le 11 janvier 1864.

pense à la forme de liberté qui lui manque le plus ou qui
lui a le plus manqué sous le régime précédent. C'est ainsi
que l'Assemblée républicaine de 1848 écrit le droit d'association et de réunion en tête de la Constitution, et que
M. Thiers, pour combattre le gouvernement personnel,
demande que la représentation nationale ait le dernier
mot. Au fond, tous ces droits qu'on énumère ne sont que
le droit d'être libre, et ce qu'on y ajoute n'est qu'un éclair-
cissement ou une garantie. Les droits naturels et imprescriptibles de l'homme, dit l'Assemblée constituante, sont
la liberté, la propriété, la sûreté et la résistance à l'oppression. Il ne faut pas l'entendre comme si elle disait :
la liberté, et, en outre, la propriété, la sûreté et la résistance. Les trois derniers mots ne sont qu'un développement. On n'est pas libre, quand on ne peut pas posséder,
quand on n'est pas assuré de jouir tranquillement de ses
droits, ou quand on n'a pas les moyens suffisants pour
repousser toute agression illégale. La Charte de 1830, la
Constitution de 1848, n'ajoutent rien à la Déclaration
de 1791. Elles ne font, comme elle, que développer le mot
de liberté. L'égalité devant l'impôt est la même chose que
l'inviolabilité de la propriété. La liberté des cultes, de la
presse, de l'enseignement, le droit d'association et de réunion, l'inviolabilité du domicile, l'égalité devant la loi,
sont les formes diverses, et ne sont pas même toutes les
formes de la liberté. On pourrait se demander pourquoi
l'Assemblée constituante parle de liberté et ne prononce
pas le mot d'égalité, qui fut rétabli dans la Constitution
de l'an III [1] ; c'est que l'égalité est aussi une des formes
de la liberté, et n'est pas autre chose. On le comprenait
très-clairement en 89, au moment où l'on venait de conquérir la liberté par la suppression de tout privilége. C'est
depuis la réaction de l'an VIII qu'on a inventé une égalité

____

1. « Les droits de l'homme en Société sont la liberté, l'égalité, la sûreté et la propriété. » Constitution de l'an III, art. 19.

distincte de la liberté, et une liberté distincte de l'égalité, et qu'on a déclaré dans maint discours et dans maint ouvrage que les Français aimaient et comprenaient l'égalité, mais qu'ils aimaient la liberté sans la comprendre, ou plutôt, qu'ils croyaient l'aimer et ne l'aimaient pas, qu'ils aimaient sous son nom autre chose qu'elle. On pourrait à la rigueur comprendre l'égalité sans la liberté, l'égalité comme en Turquie : ce genre d'égalité n'est d'ailleurs jamais absolu, puisqu'il suppose l'existence d'un despote. Mais la coexistence de la liberté avec un privilége est une contradiction dans les termes; car le privilége est fondé sur une privation du droit, et la privation du droit est proprement une altération de la liberté; donc la liberté et l'égalité sont des termes identiques.

La liberté, d'après la définition de l'Assemblée constituante, consiste à pouvoir faire tout ce qui ne nuit pas à autrui[1], c'est-à-dire tout ce qui ne blesse pas dans autrui le droit naturel. La liberté dont il s'agit ici n'est pas seulement la liberté politique, c'est toute liberté, et notamment la liberté de disposer de sa personne et de ses biens, de s'associer, de se réunir, d'exprimer ses opinions en matière scientifique, politique ou religieuse et d'y conformer sa conduite. On pourrait dire aussi que la liberté consiste à n'obéir qu'à la loi, et à une loi juste, c'est-à-dire ayant pour but l'intérêt général, et pour caractère, la consécration des droits naturels.

Il semble qu'entre la liberté et la propriété, l'Assemblée aurait dû écrire la famille. Le droit de vivre en famille et d'y remplir les devoirs attachés à la qualité d'époux, de fils et de père, est certainement au premier rang parmi les droits que la société est tenue de reconnaître et de garantir. La Constitution de 1848 a été, en ce point, plus explicite que celle de 1789[2]. Reconnaissons toutefois

1. Constitution des 3-14 sept. 1791. Art. 4 de la Déclaration des droits.
2. Préambule, art. 8.

qu'elle a ajouté un mot, mais non une idée. La liberté implique tout. Ce n'est pas être libre que de ne pas jouir de la sécurité du foyer. Nos pères n'ont pas cru que cette première base de toutes les relations humaines pût jamais être ébranlée. Ils n'ont pas cru qu'on pût jamais substituer à la liberté naturelle cette liberté contre nature qui consiste à briser, à méconnaître les liens les plus sacrés et les devoirs les plus doux. La liberté qu'ils ont consacrée est la liberté d'être hommes, et non pas la liberté de cesser de l'être.

En mettant la propriété au nombre des droits naturels, la société s'interdit la faculté de prononcer l'expropriation. En effet, elle ne prescrit jamais qu'un échange; et même, elle ne le prescrit que quand l'intérêt général l'exige évidemment, c'est-à-dire quand l'exercice du droit de propriété privée ne peut avoir lieu sur un point sans devenir difficile ou impossible sur plusieurs autres.

La sûreté est le droit même que nous avons de vivre en société, le droit qui nous appartient d'employer les forces de nos concitoyens à la garantie de nos droits particuliers. Si la liberté est le fond du droit naturel, la sûreté en est la sanction. La résistance à l'oppression, que l'Assemblée écrivit ensuite, n'est que le développement du droit à la sûreté. On y a vu, à tort, le droit à l'insurrection : ce n'est que le droit d'en appeler à la loi contre la violence. Il y a une raison péremptoire pour que l'Assemblée constituante n'ait pas écrit le droit à l'insurrection parmi les droits de l'homme et du citoyen : c'est qu'elle déclarait dans son article 6 que la loi est l'expression de la volonté générale, et que tous les citoyens ont le droit de concourir, personnellement ou par leurs représentants, à sa formation.

Une constitution est ou doit être la forme légitime et nécessaire de la société pour laquelle elle est faite. La société, dans son essence, est de droit éternel. Donc une constitution ne peut déclarer la légitimité de l'insurrection sans se déclarer elle-même illégitime. Elle ne le peut pas surtout, quand la société, investie du pouvoir législatif, reste toujours maîtresse de corriger et de développer ses lois, et de faire marcher sa constitution avec le progrès des lumières et celui des mœurs.

A ces deux principes, de la souveraineté inviolable de la loi, et de la nécessité de consacrer dans la loi les droits naturels et imprescriptibles de l'homme, nous ajoutons encore que la loi doit avoir pour but l'intérêt général, principe qui ne semble pas moins évident que les deux premiers. On fait quelquefois des lois qui n'ont pas pour objet direct la garantie des droits naturels, comme par exemple, les lois de douane ou les lois sur le service militaire; alors il suffit que ces lois soient faites dans l'intérêt général, c'est-à-dire qu'elles aient pour but, non de remplir la cassette particulière du souverain ou celle de quelques privilégiés, mais de subvenir aux besoins de l'État; non d'aider le souverain à asservir son peuple, mais de lui donner les moyens de défendre la nation au dehors et la loi au dedans. La loi, dans la nature, est l'expression des faits généraux; la loi, dans le monde moral, est la direction des forces particulières vers un but commun. Écrire une loi, la rendre obligatoire pour employer les forces d'un peuple au bonheur d'un homme ou à celui d'une caste, c'est violer la justice et commettre un sacrilége, car c'est mettre la violence sous l'invocation de Dieu, souverain protecteur des lois [1]. Aristote remarque avec raison que tous les gouvernements peuvent sacrifier l'intérêt commun à l'intérêt particulier : le roi qui ruine le trésor public pour assouvir ses vices, et qui ôte toute liberté à ses sujets afin d'accroître sa puissance, n'est

1. « Donc évidemment toutes les constitutions qui ont en vue l'intérêt général (τὸ κοινῇ συμφέρον σκοποῦσιν) sont pures et essentiellement justes; toutes celles qui n'ont en vue que l'intérêt personnel des gouvernants (ὅσαι δὲ τὸ σφέτερον μόνον τῶν ἀρχόντων), viciées dans leur base, ne sont que la corruption des bonnes constitutions; car elles sont despotiques, et l'État est une association d'hommes libres (κοινωνία τῶν ἐλευθέρων). » (Arist., *Polit.*, liv. III, chap. IV, § 7. Tr. fr., t. I, p. 245.

que trop souvent imité par les aristocraties et par les démocraties elles-mêmes; et il n'y a nulle différence entre un prince qui frappe des impôts arbitraires, et en jette les deniers dans le sein de ses maîtresses, ou une populace qui s'empare des tables de la loi pour y inscrire en toute hâte le partage des terres.

Une loi juste, c'est-à-dire consacrant tous les droits naturels de l'homme, et ne sacrifiant jamais l'intérêt général à l'intérêt particulier; une magistrature organe et esclave de la loi, toute-puissante pour la faire exécuter, sans force pour la modifier ou pour la trahir, tels sont les principes sur lesquels se fonde la liberté publique.

3. Des garanties de la liberté.

1° LA LOI PRÉCISE ET COMPLÈTE.

Mais il ne suffit pas d'écrire la souveraineté de la loi dans une constitution pour que cette souveraineté soit assurée. Il faut que la constitution elle-même, il faut surtout que les mœurs donnent de l'efficacité à ce principe, et de la théorie le fassent passer dans les faits. Il est fort consolant d'avoir quelque part une charte dans laquelle le gouvernement reconnaît et déclare que la liberté et la propriété des citoyens sont inviolables; mais comme il y a dans le Code civil le droit à l'expropriation, et une prison dans toutes les villes, il reste à savoir par quel chemin la société passera pour appliquer l'expropriation sans détruire la propriété, ou pour mettre un citoyen en prison sans attenter à la liberté. Or, je ne me reposerai pas pour cela sur l'intelligence et la probité d'un magistrat. On aura beau le choisir accompli, et, après l'avoir choisi, le bourrer de belles maximes, et lui rappeler, dans tous les discours officiels et dans le préambule de toutes les constitutions, qu'il ne doit être gouverné que par la justice, et

qu'il ne peut me prendre ma propriété que dans le cas de
nécessité et par voie d'échange, et qu'il doit y regarder
de bien près, et bien s'assurer que ma liberté est dangereuse avant de me confiner entre quatre murailles; dès
que je dépens de la vertu incorruptible et du génie d'un
de mes semblables, je ne me sens plus du tout rassuré[1].
Ce saint, cet homme parfait peut avoir un moment d'erreur, ou peut-être après tout un caprice. J'ai peut-être un
ennemi secret qui l'indispose contre moi, qui le trompe. Je
ne puis passer sans trembler ni devant son palais ni devant une prison. En rentrant chez moi, je crains toujours
d'y trouver des espions ou des sbires. Si l'on sonne à
ma porte pendant la nuit, que sais-je si le magistrat n'a
pas conçu quelque injuste soupçon contre ma probité?

Pour que je vive en paix, à la condition d'être honnête,
et pour que je me sente un homme, l'égal des autres
hommes et du magistrat lui-même, il faut que la loi ait
minutieusement décrit dans quelle mesure l'intérêt commun peut armer la société contre mon droit particulier.
Je puis consentir à dépendre d'un texte de loi; bien plus,
je désire en dépendre, parce que cette loi, en même temps
qu'elle limite mon droit, le garantit. Il y a toujours des
surprises dans le gouvernement arbitraire; il n'y en a jamais dans le gouvernement légal. Donc, il n'y a de sécurité
que quand la loi, une loi précise, explique et définit clairement tous les droits de la communauté, et quand je puis
dire : « Tout ce qui n'est pas précisément interdit par la
loi est permis. » Autre chose est la sécurité, autre chose
la tranquillité. Rome pouvait être tranquille sous Néron :
il suffisait pour cela de magistrats vigilants, d'une forte
garde et de supplices atroces; mais personne n'avait de
sécurité, parce que le pouvoir était arbitraire. Le pouvoir
arbitraire est, dans l'ordre moral, ce que serait le hasard

1. Τὸν ἄρα νόμον ἄρχειν αἱρετώτερον μᾶλλον ἢ τῶν πολιτῶν ἕνα τινά.
« Le gouvernement de la loi vaut mieux que celui d'un homme. » (Arist.,
Polit., liv. III, chap. xi, § 3. Traduct. fr., t. I, p. 313.)

dans l'ordre physique. Il empêche de compter sur la mi-
nute qui va suivre. Il fait de la vie et de l'honneur même
un accident. Que la loi enferme donc le magistrat dans des
formules très-précises, afin que je dépende d'elle et non
de lui.

2º LA LOI EXPRESSION DE LA VOLONTÉ GÉNÉRALE.

Il va sans dire que cette loi écrite, promulguée, souveraine, que personne n'ignore et que personne ne viole,
doit être équitable en elle-même, c'est-à-dire qu'elle ne
doit ôter à ma propriété, à ma liberté, que tout juste ce
qu'il est indispensablement nécessaire qu'on lui ôte.
Mais ici, il se présente une difficulté. Le rapport entre
mon droit et le droit commun est-il invariable? Nous
pensons qu'il ne l'est pas. Ainsi, par exemple, si le législateur crée demain une constitution pour les Turcs, il
fera bien de ne pas leur donner la même mesure de liberté qu'aux Anglais. Il faudra restreindre leur droit
sur quelques points jusqu'à ce qu'ils le connaissent
mieux, et soient plus capables de l'exercer. Donc la loi
écrite n'est pas immuable comme la loi morale dont elle
dérive; donc il faut un législateur permanent pour faire
avancer la loi en même temps que la civilisation, et répandre la liberté avec les lumières. Quel sera ce législateur? Si c'est un homme ou une caste, voilà l'arbitraire qui reparaît et l'intérêt individuel, κελεύει καὶ
θηρίον. Il faut donc que ce soit tout le monde, par représentation. Tout le monde obéira à la loi, mais tout
le monde aura fait la loi. Donc l'État sera libre et la loi
juste.

On fait cette objection, que la multitude est ignorante
du droit et de l'intérêt commun; et que la prédominance
de la raison sur la passion étant le signe de la supériorité
intellectuelle et morale, c'est la raison qui domine dans la

volonté des aristocraties et la passion dans la volonté des
foules ; donc, en faisant faire la loi par tout le monde, on
sacrifie la raison à la passion, ce qui est sacrifier le
droit éternel. Mais la foule est compétente pour choisir
ses représentants[1]. Chacun de ses membres, pris à part,
peut être un esprit médiocre, une âme faible ; elle n'en est
pas moins, dans la plupart des cas, le meilleur et le plus
juste des juges. Plus l'eau est profonde, moins elle est
corruptible[2]. A Athènes, à Rome, où le peuple choisissait
ses représentants, on ne voit pas qu'il ait choisi si mal[3].
Montesquieu, qui ne le flattait pas, déclare « qu'il est admirable pour choisir ceux à qui il doit confier quelque
partie de son autorité[4]. » La pratique moderne est d'accord avec l'histoire. Malgré des erreurs qui ne sont que
des accidents, c'est la capacité qui sort de l'élection, quand
la loi ne gêne pas la manifestation du talent, et quand le
talent ne fait pas la faute de s'abandonner lui-même. De
sorte que le concours de tous à l'élection exclut le privilége, fonde l'égalité et par conséquent la liberté, tandis
que la concentration du pouvoir législatif dans la main
des élus, sans mandat impératif et sans cahiers, assure
les droits de la raison et de la justice. J'en conclus que la
participation au pouvoir législatif est un droit et non une
fonction : institution humaine et, par conséquent, pleine
d'inconvénients, mais évidemment juste, salutaire, libérale, conforme à notre dignité, et la seule qui organise le
monde politique sur le modèle de notre nature et des lois
constitutives de notre nature.

1. Cf. Arist., *Polit.*, liv. III, chap. vi, § 10. « Une maison, dit-il, peut
être appréciée par celui qui l'a bâtie ; mais elle le sera bien mieux encore
par celui qui l'habite.... C'est le convive et non le cuisinier qui juge le
festin. » (Trad. fr., t. I, p. 271.)

2. Ἔτι μᾶλλον ἀδιάφθορον τὸ πολύ, καθάπερ ὕδωρ τὸ πλεῖον, οὕτω
καὶ τὸ πλῆθος τῶν ὀλίγων ἀδιαρθορώτερον. (Arist., *Polit.*, liv. III,
chap. x, § 6. Trad. fr., t. I, p. 305.)

3. Montesquieu, *Esprit des Lois*, liv. 11, chap. 11, p. 135.

4 *Id.*, *ib.*, p. 134.

Il y a deux sortes de lois écrites : l'une, la plus sacrée, parce qu'elle est antérieure et supérieure aux constitutions, ne fait qu'exprimer la loi naturelle : tu ne tueras pas ; tu ne prendras pas la femme ou le bœuf de ton prochain ; l'autre, qui est tout simplement un règlement de police variable suivant les temps et les besoins : tu enverras ton fils à l'école jusqu'à quatorze ans ; tu seras soldat de vingt et un ans, à vingt-quatre ; tu payeras à l'État le vingtième de ton revenu. Qui sera compétent pour déclarer la loi naturelle et pour établir la loi de police ? L'Église catholique reposant sur la révélation, a en elle un pouvoir constituant, qui est le sacerdoce ; le dogme de la légitimité attribuait au roi, par une sorte de grâce divine, un pouvoir analogue. Dans les sociétés qui reposent uniquement sur la raison, le seul pouvoir constituant est évidemment le peuple, qui fait la loi par lui-même ou par ses représentants. Le droit d'élire et d'être élu est donc un droit essentiel, et il est la base et la sanction des autres droits politiques. On ne peut donc ni restreindre ni fausser le droit de suffrage, sans substituer au droit la violence, et sans réduire le gouvernement à n'être qu'un gouvernement de fait.

Si je faisais ici un ouvrage de politique, je ne pourrais pas m'en tenir là. Je serais obligé de chercher si l'élection doit être à deux degrés ou directe [1] ; si elle doit se faire au département ou à la commune, ou à la section de commune ; à quel âge on doit jouir de la capacité électorale ; quelles sont les causes d'indignité et d'exclusion ; s'il est

---

1. Constitution des 3-14 septembre 1791. Titre III, chap. I, section 2, art. 1. « Pour former l'Assemblée nationale législative, les citoyens actifs se réuniront tous les deux ans en assemblée primaire dans les villes et dans les cantons. Art. 6. Les assemblées primaires nommeront des électeurs en proportion du nombre des citoyens actifs domiciliés dans la ville ou dans le canton. Section 3, art. 1. Les électeurs nommés en chaque département se réuniront pour élire le nombre des représentants dont la nomination sera attribuée à leur département. »

possible de mettre quelque condition de cens ou de capacité à l'exercice d'un droit inhérent à la qualité de citoyen. Tout est important dans les questions électorales, mais il suffit à mon dessein de toucher, en passant, le principe. Or, le principe des sociétés modernes, c'est la souveraineté du peuple ; la conséquence de ce principe, c'est la participation de tous au pouvoir législatif, par représentation. Cela seul est de la philosophie : et la politique, après tout, n'est qu'une méthode.

Ainsi, 1° des lois écrites, pas d'arbitraire ; 2° des lois faites et renouvelées, quand il y a lieu, par le peuple, c'est-à-dire par les représentants du peuple. Reste une troisième garantie à réclamer : la garantie de l'application équitable. Voilà des lois rassurantes : il s'agit de faire qu'elles ne soient violées ni par le pouvoir, ni par le peuple ; alors la liberté publique sera achevée.

3° LA SÉPARATION DES POUVOIRS.

Or, le pouvoir public a deux fonctions principales : faire les lois, les appliquer, et cette dernière fonction se divise encore en deux branches parfaitement distinctes, selon qu'il s'agit de diriger ou de réprimer. Le pouvoir social se divise donc en trois pouvoirs distincts : le pouvoir législatif, le pouvoir exécutif et le pouvoir judiciaire.

« Toute société dans laquelle la garantie des droits n'est pas assurée, ni la séparation des pouvoirs déterminée, n'a point de constitution [1]. »

Nous avons vu que le peuple doit retenir le pouvoir législatif, parce que la loi, pour être juste et en même temps pour être forte à notre époque rationaliste, doit être l'expression de la volonté commune. Le peuple fait donc la loi par ses représentants. Il est aussi la source

---

1. Constitution du 14 septembre 1791. Déclaration des droits, art. 16.

du pouvoir exécutif et du pouvoir judiciaire [1] ; mais ici, comme il ne s'agit plus de faire la loi, qui doit suivre dans ses développements successifs les volontés et les intérêts populaires, mais de l'appliquer quelle qu'elle soit avec une régularité uniforme, le peuple confie ses droits, non à des représentants, mais à des délégués. Cette distinction entre les représentants et les délégués du peuple est fondée sur ce que la législation a besoin d'être mobile, tandis que l'administration a besoin d'être stable. Le pouvoir exécutif et le pouvoir judiciaire sont établis par le peuple pour ne dépendre que de la loi ; et le pouvoir législatif est établi par le peuple pour exprimer dans la loi, à chaque législature, les volontés et les besoins du peuple.

Le principe de la mobilité progressive de la loi est le principe même de la politique moderne. Il a succédé à la doctrine de la tradition, qui consacrait l'immobilité. Il est clair, pour quiconque réfléchit, que la loi ne peut être identique ni pour tous les peuples, ni pour le même peuple à toutes les époques de son histoire [2]. S'ensuit-il que la société moderne soit emportée, par cette faculté permanente de législation, dans de continuelles révolutions légales ? Ceux qui font ce reproche à l'organisation

---

1. Aristote mettait déjà sur le même rang le droit de participer au gouvernement, et celui de participer à la dispensation de la justice Πολίτης δ' ἁπλῶς οὐδενὶ τῶν ἄλλων ὁρίζεται μᾶλλον ἢ τῷ μετέχειν κρίσεως καὶ ἀρχῆς. « La marque distinctive du citoyen, c'est de participer à l'administration de la justice et au gouvernement. » (*Polit.* liv. III, chap. 1, § 4. Trad. fr., t. I, p. 213.) — Il modifie plus loin cette opinion, en disant que le citoyen est celui qui *peut participer*, etc (§ 8.)

2. La constitution d'un peuple doit se rapprocher d'autant plus des formes démocratiques que ses mœurs sont plus pures et ses lumières politiques plus certaines. Le degré de celles-ci détermine le degré de sa liberté. Vainement le législateur voudrait contrarier ces lois de la nature ; il peut donner des convulsions au corps politique, mais il ne fera pas qu'un enfant ait de la raison. » *Idées préliminaires de la Constitution de 1793.*)

politique fondée sur les principes de 1789 n'oublient que deux choses : la première, c'est que toute législation humaine est subordonnée à la législation divine, toute loi humaine, à la loi naturelle ; la seconde, c'est que le pouvoir législatif est différent du pouvoir constituant. La loi naturelle fonde l'identité de l'humanité à travers les âges ; la loi constituante fonde l'identité d'un peuple et la stabilité de ses institutions ; la loi proprement dite exprime et facilite tous les progrès : elle est donc réellement l'expression de la volonté générale, tandis que l'administration et la justice sont des forces chargées d'imposer le joug de la volonté générale aux volontés particulières.

La division des trois pouvoirs est tellement dans l'esprit de la Révolution de 1789, que la première démarche de l'Assemblée constituante fut la constatation de ce grand et salutaire principe : toutes ses premières lois eurent pour objet de le consacrer. Il n'y avait pas de dissentiments sur ce point entre les esprits éclairés, à quelque parti qu'ils fussent attachés. Le gouvernement est arbitraire quand celui qui fait la loi l'applique, et quand celui qui l'applique est directement ou indirectement juge de la légitimité de l'application.

On est à peu près d'accord sur la nécessité de la division du pouvoir législatif et du pouvoir exécutif. Pour se convaincre de la nécessité de cette division, il suffit de remarquer qu'en confiant au même magistrat le pouvoir de faire la loi et celui de l'exécuter, on revient indirectement au régime du bon plaisir. En effet, il suffira au magistrat d'exprimer d'abord sa volonté par une loi générale, et de l'appliquer ensuite par une détermination particulière. Il ne sera pas même gêné par ses décisions antérieures, parce que la faculté de faire les lois suppose évidemment celle de les abroger. Si l'Assemblée constituante, en remplaçant le régime du bon plaisir par la souveraineté de la loi, avait conféré au roi le pouvoir législatif, elle n'aurait fait que lui prescrire une méthode. Il aurait conservé son omnipotence, à la charge de l'exercer d'une nouvelle façon. La révolution aurait avorté.

L'Assemblée, et le peuple même, sentaient si bien l'importance de cette séparation, qu'une des questions les plus irritantes et les plus longuement discutées fut celle de savoir si le roi participerait dans une certaine mesure à l'exercice du pouvoir législatif. Jouirait-il du droit d'initiative concurremment avec l'Assemblée? Prendrait-il part à la discussion par l'intermédiaire de ses ministres? Chargé, en sa qualité de chef du pouvoir exécutif, de la promulgation des lois, pourrait-il refuser cette promulgation ou la suspendre? La monarchie joua son dernier enjeu sur cette question du *veto suspensif* ou du *veto absolu*. Il s'agissait pour elle de perdre le dernier attribut de la souveraineté, et de n'être plus que le ministre des volontés de l'Assemblée. Le *veto* suspensif l'emporta; de sorte qu'après un très-court délai le roi fut obligé de sanctionner et de faire exécuter les lois mêmes qui lui paraissaient injustes ou dangereuses. A partir de ce moment, le roi fut déchu de toute participation au pouvoir législatif; il n'eut plus que le droit de pétition et le droit de remontrance; la souveraineté passa de la royauté à l'Assemblée, c'est-à-dire au peuple qu'elle représentait.

Ce fut un véritable spectacle que de voir la nation s'emparer du pouvoir législatif, et n'en pas laisser pour ainsi dire la moindre parcelle à ce roi qui, depuis plusieurs siècles, était la loi vivante, et qui, du temps même des états généraux, avait toujours eu, dans la formation des lois, une action si prépondérante. En ce qui concerne l'impôt, on rentrait enfin dans le droit naturel et dans l'ancienne légalité, qui faisait voter l'impôt par les imposables, avec cette condition toute nouvelle, que la vieille maxime du droit français, tombée en désuétude, recevait, par la suppression des priviléges de castes, une application franche et entière. L'Assemblée fixa le budget

annuel, et ne laissa au roi que le soin de faire la dépense. Le roi lui-même reçut de l'Assemblée sa liste civile. Un nouveau progrès dans le même sens fut accompli presque de nos jours par le baron Louis, ministre
des finances en 1814, qui le premier posa le principe de
la spécialisation des dépenses, achevant ainsi de déterminer la frontière qui sépare le pouvoir législatif du pouvoir exécutif.

Mais ce n'est pas le tout que de séparer les deux pouvoirs, il faut régler leurs relations; car le monde politique
n'est pas comme un échiquier où chaque pièce occupe paisiblement sa case, et n'avance ou recule que suivant la
règle du jeu. Le pouvoir exécutif est un homme ou une
réunion d'hommes; il a des passions et des intérêts, et
ces intérêts peuvent différer de l'intérêt public. Il va sans
dire que la loi est au-dessus de lui, puisqu'il n'en est que
l'instrument; mais si la loi gêne son ambition et ses visées, que peut-elle contre lui, s'il a l'armée, le trésor, la
publicité, la machine administrative, et la loi, rien, que
les principes, le droit, les serments, toutes choses qui
n'ont de force que sur les honnêtes gens et n'arrêtent pas
un ambitieux? C'est donc en vain qu'on aura séparé les
pouvoirs, si on ne prévient pas les conflits entre eux, de
manière à donner le dernier mot au seul pouvoir qui soit
réellement souverain, c'est-à-dire à la loi. La difficulté
vient de ce que l'armée ne peut appartenir au pouvoir législatif, car alors, c'est de lui que viendrait le danger; c'est
lui qui, en dominant à l'excès le pouvoir exécutif, rendrait
la séparation illusoire. Le moyen absolu consiste à ne
donner au pouvoir exécutif qu'une durée limitée et des
pouvoirs restreints; un moyen moins radical consiste à
diviser le pouvoir exécutif lui-même en le composant
d'un électeur qui ne peut ni agir ni être responsable, et
d'instruments élus par lui et responsables devant le pouvoir législatif. Le premier de ces moyens, quel que soit le
nombre des représentants du pouvoir exécutif, quelque

nom qu'on leur donne, quelque attribution qu'on leur confère, constitue une république; le second constitue une monarchie constitutionnelle. Le but, dans les deux cas, est de donner le dernier mot à la loi, c'est-à-dire à la nation, dont la volonté est exprimée par la loi. Les monarchies de droit divin accordaient au roi le dernier mot, c'est-à-dire qu'ils pouvaient contraindre la volonté de tous à subir la volonté d'un seul, quelquefois sans lutte, comme en Russie, quelquefois en triomphant de l'opposition des parlements, comme en France. Le droit public moderne a substitué la légitimité des majorités à la légitimité du droit divin. C'est la question même qui s'est débattue, en 89 et 90, sous la forme du *veto suspensif* et du *veto absolu*. La séparation des pouvoirs n'a été réelle et effective que le jour où le *veto* a été réduit à n'être que suspensif. Il faut bien entendre que c'est là ce qui constitue la différence substantielle entre les gouvernements; le reste n'est que de degré. C'est là aussi ce qui sépare le droit des peuples et le droit absolu des rois, la liberté et l'oppression, la raison et la tradition; en un mot, ce qui est et ce qui fut.

Ce principe tutélaire de la division des deux pouvoirs dont l'Assemblée constituante s'était montrée jalouse au point de diminuer peut-être à l'excès l'intervention de la royauté dans la confection des lois, fut méconnu par la Convention. L'Assemblée constituante, préoccupée surtout de la nécessité d'en finir avec le bon plaisir, et voulant ôter à la royauté le pouvoir de modifier les lois, l'avait du même coup rendue impuissante pour les exécuter. Quand la royauté eut passé, comme on devait s'y attendre, de l'impuissance à l'opposition, de l'opposition à la révolte, et que ce pouvoir affaibli, qui n'était plus qu'un souvenir et une protestation, eut été définitivement brisé par le seul pouvoir vraiment fort, la Convention se chargea de diriger elle-même l'exécution de ses propres lois. On crut que, par cette concentration, la Révolution s'ache-

vait; elle reculait, au contraire : elle revenait au régime
du bon plaisir, après avoir traversé la liberté, qui était le
but et la consécration du mouvement révolutionnaire. Le
peuple, comme toujours, ne vit que la forme, le symbole.
Il crut que la Révolution consistait à détruire radicalement la royauté; tandis qu'elle consistait à détruire le
régime du bon plaisir, et à substituer le règne de la loi
à celui de l'arbitraire. Une des plus grandes erreurs de
l'esprit humain, et des plus fréquentes, c'est de s'attacher
au signe, et d'en oublier le sens. Sous la Terreur, on
était revenu au pouvoir absolu ; cependant on écrivait
encore sur les drapeaux de la république le mot de *liberté*,
qui n'était plus qu'un mensonge. Quand la Révolution
revint à elle-même, après un court et terrible intervalle,
son premier soin fut de créer un pouvoir exécutif en
dehors de l'Assemblée. L'Assemblée comprenait que la
concentration des pouvoirs entre ses mains l'avait rendue
impuissante en fait et en droit. Ses lois n'étaient plus des
lois, puisqu'elles pouvaient être décrétées, rapportées et
rétablies dans la même séance. Son gouvernement n'é-
tait plus qu'un gouvernement de fait, puisqu'à la moindre
difficulté les membres du comité pouvaient demander
à l'Assemblée de modifier la loi. La loi avait perdu sa
stabilité, c'est-à-dire son essence. Elle était devenue un
moyen de gouvernement. Le Corps législatif reconquérait
son autorité, il rendait à la loi son efficace, en revenant au
grand principe de la Constituante, et en rétablissant de
nouveau la séparation des deux pouvoirs. Depuis ce
temps, ce principe a été plus d'une fois violé dans l'application, mais il n'a plus été contesté. Il reste, aux yeux de
tous les partis, une des conquêtes définitives de 1789. Tout
le monde convient qu'il n'y a de liberté que sous la loi, et
que la loi n'est souveraine qu'à condition que le pouvoir
exécutif soit distinct du pouvoir législatif.

Je ne vois pas, et je le regrette, qu'il y ait la même
unanimité quant à la séparation du pouvoir judiciaire.

Rien n'est plus opposé d'essence que le pouvoir exécutif, auquel est remis le gouvernement de toutes les forces sociales, et le pouvoir judiciaire, qui n'agit jamais, et qui ne fait que qualifier. Le pouvoir exécutif représente la force progressive de la loi, dont le pouvoir judiciaire est la force conservatrice. Le pouvoir exécutif doit s'inspirer des sentiments de la nation, et le pouvoir judiciaire doit décider avec une impassibilité absolue. De toutes les institutions humaines, il est la moins humaine. Il est la logique indifférente, appliquant la loi telle quelle, sans jamais modifier le principe, et sans faire acception des personnes. Non-seulement il applique la peine aux coupables et décide entre les parties dans les contestations civiles; mais quand l'État, comme personne, a un intérêt à défendre, c'est le pouvoir judiciaire qui décide entre les particuliers et l'État; et quand les particuliers sont blessés par l'État ou les agents de l'État dans leurs intérêts privés ou publics, c'est encore le pouvoir judiciaire qui déclare si le serviteur de la loi l'a violée ou dépassée. Ce serait en vérité une étrange forme d'anarchie, et la plus déplorable, parce qu'elle serait hypocrite, qu'une loi juste, faite par le peuple, violée par les administrateurs, et des administrateurs absous par les juges.

Au moment où la Constituante entreprit la régénération de la France, la plus grande confusion régnait dans l'ordre judiciaire, à peine échappé aux réformes du chancelier Maupeou. Toutes les charges de judicature, depuis les parlements jusqu'aux plus humbles bailliages, étaient vénales [1]. Douze parlements et trois cours souveraines se

1. P. L'Estoile jugeait ainsi la vénalité des officiers sous Henri III (le mal n'avait fait que s'aggraver de règne en règne jusqu'à Louis XVI) : « Tous les estats de France se vendoient au plus offrant et dernier enchérisseur, mais principalement ceux de la justice, contre tout droit et raison, qui estoit la cause qu'on revendoit en détail ce qu'on avoit acheté en gros, et qu'on épiçoit si bien les sentences aux pauvres parties qu'elles n'avoient garde de pourrir; mais ce qui estoit le plus abominable estoit la cabale des matières bénéficiales, la plupart des bénéfices ecclésiasti-

partageaient le royaume, et y rendaient la justice avec une parfaite indépendance à l'égard les uns des autres, ce qui excluait d'emblée toute unité de la jurisprudence. Les parlements étaient tribunaux d'appel pour les juridictions inférieures, bailliages, sénéchaussées, présidiaux; néanmoins, ils jugeaient directement, et en première instance, un grand nombre d'affaires, sans autre règle que leur volonté arbitraire, et avec faculté d'appel des arrêts de la Tournelle à la grand'chambre, c'est-à-dire, d'une chambre du parlement à une autre. Les chambres assemblées, et la cour suffisamment garnie de pairs, formaient, dans le sein même du corps, des juridictions de natures différentes. Les autres cours souveraines, telles que la Cour des aides, la Chambre des comptes, la Cour des monnaies, prétendaient avoir le droit de juger au criminel dans certaines causes exceptionnelles, et il en résultait de nombreux conflits d'attribution. De son côté, le grand conseil, plus rapproché du roi, et plus directement soumis à l'autorité du ministre, mais dont les membres n'avaient ni la consistance, ni l'autorité des membres du parlement, revendiquait un droit de cassation sur tous les parlements du royaume, prérogative très-controversée, et qui contrastait singulièrement avec la supériorité de rang et d'attributions politiques du parlement de Paris [1]. Dans un grand nombre de matières, les tribunaux n'avaient pour se

---

ques estant tenus et possédés par femmes et gentils hommes mariés, jusqu'aux enfants auxquels lesdits bénéfices se trouvoient le plus souvent affectés estant encore en la matrice de leurs mères. » (P. L'Estoile, *Registre-journal de Henri III*, 1578. Collect. Mich., 2º série, t. I, 1re partie, p. 97.)

1. La justice, qui quelquefois traînait en longueur (exemple, le procès criminel de Laplanche, qui dura cinq ans), était quelquefois au contraire tellement expéditive qu'elle supprimait la possibilité de l'appel et celle du recours en grâce. En 1588, le 3 mai, un jeune garçon vole la montre d'un gentilhomme à l'entrée de la salle du parlement. On le prend, on l'interroge, il avoue. On le condamne à être pendu, on le pend. Tout cela prit bien une heure entre le vol et la pendaison. (P. L'Estoile, l. I, p. 246.)

guider que les précédents; quelquefois même, et surtout en matière pénale, ils faisaient, par le même arrêt, la loi et l'application de la loi. Il y a des causes célèbres où les juges délibérèrent aussi longtemps pour déterminer et, en quelque sorte, pour inventer un supplice, que pour constater la culpabilité de l'accusé. De là ces supplices inouïs, compliqués, par lesquels on punissait les criminels de lèse-majesté au premier chef. Chaque juge proposait un nouveau genre de tourments pour manifester, par cette détestable fécondité, l'étendue de son dévouement à la personne royale. Quelques parlements, par exemple celui de Bretagne, étaient en même temps cour des aides dans leur ressort; quelquefois le premier président réunissait à cette qualité celle d'intendant de la province. A Paris, le parlement exerçait directement les fonctions de la haute police. Il rendait des ordonnances ayant force de règlements d'administration publique; il mandait à son audience le lieutenant général de police, le commandant du guet, et d'autres agents très-haut placés du pouvoir exécutif, et leur donnait ses ordres ou leur adressait des admonestations. Au nombre de ses attributions les plus laborieuses était la censure des livres. Un de *messieurs* dénonçait un livre à sa chambre; les gens du roi étaient mandés, donnaient leurs conclusions séance tenante, et la chambre nommait des commissaires ou rendait son arrêt sans désemparer. L'approbation d'un des censeurs nommés par le chancelier ou par le directeur de la librairie, n'arrêtait pas toujours les sévérités de la cour, et on la vit plus d'une fois envelopper dans la réprobation le censeur avec l'écrivain. Elle intervenait aussi dans les matières ecclésiastiques pour sauvegarder les libertés de l'Église gallicane; elle prit notamment parti pour les jansénistes dans la querelle des billets de confession, et rendit un très-grand nombre d'arrêts pour enjoindre à des curés de Paris d'administrer les sacrements à des mourants, malgré la défense formelle de l'archevêque. Les thèses de

Sorbonne, les décisions de la Faculté de théologie, celles même de la Faculté de médecine rentraient dans son domaine. Elle avait la haute main sur le guet, sur les prisons, sur les halles et marchés. En un mot, quoique essentiellement cour de justice, elle s'immisçait perpétuellement à la police et à l'administration.

Mais une autre source de discussions beaucoup plus grave était son ancienne prétention au pouvoir législatif par les remontrances et les refus d'enregistrement. On sait combien de désordres naquirent de l'opposition des parlements. Au dehors les avis étaient partagés. Cette opposition mal définie était incontestablement une cause d'anarchie, mais elle était aussi une ressource contre les excès du pouvoir arbitraire. En somme, lorsque Maupeou tenta hardiment de débarrasser le roi de la tutelle du parlement de Paris, le public prit parti pour le parlement. Il oublia tant d'arrêts iniques, un attachement si aveugle à ses propres prérogatives, et tant de bassesses, de fautes de conduite, d'usurpations de pouvoir qui avaient justement diminué l'autorité morale des magistrats; il leur sut gré de faire de l'opposition au pouvoir absolu, de combattre des édits bursaux devenus intolérables, et de risquer la perte de leurs offices et l'emprisonnement plutôt que de céder. Les parlements, rentrés en possession de leurs droits, ne surent pas conserver cette popularité d'un moment. Ils attaquèrent avec emportement les idées nouvelles, et tombèrent promptement dans le discrédit, malgré la demande des états généraux, sorte de coup d'État parlementaire contre la royauté. L'Assemblée constituante ne pouvait leur conserver des droits politiques qui tendraient désormais à la combattre elle-même au profit de l'autorité royale. En présence d'un pouvoir législatif directement nommé par le peuple, il eût été contre le bon sens de laisser un droit de remontrance, un droit d'enregistrement à des corps judiciaires. La plupart des parlements provoquèrent eux-mêmes les sévérités de l'Assemblée par des protestations intempestives et illégales. Il devint évidemment nécessaire de détruire l'ancienne magistrature pour couper court à des difficultés entretenues par l'esprit de corps et la passion politique, et de créer une magistrature nouvelle dévouée à la Révolution, pénétrée de son esprit, et par conséquent sortie du peuple par l'élection comme les législateurs eux-mêmes. S'il est évident qu'il n y a pas de loi sans sanction pénale, il ne l'est pas moins qu'il n'y a pas de sanction pénale sans une magistrature fidèle et incorruptible. Une chambre qui fait des lois, et des tribunaux qui refusent de les appliquer, c'est la plus détestable de toutes les anarchies.

Depuis la destruction du pouvoir féodal, on avait en France une maxime de droit public ainsi exprimée : toute justice émane du roi. Cela voulait dire que la propriété était distincte de la souveraineté ; que la justice seigneuriale n'était pas autre chose qu'un reste abusif de la féodalité et qu'elle devait être frappée d'appel au profit de la justice nationale, ou du roi, en qui se personnifiaient alors tous les droits de la nation. Cette maxime, qui exprimait et consacrait la destruction de la féodalité, a été invoquée plus tard par un véritable contre-sens, indigne de ceux qui l'ont employé, pour contester le dogme fondamental de la séparation du pouvoir exécutif et du pouvoir judiciaire. L'Assemblée constituante était trop pénétrée du sentiment de la liberté pour permettre aux juges d'empiéter sur le pouvoir législatif par le refus d'enregistrement, ou sur le pouvoir exécutif par les remontrances ; et au pouvoir exécutif de dominer la magistrature par les attributions de juges, les commissions, les évocations, les arrêts de committimus. Elle débrouilla avec une netteté parfaite ce mélange confus de tous les pouvoirs si favorable à l'absolutisme, quand seulement l'absolutisme était habile. Les juges ne furent plus que juges ; et, comme juges, ils furent souverains.

Mais où les prendrait-on ? Il n'y avait qu'un cri dans

toutes les consciences contre la vénalité. Si l'Assemblée
ou le roi choisissait les juges, il n'y avait plus de séparation réelle. Car, au fond, celui-là juge, qui choisit le juge.
On aurait pu penser que le juge, une fois nommé, serait
indépendant, même contre son auteur, par la grâce de
l'inamovibilité; mais l'inamovibilité n'était pas sans inconvénient. L'esprit de corps, dû principalement à l'inamovibilité, avait fait des parlements les défenseurs obstinés de la routine. On se demandait si ces juges inamovibles,
et seuls inamovibles dans l'État, avec le roi, ne deviendraient pas irresponsables en se soutenant entre eux, et
par conséquent maîtres de la loi. L'inamovibilité d'ailleurs
ne paraissait pas une institution sérieuse, tant que le juge,
qui ne pouvait cesser de l'être, pouvait espérer de monter
plus haut; car l'espérance a autant de prise sur les âmes
que la crainte. On crut que, dans une société dont la constitution était immuable et la loi mobile, la forme de l'ordre judiciaire devait être stable et les juges temporaires.
On les fit donc électifs, temporaires, inamovibles seulement pendant la durée de leurs fonctions, responsables à
l'expiration de leur mandat. Ainsi fut consommée l'indépendance du pouvoir judiciaire, et, si on peut le dire, la
souveraineté de la loi.

Ce n'est pas ici le lieu d'examiner les détails de l'organisation judiciaire décrétée par la Constituante sur la proposition de Thouret, et qu'on peut résumer ainsi : un
seul Code, des attributions de juges invariables, une hiérarchie régulière et fixe, une jurisprudence ramenée à
l'unité par l'action du tribunal de cassation. Je crois fermement qu'on peut reprocher à cette puissante organisation d'avoir créé trop de tribunaux, de les avoir remplis
de trop de juges, et de trop petits juges, d'avoir mal à
propos confié à la même juridiction et réglementé par les
mêmes articles de loi les affaires commerciales, les affaires
civiles et les affaires politiques. Mais il n'en reste pas
moins que l'Assemblée avait établi l'unité de Code, l'unité

de hiérarchie, l'unité de jurisprudence, et qu'elle avait
assuré autant que la nature humaine le comporte l'infail-
libilité des jugements par l'élection des juges et la publicité des débats.

On compte quelquefois parmi les établissements de 1789
l'inamovibilité des juges. C'est une singulière erreur.
Sous l'ancien régime, une charge de magistrature était
vénale et inamovible. La Constitution de 1791 les rendit gratuites et électives. Plus tard, on est revenu à l'inamovibilité en remplaçant la vénalité par la nomination
ministérielle; telle est la vérité historique, et je soutiens
qu'ici encore, 1789 a eu le véritable sens, l'instinct de la
liberté.

Il faut bien constater d'abord que, si le pouvoir judiciaire est institué par le pouvoir exécutif, l'inamovibilité
des juges est de la nécessité la plus absolue. Ce tribunal,
dont tous les membres ont été nommés par le pouvoir
exécutif et peuvent attendre de lui de l'avancement, des
décorations, des dignités, sera pourtant appelé, dans
certains cas, à le juger lui-même. Il y aura, parmi les tribunaux, un tribunal spécialement affecté à cet emploi; et,
même pour les tribunaux ordinaires, même dans les
affaires courantes, où l'intérêt de l'État et de ses agents
n'est pas directement en cause, le pouvoir exécutif aura
souvent des désirs et des intérêts, qu'un tribunal ne doit
pas connaître. Les tribunaux sont établis pour rendre
des arrêts, et non des services. L'inamovibilité du magistrat est donc nécessaire au magistrat lui-même, pour
le protéger, au client, pour le rassurer; elle est nécessaire
à la dignité du gouvernement, à la sainteté de la loi. Je
suis si loin de la regarder comme inutile, que je la regarde au contraire comme insuffisante.

Certes, c'est une grande chose que de se trouver dépositaire du pouvoir social, et d'influer directement sur l'histoire et la destinée d'un peuple; mais je ne sais si la
charge du juge n'est pas encore plus sublime. Il est le

seul, en ce monde, que les passions n'atteignent pas, et
qui prononce sur tous les intérêts. Pendant que la société
est emportée dans d'éternelles révolutions, il demeure
impassible et infaillible. Il ne représente ni l'intérêt des
particuliers, puisqu'il le contient dans ses limites, ni
même celui de l'État, puisqu'il impose à l'État comme au
dernier des citoyens le joug de la justice. Cette fonction
d'exprimer au milieu des hommes les oracles du droit
éternel constitue un véritable sacerdoce; elle a, elle doit
avoir un caractère religieux. Les hommes ne pourront
jamais l'entourer d'assez de respect. Il semble qu'on élève
la moralité publique en élevant la situation personnelle
des juges, la solennité de leurs audiences, la force de leurs
arrêts. C'est pour cela qu'à la stabilité de la fonction, je
préférerais la grandeur de l'origine. Ce n'est pas trop que
de donner pour base à cette première des fonctions sociales, le pouvoir même qui, dans le respect des peuples,
a succédé au droit divin. L'inamovibilité est d'ailleurs conci-
liable avec l'élection. Et de même qu'un législateur ne
peut être livré que par l'Assemblée législative, un juge ne
peut être destitué que par ses pairs.

Il ne faut pas introduire ici la présomption de l'impartialité du pouvoir exécutif, ni songer à tel ou tel gouvernement incapable d'influencer la justice, ni invoquer
l'histoire. L'ancien parlement, avec ses charges vénales,
a presque toujours été équitable dans ses jugements: il
s'est montré plus d'une fois énergique jusqu'à l'héroïsme
dans sa résistance au pouvoir absolu. Il n'en est pas
moins vrai qu'une constitution est précisément nécessaire
pour prévenir les usurpations réciproques. Si l'on introduit la confiance dans les constitutions, il faut les faire en
un seul article, qui consacrera le pouvoir patriarcal du
prince : après quoi, tout sera dit.

Contre qui importe-t-il surtout de garantir l'indépendance des juges ? Est-ce contre le pouvoir, ou contre les
accusés? Contre le pouvoir. Il serait vraiment par trop

absurde de supposer un corps électoral composé en majorité de futurs criminels ou de futurs fraudeurs, qui s'arrangeraient d'avance pour ne mettre dans le tribunal que des complaisants ou des complices. La foule comprend à merveille la nécessité d'un juste juge. J'aimerais autant nier le sentiment de la justice que d'avouer que la totalité des justiciables est suspecte quand il s'agit d'élire un tribunal. Les justiciables élisant un juge, sont exactement dans la position des parties élisant un commun arbitre. Pourquoi me laissera-t-on choisir mon député, si on me prive du droit de choisir mon juge ? Il est mille fois plus facile de choisir un juge, interprète de la loi écrite, que de choisir un député, chargé d'écrire la loi. Si on confie au pouvoir exécutif le soin de choisir les juges, pourquoi l'empêche-t-on de composer une assemblée législative à sa convenance ? Qu'il choisisse ceux qui font la loi, si on le laisse maître de choisir ceux qui l'interprètent et l'appliquent ! Mais si nous tenons à la liberté, qu'il ne choisisse ni les uns ni les autres, et que la séparation des trois pouvoirs soit entière.

Non-seulement cette indépendance originelle des juges est nécessaire à la liberté, mais elle est indispensable à l'autorité, qui doit être forte et conséquemment respectée, car sans le respect il n'y a pas de force. C'est une profonde erreur des gouvernements impuissants et malhabiles de croire qu'ils puissent avoir un autre intérêt dans l'administration de la justice, que la justice elle-même. A force de vouloir des juges dévoués, ils n'ont plus que des agents au lieu de juges. Il n'est pas vrai qu'un tribunal puisse *rendre des services* en jugeant contre la justice; car cette corruption de la magistrature est la suppression même de la loi, et la loi est la seule force durable des gouvernements.

Nous avons heureusement en France une institution excellente, très-aimée de la bourgeoisie, et même de la bourgeoisie la plus conservatrice, et qui répond péremptoirement à toutes les objections qu'on pourrait faire contre l'élection des juges : ce sont les tribunaux de commerce. Personne assurément ne songe à les supprimer; il faudrait les multiplier au contraire, et séparer entièrement la justice commerciale de la justice civile. Je demande aux plus déterminés adversaires de l'élection des juges s'ils ont quelques doutes sur l'honorabilité, le dévouement et l'intelligence de la magistrature consulaire. Et qu'on le remarque, il ne s'agit pas ici de médiocres intérêts. Par suite du développement de la richesse mobilière, la compétence des tribunaux de commerce embrasse la plus grande partie de la fortune du pays. Ces juges élus décident avec un profond respect de la justice, avec une entente parfaite des intérêts généraux du commerce, et dans un esprit évident de conciliation. Peut-être pourrait-on introduire un jurisconsulte dans les tribunaux de commerce, pour ajouter la connaissance des lois à celle des affaires; je ne dis pas que cette grande et utile institution ne puisse être perfectionnée; il me suffit que l'expérience du principe de l'élection soit faite, dans d'aussi excellentes conditions, et par une juridiction de cette importance.

Je pourrais alléguer avec non moins d'avantage les conseils de prud'hommes. L'exemple serait encore plus frappant, parce qu'il y a là des juges de toutes les conditions. Depuis le rétablissement des prud'hommes, s'élève-t-il un reproche contre les élus? et s'ils font admirablement leur devoir, qui osera se plaindre des électeurs? et qui osera condamner le système de l'élection?

Si jamais les juges deviennent électifs, il faudra sans doute établir des conditions, des catégories, soit pour le droit électoral, soit pour le droit d'éligibilité; et ce sera tant mieux, car cela nous conduira à pousser plus loin la séparation des juridictions. Aujourd'hui tout est confondu : la juridiction commerciale avec la juridiction civile dans un grand nombre de siéges, partout la juri-

diction civile avec la juridiction correctionnelle. On ne
voit vraiment pas pourquoi; et la confusion de la juridiction correctionnelle avec la juridiction criminelle se com-
prendrait mieux sans être pourtant convenable. Il n'est
pas de bonne règle que les mêmes juges composent alter-
nativement un tribunal civil et un tribunal correctionnel,
et qu'ils changent de nom, de caractère et d'attributions
suivant la nature des causes. Il est encore plus inexplicable
que la loi accorde l'intervention du jury à celui qui est
accusé d'un crime, et la refuse au prévenu de la justice
correctionnelle, dont l'honneur et la liberté ont au moins
autant de prix. Certaines de nos lois qui transfèrent à la
police correctionnelle la connaissance des causes autrefois
déférées aux cours d'assises, ont été considérées par ceux
mêmes qui les ont faites comme des lois d'aggravation et
même d'intimidation. Cela seul suffit pour montrer combien les classifications sont mal faites; et elles sont mal
faites parce que la division des juridictions est incomplète. Dans l'état actuel, un juge doit être à la fois consommé dans les affaires commerciales et civiles, et bon
criminaliste. Les questions de propriété immobilière et de
crédit, les crimes et les délits communs, les crimes et les
délits politiques sont soumis tour à tour et dans des conditions fort différentes à sa juridiction. Tantôt il juge avec
le concours du jury, et tantôt il décide par le même jugement sur le fait et sur le droit. En justice de paix, on se
contente d'un seul juge; en police correctionnelle et aux
cours d'assises, la loi en exige trois; en appel, elle en
demande cinq. Une meilleure division des juridictions,
une plus grande uniformité dans la composition des divers
tribunaux, détruiraient les dernières objections que soulève l'élection des juges, en les réduisant au rôle d'inter-
prètes de la loi, et en permettant d'introduire avec réserve
dans les élections le principe des spécialités.

Le jury est une institution excellente et définitivement
passée dans les mœurs; pourquoi n'est-elle pas générale?

Si l'on regarde l'intérêt des justiciables, il ne saurait être
nécessaire apparemment pour éveiller la sollicitude du législateur d'être accusé d'assassinat ou de vol qualifié ; et si
l'on songe à la société, puisque le jugement par jury nous
rassure quand il s'agit d'un crime, nous n'avons pas le
droit de nous montrer plus difficiles quand il s'agit d'un
simple délit. D'un autre côté, il n'y a pas de raison au
monde qui explique la suppression du jury en matière
civile dans un pays où il existe un jury criminel. L'établissement du jury civil fut demandé à la Constituante avec
beaucoup d'insistance par un conseiller du parlement,
depuis ministre de la justice, Adrien Duport, secondé
dans cette discussion par Barnave et par Robespierre,
dont l'opinion se modifia quelques années plus tard, on
devine sous quelle influence. Lanjuinais et Tronchet,
grandes autorités, esprits éminents, repoussèrent cette demande, peut-être parce que la langue du droit leur cachait
encore le droit, et qu'ils croyaient en conséquence à la
nécessité d'être initiés pour bien juger. Thouret et Mirabeau parlèrent pour l'ajournement. La jurisprudence
n'était pas, suivant eux, assez simplifiée pour que la déclaration du fait, seul rôle attribué au jury, pût être distincte de la détermination du point de droit. Cette objection, qui pouvait être valable à cette époque, lorsque le
Code n'était pas fait, et quand on sortait à peine des institutions et des tribunaux de l'ancien régime, est caduque
aujourd'hui. S'il en reste quelque chose, on pourrait presque dire que l'argument s'est retourné, et qu'il est d'autant plus urgent de créer le jury civil que la jurisprudence
proprement dite est toujours devancée dans ses progrès
par le monde économique et industriel. Les tribunaux de
commerce, qui ne sont au fond qu'un démembrement du
jury civil, ont été surtout utiles en s'écartant de la lettre
d'une jurisprudence qui, datant de 1804, paraît être arriérée de plusieurs siècles. Il est permis de penser avec
Royer-Collard que l'inamovibilité des juges, tant qu'elle

subsiste, est une raison péremptoire de séparer la fonction
des jurés de celle des juges; et nous ajouterons que cette
distinction est à peine aussi nécessaire en matière criminelle qu'en matière civile, l'immobilité ne pouvant être la
règle des fortunes au milieu du mouvement et des progrès de l'industrie et de la science économique[1].

Le jury civil existait à Rome; les *judices ordinarii*,
les *centumvirs* jugeaient le fait, le préteur appliquait le
droit. Ce grand exemple est peut-être perdu pour nous,
à cause de la profonde différence des habitudes civiles,
mais on n'en peut dire autant de celui de l'Angleterre
et des États-Unis d'Amérique. L'Angleterre spécialement
a une jurisprudence très-formaliste et très-compliquée,
ce qui ne l'empêche pas de déférer au jury les questions
de fait; à plus forte raison pourrions-nous entrer dans
la même voie, nous dont la législation est à la fois plus
méthodique et plus claire. Nous avons conquis la codifi-
cation des lois et la hiérarchie des tribunaux; c'est un
grand pas de fait, il en reste peut-être un aussi grand à
faire par la spécialisation des juridictions et l'uniformité des procédures. Si l'on ne consulte que le bon sens,
il est incontestable qu'il indique la distinction du jugement de fait par le jury et du jugement de droit par le
juge. Cette réforme aurait le double avantage de faciliter

---

1. « Un juge chargé d'appliquer la loi doit tenir ce langage aux parties : « Êtes-vous d'accord sur les faits? Je n'ai point de mission pour
juger les faits; si vous n'êtes pas d'accord, je vais assembler vos amis,
vos voisins; ils vous accorderont, et alors je vous dirai ce que prononce
la loi. » Si cette opération préalable n'est pas faite, le juge pourra déterminer à son gré la question; il ne sera pas forcé sur l'application de la
loi; il appliquera la loi qui servira ses passions. Ainsi on n'obéira pas à
la loi, mais on obéira au juge. Le peuple n'est pas libre quand le juge
peut substituer sa volonté à celle de la loi : c'est ainsi que je suis arrivé
à la nécessité d'établir des jurés. J'ai dit encore qu'en jugeant ensemble
le fait et le droit, on jugeait à la minorité, et personne n'a encore ré-
pondu à nos calculs.... Séparer le fait du droit est une chose difficile;
mais juger sans cette séparation est une chose impossible. » (Discours
de Duport, séance du vendredi 30 avril 1790.)

le progrès économique, et de rendre la fonction de juge de plus en plus conforme à son essence, et de plus en plus indifférente aux individus et aux espèces. L'avenir de la justice est dans ces deux mots : des jurés praticiens et des juges abstraits.

Mais n'aurons-nous que des jurés de jugement? L'instruction des procès restera-t-elle toujours confiée à des magistrats opérant à huis clos, seuls maîtres do leurs questions et, dans une certaine mesure, de leur procès-verbal, armés du droit d'incarcération et de mise au secret, libres de ruiner un commerçant, un industriel, un ouvrier, et disposant, sans aucune responsabilité, de l'honneur des citoyens ; car, dans ce pays, encore tout imprégné des mœurs de l'ancien régime en dépit de 93, une accusation suivie d'un acquittement est bien près d'être un déshonneur? Disons-le sans détour : il y a deux sortes de condamnations : la seconde, qui nous condamne à telle ou telle peine, et la première, qui nous condamne à la peine d'être jugés. On ne sait en vérité dans lequel des deux procès, le procès préparatoire et le procès définitif, l'innocent a le plus besoin d'être protégé par le jury.

Il faudrait donc, pour rentrer dans l'esprit de 1789, que tout tribunal se composât d'un jury spécial présidé par des juges électifs également spéciaux, et il faudrait confier à des tribunaux différents la juridiction commerciale, la juridiction civile, la juridiction criminelle et correctionnelle, et la juridiction politique qui embrasserait aussi les délits de l'enseignement et de la presse.

Quand je parle de jurés et de juges spéciaux, j'entends des juges spécialement nommés pour exercer une juridiction déterminée; je ne veux pas dire qu'on ferait juger les délits de presse exclusivement par les journalistes. Le principe de la spécialité n'a que des avantages quant aux attributions de juges, mais il faut l'introduire avec une extrême prudence dans les élections mêmes, surtout quand

il s'agit de délits communs ou d'affaires très-générales.
La distinction précise des juridictions entraînera par la
force des choses la spécialité des juges.

On sait que ce qui rend, entre autres motifs, la géné-
ralisation de l'institution du jury très-souhaitable, c'est
qu'il est toujours très-important de distinguer dans le
jugement le point de droit et le point de fait. Il faut évidemment dans les deux cas une aptitude différente; il
faut surtout que l'esprit se concentre soit sur la question
de droit, soit sur la question de fait, et ne soit pas tenté
de modifier le fait en vue de la loi, ou la loi à cause du
fait. Ce n'est pas sans motifs qu'il est défendu aux avocats
plaidant devant une cour d'assises de faire allusion à la
pénalité encourue par le client. Le juge correctionnel, qui
sait son Code, voit clairement la conséquence de son
verdict, et il est impossible qu'il n'en tienne pas compte.
Cet inconvénient, qui n'a été prévu qu'en matière criminelle, est pourtant plus grave en matière civile et en
matière commerciale. Le Code de commerce a plus de
cinquante ans; il ne s'est pas suffisamment modifié avec
le commerce. La théorie fondamentale de notre jurisprudence qui consiste à apprécier le fait sans songer à la
pénalité, et à prononcer la peine sur le fait abstrait, n'est
plus applicable dans toutes les causes, et ces deux prémisses du syllogisme engendrent parfois de telles conséquences, qu'on est obligé de sauver l'équité en modifiant
la majeure ou la mineure. Il faut donc, pour éviter l'arbitraire, des Codes spéciaux, des juridictions spéciales, et
le jury dans toutes les juridictions.

Cette réforme n'augmentera pas le nombre des juges,
parce qu'il est très-facile de supprimer d'un côté plus
qu'on n'ajoute de l'autre. On peut d'abord rayer tous les
tribunaux d'arrondissement, qui ont toujours été inutiles,
et qui le sont devenus bien davantage depuis qu'il y a
des chemins partout, et des chemins de fer presque partout. Il n'est pas absolument nécessaire de mettre les

procès à la portée de tout le monde. Élevons la bienfaisante juridiction des juges de paix, et n'ayons plus de
tribunaux qu'aux chefs-lieux de départements. Tout le
monde y gagnera, et les plaideurs plus que les autres.
Nous supprimerons aussi, dans chaque cour, la chambre de mise en accusation, qui double inutilement toute
la procédure, qui fait une procédure à huis clos et par
conséquent sans garantie : procédure dangereuse, puisqu'elle est, quoique sommaire, un préjugé nécessaire
et redoutable. Quand nous aurons réduit le nombre des
juges, fait aux juges conservés des positions considérables, élevé la juridiction des juges de paix, distingué avec
soin la justice commerciale, la justice civile, la justice
pénale, séparé complétement de tout le reste ce qui touche
à la politique, généralisé l'institution du jury, restreint
tous les juges à prononcer sur le point de droit comme
la Cour de cassation, rendu les tribunaux absolument
indépendants du pouvoir en les faisant sortir du peuple
par voie de délégation directe, nous aurons une magistrature plus respectée, plus puissante que ne l'ont jamais
été les anciens parlements. Il ne faut pas croire que le
retour périodique des élections l'amoindrira. Il n'y aura
pas un grand talent ni un grand caractère qui ne soit
perpétué par acclamation dans les fonctions de juge. Le
secret de rendre le fonctionnaire inamovible sans recourir
à l'inamovibilité, c'est partout et toujours de rendre la
place difficile, pour que les services soient éclatants, et
les talents nécessaires.

Je ne veux pas même parler des justices d'exception,
si ce n'est pour dire en un seul mot qu'elles sont la négation même de la justice. Quand Louis XIV fit juger par
des commissaires le surintendant Fouquet, on frémit de
penser que plus d'un juge opina à la mort pour avoir le
droit de mendier un sac d'écus le lendemain à la porte
de Colbert. Vraiment la société ne serait plus qu'une
indigne comédie si la plus petite affaire de police correc-

tionnelle se jugeait publiquement, par trois magistrats, avec instruction préparatoire, débats contradictoires, libre défense, faculté d'appel, tandis qu'un commissaire, au fond d'un bureau, pourrait décider, sans garantie, sans formalités, sans recours, de la vie, de l'honneur ou de la liberté d'un homme. Si l'appareil de la justice et ses formalités ne sont pas nécessaires pour la garantie de l'innocent, elles n'existent donc que pour fournir une chance de salut aux coupables? Si, au contraire, elles sont nécessaires, c'est donc pour pouvoir se tromper impunément qu'on les supprime? On ne s'attachera jamais avec trop de vénération aux formes de la justice. Il faut les conserver avec un soin pieux, par respect pour l'innocent qui peut être accusé, par respect pour les juges, que le soupçon ne doit pas effleurer, par respect pour la société, qui n'est debout que par le droit, et qui ne peut prononcer et frapper qu'au grand jour.

Arrivons maintenant à la seconde et à la plus importante condition d'une justice exacte et d'une application régulière de la loi, je veux dire la publicité. Il ne s'agit pas ici d'ouvrir à deux battants les portes de la salle d'audience, et d'y laisser pénétrer quelques oisifs. Il s'agit de la publicité tout entière, de la vie au grand jour, de la liberté de la presse, en vue de laquelle tout l'ordre social a été constitué, sans laquelle la loi sera mal préparée et mal appliquée; de cette liberté qui seule peut créer une solidarité entre les citoyens d'un même peuple, depuis que les progrès de la raison humaine, en détruisant pour toujours les corporations et les priviléges, ont placé les citoyens sans intermédiaire en face de l'État. Le régime le plus libéral, sans la liberté de la presse, serait plus absolu que l'ancien régime, parce qu'il y avait sous l'ancien régime des parlements, des cours souveraines, des états provinciaux, toujours prêts à protester contre la violation des règles, et un esprit public, formé des différents esprits de corps, qui créait parfois un obstacle invincible à la tyrannie. Il n'était pas besoin de publicité, pour que tout ce qui tenait à la robe fût averti instantanément de l'injure de Broussel. Aujourd'hui, dans notre isolement, dès que la presse se tait, tout est inconnu, et tout le monde est impuissant. Il n'y a plus que là une information, et un centre. Donc il n'y a plus, sans la presse, **ni** esprit public, ni liberté. La publicité libre est la pierre angulaire du système inauguré en 1789. C'est la plus importante des conquêtes de nos pères. C'est le Palladium de la société moderne.

4° LA PUBLICITÉ.

Afin de bien constater que la publicité libre est l'essence de ce qu'on appelle la doctrine de 1789, nous donnerons d'abord la parole à la Constituante. On lit dans la Déclaration des droits de l'homme : Art. 10 : « Nul ne doit être inquiété pour ses opinions, même religieuses, pourvu que leur manifestation ne trouble pas l'ordre public établi par la loi. » Art. 11 : « La libre communication des pensées et des opinions est un des droits les plus précieux de l'homme; tout citoyen peut donc parler, écrire, imprimer librement, sauf à répondre de l'abus de cette liberté dans les cas déterminés par la loi. » Constitution. — Titre I. — Dispositions générales : « La Constitution garantit, comme droits naturels et civils, la liberté à tout homme de parler, d'écrire, d'imprimer et publier ses pensées, sans que ses écrits puissent être soumis à aucune censure ni inspection avant leur publication. » Chap. III, § 2, art. 1er : « Les délibérations du Corps législatif seront publiques, et les procès-verbaux de ses séances seront imprimés. » Chap. v, art. 9 : « En matière criminelle, l'instruction sera publique. » Art. 17 : « Nul homme ne peut être recherché ni poursuivi pour raison des écrits qu'il aura fait imprimer ou publier sur quelque matière que ce soit, si ce n'est qu'il ait provoqué à dessein la désobéissance à la loi, l'avilissement des pouvoirs constitués, la résistance à leurs actes, ou quelques-unes des actions déclarées crimes ou délits par la loi. — La censure sur les actes des pouvoirs constitués est permise : mais les calomnies volontaires contre la probité des fonctionnaires publics et la droiture de leurs intentions dans l'exercice de leurs fonctions, pourront être poursuivies par ceux qui en sont l'objet. Art. 18 : « Nul ne peut être jugé, soit par la voie civile, soit par la voie criminelle pour faits d'écrits imprimés ou publiés, sans qu'il ait été reconnu et déclaré par un jury, 1° s'il y a délit dans l'écrit dénoncé; 2° si la personne poursuivie est coupable. »

Il résulte de ces différents textes que, d'après les principes de 1789, la publicité est de droit étroit. On peut dire que le premier devoir de l'Assemblée qui venait écrire dans la loi les conquêtes de la philosophie, était de consacrer les droits de la pensée humaine. Il y a eu, sans nul doute, des libres penseurs à toutes les époques de l'histoire, et la preuve, c'est qu'il y a toujours eu des persécutions; mais, pendant le moyen âge, la science était moins répandue, les savants vivaient à l'ombre des cloîtres; leur pensée surveillée et enchaînée dès le berceau se traînait dans l'ornière commune ou s'égarait dans quelque hérésie sans portée. Si nous voulons aujourd'hui juger la force de leur esprit et de leur caractère, ne regardons pas leur point d'arrivée, mais leur point de départ; songeons à cette unanimité des hommes d'État et du peuple, à ces préjugés, à cette inquisition, à cet asservissement des cloîtres et des écoles, au peu de secours que fournissait l'érudition, à l'enfance de l'histoire et de toutes les sciences humaines, aux impuissantes et débilitantes méthodes de la scolastique, aux supplices affreux qui attendaient les novateurs. Nous marchons tous vers la vérité en nous poussant les uns les autres, et les plus

grands même n'ont pas beaucoup d'avance sur la foule.
Il y en a dont toute la vie s'est épuisée à remplacer une
erreur par une erreur moins grossière; d'autres sont nés
à l'heure même où le monde touchait à la vérité, et ils
ont vu les premiers la terre promise. Ni pour les hommes ni pour les siècles, on ne doit estimer la force par
ses résultats. Cette longue et confuse bataille du moyen
âge où la libre pensée a si peu conscience de son droit,
de sa force, de son but, a été féconde en héros, sinon en
résultats philosophiques; et elle a fini par aboutir à l'explosion du seizième siècle. Le seizième siècle est la merveille des âges. C'est alors que les savants vont chercher
les arts de la Grèce, et les apportent en triomphe au milieu de nous. Le monde enchanté de Platon s'ouvre aux
esprits fatigués des labyrinthes sans issue de la scolastique.
On se jette en foule sur cette moisson d'idées, nouvelles à
force d'être anciennes. Le génie des artistes répond à l'ardeur des écrivains. La pensée humaine, dont l'horizon
s'élargit, rejette les formules de l'école et commence à
rêver l'indépendance. Descartes, à l'aurore du dix-septième siècle, vient couronner ce mouvement admirable,
en fondant la science nouvelle sur la liberté. La période
qui suit n'est pas un temps d'arrêt. La règle est partout
sous Louis XIV, dans les arts, dans les vers, au théâtre,
dans la religion; mais le roi, secondé de quelques hommes
de génie, n'a pas trop de toute sa puissance pour combattre la fermentation des idées. Il la discipline, plutôt
qu'il ne l'arrête. Le cartésianisme prend possession de
l'âme même de Bossuet. Fénelon arrive presque à la liberté par le mysticisme. Bayle se fait pardonner à force
d'habileté et d'érudition un scepticisme très-radical au
moins en matière religieuse. La résignation obstinée des
jansénistes fatigue toutes les forces du roi et de l'Église
réunies. Les armées et les supplices exterminent les protestants sans venir à bout du protestantisme. Le roi mort,
l'esprit d'examen et de conquête si péniblement, si super-

ficiellement contenu, fait explosion de nouveau. Montesquieu, Rousseau, Voltaire, l'*Encyclopédie* cherchent la
raison de tout et, pour la première fois depuis des siècles,
disent tout haut la vérité, mêlée, comme il arrive, à beaucoup d'erreurs. L'Église s'inquiète et s'irrite, les parlements rendent des arrêts, ils condamnent les livres au
feu, les libraires à la ruine, et les colporteurs aux galères;
le régent lui-même, un libre penseur, Louis XV, un dé-
bauché, font la guerre au nom de la société établie et des
lois séculaires, à ces novateurs qui ne savent plus respecter, à ce poëte, à cet historien qui renverse le monde en
riant; Voltaire est mis à vingt ans à la Bastille, il est exilé
trois fois, il passe trente ans loin de Paris et de la cour, il
est obligé de ne pas signer ses livres, de les faire imprimer en Angleterre, en Hollande, en Suisse, de les dés-
avouer, de les condamner; Rousseau est décrété de prise
de corps, il se cache, il change de nom, il se déguise, il
erre d'exil en exil; l'*Encyclopédie* est deux fois condamnée
au feu, trois fois au pilon; on se montre avec effroi dans
Paris un grand seigneur espagnol échappé d'un *in pace*
où l'inquisition l'avait confiné pour le crime d'avoir traduit
Voltaire; il ne se passe pas de jour sans que le parlement
rende un arrêt et fasse lacérer et brûler des livres au bas
du grand escalier; les inspecteurs de la librairie, les censeurs, le directeur général, sont sur les dents, les exempts
de police s'épuisent à chercher les imprimeries clandestines; les sages-maîtres de la Faculté de théologie, les
assemblées du clergé fulminent des anathèmes; le garde
des sceaux fait mutiler les ouvrages, ce qui est pire que de
les brûler; Beaumarchais lutte trois ans pour faire représenter le *Mariage de Figaro*. Et pourtant ces écrivains
embastillés, bâtonnés, proscrits, décrétés, ces livres mu-
tilés, jetés au pilon, brûlés par le bourreau, arrêtés à la
frontière, sont les maîtres, les souverains maîtres de la
société du dix-huitième siècle. Ils lui imposent leurs idées,
leurs sentiments; ils règnent dans les châteaux et dans les

chaumières. Ils s'emparent si complétement des esprits que les défenseurs-nés du vieil édifice social se laissent les uns décourager, les autres éblouir. Turgot intronise la philosophie dans le ministère. Voltaire, de retour à Paris, traîne tout Paris à sa suite; celui qui sera un jour Charles X se cache dans une loge grillée du Théâtre-Français pour le mieux voir; les rois et les empereurs qui visitent à l'envi la France, croient avoir perdu leur voyage, s'ils n'ont pas siégé à l'Académie et conversé avec les économistes et les philosophes. Un certain jour, l'économiste Baudeau est attaqué au Châtelet pour avoir pensé et écrit comme Turgot, qui n'est plus ministre : le Châtelet le condamne, quoique à une peine légère; le ministre aggrave le jugement (ô justice!) en l'exilant arbitrairement en Auvergne; mais, pendant les trois jours de l'audience, Paris encombre le prétoire; on fait la haie sur le passage de l'accusé, on bat des mains; s'il ne s'y refusait, on le porterait en triomphe. Le marquis de La Fayette part pour la guerre de l'indépendance, suivi d'une armée de volontaires. On se presse sur les pas de Franklin, cet imprimeur devenu homme d'État, qui vient représenter en France le sens commun et l'Amérique. Les abus sont criblés à jour, la dette est connue, les ministres des finances ont besoin, pour administrer, de faire des comptes rendus à la nation, les arrêts sanguinaires des parlements sont accueillis d'un bout de l'Europe à l'autre par des malédictions; le peuple, la noblesse, les femmes demandent à grands cris la réforme. Le parlement de Paris lui-même, entraîné à son tour, reconnaît la nécessité des états généraux. Quand les députés arrivent, quand ils triomphent des ridicules efforts de la cour, quand ils prêtent le serment du jeu de paume auquel répond l'écroulement de la Bastille, qui ne voit que c'est la philosophie qui s'empare de la loi après s'être emparée des esprits, et qu'en décrétant la liberté de la pensée, elle ne fait que proclamer son propre avénement?

L'homme ne vit pas seulement de pain. Une société qui ne garantirait pas les besoins de nos corps, faillirait à la plus noble partie de sa tâche. Nous sommes faits pour la société des esprits, pour mettre en commun nos idées et nos sentiments, pour travailler, pour aimer, pour prier ensemble. La religion chrétienne met ces paroles dans la bouche des petits enfants : « Pourquoi Dieu vous a-t-il créés et mis au monde? — Pour le connaître, l'aimer, le servir.... » Le connaître! C'est en effet notre premier besoin et notre premier devoir. Il y a en nous une inquiétude qui nous pousse, une curiosité, une ardeur que n'assouvit jamais le spectacle des phénomènes du monde. Ce qu'il nous faut, c'est la cause, et de cause en cause, la cause suprême. Nous la cherchons dans l'étude de la nature, dans celle de la société et dans celle du cœur humain. La science ne nous est douce qu'en nous rapprochant de cet éternel objet de la pensée. Toute vérité nouvelle est comme un échelon que notre âme gravit pour arriver jusqu'à Dieu. Nous sentons que le reste n'est rien et ne nous est rien, si ce n'est par lui, seul fondement du vrai, seule et indéfectible source de l'amour. Il est la consolation et la lumière, notre étoile et notre espoir. Chacun de nous le cherche dans la crainte et l'anxiété, et compte ses progrès dans la vraie vie par les lueurs de l'essence divine que la science lui fait entrevoir. La société mystique n'est plus, et les gouvernements n'ont ni mission, ni pouvoir pour nous imposer une foi; donc ils nous doivent la liberté, et ils nous la doivent entière, pour que l'âme s'élève par ses propres forces jusqu'à l'idéal, sans lequel elle ne peut vivre. Le roi sacré à Saint-Denis, fils aîné de l'Église, représentant et gardien de la vérité révélée, avait au moins une raison pour m'enchaîner à sa foi; mais la société moderne, quelle que soit son incarnation, monarchie ou république, ne commande à l'homme qu'au nom de la raison humaine; la foi, la compétence, le droit, tout lui manque pour pres-

crire une doctrine religieuse. Elle n'a ni raison ni prétexte pour se mettre entre Dieu et moi. Si elle a un dieu,
c'est le dieu de la religion naturelle, le dieu de la liberté,
que je veux, que je dois chercher et adorer en homme
libre.

C'est le plus détestable de tous les sophismes que de
vouloir enfermer ma foi dans mon cœur comme le trésor
que l'avare enfouit. Ni pour chercher, ni pour adorer, je
ne me suffis à moi-même. J'ai besoin de recevoir et de
communiquer des idées et des sentiments. Les âmes s'al-
lument l'une à l'autre comme des flambeaux. Où est la
vie de l'humanité, où est sa grandeur ? Dans un champ,
parmi les moissons? dans une fabrique où la vapeur mu-
git pour dompter et transformer les corps ? Non, non ;
dans une école, dans un livre, dans la parole, partout où
l'esprit se nourrit, partout où s'engendre la pensée, c'est
là que l'humanité travaille à son œuvre, et qu'elle s'a-
vance vers Dieu, qui est sa fin et son tout. Depuis l'humble asile où une femme apprend à des enfants les premières syllabes de la langue et les premières lettres de
l'alphabet, jusqu'à la chaire de Sorbonne du haut de
laquelle un savant parle à l'Europe lettrée, tout ce qui est
école est un sanctuaire ; et depuis le petit livre qu'un
père de famille écrit en souriant pour donner à la curiosité des enfants une première pâture, jusqu'à ces
œuvres solennelles où vient se résumer le travail des
siècles, tout ce qui est livre est un enseignement. Le
temps n'est plus où trois inquisiteurs veillaient à la porte
de Galilée pour arrêter ses découvertes au passage, où
Descartes fuyait jusqu'en Suède pour n'avoir pas à craindre la Bastille, où quelque obscur conseiller sans lettres
et sans génie dénonçait les livres de Rousseau à la
grand'chambre du parlement, où je ne sais plus quel
lieutenant de police menaçait Voltaire de le faire pourrir
à la Bastille ; où des suppôts de police mutilaient un chef-
d'œuvre, le châtraient, le supprimaient, pour plaire à un

parti, à un grand, à une favorite. L'humanité est enfin en possession d'elle-même ; et la liberté de penser, qui est de droit divin, de droit éternel, est désormais, grâce à Dieu, et grâce à nos pères, écrite aussi dans la loi humaine.

Non-seulement l'Assemblée constituante a consacré comme un droit naturel et imprescriptible la liberté de penser et d'écrire ; mais elle en a fait la garantie et la sauvegarde de toutes les libertés publiques. Le peuple est le souverain : donc il doit assister à la formation et à l'application de la loi. L'Assemblée législative délibère publiquement, les tribunaux jugent publiquement, tous les actes administratifs sont connus, il n'y a plus de secret d'État, tout se fait au grand jour devant la nation et devant l'histoire. La publicité, comme un témoin vigilant, rend à jamais l'usurpation impossible.

Supposons un instant la France telle qu'elle venait de naître des premiers décrets de l'Assemblée, et ôtons-lui la liberté de la presse. Voilà le Corps législatif, que la force des idées a investi pour un temps de la dictature ; voilà le roi, désormais subordonné à la chambre, mais chef encore de l'armée, de l'administration et de la magistrature, tenant dans sa main les finances et entouré du prestige toujours subsistant de la majesté royale. Un jour, l'Assemblée rend un décret qui supprime la liberté de la presse et rétablit la censure : ce seul décret rend la révolution inutile, la détruit, met le peuple à la merci du roi ou de la chambre, ou d'une coalition du roi et de la chambre. Il n'a plus qu'une ressource, ressource suprême et terrible, c'est de courir aux armes, et de jouer, lui le peuple de France, la patrie de la liberté contre l'armée de la France. Avec la publicité au contraire, la chambre vit et respire au grand jour, sous l'œil du pays qui s'associe à son travail par la discussion des journaux et des livres, par ses jugements sur les discours et sur les votes. Si une tendance contre-révolutionnaire se manifeste, une clameur s'élève qui montre où le pays veut aller, qui relève la faiblesse ou décourage la trahison. Aucun ministre n'est assez grand, aucun agent de département ou de district n'est assez petit pour échapper à ce contrôle de l'opinion, qui met incessamment les pouvoirs publics en demeure. Si la liberté est menacée, le peuple sait par qui ; s'il y a une mesure à prendre, il sait laquelle ; s'il ne comprend pas le sens et la portée d'une loi, on lui ouvre les yeux ; s'il a besoin d'un drapeau, on le lui donne. La publicité est la conscience qu'une nation a d'elle-même. On ne brave pas sa force, on ne brave même pas son mépris. Ceux qui dédaignent tout haut la popularité vont la mendier par les escaliers dérobés. Ils espèrent qu'on les louera de leur mépris de la louange.

On dit volontiers qu'une société bien organisée est celle où l'ordre et la liberté ne s'excluent pas. Sur ce fondement, le parti qui aime l'ordre par-dessus tout, et celui qui aime la liberté par-dessus tout, se mettent au travail chacun de leur côté, et, comme de raison, ils s'occupent d'abord d'organiser et de garantir leur principe favori. Le parti de l'ordre songe avant tout au gouvernement : il faut que le gouvernement intervienne largement dans la formation des lois ; on lui donnera l'initiative et le veto absolu. Il faut qu'il soit indépendant dans son administration, c'est-à-dire maître de ses méthodes et de ses agents : en conséquence, il fera les règlements d'administration publique, sera maître absolu de tout le personnel, nommera et révoquera les fonctionnaires de tous les degrés. S'il a besoin de déférer un coupable devant les tribunaux, il ne doit rencontrer là ni des juges qui, entre lui et ses ennemis, inclinent pour ses ennemis, ni des lois qui garantissent l'innocence au point d'assurer presque l'impunité à la faute, ou qui prononcent des peines dérisoires à force d'être légères. Enfin, on l'armera d'une police nombreuse et dévouée pour surveiller efficacement, et d'une armée contre laquelle ni l'émeute, ni la révolution, ne puissent prévaloir. Avec ces ressources, et la disposition du Trésor public, l'autorité, ou, disons mieux, le despotisme est complétement organisé.

Alors, on se souvient de la liberté, à laquelle il faut aussi des garanties. La première de toutes, c'est, dit-on, l'intervention directe du peuple dans la formation de la loi. Ce sera, en effet, le peuple qui fera la loi par ses députés; le pouvoir n'aura que le droit de la préparer et de la proposer, et celui de la refuser. Voilà, certes, une organisation très-libérale; il me reste un point à éclaircir : les élections seront-elles libres? Notez que ce point renferme tout, car donner des droits à des députés qu'on aura choisis, c'est une indigne comédie. Une assemblée ainsi faite ne représente pas le pays; c'est une assemblée de secrétaires que se donne le gouvernement, ou, tout au plus, un conseil d'État supérieur, chargé de reviser le travail de l'autre. Sur ce point encore, nous obtiendrons pleine satisfaction des défenseurs de l'autorité; tout le monde, sans exception, sera éligible; tout le monde sera électeur; le scrutin sera secret et entouré de toutes les garanties qui en constatent la liberté et la sincérité. Il y a pourtant encore une liberté qu'il faut ajouter à toutes ces libertés, si on ne veut pas les rendre illusoires; et c'est la liberté de la presse.

J'aurai beau, en effet, répandre cent mille circulaires, en afficher vingt mille, et distribuer deux cent mille bulletins : pour les quinze ou vingt mille francs que cela me coûtera, je n'aurai donné aux électeurs que du papier. Je leur aurai appris ce que je pense de moi-même. Ce qu'il faut aux électeurs, c'est l'attache d'une opinion, c'est la garantie que donne l'adoption d'une candidature par un journal connu et par l'opinion que ce journal représente. Personne assurément ne sera tenté de dire que, sous un régime de suffrage universel, il suffit à chaque électeur, pour se former une opinion indépendante, de recevoir un bulletin et une pancarte. Si les candidatures d'opposition ne sont pas d'abord jugées et acceptées par

les organes accrédités de l'opposition, je demande aux
hommes de bon sens ce que vont devenir les électeurs de
campagne, entre toutes ces éloquences. Disons-le à tous
les partis : il n'y a pas d'élections sans discussion libre de
toutes les candidatures et sans liberté réelle de la presse.

Regardons maintenant cette administration si bien liée,
où tous les fonctionnaires dépendent si étroitement les uns
des autres, et ne relèvent que de leurs chefs, sans aucune
responsabilité devant le public. On croit donner satisfaction au principe de liberté en disant que le premier fonctionnaire, c'est-à-dire sans doute le chef du département
ministériel, répond pour lui et pour les autres. Nous avons
vu surabondamment ce qu'il faut penser d'une responsabilité si haut placée. Mais faisons comme tout à l'heure,
et au lieu de prendre cette administration à responsabilité
unique, supposons une décentralisation réelle, un grand
nombre de magistrats électifs, le droit pour chaque citoyen de prendre les fonctionnaires à partie et d'en appeler directement de l'administration à la loi exprimée,
appliquée par les tribunaux. Qui avertira le citoyen de son
droit? qui surtout l'avertira de son devoir? qui le soutien-
dra dans la lutte où il s'engage? qui le garantira des né-
gligences, des dénis de justice que l'administration voudrait lui opposer? La presse, et elle seule. Sans la publicité,
le courage civil est toujours une exception, presque toujours une impossibilité. Il en est du courage civil comme
du courage militaire; c'est surtout sous les yeux de son
régiment, animé par le bruit des trompettes et l'odeur de
la poudre, qu'un soldat se sent au-dessus du péril. Il ne
faut pas en rougir : l'homme a besoin de l'humanité. Pour
que l'esprit public se forme et se maintienne, il faut cette
grande et puissante voix de la nation qui distribue chaque
jour l'éloge et le blâme, qui rappelle sans cesse les intérêts communs, les principes sociaux, et qui met au service
du droit de chaque citoyen sa puissance collective. Les
abus de la mauvaise presse, l'attaque des vérités essentielles,

la publication des fausses nouvelles, la calomnie contre
les fonctionnaires ou les citoyens peuvent être réprimés
par les tribunaux; mais dans le silence de la presse, tout
s'éteint. Le patriotisme n'a plus de centre. Les masses ne
peuvent plus se former un avis sur les principes et sur les
faits, elles sont à la merci du premier démagogue qui
voudra les tromper. Elles n'ont aucun moyen de vérification pour résister au mensonge. Les individus blessés dans
leurs droits, ou l'ignorent, ou ne savent à quels tribunaux
s'adresser, ou sucombent dans leurs actions, parce que
l'administration est trop forte contre eux, si la presse,
par son intervention, ne rétablit pas l'égalité. Quand la
société était fondée sur l'autorité, on se passait de la presse,
parce qu'il y avait la religion pour la morale, les traditions de caste pour l'honneur et le patriotisme, la protection des corporations pour la défense des droits individuels; aujourd'hui, sous un régime de liberté, nous ne
pourrions avoir qu'anarchie et oppression, sans cette liberté de la presse, seul organe désormais de la vie intellectuelle et morale des nations, et condition indispensable
de toute résistance légale. Quoi qu'on fasse, il n'y a aucune liberté dans un pays où la presse n'est pas libre.

Que nous n'ayons pas la liberté de la presse en France,
c'est ce qu'il est impossible de contester[1]. Je le prouverai
cependant, en quelques mots, pour ceux, en trop grand
nombre, qui ne se tiennent pas au courant de nos lois, et
des transformations de nos lois. La loi du 17 février 1852
contient trois parties dont la première est relative à certaines aggravations de pénalité; la seconde, à des interdictions nouvelles auxquelles la presse antérieurement

____

1. Depuis que ce livre a été écrit, la France a recouvré la liberté absolue de la presse. On laisse cependant subsister ce passage et quelques
autres, où la loi du 17 février 1852 est discutée, parce qu'il est dans la
nature des choses que les lois sur la presse soient fréquemment remaniées.
Ce qui n'est en ce moment qu'une revue rétrospective, pourrait, d'un
moment à l'autre, devenir une question d'intérêt actuel.

n'était pas soumise ; et la troisième, à l'organisation du régime administratif de la presse.

Les principales aggravations de pénalités sont la substitution en toute occasion du tribunal de police correctionnelle au jury, et le rapport établi entre certains délits de la presse et la loi de sûreté générale.

Les interdictions nouvelles sont l'interdiction de rendre compte des séances du Corps législatif, de celles du Sénat et du conseil d'État, et des débats judiciaires dans les accusations de délits de presse.

En outre, l'article 15 de la loi est ainsi conçu :

« La publication ou la reproduction de nouvelles fausses, de pièces fabriquées, falsifiées ou mensongèrement attribuées à des tiers, sera punie d'une amende de 50 à 1000 fr.

« Si la publication ou reproduction est faite de mauvaise foi.... »

Il résulte de cette deuxième partie de l'article, que la pénalité édictée dans la première, est applicable à la nouvelle fausse publiée de bonne foi. Or, tous ceux qui sont habitués à la manutention d'un journal savent combien il est facile au plus honnête homme du monde, au plus scrupuleux, au plus attentif, de publier une nouvelle qui se trouve être fausse. Aucun homme sûr de lui-même, sûr de son intelligence, sûr de ses intentions, sûr de sa propre droiture, ne peut déclarer à l'avance qu'il ne lui arrivera pas deux fois, dans l'espace de deux années, de ne pas commettre ce délit, qu'on commet sans le savoir, et qui, avant la loi de 1861, entraînait la suppression du journal.

Je passe maintenant à la nouvelle organisation administrative de la presse, et il me sera facile de montrer qu'elle donne au pouvoir administratif les moyens de tuer quelque journal que ce soit avec la facilité la plus extrême.

Premièrement, il y a l'*autorisation*; secondement, il y a *les communiqués*; troisièmement, il y a les *avertissements*; quatrièmement, il y a *la suspension*; cinquièmement, il y a *la suppression*; et ces cinq articles ont le caractère bizarre qu'ils sont à la fois compliqués et simples, attendu qu'ils aboutissent tous à la suppression, et que, si on les effaçait, la suppression arbitraire des journaux n'en serait pas moins facile.

Parlons d'abord de l'autorisation. Tout le monde sait qu'elle est nécessaire pour fonder un journal, et que l'administration n'est pas obligée de dire pourquoi elle la refuse. Ainsi, un citoyen très-honorable, très-qualifié, donnant toutes les garanties possibles au grand parti de l'ordre (et le grand parti de l'ordre n'est aucun parti politique), un tel citoyen demandant au gouvernement l'autorisation de faire un journal, reçoit une réponse dans laquelle on lui dit : « Je n'ai pas cru devoir vous autoriser. » Le ministre n'est tenu à rien de plus; il répond : « Je n'autorise pas; » et tout est dit.

Beaucoup de personnes pensent que, si on a besoin d'autorisation pour fonder un journal, c'est la seule autorisation que la presse ait à demander au gouvernement. Tant s'en faut; la même autorisation est nécessaire pour tout changement dans le personnel des gérants, du rédacteur en chef, des propriétaires, et de l'administrateur du journal. Il en résulte que, quand le gouvernement autorise un journal, et que le journal paraît : 1° le journal est autorisé ; 2° les propriétaires sont autorisés ; 3° le gérant est autorisé ; 4° le rédacteur en chef est autorisé ; et toutes ces choses autorisées sont obligées de rester dans le mê e état tant que cela convient au gouvernement.

N'y a-t-il pas, dans ce fait, un attentat à la propriété ? Les actionnaires d'un journal avaient une propriété transmissible, ils ont une propriété incommutable. Ils avaient une propriété sérieuse, dépendant de deux choses, l'habile gestion du gérant et la justice des tribunaux, dont dépendent et doivent dépendre toutes les propriétés; aussitôt la loi promulguée, leur propriété a dépendu de la volonté de M. le ministre de l'intérieur et elle a été enchaînée dans leurs mains, de telle manière qu'ils ne peuvent la trans-

mettre sans permission. On voit la gravité de cette conse-
quence. Elle éclate de la même façon lorsqu'il s'agit, par
exemple, de changer la personne d'un rédacteur en
chef. Supposons en effet qu'une société soit constituée
pour faire un journal. Lorsqu'on fait un journal, de deux
choses l'une : ou on est un spéculateur, ou on est un penseur. S'il s'agit d'un spéculateur, j'avoue qu'il ne m'inspire aucun intérêt. Ce n'est pas que j'aie horreur du spéculateur, mais je ne veux pas qu'on spécule de la pensée. Je
crois donc, je veux croire que des hommes qui s'associent
pour fonder un journal, ont une idée à défendre, une idée
loyale, une idée honnête. Ils acceptent un rédacteur en
chef qui représente leurs doctrines.

Tout le monde sait ce que c'est que le rédacteur en chef
dans un journal. Je le dirai en un seul mot : c'est le
journal.

Or, il peut arriver (cela s'est vu) que le rédacteur en chef
change d'idées tandis que les propriétaires n'en ont pas
changé, et alors ils sont fondés à lui dire : « Nous vous avons
pris pour nous exprimer, et vous exprimez des choses qui
nous sont antipathiques ; il devient donc nécessaire de nous
séparer. » Oui, mais pour cela il faut l'autorisation du ministre de l'intérieur. Par conséquent, il dépend du gouvernement de forcer un propriétaire de journal, trahi par son
rédacteur en chef, à rester l'éditeur responsable ou du moins
l'éditeur à ses frais d'idées qui combattent les siennes.

Non-seulement le rédacteur en chef peut se trouver tout
à coup en désaccord avec les actionnaires ; mais il peut
mourir ; il peut donner sa démission ; aussitôt il faut que
le journal cherche un rédacteur en chef nouveau, et il lui
faut pour cela une autorisation nouvelle. Ce journal a
vécu, il a peut-être vécu avec gloire ; il a combattu énergiquement pour ses doctrines ; il n'a pas été supprimé, il
n'a pas été suspendu, il n'a peut-être pas été averti, il n'a
peut-être pas même reçu un innocent communiqué ; cependant, quand il se présente devant le ministre de l'in-

térieur, le ministre peut refuser le rédacteur en chef qu'il lui propose; que si les propriétaires se retirent et présentent après celui-là un autre rédacteur en chef, rien n'épuise le droit du ministre; il peut aller jusqu'au bout, refuser constamment, empêcher le journal de paraître, sans dire pourquoi, sans bonne raison et peut-être même, oserai-je le dire? sans aucune raison.

Je prends maintenant la portion la moins condamnable du régime administratif de la presse, celle qui concerne les *communiqués*, et j'avoue franchement que si les *communiqués* étaient soumis à une certaine mesure, s'il y avait une restriction dans le droit des *communiqués* et si on pouvait y répondre, je les comprendrais. Mais l'article 19 est ainsi conçu : « Tout gérant sera tenu d'insérer en tête de son journal les documents officiels, les relations, les renseignements, les réponses et les rectifications qui lui seront adressés par les dépositaires de l'autorité publique. L'insertion sera gratuite. »

Il n'y a point de limite à ce droit conféré à l'administration; la loi ne lui impose même pas la politesse.

On ne manquera pas de prétendre que j'exagère et que je fais de la logique à outrance, si je dis que par ce moyen même, comme par tous les autres qui sont dans la loi, on peut tuer un journal, et je conviens tout le premier que dans la pratique, l'idée de tuer un journal au moyen de *communiqués* ne viendra à personne; cependant, il est parfaitement certain que si les dépositaires de l'autorité publique veulent tuer un journal en y insérant leur prose à outrance, ils le peuvent; ils peuvent forcer le propriétaire, le directeur, le rédacteur en chef d'un journal à publier de telles communications que la patience des abonnés n'y suffira pas, ni celle du propriétaire.

Mais, pour ne pas insister sur une pure hypothèse, je passe de cet article relativement innocent à un article qui l'est infiniment moins. C'est l'article qui concerne les *avertissements*.

Dans l'origine, sous l'empire de la loi du 17 février 1852, quand un journal avait reçu, dans l'espace de deux ans, deux avertissements, le troisième entraînait de droit la suspension. Maintenant, cela n'entraîne plus que la possibilité pour l'administration de suspendre le journal pendant deux mois. Je dis sur-le-champ de suspendre et de tuer le journal, et je demande pardon si ce mot de *tuer* revient si souvent; c'est comme dans le code noir et dans certains codes militaires, mais ce n'est pas moi qui le veux, c'est la loi, car chacun des articles de la loi contient la mort du journal.

L'avertissement a l'air d'une peine légère, d'une peine très-légère, c'est simplement le droit donné à l'autorité de déclarer que, dans son opinion, le journal se trompe et a tort. Ainsi considérée, la peine paraît insignifiante. En effet, quand on soutient une opinion, on ne se sent pas précisément déshonoré parce qu'on a devant soi ou l'inimitié ou l'appréciation différente de ses propres adversaires. Mais l'avertissement, qui ne semble qu'une déclaration, est, au contraire, une pénalité très-forte, puisque, quand on en a reçu deux dans l'espace de deux ans, on peut être suspendu, et que, quand on est suspendu, on peut être supprimé.

Il en résulte que chaque fois qu'avec l'approbation du ministre de l'intérieur un préfet envoie un avertissement à un journal, il diminue de moitié les chances de vie de ce journal et de moitié la valeur de la propriété du journal.

Je reconnais que c'est une grande amélioration d'avoir exigé l'intervention du ministre, car à mesure qu'on s'élève dans l'ordre de l'autorité et dans l'ordre du pouvoir, il est naturel qu'on ait des vues plus étendues et qu'on cède moins à de petites passions. Mais, d'un autre côté, cet avertissement qui diminue de moitié la valeur du journal au point de vue de la propriété et qui le rapproche de la mort, par qui est-il demandé? Il est demandé par un préfet ou par un sous-préfet, il est ensuite prononcé par le même fonctionnaire quand le ministre l'y autorise. Le préfet écrit donc au ministre; le ministre répond au préfet, et la permission de donner l'avertissement est déjà arrivée à la préfecture que le principal intéressé n'en sait rien, et il apprend la situation nouvelle qui lui est faite, par quoi? par la communication que la préfecture lui en donne.

Eh bien dans nos lois, dans nos habitudes, dans nos mœurs, dirais-je, toutes les fois qu'un homme est accusé, on l'en avertit; toutes les fois qu'on dirige contre lui une arme par laquelle il peut être blessé dans sa propriété, dans sa liberté, dans son honneur, on l'en prévient, on lui dit quelles sont les charges qui s'élèvent contre lui, on lui donne le droit de prendre un défenseur, tout au moins de se défendre lui-même. Mais non pas ici; et de même que nous avons vu tout à l'heure qu'au moment où l'on mettait les écrivains sous le coup de la loi de sûreté générale, on supprimait pour eux la garantie du jury que l'on conserve aux assassins, de même ici, au moment où l'on va frapper le journal, on n'avertit pas le journaliste, on ne lui permet pas de se défendre; il est frappé comme par un coup de foudre.

Ce n'est pas tout : deux avertissements donnent droit à l'autorité de prononcer la suspension du journal pour deux mois.

Qu'est-ce que c'est que la suspension pour deux mois? C'est très-clair : voilà un journal qui, pendant deux mois, ne paraît pas. Qu'est-ce qui y perd? D'abord la doctrine que ce journal représente, et, à mes yeux, c'est le premier intérêt; ensuite la propriété du journal.

Je sais bien qu'on me dira qu'en général un journal a pour abonnés et pour adhérents des hommes qui lui sont dévoués, et qui, par conséquent, non-seulement subissent pendant deux mois la perte de leur journal, mais reviennent aussi nombreux, plus nombreux peut-être le jour où le journal reparaît.

Le fait est vrai, et je puis même ajouter que quand un journal est suspendu pour une chose qui est vraiment dans le courant de ses idées, il y a des chances pour que la suspension lui profite au lieu de lui nuire.

Si cet argument prouvait l'innocuité de la loi pour les journalistes, il en prouverait du même coup l'immoralité; car il est immoral qu'une loi pénale profite aux condamnés. Mais ce qui coupe court à toute équivoque, c'est qu'un journal suspendu est par là même en danger de mort.

Je m'arrête ici, pour énumérer toutes les chances de mort d'un journal. Et lorsque je dis que je vais énumérer toutes les chances de mort d'un journal, je m'aperçois que je me vante. Je vais en énumérer un grand nombre; mais il en restera un très-grand nombre encore qu'il m'est impossible de me rappeler.

Un journal peut être supprimé administrativement, après un jugement pour crime.

Ainsi les bureaux réforment les tribunaux. Un jugement est prononcé : la loi ajoute à la pénalité que le juge prononce une autre pénalité qui est prononcée par l'administration.

Ou bien il peut être supprimé après deux condamnations pour délits commis dans l'espace de deux ans.

Il y a encore un moyen de supprimer un journal sans qu'il ait été averti, sans qu'il ait été suspendu, et ce moyen le voici : c'est de le frapper, comme par un coup de foudre, d'une ordonnance de suppression, à la condition que cette ordonnance soit inscrite au *Bulletin des lois* et signée par le chef de l'État.

J'avais donc bien raison de dire que la loi portait le mot de mort et de suppression à chacune de ses lignes, et je ne puis pas m'empêcher d'insister sur cette circonstance, que le régime actuel de la presse ajoute des pénalités administratives à la plupart des condamnations prononcées par les tribunaux.

En vérité, c'est une chose à laquelle mon esprit ne peut pas se faire. Je comprends et j'admets, sans les approuver, les pénalités excessives. Je pense qu'une des choses les plus difficiles et en même temps les plus belles, c'est l'exacte proportion à établir entre la gravité des peines et l'importance des intérêts qu'il s'agit de sauvegarder; mais je comprends, à la rigueur, que quand il s'agit d'un intérêt d'une importance extrême, on exagère la pénalité; je le comprends, dis-je, sans l'approuver. Seulement, toutes les fois que la société prononce une peine, j'ai été accoutumé à penser..., — mais est-ce moi seul, en vérité non ! ce sont toutes nos générations depuis 1789 ; —nous avons tous été accoutumés à penser que nous aurions au moins les deux garanties que voici :

La peine prononcée sur un délit exactement défini, et prononcée par un tribunal régulier, avec libre défense de l'accusé.

Or, dans tous les cas où intervient le régime administratif et où la justice a passé devant, — ce qui n'est pas toujours, mais quelquefois, — vous vous conformez à toutes les prescriptions de la loi : vous faites venir l'accusé, vous l'avertissez, vous lui permettez de choisir un défenseur, vous le menez devant le tribunal, vous composez le tribunal de juges inamovibles, vous ouvrez les portes, vous appelez les citoyens. Quand tout cela est fait, quand les plaidoiries sont terminées, les juges se retirent dans la chambre du conseil, et là, les pièces sous les yeux, la main sur la loi, la conscience encore éclairée par les discours qu'ils viennent d'entendre, ils méditent avec anxiété et ils se demandent si le journal est vraiment coupable, dans quelle proportion il l'est et quelle est la peine qu'ils doivent appliquer. Ils n'appliquent pas toujours le *maximum*, et quelquefois, même en appliquant le *minimum*, ils regrettent d'être enchaînés par la loi. Et quand cela est fait, quand le jugement solennel a été prononcé dans cette anxiété des juges, dans ce respect du public et de l'accusé lui-même, il y a quelque part un fonctionnaire armé d'une loi qui lui permet, à la pénalité prononcée,

d'ajouter, quoi ? la double pénalité ?... quoi ? la triple pénalité ?... quoi ? la quadruple pénalité ?... Non pas ! La
transportation dans nos colonies ! Je n'en ferai pas le tableau [1].

Il serait bien facile de démontrer qu'il n'y a pas de crédit véritable sans publicité. Supprimez par la pensée le
bulletin quotidien de la Bourse, le compte rendu hebdoma-
daire de la Banque, la discussion du budget à la chambre
et la publicité des rapports officiels du ministre des finances : est-ce que le crédit de l'État, est-ce que celui des
compagnies et des particuliers sera possible ? Avec la publicité, on s'adresse à l'intelligence des capitalistes ; avec
le secret, à leurs superstitions et à leurs convoitises. Dans
un pays d'absolutisme et de silence, le crédit n'est qu'une
loterie ; le commerce y est à l'état d'une commandite où
personne n'a le droit de surveiller les gérants. Law, qui
n'a guère été qu'un fripon sous le gouvernement absolu,
aurait peut-être été un homme de génie avec la liberté de
la presse.

De même dans l'ordre judiciaire, quand même on me
donnerait des juges élus, temporaires, un jury, le droit de
récusation, la libre défense, je ne serais pas assez protégé
sans la publicité. Ouvrez les portes, pour que mes juges
répondent devant leur juge, qui est l'opinion. Ouvrez les
portes, pour que les institutions mêmes de la liberté ne
soient pas employées à la tyrannie. Tout ce qui est secret

---

1. Les livres même ne sont pas libres. On a dit avec raison qu'à défaut de la censure administrative, ils sont soumis à la censure de l'imprimeur. En effet, l'imprimeur est responsable de tout ce qu'il publie, et en
cas de condamnation, il encourt la même peine que l'auteur. En outre,
la profession d'imprimeur n'est pas libre. Il faut, pour l'exercer, obtenir un
brevet qui peut être retiré à la suite d'une condamnation, même pour
contravention simple. (Loi du 21 octobre 1814, art. 11 et 12. Loi du
17 février 1852.) Il suit de là que l'imprimeur est en réalité plus exposé
que l'auteur. Il court ces gros risques sans compensation, ou sans autre
compensation qu'un bénéfice assez mince. De là la difficulté de trouver un
imprimeur pour une brochure politique.

est suspect. A qui me plaindrai-je du président qui ôte ma cause du rôle ? du juge d'audience qui violente mes témoins, qui impose silence à mon avocat ? qui introduit des faits nouveaux après la clôture des débats ? Me plaindrai-je d'un juge à un autre juge ? d'un juge secret à un autre juge secret ? Quels seront mes témoins contre un compte rendu infidèle ? Qui me prouvera que les juges, ou les jurés eux-mêmes, ne frappent pas en moi un ennemi politique ou un ennemi personnel ? Qu'on n'aille pas chercher dans l'élection des magistrats la réforme judiciaire de 1789 ; elle est surtout, elle est uniquement dans ces deux mots : libre défense des accusés, publicité des débats. Il faut que cette publicité soit bien nécessaire, pour que la loi française prononce la nullité contre les jugements rendus à huis clos. Il faut qu'elle soit bien indispensable pour qu'on permette aux journaux de publier les débats, et de divulguer les secrets et les malheurs des familles. La justice rendue à la clarté du jour est nécessairement de la justice ; la justice par commissaires, la justice à huis clos, est infailliblement de la tyrannie.

La presse, nécessaire au crédit et à la justice, l'est bien plus encore à cette fonction vitale de la société, la législation. Entre les lois discutées à huis clos par une assemblée, ou les oukases publiés par un autocrate, la différence est vraiment bien petite ! Mais des débats rendus publics par la voie de la presse, imposant à chaque élu la responsabilité de ses paroles et de ses votes, donnant à chaque loi ses considérants et son commentaire, voilà ce qui constitue réellement le gouvernement du peuple par le peuple ; ce qui donne aux lois une base et une force, à la politique une explication, au progrès un instrument. Oter la publicité des débats, sous un régime de suffrage universel, où il ne peut y avoir d'autre compétence législative que celle du peuple, c'est ôter à la loi sa légitimité. C'est tout comme si on supprimait la démonstration des théorèmes.

Vous voulez jouir des conquêtes de la liberté ? émanci-

pez la presse. Vous voulez perfectionner l'organisation sociale, préparer par vos lois les progrès futurs, et consacrer
les progrès accomplis? c'est encore la liberté de la presse
qui vous y aidera. S'il faut attendre un Montesquieu ou un
Turgot, vous pourrez attendre des siècles. Il est contre la
sagesse divine et humaine de se reposer sur de tels hasards. A défaut du génie d'un grand homme, convoquez
toutes les intelligences comme dans une sorte d'éternel
concile. Qu'il y ait, chaque matin, place pour la discussion
des abus et pour la préparation de l'avenir. L'humanité
pouvait se taire, quand elle s'attachait à la tradition et se
glorifiait d'être immobile. Mais aujourd'hui, qu'ayant conscience de sa force et de sa destinée, elle se reconnaît capable d'améliorations et se croit obligée à marcher en
avant, peut-elle ériger le silence en principe? Autant est
criminel celui qui, sans études sérieuses, sans garanties
à offrir, prenant des espérances vagues pour des théories
utiles et réalisables, se jette dans la rue, ébranle l'ordre
qui subsiste, répand le sang, conquiert le pouvoir, et ne
sait plus s'en servir quand il l'a dans la main, autant est
digne de respect l'écrivain qui, se mettant lui-même à
l'écart, ajournant, s'il le faut, les réformes, donnant son
temps et son intelligence à la cause sacrée du bonheur
commun, sonde les institutions de son pays, en raconte
l'origine, en montre les conséquences, en prouve l'inutilité ou les dangers, discute, avec science et bonne foi, les
réformes proposées, apporte à son tour son système après
l'avoir profondément mûri, dit la vérité aux gouvernants et
aux gouvernés avec courage, également dédaigneux des
faveurs que vendent les princes, et de celles que donnent
les peuples, pourvu qu'il ait le témoignage de sa conscience,
et qu'il obéisse à la loi de Dieu. Enchaîner l'humanité à
la loi écrite, la rendre immobile, c'est l'amoindrir, la condamner, la tuer. Elle ne doit être enchaînée qu'à la morale.
La morale seule, c'est-à-dire, le principe de la loi, ne
change pas, mais la loi change. Dans l'homme, dans l'hu-

manité, il y a deux éléments : l'un fixe, c'est la loi naturelle, la morale ; l'autre mobile, progressif, c'est la liberté.
Il faut penser, raisonner, discuter, pour se rapprocher chaque jour, par de meilleures lois humaines, de la loi divine.

Je sais bien tout ce qu'on peut dire de la mauvaise
presse. Quiconque a touché de près ou de loin à la publicité pour en exercer ou pour en subir la puissance, a une
expérience faite à cet égard, et nous n'avons plus rien à
nous apprendre les uns aux autres, ni sur les écrivains
de hasard, qui parlent de tout, ne savent rien, courent
après un bon mot, n'ont ni convictions, ni idées, ni probité ; ni sur ces nomades qui sortent aujourd'hui d'un
journal de l'opposition pour aller demain, dans un journal du gouvernement, injurier et dénoncer leurs anciens
amis, affichant ainsi avec leur propre immoralité la profonde dégradation d'un siècle qui souffre de tels scandales ;
ni sur ces apologies et sur ces critiques de commande, qui
ne sont pas même des œuvres de parti, mais des œuvres
de coterie, et qui, sous prétexte d'impartialité, mais en
réalité pour venger quelque injure personnelle, ou pour
acheter une place ou un compliment, déchirent les plus
grands défenseurs de leur cause, et encensent lâchement
ses plus grands ennemis. Il n'y a pas un de ces abus auquel
ne puisse porter remède une loi répressive bien faite, appliquée par un jury intelligent et impartial. Il serait aussi
absurde de supprimer la presse à cause de la mauvaise
presse, que de renoncer aux chemins de fer à cause des
déraillements et des explosions. Au portrait cent fois répété des condottières qui déshonorent le journalisme, il
serait trop facile en vérité d'opposer la contre-partie, et de
montrer cette science prête pour toutes les questions, cette
énergie prête pour tous les périls, ce labeur inces-
sant, ces grâces du style, ces profondes pensées, que le
lecteur oublie avec la feuille du jour, et que l'écrivain
emporté par le torrent oublie lui-même, à mesure qu'il
les a fait jaillir de son esprit et de son cœur.

A présent que j'ai montré quelle est la force de la presse et que je me suis efforcé de mettre en lumière cette vérité fondamentale que tout le système de 1789 repose sur l'hypothèse d'une presse parfaitement libre, que toutes les créations de la politique moderne sont, avec le concours de la presse, libérales, fécondes en progrès de toutes sortes, tandis que, sans la presse, elles peuvent devenir les instruments de la plus formidable tyrannie, je désire ajouter encore que la presse n'est pas seulement la garantie de la liberté, mais qu'elle en est à la fois l'exercice le plus complet, et l'instrument. Penser librement, écrire librement ce qu'on pense, et le dire aux savants et à la foule, n'est-ce pas là le *summum* de la liberté ? Et n'est-ce pas par l'exercice de ce droit que l'homme se sent maître de lui-même, et maître d'agir sur les autres hommes ? S'il est vrai que la liberté soit le but de la société, et que la société ait droit à toute la liberté dont elle est capable, quelle est donc la dignité de cette fonction sociale, qui prépare les esprits, les éclaire, les fortifie, et du même coup les émancipe ? L'ancien régime, qui prenait les hommes en tutelle, ne savait que les diriger et les contenir à outrance ; il faisait tout par des fonctionnaires et des soldats : le régime nouveau, en substituant la pensée à la force, et en prenant pour idéal non plus l'autorité, mais au contraire la liberté, fait reculer tous les jours, fait disparaître le fonctionnaire et le soldat, et remplace cette double force compressive par l'action bienfaisante de la pensée, par la civilisation, par la discussion libre et pacifique. Le régime préventif n'évite le désordre qu'à la condition d'amoindrir l'homme en le subalternisant, et, par conséquent, d'amoindrir, d'appauvrir l'humanité : le régime libéral, en rendant l'humanité à elle-même, lui restitue toute sa force, force de sagesse autant que de conquête, qui remplace l'ordre imposé par l'ordre voulu, et la mécanique par l'intelligence. Inutile au dedans pour la justice, le soldat n'est même pas nécessaire à la frontière : un pays qui a des citoyens, j'entends par des citoyens, des hommes libres, ou si l'on veut, des hommes, un tel pays est invincible; cette terre enfante des vengeurs et des héros, comme un champ fertile qui donne par année deux moissons. Avec ces armées permanentes, innombrables, qui dévorent le budget, exténuent l'agriculture, menacent la liberté, faussent l'esprit public, et qui, en définitive, ne gardent rien et ne rassurent personne, parce que l'ennemi aligne autant de bataillons, avec une égale folie, de l'autre côté de la frontière, on n'aura jamais ni le règne de la paix, ni celui de la justice. Il est paradoxal de dire que les gros bataillons assurent la paix en rendant la guerre facile : *Si vis pacem, para bellum.* Quand on a de si belles armes, il y a toujours des fous qui brûlent de les essayer. Quand on met son effort dans les choses de la guerre, il faut périr en la faisant, ou périr en ne la faisant pas, parce qu'on n'est plus propre à autre chose[1]. La paix, c'est la pensée, c'est la domination de la pensée, c'est la subalternisation, la défaite de la force brute : voilà la paix, la liberté, le droit, notre idéal. Que tous les écrivains, que tous ceux qui en Europe disposent de la publicité, divisés sur tant de points, s'accordent au moins à défendre cette cause de toutes les âmes honnêtes et fières; qu'ils combattent pour leurs foyers et leurs autels. Quelle que soit la couleur de leur drapeau et les idées particulières qu'ils se sont chargés de faire prévaloir, ils ont en commun cette mission sacrée de défendre en tout et partout la liberté, le droit, la justice. Quand on voit un publiciste se tourner contre la pensée, applaudir à la violation des principes, mettre le sabre, mettre la force au-dessus de l'esprit, faire appel à la compression, cela ne ressemble-t-il pas à un sacrilége et en même temps à un suicide? N'est-ce pas comme si le monde civilisé appelait le joug des barbares?

1. Τὴν γὰρ βαφὴν ἀφιᾶσιν, ὥσπερ ὁ σίδηρος, εἰρήνην ἄγοντες. « Ils se rouillent dans la paix, comme le fer,… » (Arist., *Polit.*, liv. IV, chap. XIII, § 15. Trad. fr., t. II, p. 95.)

CHAPITRE IV.

LA RÉFORME ADMINISTRATIVE.

1. Origines de la centralisation administrative. — 2. Inconvénients d'une centralisation excessive pour le budget, pour les fonctionnaires, pour les affaires, pour le caractère national.— 3. Inconvénients d'une centralisation excessive pour l'industrie. — De l'État substitué aux compagnies dans l'exécution des travaux publics. — 4. Inconvénients politiques de la centralisation. — 5. De la décentralisation. Le département, la commune, l'association volontaire.

Si nous appelons la réforme administrative de son vrai nom, qui est la décentralisation, beaucoup d'esprits ombrageux vont croire que nous voulons abandonner ce qui constitue l'unité nationale, tout ce qui fait la force de la démocratie contre les hobereaux et celle de la France contre l'Europe. Les mots ont leur fortune. Tel qui n'a pas changé de principe, se déclare aujourd'hui conservateur, et aurait repoussé ce nom en 1870. Puisque le même mot signifie deux choses différentes, suivant la bouche qui le prononce, c'est à nous à bien faire comprendre ce que nous voulons, et surtout à rester exactement dans notre mesure. La politique, même la plus radicale, est une question de dosage. Il s'agit toujours de savoir quelle sera la part de l'autorité et quelle sera la part de la liberté, car sans autorité, il n'y a pas de société, et sans liberté, il n'y a pas d'homme. La liberté, il faut en convenir, est un peu synonyme de la décentralisation; elles se produisent l'une et l'autre par le désarmement du pouvoir central. La question est de savoir si on peut désarmer le pouvoir central sans l'affaiblir; et je pense, pour moi, qu'on se fortifie en se débarrassant d'une arme inutile, et que le gouvernement a dans les mains beaucoup d'armes inutiles qui ne peuvent pas manquer d'être nuisibles. Ordinairement les réformes se font contre le gouvernement, ou contre ceux qui vivent, tant bien que mal, des abus. Ici, c'est tout le contraire. La réforme administrative profiterait à la fois au gouvernement, qui est trop servi, et qui, par conséquent, est compromis et mal servi; aux fonctionnaires qui sont à la fois les citoyens les plus disgraciés et les plus honnêtes; à la fortune publique écrasée sous la charge du budget; au caractère national que tant d'entraves à l'activité personnelle, et tant d'appâts à la sollicitation énervent et dégradent; à la liberté, cela va de source; car diminuer la prévention et augmenter la liberté, c'est la même chose; supprimer le fonctionnaire et grandir le citoyen, c'est la même chose. Voilà donc une honnête réforme, une sage, une inoffensive réforme, également morale et urgente, sur laquelle tous les partis peuvent être d'accord. Il n'y aura de liberté en France que quand il y aura des hommes; il n'y aura d'hommes que quand il y aura des communes; il n'y aura des communes que quand on aura réellement, efficacement décentralisé. Il faudrait écrire cette maxime de tous les côtés, et la mettre au commencement et à la fin de tous les discours. Il faudrait surtout la mettre dans nos lois et dans nos actions; c'est le seul moyen d'en finir une bonne fois avec le communisme.

Nous n'aurions aucune liberté si on écoutait les communistes. Ils nous feraient travailler dans un atelier commun, où l'État jugerait de nos forces et de nos aptitudes; ils nous délivreraient des soucis de la fortune, en se chargeant de fournir à nos besoins et à nos plaisirs, non pas,

il est vrai, selon nos vœux, mais selon leurs règlements ;
ils gouverneraient nos affections intimes et jusqu'à notre
pensée : nous n'aurions plus qu'à nous abandonner à leur
direction, comme un moine dans un couvent se soumet à
la règle et au supérieur.

Nous n'en sommes pas là, grâce à Dieu. Le communisme, sous sa forme théorique, nous faisait horreur. On
ne croyait pas qu'il pût jamais être pratiqué, ou même essayé, au sein de nos sociétés modernes. Il l'a été pourtant, à
Paris, au lendemain de l'invasion prussienne, et il a accumulé, en quelques semaines, plus de ruines que n'en avait
fait la guerre la plus désastreuse. Ces ruines fumantes, ce
sang répandu attestent qu'il n'y a de sécurité que dans la
liberté. En pratique, il n'est pas certain que nous soyons
libres ; mais nous avons la volonté et l'illusion de l'être, et
quand nous faisons du communisme, c'est sans le savoir.

Nous maintenons une grande liberté dans la famille,
une liberté à peu près suffisante dans la disposition de
nos biens, une liberté restreinte, mais réelle pourtant,
dans l'emploi de nos talents et de nos forces ; nous résistons victorieusement aux tentatives de l'intolérance ; impatients de toute domination politique, nous effrayons le
monde par la fréquence de nos révolutions ; en revanche,
nous nous sommes laissés pleinement envahir par le communisme dans la vie civile. Nous avons lutté, non sans
quelque succès, contre le prêtre, le voisin et le contre-
maître ; nous avons renversé deux républiques et quatre
monarchies : mais nous n'avons pas eu l'idée de réformer
l'administration. Il nous est plus facile de briser un roi
que de toucher à l'autorité du conseil des bâtiments civils.
La bureaucratie, fondée par Richelieu, perfectionnée par
Colbert et par Louvois, est arrivée, sous le premier Empire, à l'apogée de la perfection et de la puissance. Pendant que notre politique oscillait de la monarchie constitutionnelle à la monarchie absolue en passant par la
république, les bureaux depuis soixante ans sont demeurés

immuables. C'est un pouvoir qui résiste à toutes les se-
cousses, et qui, toujours prêt à servir le maître, quelles
qu'en soient d'ailleurs l'origine et la nature, est sous les
régimes les plus divers, et en changeant au besoin de
drapeau et de langage sans jamais changer de principes,
l'obstacle permanent et tout-puissant de la liberté.

Faut-il le reprocher aux hommes? Les hommes ne font
que leur devoir. Ils ne font qu'obéir avec honnêteté, avec
résignation, quelquefois avec héroïsme à une consigne
sévère, impitoyable, plus impitoyable pour eux que pour
leurs administrés. Faut-il s'en prendre aux gouvernements?
En ce cas, la responsabilité sera bien divisée; car tous les
gouvernements l'un après l'autre tirent le même parti de la
même administration. Et comment ne le feraient-ils pas?
Ils trouvent à leur avénement cette force toute prête, toute
disponible. Il n'est pas dans la nature humaine qu'ils la
laissent se rouiller par l'inaction, ou qu'ils relâchent le frein
au risque de voir tout ce savant mécanisme fonctionner d'a-
bord sans eux, par la force de la routine, et ensuite, et très-
promptement se retourner contre eux. Cet excès d'administration est un mal dont tout le monde souffre, et dont
personne n'est responsable. La centralisation est une méthode; c'est d'une méthode qu'il s'agit ici : méthode essentiellement oppressive, car elle est le système préventif
appliqué à tout.

L'administration tient tout dans sa main. Il n'est personne en France à qui elle ne puisse nuire et qu'elle ne
puisse servir : cette force intrinsèque suffit pour expliquer
son immutabilité et ses empiétements. Elle a en outre été
soutenue par ce préjugé des conservateurs, qu'elle était
par excellence la force conservatrice, et par ce préjugé des
révolutionnaires, qu'elle était par excellence la conquête
de la révolution. C'est ainsi que les partis les plus irré-
conciliables ont contribué au développement de la bureaucratie avec une touchante unanimité.

Si l'on entend par opinion conservatrice celle qui veut le

maintien du pouvoir quel qu'il soit, il peut être vrai que
l'administration envahissante et toute-puissante qui nous
régit est une force conservatrice. Mais si, au contraire, il
s'agit de cette espèce de conservateurs qui songent plus
aux principes sociaux qu'aux formes politiques, et qui veulent avant tout sauvegarder les droits de la conscience, de
la famille, de la propriété et du travail, comme leur première préoccupation doit être d'entretenir et de garantir
la liberté, ils ne peuvent que par un malentendu se mettre
au service d'une organisation également prête pour Robespierre ou pour Turgot, et qui nous nuit, même en
nous faisant du bien, parce qu'elle s'impose. La lumière
commence à se faire de ce côté depuis qu'on s'est aperçu
que l'administration, telle qu'elle est constituée en France,
supprime toute résistance légale. Peut-être est-ce précisément pour le même motif qu'un grand nombre de révolutionnaires s'attachent au contraire à soutenir notre système d'administration. Ils l'aiment, non-seulement pour
l'origine qu'ils lui attribuent, mais parce qu'entre eux et
le pouvoir ainsi armé, il n'y a de lutte possible que sur les
barricades. Je ne parle pas des révolutionnaires communistes qui, comprenant qu'une administration oppressive
est sur un point capital la réalisation de leur doctrine, aiment la centralisation pour elle-même, et ne lui demandent pas autre chose que d'achever de tout envahir.

1. Origine de la centralisation administrative.

M. de Tocqueville a démontré [1] de la façon la plus péremptoire que la centralisation administrative n'est ni
l'œuvre de la République ni celle de l'Empire. Je m'étonne
que cette démonstration ait été nécessaire. La centralisation administrative existait sous Louis XVI, et remontait

1. Voyez *l'Ancien Régime et la Révolution*.

très-haut. La Constituante l'a en partie détruite au nom de la liberté ; Napoléon l'a rétablie et fortifiée au profit du pouvoir absolu : voilà le vrai. Ce n'est pas l'unité du pouvoir qui est l'œuvre de la Constituante, c'est l'unité du pays. Il n'y a pas un penseur qui puisse croire que l'unité de la France tienne à la destruction de l'initiative et de la liberté des citoyens.

Nous avons vu[1] qu'avant la Révolution, le roi de France était absolu en droit et en fait. L'administration proprement dite avait à sa tête les ministres et le conseil d'État. Les provinces étaient sous la main des intendants et de leurs subdélégués. Les subdélégués dépendaient des intendants, les intendants et les conseillers d'État des ministres, et tous, le principal ministre comme le plus obscur subdélégué, dépendaient du bon plaisir royal. Les échevins des premières villes du royaume tremblaient devant les intendants, dont ils n'étaient guère, malgré un fantôme d'élection, que les commis et les créatures. Il n'y avait ni *habeas corpus*, ni sûreté de la poste[2], ni clôture de la vie privée[3]. Les ministres de la guerre et de la marine étaient les chefs de l'armée de terre et de mer sans aucune contestation ; les plus grands seigneurs, ducs, maréchaux ou généraux d'armée, pliaient sous la volonté du ministre, ou faisaient assaut de crédit ; mais de résistance propre-

1. Ci-dessus, chap. ii, p. 69 sqq.

2. Le directeur général des postes, « qui avait le secret, » était à cause de cela presque inamovible. D'Argenson raconte qu'en juillet 1738, une intrigue fit renvoyer les Pajot « qui avaient seuls le secret de l'État et le gardaient bien, étant accoutumés au secret de père en fils.... Le secret se promène maintenant entre MM. Orry, Maurepas, Amelot et Hérault, qui le disent à quantité d'autres, de sorte qu'on n'entend parler à l'Opéra par des jeunes gens que d'affaires qui devraient être gardées dans le plus profond secret. » (*Mémoires* du marquis d'Argenson, t. II, p. 137 sqq.)

3. A l'époque de la déconfiture de Law, il y eut un arrêt du conseil, en date du 26 janvier 1721, pour prescrire « l'examen de tous les effets et papiers d'un chacun. On entre chez un homme, et on met le scellé dans toute sa maison ; on lui prend ses bijoux, sa vaisselle d'argent et tout ce qu'il a. » (*Journal* de Barbier, t. I, p. 84.)

ment dite, il n'y en avait nulle trace depuis Louis XIV.
Le contrôleur général frappait lui-même les impôts et les
répartissait entre les provinces. Il les affermait, pour le
recouvrement, à des compagnies : mauvaise organisation,
mais essentiellement centralisatrice. Il était maître souverain du commerce, qu'il gouvernait à coups d'ordonnances.
Les travaux publics étaient dirigés, sous l'autorité des intendants, par le corps royal des ponts et chaussées, qui
subsiste encore dans les mêmes conditions après avoir
perdu quelques-unes de ses prérogatives. L'administration de la justice n'avait pas cette régularité qu'on admire
aujourd'hui; mais toute justice ressortissait en appel aux
parlements dont le roi était plus maître, en droit sinon en
fait, qu'il ne l'a été depuis des cours d'appel, puisqu'il
pouvait évoquer les choses à son conseil, créer des tribunaux temporaires, des chambres spéciales, décider souverainement les attributions des juges, juger lui-même en
personne, modifier les sentences, les mettre à néant, exiler, suspendre ou emprisonner les magistrats. Qui ne re-
connaîtrait à ces signes la plus complète centralisation?

Tout change en 1789. Aussitôt que la Constituante s'est
mise en possession de ses droits, elle sape la centralisation de toutes parts. Elle commence par le roi lui-même
et lui fait sa place, une place subordonnée dans l'ordre
des pouvoirs publics. Au lieu de cette volonté souveraine
qui, jusque-là, ne connaissait de limites que dans les
mœurs, qui disposait de toutes les faveurs, nommait à
toutes les places, dirigeait tous les fonctionnaires, faisait
la loi, décrétait l'impôt et distribuait la justice, nous
voyons apparaître nettement la séparation des trois pouvoirs, le pouvoir législatif, le pouvoir exécutif et le pouvoir judiciaire. Le roi ne fera plus la loi; il ne sera plus
chargé de punir ceux qui la violent : la centralisation est
brisée dans sa source et dans sa sanction. Tout au plus
le roi intervient-il dans la confection des lois par un *veto*
suspensif. Tandis qu'autrefois le roi faisait la loi et la

faisait enregistrer, c'est-à-dire promulguer par le parlement, c'est lui désormais qui est chargé de promulguer les lois de l'Assemblée législative. On lui accorde même le droit de remontrance : tant les rôles sont intervertis! Quant à l'administration de la justice, qui jusque-là émanait du trône, elle émanera désormais du peuple. Tous les juges seront élus à temps ; il en sera de même de l'accusateur public. Les juges ne pourront être suspendus, si ce n'est par une accusation admise, ni destitués, si ce n'est par un jugement de forfaiture. En matière criminelle, la mise en accusation sera prononcée par un jury ; un autre jury prononcera sur les faits ; les juges ne seront chargés que de l'application de la loi. Le roi n'est plus, à proprement parler, que le chef du pouvoir exécutif. Même dans sa sphère restreinte, son autorité est gênée et limitée de toutes parts. Il ne peut déclarer la guerre, sans que l'Assemblée législative intervienne par une loi. Chef nominal de l'armée, tous les grades inférieurs et une portion notable des grades élevés échappent à sa nomination. Il dirige les administrateurs des départements, mais ils sont élus par le peuple, comme les municipalités. On peut dire, en résumant toute cette organisation, que la commune et le département s'administrent eux-mêmes, avec le concours et sous la direction du roi, et que le peuple nomme des représentants pour faire les lois et des délégués pour rendre la justice. Ainsi la centralisation est rompue.

Non, ce n'est pas la centralisation que l'Assemblée constituante a fondée, mais elle a fondé l'unité de la France, qu'il ne faut pas confondre avec la centralisation. La royauté absolue tenait dans sa main tous les pouvoirs, mais des pouvoirs divisés entre eux, opposés les uns aux autres, et que la volonté souveraine elle-même ne réussissait pas toujours à concilier. Chaque province avait son langage, ses mœurs, ses prétentions, ses lois, qui variaient souvent de commune à commune, son bud-

get particulier, son système de poids et mesures, ses
priviléges, ses corporations. Les autorités d'institution
royale luttaient entre elles comme les provinces. Le gouverneur, l'intendant, le parlement, l'évêque, les gouverneurs de places, disputaient sans cesse sur leurs prétentions rivales. A Paris, le parlement, le grand Conseil, la
Chambre des comptes, la Cour des aides avaient chacun
leur jurisprudence à part, et rien n'était plus fréquent et
plus scandaleux que les conflits d'attributions entre ces
cours souveraines. Le grand Conseil cassait les arrêts du
parlement, qui, de son côté, cassait les arrêts du grand
Conseil. Ces édits contradictoires étaient publiés le même
jour, promulgués à son de trompe, et placardés dans les
rues : le public ne savait plus où étaient le droit et la
justice. Pareille anarchie dans l'armée, où les gardes du
corps, les gendarmes, les chevau-légers, les mousque-
taires, les gardes françaises, les Suisses, étaient des
corps privilégiés; où les colonels généraux, le grand maître de l'artillerie, l'amiral, les maréchaux, avaient chacun
leur autorité et leur juridiction distincte; où les officiers de
tout grade étaient en insurrection permanente contre les
inspecteurs établis par Louvois : véritable armée de privilégiés, dans laquelle l'autorité du roi et celle de son ministre
étaient seules comprises, parce que seules elles étaient sans
bornes. Même désordre encore dans les finances, surchargées d'édits contradictoires, inextricables, de marchés onéreux, de vieilles lois tantôt oubliées et subite-
ment remises en vigueur, d'abus criants; livrées, pour
le recouvrement, aux grosses fermes, aux fermes locales,
aux fermes spéciales; gouvernées par les Chambres des
comptes, les Cours des aides, les trésoriers de France,
les élections, les greniers à sel. La Constituante, au lieu
d'un pouvoir central absolu régnant sur ce chaos, créa
un pouvoir pondéré, gouvernant, d'après les lois fixes,
une société uniforme et régulière. Chaque commune,
chaque département élut ses administrateurs, mais aux

mêmes époques, d'après les mêmes bases d'élection, pour remplir des fonctions identiques. Il n'y eut plus partout qu'une même loi, une même langue, un même système de poids et de mesures, une analogie, une uniformité parfaites. Les finances résultèrent de l'impôt national uniformément et équitablement réparti, directement perçu par les agents du pouvoir exécutif, et centralisé dans les caisses du Trésor, et de l'impôt local voté, réparti, perçu, employé par les conseils locaux. Une hiérarchie naturelle, méthodique, uniforme, enveloppa toutes les autorités et ne laissa subsister que de très-rares occasions de conflit. La subordination de tous les grades de l'armée fut réglée avec précision ; en un mot, la France n'eut plus qu'une loi, une armée, un trésor ; elle fut une politiquement, sans cesser de s'appartenir à elle-même, et sans abdiquer la direction des affaires intérieures dans les mains du roi.

Après le 18 brumaire, le vainqueur de la république et de la monarchie garda ce que les assemblées républicaines avaient fait pour l'unité de la France, et reprit ce que les anciens rois avaient fait pour l'unité du pouvoir. La centralisation reparut, plus savante, plus régulière : toute l'organisation de l'ancien régime sous d'autres noms et avec une méthode plus parfaite. Les préfets succédèrent aux intendants après un interrègne de dix années ; tous les agents de l'autorité, depuis les plus élevés jusqu'aux plus humbles, furent nommés, dirigés, récompensés, punis, révoqués par le chef de l'État. Le simple citoyen n'eut plus qu'à se laisser conduire. La loi violée par un agent de l'autorité ne donna d'autre droit au citoyen illégalement frappé que celui de demander à l'administration elle-même l'autorisation de poursuivre un de ses membres.

2. Inconvénients d'une administration à outrance pour. le budget, pour les fonctionnaires, pour les affaires, pour le caractère
   national.

Le communisme administratif développé outre mesure
produit les effets suivants : il charge le budget en augmentant la dette publique ; il rend à la longue l'administration vétilleuse et difficile par l'exagération même de son
principe ; il altère le caractère des fonctionnaires, en les
accoutumant à la servilité envers leurs chefs, et à une indifférence très-voisine de la malveillance envers le public ;
il dégrade le caractère de la nation, et remplace un
peuple de travailleurs par un peuple de solliciteurs ; il
diminue la richesse commune, en diminuant l'énergie du
principal agent de la richesse ; il rend la liberté politique
impossible, en faisant dépendre tous les citoyens du bon
plaisir du gouvernement. Telles sont les funestes consé·
quences de l'administration française, malgré l'habileté de
son organisation et la probité de ses agents.

On a semblé pendant quelques années se soucier assez
peu des questions de budget ; on y revient à présent, sous
l'empire d'une nécessité douloureuse. Il importe d'être économes, et surtout de l'être à propos. Il y a deux sortes de
dépenses : les dépenses productives et les dépenses stériles. Peut-être ne faisait-on pas assez cette distinction
autrefois. L'économie qui consiste à laisser périr ses ressources est une économie désastreuse. Il vaut peut-être
mieux être prodigue que d'être économe de cette façon-là.
Quand vous avez fait un chemin de fer de Paris à Amiens,
ce que vous avez de mieux à faire, c'est de le pousser coûte
que coûte jusqu'à Boulogne. Car si le chemin de fer de Paris à Amiens coûte cent millions, il ne donnera, tant qu'il
sera seul, que l'intérêt de cinquante ; et si le chemin de
Paris à la mer coûte deux cents millions, il donnera l'intérêt de trois cents. On avait donc bien tort de s'arrêter,
de faire les choses à demi, de compromettre les meilleures

entreprises, en les réduisant presque à l'état de ruines, dès le jour de leur mise en activité; et on a raison maintenant de faire de grands travaux qui se relient entre eux, qui se complètent, qui répandent partout l'activité, et rendent à l'industrie l'audace dont elle a besoin. Je suis tenté pour les mêmes motifs d'approuver une tendance que je crois assez générale à augmenter le salaire et le bien-être des fonctionnaires. Nous avons été longtemps à cet égard injustes et inintelligents; injustes, car il y a des fonctions difficiles, fatigantes, périlleuses, auxquelles on ne doit pas marchander leur rémunération; inintelligents, car un fonctionnaire mécontent, misérable, n'a jamais le cœur à la besogne. On aura toujours des fonctionnaires, n'importe à quel prix; on n'en aura que trop : il s'agirait d'en avoir de bons. Je prendrai pour exemple l'enseignement public. Il y a quelques années, les inspecteurs généraux de l'Université, qui sont au sommet de la hiérarchie, et sur lesquels repose non pas seulement la surveillance, mais la direction de l'enseignement, avaient un traitement de six mille francs. Qu'en résultait-il? c'est qu'ils ne pouvaient tenir leur rang, et qu'ils étaient presque tous réduits à vivre à la campagne dans les intervalles de leur service, parce qu'ils n'auraient pu vivre à Paris avec dignité. Confier de tels intérêts à des fonctionnaires, et leur faire une vie si dure, c'est à la fois de l'ingratitude et de l'imprudence. Quelle est, dans des conditions pareilles, la situation du pouvoir chargé de recruter un corps? à qui s'adressera-t-il? A un écrivain de talent, à un savant illustre, qu'on arrachera à des travaux qui rapportent gloire et profit, pour l'accabler à la fois de besogne et de misère? Cet exemple est frappant; j'en pourrais choisir de plus significatifs encore, et dans toutes les carrières. On fait donc très-bien d'augmenter les traitements, et même dans une proportion considérable, à condition qu'on ne crée pas de sinécures, qu'on proportionne les traitements au talent et

à la peine, et qu'on ne creuse pas un abîme entre les hauts
et les petits fonctionnaires, en prodiguant l'argent aux premiers, en retenant les autres dans le besoin. Les Anglais
payent trois et quatre fois plus que nous tous leurs agents,
et ils ont raison. Le secret d'être bien servi, c'est de bien
payer. Le premier petit fabricant venu vous dira cela; il
est assez étrange qu'il faille tant de temps et de peine à
une grande nation pour arriver à le comprendre.

Qu'on ajoute donc au budget autant d'argent qu'il en
faut pour que les fonctionnaires soient à leur aise, et que
les éléments de la fortune publique se développent, il ne
se peut rien de mieux. Mais il y a un principe tout aussi
important que celui-là, et que les peuples sont obligés de
respecter comme les citoyens : c'est de ne dépenser que ce
qu'on a; c'est un principe d'économie et un principe de
probité tout ensemble. Si vos dépenses improductives
excèdent vos recettes, vous courez à la banqueroute, et par
conséquent à la ruine; et si, faisant cela, vous recourez à
l'emprunt quand l'impôt ne suffit plus, vous courez à une
banqueroute frauduleuse. Il faut qu'un peuple soit honnête homme, premièrement parce que c'est la loi, secondement parce que c'est son intérêt.

Il semble qu'il y ait contradiction entre ces deux propositions : augmenter le taux des traitements, réduire le
chiffre du budget; mais il va sans dire que la réduction
doit porter sur le nombre des fonctionnaires, ce qui met
tout d'accord. Cette réduction est-elle possible? Elle n'est
pas seulement possible, elle est nécessaire, indispensable,
urgente. Il y a si longtemps qu'on le dit, qu'on ose à peine
le répéter et le démontrer. Cependant, tout en le disant,
on ne le fait pas, on fait même tout le contraire.

Si je démontre plus tard que l'État se charge d'une
foule de besognes qui ne le regardent pas, et qu'il ferait
mieux de laisser à d'autres, il sera évident que le nombre
des fonctionnaires doit être diminué dans une proportion
considérable; mais je dis dès à présent que, sans rien

ôter aux attributions actuelles de l'État, la même besogne pourrait être faite, et mieux faite, par moitié moins de fonctionnaires. Voilà la première thèse que je soutiens, et quiconque voudra étudier de près une administration, n'importe laquelle, sera convaincu qu'il n'y a rien de plus véritable.

Est-ce à dire que les fonctionnaires perdent leur temps? oui, cela est vrai pour un grand nombre d'entre eux, comme il est vrai aussi que beaucoup d'autres ne suffisent pas à la besogne dont on les écrase. Il y a une foule de commis de bureau qui dorment sur leurs pupitres; une foule d'officiers qui passent une moitié de leur vie à l'estaminet; des magistrats même, dont les audiences sont trop rares et trop courtes. Les professeurs de la Faculté des sciences de Paris ne professent que six mois sur douze, et ne font que deux leçons par semaine, ce qui, en défalquant les congés et les maladies, ne donne pas plus de quarante ou cinquante leçons par an. On dira qu'il ne faut pas compter leurs leçons, mais les estimer, et que, s'ils ne parlent au public chaque année que pendant cinquante ou soixante heures, ils n'ont pas trop de trois cent soixante-cinq jours pour préparer leurs savantes leçons. A la bonne heure, mais je demanderai comment faisait Georges Cuvier, qui était à la fois professeur à la Sorbonne et au jardin des Plantes, conseiller de l'Université, conseiller d'État, pair de France, membre assidu de l'Académie; et je demanderai aussi qu'on ne se serve pas de l'exemple de quelques professeurs illustres pour couvrir la paresse et l'inutilité de plusieurs milliers d'expéditionnaires. Je n'admets pas que personne puisse contester sérieusement qu'il y a un très-grand nombre de bureaux en France où la besogne de trois ou quatre commis pourrait être faite, et bien faite, par un seul.

Il y a plus : ce grand personnel nourrit la routine. Personne n'est intéressé à simplifier la besogne. Au contraire, il faut que chacune de ces plumes se promène languissamment sur le papier. De là ces écritures, ces notes, ces paperasseries, qui rendent la moindre recherche presque impossible, et qui ne servent absolument à rien, qu'à occuper des employés et à remplir des cartons. Il y a des colléges de l'État où les professeurs sont obligés de remplir tous les jours deux feuilles de notes ; les censeurs résument tous les jours soixante feuilles de notes ; les proviseurs de vingt colléges envoient tous les huit jours au recteur le résumé de toutes les notes de la semaine ; et les recteurs transmettent ces remarquables documents au ministre, c'est-à-dire à un expéditionnaire, qui peut vous dire par ce moyen si M. Pierre ou M. Paul, à Brest ou à Marseille, a bien récité sa leçon et fait un thème convenable. Des occupations de cette nature prennent inutilement une grande part du temps des professeurs, et une certaine somme sur le budget de l'État.

Quelle est la réforme à faire? Supprimer la besogne inutile et par suite les commis inutiles. Les employés conservés travailleront beaucoup plus, feront une besogne plus utile, et seront beaucoup mieux payés. Le budget sera réduit dans une proportion considérable, et l'État sera mieux servi.

Si on doute de cette dernière assertion, il n'y a qu'à réfléchir que les notes inutiles, les correspondances inutiles, les rapports inutiles, prennent le plus clair de leur temps en pure perte aux fonctionnaires, les tracassent, les dégoûtent, leur ôtent toute liberté d'allure ; que ces documents insignifiants encombrent toutes les archives ; que ces détails surchargent toutes les mémoires, et empêchent les vues d'ensemble ; qu'ils rendent la machine administrative si compliquée qu'on ose à peine songer à y introduire des simplifications et des réformes ; que le travail de cinq ou six, centralisé par un seul, n'est jamais aussi présent à son esprit que s'il avait lui-même rassemblé ses

matériaux ; que la responsabilité s'affaiblit en se divisant ;
qu'on s'affectionne à sa besogne en proportion de la difficulté qu'on y trouve et de l'importance qu'elle donne ;
qu'une vie aisée, l'absence de tout embarras domestique,
des chances raisonnables d'avancement mettront le fonctionnaire à même de se livrer tout entier aux devoirs de
son emploi ; que ces avantages permettront aux chefs de
faire leur recrutement parmi des sujets plus capables ; que
le surcroît de considération acquis aux employés par l'importance réelle de leurs attributions et de leur traitement
tournera au profit moral de l'administration. Nous avons
l'exemple de l'Angleterre, dont les affaires vont aussi bien
que les nôtres, avec un personnel vingt fois moindre.

Peu de fonctionnaires, des fonctionnaires utilement
occupés et très-bien payés, tel est le principe hors duquel
il n'y a pas de salut pour l'administration. Tout le monde,
sans exception, le reconnaît. Les ministres de Louis-
Philippe le criaient très-haut, aux applaudissements de
l'opposition ; le gouvernement provisoire l'a dit encore
bien plus haut dès son avénement ; M. Hippolyte Passy,
dont la parole fait autorité, l'a répété comme ministre des
finances devant l'Assemblée constituante, et l'un des premiers actes du second Empire a été la publication de
cette vérité fondamentale dans une circulaire du ministre de l'intérieur.

C'est peut-être la seule réforme sur laquelle tous les
partis soient d'accord, et pourtant tous les partis s'obsti-
nent à s'endetter tous les ans pour ne pas la faire.

Il serait facile de montrer que les budgets vont toujours
croissant, et que le nombre des fonctionnaires s'accroît
d'année en année comme le budget. Il y avait en France,
en 1831, 138 830 employés civils, dont le traitement s'é-
levait à 201 421 209 francs [1]. La moyenne des traitements
était de 1448 francs. Dix-sept ans après, à l'époque de la

---

[1] Voy. le rapport de M. Thiers sur le budget de 1831.

révolution de Février, la France payait 264807 906 francs
à 174261 employés. La moyenne des traitements était de
1519 francs. Ainsi le gouvernement de Juillet avait créé
35431 emplois nouveaux. Je déclare que c'est peu. Le
génie de l'administration, telle qu'elle est constituée, la
porte nécessairement à créer des emplois. Les places à
donner ont succédé, comme moyen de gouvernement, aux
pensions et aux abbayes de l'ancien régime. Chaque système a sa lèpre. Aussitôt qu'un nouveau service est créé,
ou qu'un service ancien prend de l'accroissement, au lieu
d'augmenter à la fois les attributions et le salaire d'employés déjà habitués au travail, qui se trouveraient ainsi
récompensés, et qui feraient mieux la besogne, on appelle
un personnel nouveau, inexpérimenté. On regarde d'ailleurs comme un devoir d'étendre à tous les services le régime préventif, de diviser les fonctions, d'après le faux
principe des spécialités, et de mettre sans cesse de nouveaux emplois à la disposition des agents supérieurs. Les
chefs croient que le nombre de leurs subordonnés augmente leur considération. Ils aiment mieux démembrer
leurs attributions, et avoir une place de plus à donner. Tout
cela est à contre-sens. C'est l'autorité directe, l'action personnelle, qui fait l'importance d'un chef. C'est le petit
nombre des employés qui fait la bonne gestion. C'est la
réduction des salaires inutiles qui permet de rétribuer
convenablement les fonctionnaires, et d'alimenter largement les travaux d'intérêt général.

J'ai cité plus haut deux chiffres extraits d'un rapport
de finances de M. Bineau[1]. Ces chiffres ne peuvent être
qu'approximatifs. Il est très-difficile de connaître exactement le nombre des employés. En 1849, un représentant
demanda que la liste de tous les fonctionnaires et de tous
les pensionnaires de l'État fût dressée par le ministre des
finances, imprimée, distribuée à la Chambre. Le ministre,

---

1. Rapport sur le budget de 1848.

M. Passy, réclama pour ce travail six mois et un crédit de quatre-vingt millle francs[1]. Un examen plus attentif fit comprendre que M. Passy avait singulièrement réduit sa demande, et le gouvernement déclara que si l'on joignait aux pensionnaires de l'État ceux des départements et des communes, la publication ordonnée n'exigerait pas moins de cinquante volumes in-4° de six cents pages, et qu'elle entraînerait, en frais de personnel et de matériel, une dépense de plus de cinq cent mille francs. Pour comprendre la difficulté, il faut songer à la multitude des chefs de service, à la différence des règles dans les administrations diverses, aux fonctions temporaires, à celles qui ne sont que de simples commissions, et dont la rétribution ne pèse qu'indirectement sur le budget. Les rapports détaillés qu'on distribuait autrefois aux Chambres n'étaient que des sommaires; il y avait des allocations en bloc de plusieurs millions, qui ne prenaient qu'une seule ligne; et pourtant les tableaux où ces chiffres étaient alignés prenaient les proportions d'un volume formidable.

Prenons pour exemple la marine. Il y a d'abord l'armée de mer, qui compte un grand nombre d'officiers et de sous-officiers, depuis l'amiral jusqu'au contre-maître et au caporal d'infanterie. Il y a l'état-major des vaisseaux, celui des ports, celui de l'artillerie, celui de l'infanterie. Il y a le commissariat ; il y a le contrôle. Il y a le génie maritime, le service de santé. Il y a aussi un corps de gendarmerie spéciale. Il y a ou il y avait la chiourme. Il y a le service des vivres, et des approvisionnements de toutes sortes. Il y a les aumôniers. Il y a les conseils de guerre, les musées ou saintes-barbes, les bibliothèques. Il y a l'école de marine, les examinateurs de marine, les ingénieurs hydrographes, le dépôt des cartes. Il y a tout ce qui constitue l'arsenal, les maîtres et contre-maîtres d'ouvriers, le gardiennage, l'emmagasinage. Il y a des artistes peintres et

1. Séance du 16 mai 1849. Proposition de M. Favand

sculpteurs. Il y a les agents inférieurs du commissariat,
tels que les adjoints, les écrivains, les syndics des gens de
mer. Il y a des auxiliaires, officiers, sous-officiers, contre-
maîtres, médecins, conducteurs de travaux, pilotes, mis
en réquisition temporaire. Cet immense personnel prend
de nouvelles proportions si l'on y joint les employés des
colonies, et c'est ici surtout que le contrôle devient impossible par la latitude laissée aux gouverneurs généraux.

Dans un département tout différent, l'instruction publique, l'énumération n'est ni moins compliquée ni moins
embarrassante. On aura compté assez vite les employés
des bureaux de l'administration centrale, les fonctionnaires du conseil et de l'inspection, les conservateurs des dé-
pôts et bibliothèques, les directeurs, professeurs, agents
comptables, appariteurs des grandes écoles et des facultés,
les recteurs d'académie avec leurs inspecteurs et leurs secrétaires, les proviseurs, censeurs, professeurs, répétiteurs
des lycées, les fonctionnaires analogues des colléges communaux, les instituteurs primaires à la solde des communes qui constituent à eux seuls, pour l'instruction primaire
un personnel de plus de quarante mille employés. Mais, à
côté de toute cette armée, il y a des fonctionnaires mal défi-
nis, qu'on ne sait où classer. Tels sont les commis, autres
que le secrétaire, dans les bureaux des académies ; les commis, autres que le secrétaire agent comptable, dans les facultés et les écoles ; les bibliothécaires directement nommés
et payés par les villes ; les professeurs de classes d'adultes
qui reçoivent seulement une indemnité ; les employés de
l'économat dans les colléges communaux ; certains professeurs de langues ou d'arts d'agrément ; des écoles, des
salles d'asile qui, sans être précisément communales, reçoivent des indemnités sur les fonds du département ou de
la commune, les membres des congrégations enseignantes,
un certain nombre d'institutrices libres, mais autorisées et
encouragées ; tout le personnel des maisons religieuses
placées en dehors de l'Université, etc.

Il en est de même pour le ministère de l'intérieur. On sait très-exactement le nombre des employés de l'administration centrale, celui des préfets, des conseillers de préfecture, des sous-préfets, des quatre-vingt mille maires et adjoints qui, bien que non rétribués, sont des agents très-directs et très-fidèles du pouvoir. Mais les employés des préfectures et sous-préfectures, et les agents subalternes des communes forment une armée dont le dénombrement est impossible. Pour nous en faire une idée, énumérons seulement les fonctionnaires d'une commune importante. Il y a d'abord les employés et gens de service de la mairie, puis l'architecte communal, l'architecte-voyer, l'inspecteur de la salubrité, le médecin chargé de la constatation des décès, l'ordonnateur des convois, les porteurs de corps et fossoyeurs, les sonneurs de cloches, les bedeaux, les préposés à laperception des droits sur les places et marchés, les appariteurs communaux ou sergents de ville, les cantonniers, le tambour afficheur, les employés de l'octroi, quand les communes n'ont pas pris d'abonnement avec l'administration des contributions indirectes, les gardes champêtres et messiers, le receveur municipal, les divers agents des hospices, les officiers payés de la garde nationale, les tambours, etc.

Le ministère des finances est peut-être le plus riche en employés de toutes sortes : en effet, il a le service des emprunts et de la dette, les dotations des grands corps de l'État et de la Légion d'honneur, l'administration centrale, la trésorerie, les monnaies et médailles, la cour des comptes, les contributions directes, le cadastre, l'enregistrement, les domaines, le timbre, les forêts, les douanes, les contributions indirectes, les tabacs, les poudres, les postes. Sait-on quel est le nombre des agents pour le service des douanes seulement ? Il est de 22 625. Et pour le service des postes ? 27 787. Ce sont les chiffres du budget de 1867. Je n'exagère pas, en disant qu'il s'agit d'une armée. Et si je consens à ne pas tenir compte du personnel des ateliers dans les manufactures (tabacs, poudres, monnaies et médailles, tapis porcelaines), c'est pure faiblesse de ma part, excès de timidité et de modération. J'ai peur des chiffres que le budget me fournit; j'en dissimule une partie, pour ne pas sortir de la vraisemblance.

Le ministère de la justice qui n'a comparativement qu'un petit nombre d'employés apporte cependant, outre le personnel des cours et des tribunaux, deux mille huit cent quarante-sept juges de paix, cinq mille six cent quatre-vingt-quatorze suppléants, quatre mille deux cent-trente-huit greffiers de différents ordres. Le ministère des cultes compte quarante mille huit cents prêtres catholiques, employés au service des paroisses. Les finances ont neuf mille employés pour les contributions directes, trois mille six cents pour l'enregistrement et le timbre, trois mille quatre cents pour les forêts, vingt-trois mille pour les douanes; les postes, si l'on tient compte des facteurs ruraux, n'emploient pas moins de vingt-sept à vigt-huit mille employés. Cela ne fait pas moins de quatre-vingts à cent mille employés pour un seul ministère. Cependant la plupart de ces chiffres sont empruntés à des rapports qui ont plus de dix années de date; ils sont donc tous, ou presque tous, inférieurs à la réalité.

Pour nous rendre compte approximativement du nombre d'employés du département de la guerre, décomposons une compagnie de cent hommes. Nous verrons qu'il y a un capitaine, un lieutenant, un sous-lieutenant, un sergent-major, un fourrier, quatre sergents, huit caporaux, total dix-sept fonctionnaires sur soixante-dix-huit hommes. Or, il y a de plus dans un régiment, un colonel, un lieutenant-colonel, un major, trois chefs de bataillon, quatre adjudants-majors, quatre adjudants sous-officiers, un porte-drapeau, un capitaine d'habillement, un officier payeur, trois officiers de santé, cinq ou six sous-officiers d'ouvriers ou vaguemestres, deux chefs de musique, un certain nombre de musiciens gagistes, un tambour-major, deux tambours maîtres. En dehors des régiments, nous avons l'état-major des places, celui des écoles, le grand état-major, comprenant les officiers généraux avec leurs aides de camp et leurs officiers d'ordonnance; l'administration de l'intendance, celle des vivres, les poudres et salpêtres, les arsenaux, les médecins, chirurgiens, pharmaciens, officiers d'administration, caporaux d'infirmerie, gardes du génie, gardiens consignes, etc. En ne comptant que les officiers de troupe, nous avons 17 officiers, sous-officiers ou caporaux pour 61 soldats, et pour une armée de 389 604 hommes, un total de 93 955 fonctionnaires. Que sera-ce si on ajoute à ce chiffre, déjà formidable, celui du service des places, de l'intendance, des vivres, de la santé, de l'aumônerie, les états-majors particuliers du génie et de l'artillerie, les écoles militaires, les invalides, les officiers et employés dans les ateliers du boulet, les pénitenciers, le corps entier de la gendarmerie, qui s'élève à 21 590 hommes en y comprenant les simples gendarmes? Un gendarme est assurément un fonctionnaire, et même un fonctionnaire assez puissant. Un caporal est, je l'avoue, un bien petit fonctionnaire; mais c'est un fonctionnaire cependant; et ses galons sont demandés par deux ou trois soldats, et jalousés par deux ou trois autres.

Ces énumérations sont bien fastidieuses; il est plus que temps de s'arrêter. Je pense qu'en réfléchissant à toutes ces fonctions, et en y ajoutant les débitants de tabac et de papier timbré, qu'il ne serait pas juste d'omettre, on trouvera que je reste bien au-dessous de la vérité en ne portant qu'à un demi-million le nombre des fonctionnaires publics. Si maintenant de trente-six millions qui forment la population de la France, on défalque dix-huit millions pour les femmes et six millions (c'est trop peu de moitié[1]), pour les enfants, les infirmes et les incapables,

1. Lorsque Thouret établit les bases de la représentation nationale d'après la population, il compta comme citoyens actifs, non pas, comme

on trouvera qu'il y a au bas mot un fonctionnaire et un soldat sur douze citoyens actifs. Et tous les jours on crée des fonctions nouvelles, non-seulement pour perfectionner les services anciens, mais pour pourvoir à des services nouveaux, tels, par exemple, que les lignes télégraphiques ; et comme on se défie des fonctionnaires, toutes les fois qu'un nouveau service est inventé, on y ajoute un service de contrôle. Cette progression croissante est menaçante pour la fortune publique ; et il faudrait être aveugle pour ne pas voir l'influence exercée sur le caractère national par ce nombre immense d'agents de l'autorité.

Un bon citoyen connaît la loi, la respecte, lui obéit, la défend, compte sur elle : hors de là, il est libre dans ses opinions et dans ses démarches ; il ne dépend de personne et ne doit obéissance à personne ; il est le seul artisan de son bien-être et de celui de sa famille, il est le gardien de son honneur. Sa vertu est de juger lui-même ses aptitudes, d'exercer sans relâche ses facultés dans la voie qu'il a choisie, de supporter la mauvaise chance avec courage, le bonheur avec modération, de prêter aux autres un appui fraternel, et de conduire ainsi sa vie par ses propres lumières et ses propres forces, à ses risques et périls, sous l'œil de Dieu. Le premier devoir du fonctionnaire est de distinguer en lui-même ce qui tient à l'homme et ce qui tient au fonctionnaire. Comme homme, il a sa liberté à exercer et à défendre ; comme fonctionnaire, il n'est qu'un

l'a fait quelquefois le tiers, mais le sixième seulement du nombre total. Voici ses paroles, prononcées à la tribune le 22 septembre 1789 : « Le nombre des individus, en France, est d'environ vingt-six millions ; mais d'après les calculs qui paraissent les plus certains, le nombre des citoyens actifs, déduction faite des femmes, des mineurs et de tous ceux que d'autres causes légitimes privent de l'exercice des droits politiques, se réduit au sixième de la population totale. On ne doit donc compter en France qu'environ quatre millions quatre cent mille citoyens en état de voter aux assemblées primaires de leur canton. » Le nombre des citoyens inscrits sur les listes électorales n'allait pas à dix millions en 1849 ; en 1851 (après la loi du 31 mai), il ne dépassait pas six millions.

rouage dans une machine ; il est l'œil, ou la main, ou la pensée d'un autre ; il doit avant tout se plier à la discipline, accepter là volonté qui le prend pour agent, et conduire ses facultés dans la voie que cette volonté lui trace. Toute son originalité, qui ferait le mérite d'un autre citoyen, lui est un obstacle. Le succès, pour lui, c'est de plaire à son chef immédiat; il ne peut avancer que par ce moyen. S'il est attaqué, l'administration le défend; s'il a des besoins, il n'a d'aide à attendre que de l'administration; s'il tombe dans la maladie ou les infirmités, l'administration le recueille ; ses enfants ont un droit spécial, fondé non sur la loi, mais sur un usage constant et raisonnable, à entrer à leur tour dans les emplois de l'administration. Quand il essaye de revendiquer sa liberté en tout ce qui ne touche pas son état, il se rend suspect à ses chefs ; et comment en serait-il autrement ? Comment pourrait-il ne pas compromettre l'administration par sa conduite privée ? Il lui appartient, même quand il ne la représente pas. Comment pourrait-il en conscience fronder l'administration, voter contre elle, et la servir ? Je comprends une grande indépendance dans un fonctionnaire, mais dans un fonctionnaire important par l'étendue de ses attributions, par sa lourde responsabilité, par une responsabilité directe devant le public et devant la loi, par une possession d'état qui ne puisse lui être arbitrairement enlevée. Celui-là est l'homme de la fonction, et non le représentant et en quelque sorte l'organe d'un chef. Un tel fonctionnaire n'existe pas en France, si nous exceptons quelques juges inamovibles, dont l'influence est restreinte, et la position matérielle déplorablement insuffisante. Nos fonctionnaires sont si nombreux que chacun d'eux a peu d'influence et peut être facilement remplacé; ils sont si malheureux qu'il leur faut une vertu héroïque pour ne pas désirer d'avancement ; leur position est si précaire que le soupçon ou la malveillance d'un chef suffisent pour briser leur avenir et les perdre sans ressources. Ils sont tellement enlacés dans les règlements, les circulaires ; ils sont dirigés de si près, si minutieusement, qu'il ne reste plus rien, dans leurs actions, de leur caractère personnel. Leur âme porte un uniforme, comme leur corps. L'administration leur fournit des opinions (en matière de service), un langage officiel, et un traitement. Exposés à passer à chaque instant d'un bout de la France à l'autre, et n'ayant par conséquent que l'administration pour patrie, ils se lient entre eux la plupart du temps, et forment ce qu'on appelle dans les villes de province la colonie. Responsables envers leurs chefs, jamais envers le public : tout le secret de la situation des fonctionnaires est dans ces deux mots. Ils ne sont pas écrits dans la loi, mais ils le sont partout dans le mécanisme et dans l'esprit de l'administration. On se rappelle involontairement le passage de la *République* où Platon compare ses guerriers à de bons chiens de garde, doux et affectueux pour leurs maîtres, redoutables aux ennemis de la patrie et de l'ordre.

C'est une bien grande faute que de multiplier les fonctionnaires pour les amoindrir, de les mal payer par une suite nécessaire de leur nombre, de diminuer les attributions de chacun pour que la responsabilité se divise, et de les mettre à la discrétion de leurs chefs, pour que l'autorité qu'ils exercent soit toujours une autorité empruntée. On a fait cela par amour de l'égalité et de la liberté : jamais institution n'alla plus ouvertement contre son but. On est bien plus gouverné, et bien plus mal gouverné par une foule de fonctionnaires passifs et médiocres, que par un petit nombre de magistrats considérables, dont la situation est très-souhaitable, dont la besogne est très-difficile, et qui portent directement devant l'opinion et devant la loi le fardeau de la responsabilité. Aujourd'hui on entre dans la plupart des carrières par la sollicitation et par conséquent par la faveur. Chaque employé y demeure à la merci de son chef, qui peut prononcer ou provoquer sa destitution, et de qui dépend son avancement. Tous les dé-

tails de l'administration sont prévus avec une telle mi-
nutie qu'un bon employé n'est plus autre chose qu'un employé soigneux et possédant à fond la routine. Les traitements sont tellement réduits que presque tous les
fonctionnaires sont dans la gêne, ce qui, outre l'injustice
criante, a l'inconvénient de ne pas leur laisser la libre disposition de leurs facultés. Faites qu'il y ait des conditions
sévères à remplir pour entrer dans l'administration ; aussitôt l'idée de faveur s'éloigne pour faire place à celle de
capacité. Que l'emploi une fois acquis ne puisse être perdu
que dans des cas déterminés et après l'accomplissement
de formalités protectrices, et vous donnerez au titulaire
tout à la fois de la sécurité et de la dignité. Ne craignez
pas de lui demander beaucoup : plus il aura à faire, et
mieux il fera. Les affaires sont l'école des affaires ; rien
ne nourrit l'incapacité comme l'indolence. Laissez-lui la
liberté de son action pour les détails de son service, car
il doit être un homme et non une machine. L'excès de régularité qu'on obtient à force de réglementation n'est qu'un
embarras pour les administrés, et un supplice pour le fonctionnaire. Soumettez son avancement à des règles fixes,
pour qu'il sache bien qu'il n'a pas de faveurs à capter, mais
seulement des devoirs à remplir. Ainsi il ne sera pas humilié
devant ses chefs, et le seul moyen qu'il aura de travailler
à son avancement sera de s'appliquer à ses fonctions.
Que sa position matérielle le mette largement au-dessus
du besoin, et qu'il n'ait rien à envier sous ce rapport à
ceux qui ont fait leur carrière par le travail indépendant.
Faites de lui, en un mot, un homme puissant, occupé,
utile, soumis à ses chefs sans en dépendre, respecté du
public en raison de sa capacité et de son activité, tranquille sur sa position et sur son avenir. Voilà les magistrats qu'il faut à la liberté. Nous n'aurons rien à
craindre de l'extension de leur autorité et de leur importance, si chacun de nous peut, sans autorisation préalable, les appeler devant les tribunaux ordinaires du

pays ponr répondre de leur conduite. Cette garantie obtenue, l'administration cesse d'être à la fois humiliée et
oppressive[1].

La liberté a donc trois reproches à faire à l'administration française, telle qu'elle est constituée depuis le commencement du siècle : elle administre trop, par trop d'a-
gents, et par de trop petits agents.

Il est bien certain qu'en France on a un médiocre respect pour les fonctionnaires. On les regarde plutôt comme
des surveillants que comme des protecteurs, et plutôt
comme des privilégiés que comme des agents utiles, mal
rétribués pour un service important. Ils sont souvent, à
beaucoup d'égards, étrangers à la population. Leur emploi
ne demandant pas un talent exceptionnel, on leur en veut
presque de l'avoir obtenu, on les jalouse, on leur reproche de vivre aux dépens du budget, quoiqu'ils vivent
maigrement. Ce préjugé est même si fort que, quand
plusieurs fonctions peuvent être avec avantage remplies
par le même titulaire, le public s'indigne de ce cumul
comme d'une sorte de vol fait aux deux ou trois personnes
qui auraient végété avec ces deux ou trois traitements.
Les fonctionnaires, de leur côté, n'ayant à plaire qu'à leurs
chefs, et se sentant jalousés, apportent une certaine
morgue dans l'exercice de leur petite autorité. Il semble
même, et c'est ce qui confirme notre observation, que
cette morgue augmente à mesure que l'autorité et le rang
du fonctionnaire diminuent. Les vexations secrètes qu'ils
éprouvent du côté de leurs chefs, leurs inquiétudes, leurs
brigues, la conscience que le public prend leur exactitude
en mauvaise part, car personne n'aime la loi en France
et ne la subit volontiers, la médiocrité de leur situation
matérielle qui les condamne à une misère réelle, pénible
contraste avec leur situation extérieure, peut-être aussi

1. Voir un article de M. Ed. Laboulaye sur l'enseignement et le novi-
ciat aux fonctions publiques en Allemagne, t. XIV de la *Revue de la législation et de iurisprudence.*

nos révolutions, qui tantôt font passer l'autorité d'une fonction de main en main, et tantôt la maintiennent dans la même main sous des régimes opposés à des conditions peu honorables, tout contribue à restreindre chez nous la considération qui, dans d'autres pays, s'attache aux gens en place ; et comme ils sont les organes et les représentants de la loi, cette indifférence est évidemment pour beaucoup dans l'indifférence regrettable que la loi nous inspire.

Cependant, par une inconséquence bizarre, ce pays où l'on dédaigne les fonctionnaires est peut-être celui où on court après les fonctions avec le plus d'avidité. Celui qui n'a pas de place regarde de bonne foi l'uniforme comme une livrée ; et il est tout prêt à se croire membre d'une nouvelle noblesse, si un revirement inespéré dans sa condition lui permet à son tour d'étaler un bout de galon sur son habit. Il prend alors les choses d'un autre côté; et se souvient du temps où il fallait être de la noblesse ou de la haute bourgeoisie pour occuper un emploi. On peut voir ce double courant d'idées se manifester très-clairement dans le monde judiciaire, où un grand avocat est très-fier à juste titre, de sa modeste robe, tandis que, de son côté, le dernier des substituts sait ce qu'il doit penser, dans la haute position qu'il occupe, d'un simple membre du barreau. Il n'y a pas de branche de l'administration publique qui n'ait à sa porte un long troupeau d'enfants de famille, élevés dans l'espoir de forcer les barrières, et de conquérir une place dans la corporation. Les parents s'imposent des privations, les enfants se livrent à un travail effréné, les amis, les simples connaissances se mettent en campagne; on invoque des services chimériques, des sentiments de dévouement au chef de l'État dont on ne s'était pas auparavant avisé; on assiége les gens en crédit; on perd plus de temps, on déploie plus d'activité, on invente plus de ressources qu'il n'en faudrait pour s'enrichir par le travail. Et la fin

de tout cela est une place dans les postes ou dans l'enregistrement, qui oblige le nouveau fonctionnaire à un travail insipide, qui le fait vivre dans des villages loin de
toutes les ressources intellectuelles, qui l'enchaîne aux caprices d'une multitude de chefs, et qui, même en supposant un avancement raisonnable, ne fournit jamais à ses
besoins. Nous disions qu'il y a en France, sur douze millions de citoyens, un demi-million de fonctionnaires : il
faut encore y joindre deux ou trois millions de solliciteurs. Et si l'on pense qu'il se donne chaque année au
moins cinquante mille croix demandées, au bas mot, par
cinq cent mille personnes ; qu'il y a des bourses gratuites
et des portions de bourses dans toutes les écoles publiques ;
que toutes les affaires départementales et toutes les affaires communales sont soumises à l'approbation du gouvernement ; qu'il faut une autorisation pour ouvrir un
grand nombre de commerces, une enquête pour fonder
une usine, une décision préfectorale ou ministérielle pour
obtenir une prise d'eau, une ordonnance pour exploiter une mine, un brevet pour faire usage avec quelque sécurité d'une découverte dont on est l'auteur, un
visa de la douane pour exporter ou pour importer une
marchandise, un acquit à caution et un passavant pour
porter son vin de son pressoir à sa cave, un port d'armes
pour avoir un fusil, un permis de chasse pour tuer un
lièvre, un passe-port pour sortir de sa commune, on
verra qu'une des plus grandes occupations du peuple
français est de demander, un de ses plus grands soucis
d'obtenir ; qu'il est gouverné, gêné, ou, si l'on veut,
administré de tous les côtés et par toutes les mains ;
que, si le fardeau de sa liberté lui pèse, c'est qu'il
est vraiment bien déshabitué de la responsabilité et
de l'initiative ; et que l'idéal des communistes, un couvent ou une caserne, n'est pas si loin de nous en réalité qu'on le croirait au premier abord, quand on prend
au pied de la lettre les grands principes de 1789,

dont nous remplissons bien innocemment tous nos dis
cours.

L'habitude de demander, de vivre passivement, de ne
pas compter sur soi, est déplorable par elle-même : elle
entraîne une foule de conséqnences dont je ne signalerai
que les deux plus funestes, à savoir l'affaiblissement du
caractère national et la diminution de la richesse nationale.

Je ne crois pas me tromper en attribuant à cette multitude de places que donne le gouvernement, à ces solliciteurs qui forment un grand tiers de la nation, à cette
dépendance où on nous tient pour la direction de nos
propres affaires et le développement de nos propres facultés, la tendance presque universelle parmi nous d'am
nistier le succès et de juger les choses et les hommes par
l'événement. Dans un monde où la liberté individuelle a
si peu de part, il se forme une morale de convention qui
n'est trop souvent qu'un art de déguiser, sous des phrases
acceptées, la violation de la morale. On parle bien de fierté,
d'indépendance, de fermeté dans le caractère ; mais on
trouve un biais pour faire cadrer ces belles choses avec la
souplesse qu'exigent les supérieurs et la versatilité que
commandent les circonstances. Il s'élève peu à peu une
doctrine relâchée sous des dehors austères, qui enseigne,
pour habileté suprême, à faire son chemin sans se mettre
en opposition formelle avec la loi. L'inflexibilité dans les
opinions passe pour de l'orgueil, quelquefois pour un faux
calcul, et l'on décore du nom de sagesse et de modération
le talent heureux de faire à propos un sacrifice de conscience. Dieu a fait la loi naturelle et la liberté l'une pour
l'autre, et notre punition, quand nous ne savons pas défendre notre liberté, est de perdre en même temps la netteté du sens moral.

3. Inconvénients d'une centralisation excessive pour l'industrie. — De l'État substitué aux compagnies dans l'exécution des travaux publics.

Tous les économistes sont d'accord pour regarder l'asservissement administratif d'un pays comme une cause incessante d'appauvrissement. En effet, la richesse dépend moins du sol que du travail : c'est une vérité d'évidence pour tout praticien. L'homme fait la terre. Un peuple industrieux, que la nature avait fait pauvre, est producteur de richesse. Un peuple comblé de toutes les richesses naturelles, et qui n'aide pas la nature, meurt de faim au milieu de ses plaines fécondes, à côté de ses mines d'or. Le travail à son tour croît et se développe avec la liberté; un esclave travaille moins qu'un journalier, un journalier moins qu'un tâcheron, un tâcheron moins qu'un fermier, un fermier moins qu'un colon. Pourquoi ? c'est la nature humaine. Un grand intérêt, un grand travail. On se donne plus de peine à mesure qu'on a plus de raisons de se donner de la peine. Par le même motif, le degré de liberté civile et politique d'un pays importe à sa production. Un homme libre de sa personne, par ce qu'il n'est ni la propriété ni l'engagé d'un particulier, n'est pourtant pas tout à fait libre, si les institutions de son pays ne protégent pas suffisamment sa propriété, et si elles mettent des entraves au développement de son activité. Tout ce qui trouble, compromet ou limite la propriété, ôte au travailleur le désir de déployer sa force ; tout ce qui entrave l'activité personnelle ôte au travailleur le moyen de déployer sa force. La richesse est à la force comme l'effet est à la cause. Dans un pays où la force est stimulée par une bonne organisation de la propriété, et développée par un constant et libre exercice, il est nécessaire qu'avec le temps la misère soit vaincue, la richesse produite. Qu'est-ce qu'un peuple riche? c'est celui où le travailleur est fort du bras et de la tête. Qu'est-ce qu'un travailleur fort? c'est celui qui est libre.

L'excès de l'administration nuit encore à la richesse d'un pays en faisant exécuter les grands travaux par l'État, au lieu de les demander à l'industrie privée. Vaut-il mieux recourir à l'industrie privée par la voie de l'adjudication, ou confier directement à l'État, aux départements ou aux communes, selon leur caractère, les entreprises d'intérêt général? C'est une question longuement débattue chez nous à une autre époque. On avait alors l'horreur des compagnies financières, et l'on disait : « Pourquoi gagneraient-elles des millions sur des travaux d'utilité générale? Si l'État faisait par lui-même, ces millions seraient économisés, ou employés en augmentation et en amélioration du travail. Les compagnies n'ont qu'un intérêt : faire vite et à bon marché, pour gagner plus tôt et gagner plus. L'État n'a qu'un intérêt : faire bien, solidement, sûrement, avec la noblesse qui convient à un grand peuple. » Si un accident arrivait sur un chemin de fer : « C'est la compagnie qui a économisé sur le personnel et sur le matériel; il en coûte cinquante-deux morts, comme au chemin de Versailles, à la rive gauche, ou douze morts, comme à Fampoux, ou quatorze, comme à Moret; mais les actionnaires n'auront pas à se plaindre de leur dividende! » Si une gare avait de bons dégagements, des bureaux commodément disposés, mais point de colonnades ni de statues : « C'est un comptoir de marchands, fait à la hâte pour les besoins du service. Rien de monumental, rien de digne d'un grand peuple. » On allait jusqu'à critiquer les terrassements, faits à la hâte, disait-on; « un peu de terre entassée, sans perrées ni ravalements : les compagnies se souciaient si peu de la vie des voyageurs! C'était une nouvelle aristocratie qui se formait, plus dure que l'ancienne, sans entrailles, irresponsable; n'ayant pas, comme l'autre, d'anciens services à faire valoir, et d'anciennes traditions à respecter. »

Voilà ce qu'on disait, et dans les partis les plus libéraux, les plus honnêtes, les plus dévoués d'intention aux principes de 1789, dans des partis qui se prétendaient chargés de défendre la liberté contre le pouvoir, et qui croyaient de bonne foi remplir cette noble tâche. On ne voyait aucun inconvénient à charger l'État de creuser des canaux, d'ouvrir des rails-way, de jeter des viaducs sur les vallées et des ponts sur les rivières, de creuser les tunnels, de construire les machines et tout le matériel de traction, d'exploiter par lui-même : « S'il y a bénéfice, tout le monde en profitera : tout sera solide, bien fait, noblement fait, digne de nous, et les financiers ne régneront plus. » Les mêmes hommes qui avaient cette confiance illimitée dans l'État pour les travaux publics, qui voulaient lui donner une armée de deux cent mille ouvriers, et un budget extraordinaire de deux milliards, criaient à la tyrannie quand il lui arrivait de créer un ou deux commissaires de police, ou d'ajouter trois ou quatre cents francs aux appointements des juges de première instance.

Se charge qui voudra de défendre l'innocence immaculée de toutes les compagnies; je crois fermement, je l'avoue, qu'à côté des esprits résolus, des cœurs fermes et droits qui veulent doter leur pays d'une industrie et d'une force nouvelles, et en même temps, pourquoi non? conquérir pour eux-mêmes une ortune considérable, une position influente, à force de talent et d'énergie, il se rencontre des voleurs d'argent et de popularité dont tout le mérite est d'exploiter la crédulité publique. Mais il serait profondément injuste de confondre les hommes dont on voit les œuvres, et dont le livre de compte n'est un secret pour personne, avec ces charlatans qui spéculent sur des entreprises imaginaires et au moyen de capitaux plus imaginaires encore. Le travail sérieux ne doit pas porter la peine du voisinage immonde des agioteurs. Il faut demander à la loi et aux mœurs une répression impitoyable des manœuvres déloyales, et il faut rendre au travail, à l'intelligence, à la persévérance l'honneur et la confiance qu'ils méritent. L'Angleterre a eu, comme la France, des scandales de bourse; elle n'en a pas moins fait son réseau de chemins de fer par l'industrie privée : et c'est le mieux conçu, le mieux exécuté, le plus commode pour le public, le plus fructueux pour les actionnaires qu'il y ait au monde. Nous nous plaignons des compagnies, nous lançons contre elles des réquisitoires haineux, et nous ne savons pas même leur demander des comptes quand nous sommes actionnaires, tant nous avons peu l'habitude d'exercer un droit, et de compter sur la loi et sur nous-mêmes! S'il y a tant de compagnies frauduleuses et tant de gaspillage dans les compagnies sérieuses, c'est à nous surtout qu'il faut s'en prendre, à notre ignorance des affaires, à notre besoin d'être menés, à notre manque d'initiative. Il ne se fait que des affaires sérieuses dans un pays dont tous les citoyens sont des hommes d'affaires.

Je ne dirai pas que l'État surveille les compagnies tandis que personne ne surveille l'État; car, je le reconnais, sauf les transformations que peut amener l'avenir et que personne ne peut prévoir, l'administration française est en général d'une probité exemplaire. Mais voyons les ressources de l'État en argent et en hommes, voyons ses tendances en matière d'art et d'exécution de travaux publics; voyons si son intervention est conforme à la justice; et voyons enfin si l'accaparement des travaux par l'État n'est pas un grand danger moral, un grand danger politique, un grand acheminement vers le communisme.

La meilleure exécution qu'on se promet en confiant les travaux à l'État ne peut pas tenir à la supériorité de ses employés. Le plus grand nombre de nos ingénieurs, dont personne ne songe à contester la capacité, est employé à surveiller l'entretien des routes. C'est une bonne fortune

pour eux de trouver dans leur service une passerelle à
construire. Le service extraordinaire, celui des canaux,
par exemple, est une meilleure école : on ne peut pas la
comparer à celle des chemins de fer. Quant l'État con-
struira les chemins, ses ingénieurs auront de la pratique ;
c'est évident, et il est évident qu'aujourd'hui ils n'en ont
point. La construction de nos canaux, si dispendieux et
qui rendent si peu de services, n'est pas la page la plus
brillante de l'histoire du corps des ponts et chaussées.
Dans la construction même des routes, l'administration a
résisté longtemps aux améliorations les plus nécessaires,
parce que, dans une si vaste hiérarchie, il est naturel que
les jeunes obéissent, et que l'impulsion vienne des ingénieurs consommés, arrivés par la science et le travail au
sommet de la carrière, mais dont l'ardeur s'est refroidie,
dont la pratique a le défaut d'être un peu arriérée, et qui,
jugeant tout d'un peu loin et en vertu de règles générales,
ne savent pas se plier aux besoins des localités et aux
transformations de l'industrie. Le système de faire des
routes trop larges et trop dispendieuses remonte jusqu'à
Louis XIV ; et tant qu'il a duré, il a eu pour conséquence
que nous avons eu trop peu de routes[1]. La supériorité des

1. « L'administration des ponts et chaussées était d'abord chargée de
l'entretien des routes impériales. Alors autant qu'aujourd'hui l'art avait
revêtu pour elle des formes absolues; la règle était d'imiter ce qui s'était
fait. Elle fut suivie. Mais, vingt-cinq ans après, la France était tombée
au dernier rang des nations de l'Occident dans l'art de construire et d'entretenir les routes. L'administration défendait systématiquement et pied à
pied l'empierrement à gros blocs et le pavé contre le macadam ; les écoulements d'eau superficiels contre les écoulements couverts ; les larges
bas côtés contre les banquettes à piétons ; les ponts en pierres contre les
ponts suspendus, etc. Rien n'était possible pour l'extension des routes
qu'à force d'argent, et il fallait se passer de routes et de chemins parce
qu'ils étaient trop dispendieux. Après plusieurs années de discussion et de
patience, les Chambres refusèrent à l'administration des ponts et chaussées l'initiative et l'exécution des routes départementales et des chemins vicinaux, qui furent livrés aux départements et aux communes.
On fit alors la route telle que nous la connaissons aujourd'hui, telle que
vingt ans avant on l'établissait en Angleterre, en Allemagne, en Bel-

ingénieurs de l'État sur ceux des compagnies est donc chimérique. Il n'y a d'autre différence entre les ingénieurs de l'État et ceux des compagnies que ces règles absolues de l'administration des ponts et chaussées, qu'elle impose à son personnel ; car l'origine des ingénieurs du service public et des ingénieurs des compagnies est la même. Les grandes écoles fournissent des sujets aux compagnies comme à l'État ; et quand les compagnies sont en concurrence avec le corps des ponts et chaussées, elles attirent à elles les hommes les plus éminents par le double attrait des grands travaux et des grands traitements. Il y a telle compagnie bien connue qui a pu donner annuellement à son ingénieur en chef quatre fois le traitement d'un inspecteur général des ponts et chaussées. On peut prévoir dès à présent que, quand la construction ou l'exploitation des voies ferrées aura passé des compagnies à l'État, le service sera fait dans des conditions différentes par le même personnel qu'aujourd'hui.

Il est vrai que les compagnies songent exclusivement à l'exploitation, tandis que les ingénieurs de l'État pourront se préoccuper de la beauté des ouvrages d'art. Ce point de vue me touche peu. J'aime mieux, je l'avoue, une colonnade de moins et un kilomètre de chemin de plus. Non pas que l'art ne soit pas une grande chose, et qu'il n'importe pas de faire de grands monuments pour un grand peuple. Mais la beauté d'un monumeut est d'être parfaitement approprié à sa destination. Qu'une gare soit assez ample pour que les diverses voies se déploient sans confusion ; qu'elle ait de vastes quais où les voyageurs circulent à l'aise, des pentes bien aménagées pour les colis et les voitures, des magasins bien aérés, bien éclairés pour

gique, etc., d'une exécution économique et d'une parfaite viabilité. L'art avait sombré sous l'étreinte de l'administration, il se recréa par la liberté, etc. » (*Discours* prononcé devant la Société des ingénieurs civils, le 7 janvier 1859, par M. Eugène Flachat, président de la Société.)

les marchandises, de nombreux escaliers, des salles d'attente chaudes en hiver, fraîches en été, où le public ne se trouve pas entassé d'avance comme il le sera nécessairement dans les voitures; cela suffit à mes idées d'art en matière de chemins de fer. Je ne demande ni une colonne, ni une statue, ni une simple et modeste feuille d'acanthe. Moins il y aura d'ornements, et plus mon esprit sera frappé. Ce que je veux, c'est que tout donne l'idée d'un grand et pacifique développement de la force. Un tunnel, un viaduc seront toujours assez beaux s'ils sont solides. En restant dans ces limites, vous pouvez atteindre au grandiose; vous êtes perdus, si vous enjolivez. L'État voulut une fois entourer Paris d'un mur, et percer ce mur d'un certain nombre de barrières. L'architecte se tira bien du mur; en effet, il fit un mur! Pour les barrières, il voulut se distinguer; il fit des colonnades, des frontons, des rotondes : il épuisa son imagination à créer une centaine de palais, qu'on s'est empressé d'abattre au moment de l'annexion des communes suburbaines. Qui les a regrettés? Qui a songé à les conserver en changeant leur appropriation? Il n'y en avait pas un qui méritât seulement d'être regardé. Tout ce qui choque le bon sens choque le bon goût.

L'État, il faut en convenir, aime assez les ornements. Il protége les beaux-arts; il livre volontiers un pan de muraille à la sculpture. Cependant, où est sa bourse? Il faut des millions, des centaines de millions pour faire des chemins de fer, avec ou sans colonnades. Où l'État prendra-t-il cet argent? Il est très-pauvre, et la preuve, c'est que, sous l'Empire, tous les budgets ont été en déficit. Il n'importe que par un artifice financier on soit arrivé à équilibrer la recette avec les dépenses ordinaires, si le budget normal était toujours doublé d'un budget extraordinaire qui se résolvait forcément en additions au grand-livre. Un peuple qui dépense plus d'argent qu'il n'en a est aussi fou qu'un particulier qui tiendrait la même conduite. Ce sont, dites-vous, des dépenses productives? Soit, j'admets cette réponse ; mais alors l'État joue le rôle de l'entrepreneur, et construit aux mêmes conditions.

Après avoir laissé naître des compagnies, et leur avoir, pendant les premiers temps, accordé la liberté de leurs allures pour la construction et pour l'exploitation des chemins, l'État s'est peu à peu chargé de la haute direction de leurs affaires, en imposant des règles absolues à l'exécution de la voie et au matériel de traction, et en réglant lui-même les tarifs. Il a pris en quelque sorte les compagnies en tutelle, et elles n'ont plus eu d'autre mission que d'exécuter les ordres de l'administration. Aussitôt, on a vu se produire cette régularité, cette uniformité que l'administration porte dans ses travaux ordinaires, et dont les inconvénients ont encore été aggravés quand on l'a appliquée à une industrie qui parcourt des pays si différents, et qui est appelée à rendre des services d'une nature si diverse. Le même système de travaux a été employé pour les pays montueux et pour les pays de plaines, pour les chemins dont le rendement était insignifiant, et pour ceux qui devaient enrichir les actionnaires ; pour ceux qui transportaient uniquement des voyageurs, et pour ceux qui devaient surtout tirer leurs ressources de la messagerie ; pour ceux qui remplaçaient des voies de communication faciles, nombreuses et économiques, et pour ceux qui créaient des relations entre des industries capables de rétribuer chèrement un si grand service. La conséquence immédiate fut un écart entre la dépense de construction et d'entretien d'un côté, et la recette de l'autre. Les anciens capitaux employés à l'industrie des chemins de fer cessèrent de donner les résultats qu'on avait droit d'en attendre ; l'apport de capitaux nouveaux pour l'achèvement des lignes projetées devint impossible. Cependant, la France est très-arriérée pour ses chemins de fer. Quand toutes les lignes décrétées auront été exécutées, elle sera pour l'étendue des lignes, au troisième rang ; par rapport à l'étendue de son territoire, au cinquième ; par rapport à sa population, au septième. Pour ne pas décourager le capital, l'État a été obligé de garantir un minimum d'intérêt ; c'est-à-dire qu'il a pris à sa charge les conséquences ruineuses du système qu'il a imposé aux actionnaires. Cela ne fait pas, tant s'en faut, à ces derniers une situation prospère ; et cela impose à l'État une lourde charge sans compensation, puisque les ressources générales de l'impôt sont employées à guérir, ou plutôt à pallier les misères des compagnies. Il est clair pour tout homme qui réfléchit que les compagnies sont seules en position de mesurer la dépense sur la recette, et par conséquent de faire en sorte que l'industrie des chemins de fer se nourrisse elle-même. Plus cette industrie sera livrée à l'État, et plus elle demandera de sacrifices au budget.

En supposant même que l'administration, après s'être emparée des lignes existantes et s'être chargée de l'achèvement du réseau français, sorte de ses habitudes, et en quelque sorte de sa condition, au point de prendre les allures de la liberté et de se modifier suivant les besoins et les circonstances, cette substitution d'une administration publique à une compagnie entraînera forcément une augmentation de dépenses. Je sais bien qu'en définitive, il faut toujours que le pays trouve les millions nécessaires, soit qu'il les prenne dans la caisse de l'État ou dans le portefeuille des actionnaires. Mais il ne suffit pas de regarder d'où l'argent part et où il va ; il faut songer aussi au chemin qu'il fait. Plus ce chemin est long, plus il est dispendieux. Toutes les fois que l'argent ne passe pas immédiatement d'un sac dans un autre, il laisse quelque chose aux intermédiaires. La dépense que fait une compagnie est directe : l'actionnaire apporte l'argent ; le conseil convertit cet argent en travaux ; il n'y a pas de frais perdus. Au contraire, pour l'argent de l'État, soit qu'il vienne de l'emprunt ou de l'impôt, il y a déjà un prélèvement considérable quand il se trouve dans la caisse à la disposition de l'ingénieur du chemin. S'il vient de l'emprunt, il coûte des primes ; si c'est de l'impôt, il a laissé une remise dans la main du percepteur, dans celle du receveur particulier, dans celle du receveur général. On ne pense pas assez souvent que, pour la perception du tarif des douanes, le ministre des finances tient sur pied, outre le service sédentaire, une armée de vingt-sept mille préposés, ayant sabre et fusil, comme les soldats de son collègue le ministre de la guerre, et touchant une haute paye pour protéger, c'est-à-dire pour rançonner le commerce.

Maintenant, est-il bien juste que l'argent de l'impôt ou de l'emprunt (mais disons seulement de l'impôt, puisqu'en définitive c'est toujours l'impôt qui supporte l'emprunt), est-il bien juste que l'argent de l'impôt soit employé à faire des chemins de fer? Pendant longtemps nous n'avons eu en France que le chemin de Paris à Saint-Germain. Qui intéressait-il? Paris et Saint-Germain. Qui l'aurait payé, s'il avait été construit par l'État? Toute la France. Qui l'a payé, et qui le paye encore tous les jours à la compagnie qui l'a construit? Ceux qui s'en servent. De ces deux modes de payement, l'un qui fait payer par tout le monde l'avantage de quelques-uns, et l'autre qui fait payer le service rendu par celui qui en profite, quel est le plus juste?

On dira : mais nous avons des chemins de fer partout; de Lille à Marseille, de Brest à Strasbourg, toute la France en est sillonnée. Cela n'est pas, et cela ne sera jamais; et quand le réseau de la France sera complet, il restera toujours de l'inégalité entre les citoyens, selon qu'ils seront ou ne seront pas commerçants, et selon que leurs affaires leur commanderont ou leur interdiront les voyages. En fait de fraternité, tenons-nous-en au fonds commun, dont le maintien est nécessaire, sauf à en réglementer l'emploi, et avec lequel au moins on sait ce qu'on donne, mais faisons payer les travaux publics par ceux qui en tirent bénéfice. On serait trop heureux, si

tous les impôts indirects pouvaient être aussi régulièrement et aussi justement établis que celui-là. A mon avis,
c'est le seul qu'il faille conserver. Il faut diminuer de
moitié le budget de l'État, diminuer de plus de moitié
les fonctions de l'État, renoncer autant que possible
aux emprunts qui, sous couleur de servir l'égoïsme des
générations, ne servent souvent que l'égoïsme des administrations, et faire comme l'Angleterre à qui ses chemins de fer, la plupart de ses routes ordinaires, de ses
ports, de ses docks, de ses bassins, n'ont jamais rien
coûté. Des compagnies les ont construits, et ceux qui s'en
servent les payent.

Dans quel cas l'action de l'État doit-elle se substituer
à celle des compagnies ? C'est quand il s'agit d'un service
non rémunérateur, parce qu'alors les compagnies ne se
formeraient pas. Exemple, l'instruction primaire, qui est
nulle partout où l'on se repose sur l'industrie privée.
Qu'on ait recours, dans ces occasions, à la bourse commune, et qu'on ne craigne pas, au besoin, de recourir à
l'emprunt. L'État existe précisément pour faire tout ce
que ne peut pas faire la liberté. C'est là l'exacte mesure
de son droit comme de son devoir ; mais qu'il se retire,
partout où la liberté suffit. Il n'est que l'exception ; elle
est la règle.

Quand même il n'y aurait aucun avantage pour la bonne
exécution et l'économie à faire exécuter les grands travaux
par des compagnies, et quand même la justice ne com-
manderait pas de préférer ce mode de rémunération à
celui qui se fait sur les fonds généraux, un peuple intelligent, qui met l'intérêt moral bien au-dessus de l'intérêt
matériel, doit songer à prévenir cet engourdissement de
l'esprit, cette passivité qu'entraîne à sa suite la tutelle de
l'État étendue à tout. Il n'est personne qui ne soit frappé
de l'esprit d'entreprise qui anime les citoyens anglais,
américains, et qui a caractérisé si longtemps les Hollandais. Il est visiblement suscité par l'habitude de faire par

soi-même. La richesse de ces peuples est venue de cette source, parce que l'État lui-même n'est entreprenant que quand les citoyens ont le goût et le génie des aventures. Chez nous, où l'imagination est vive, on travaillerait, on trouverait, si nous n'étions pas endormis par le sentiment de notre impuissance et de l'inutilité de nos efforts. Les meilleurs esprits dédaignent de chercher. Si quelqu'un a une idée utile, il est réduit à se faire aussitôt solliciteur, et à courir les antichambres pour obtenir l'appui de l'État sans lequel on ne peut rien. Nous ressemblons à ces grands enfants qu'on retient au collège après l'âge de la virilité. Rien ne manque, ni l'esprit, ni la force ; mais ils ne savent pas la manière de s'en servir. Il y a en eux l'étoffe d'un homme, mais pas d'homme.

4. Inconvénients politiques de la centralisation.

Un autre danger de cette extension immodérée des attributions du pouvoir, c'est l'excès de force qu'on lui donne. Non pas qu'il soit de bonne politique de repousser ce qui rend le pouvoir fort. Le pouvoir doit être fort, par définition ; car il ne serait plus le pouvoir. Il doit avoir justement la force nécessaire pour que la loi soit toujours obéie. Mais la force dont il s'agit ici, et qu'il tirerait de l'exécution directe des travaux, n'est pas une force de répression, c'est une force d'action. Les tribunaux n'en seraient pas plus puissants ni plus respectés ; mais ses agents administratifs auraient plus de moyens d'agir sur les volontés et les intérêts. Il est bon que le pouvoir puisse refréner les hommes ; il est bon même qu'il puisse les récompenser ; il n'est pas bon qu'il puisse les acheter. On conçoit l'État gouvernant, dirigeant ; mais quand il prend, au milieu des particuliers, l'allure d'un particulier, ayant ses affaires, ses terrains qu'il vend et qu'il achète, ses maisons et ses routes qu'il fait construire, ses manufactures où il lutte contre les autres industriels, il sort évidemment de son rôle et de sa dignité; il devient oppressif, par cette concurrence exercée avec l'argent de tout le monde, et parce que, s'il s'élève une contestation, il est à la fois juge et partie. De protecteur de la liberté qu'il était quand il se bornait à être l'organe et le vengeur de la loi, il devient, sous son nouvel aspect, l'ennemi, l'obstacle de la liberté. Il la rend impossible, inutile. Il poursuit les citoyens jusque dans leurs affaires, jusque dans leur intérieur. Il a des marchés avec presque tous. Il les intéresse à sa stabilité, par les places qu'il leur donne, par les commandes qu'il leur fait, par les produits qu'il leur livre. S'il prévarique, il a eu soin d'avance de se faire des complices de ceux qui auraient dû être ses juges. Il a trop de moyens de corruption pour rester pur.

Enfin, pour résumer toutes mes critiques en un mot, je n'aime pas à voir fonctionner à côté de moi cette grande fabrique. Il est clair qu'armée comme elle l'est de toute l'autorité publique, et nourrie comme elle l'est de tout l'argent du Trésor, elle peut s'étendre indéfiniment, jusqu'à ce qu'elle ait tout absorbé. Même si elle a la sagesse de se contenir et de laisser une place en dehors d'elle à l'activité libre des citoyens, elle n'en est pas moins le communisme vivant à la face du soleil, et prenant une grande part de la société. Tout cela est mauvais et d'un mauvais exemple. L'État joue un double rôle : ici, de communiste, absorbant tout dans un grand atelier national; là, de défenseur de la propriété, poursuivant les communistes théoriques, c'est-à-dire les philosophes qui enseignent ce qu'il pratique. Il se trompe sur sa mission, sur sa raison d'être; de sorte que les citoyens ne le comprennent plus, et, au lieu de l'aimer, le subissent. Il trouve pour la tyrannie et pour la corruption des facilités qu'on n'a jamais impunément dans sa main. Il s'habitue à avoir des intérêts autres que l'intérêt général. Il dispose de l'impôt comme un citoyen de sa fortune particulière, le portant ici ou là suivant ses goûts et ses idées, et oubliant que l'impôt est une cotisation, qui doit être rendue à chaque partie de l'État en services proportionnels à son apport. Il substitue partout la langueur d'un fonctionnaire à l'énergie d'un entrepreneur. Il a moins que les particuliers le sentiment de l'utilité pratique. Il éteint, il énerve l'esprit d'initiative. Il fait mal ce qu'il fait, et il empêche les citoyens de faire.

Ce n'est pas seulement en s'emparant des travaux publics, c'est par tout son contexte que l'administration fait obstacle à la liberté politique. Qu'on y pense : tous les citoyens, ou presque tous, désirent des places. Aussitôt les voilà divisés en deux camps : ceux qui ont quelque espérance de les obtenir, ceux-là sont dévoués quand même au pouvoir existant; ceux qui ont perdu toute espérance, ceux-là ne rêvent que la création d'un pouvoir nouveau. Double obstacle à la liberté politique : d'une part, l'excès de servilisme, et de l'autre l'esprit de révolte, sans autre but que l'espoir du changement et l'intérêt personnel. Ainsi la compétition des places rend la liberté politique impossible. Je ne parle pas des détails, des places demandées, promises, données comme monnaie électorale. Plus les élections seront libres, et plus la multiplicité des places donnera lieu à ce trafic. Si au contraire les élections sont bridées, et qu'il n'y ait plus, dans le gouvernement, même un semblant de liberté, toutes ces places, dont la plupart étant inutiles, peuvent être assimilées pour le moins à des faveurs gratuites, deviennent le patrimoine de la partie de la population qui est dévouée au pouvoir, tandis que tous ceux qui, par honneur ou par patriotisme, se tiennent à l'écart, sont exclus de tous les avantages, quoique soumis à toutes les charges. Enfin, l'esprit public, si nécessaire à la liberté, ne peut pas se fonder dans un pays où, sur douze citoyens, il y a un fonctionnaire, un fils de fonctionnaire, et trois ou quatre aspirants-fonctionnaires. Il y a décidément incompatibilité entre ces deux idées : un peuple de fonctionnaires et un peuple libre.

Voilà ce que produit contre la liberté le désir des places. Mais qui ne voit ce que produisent les places elles-mêmes ? Le pouvoir, quel qu'il soit, a une armée d'un million d'hommes, bien enrégimentés, bien façonnés à la discipline, dont les uns, préposés à la perception de l'impôt, tiennent les contribuables par l'avertissement et la saisie ; les autres sont maîtres de la grande et petite voierie, des hôpitaux, des écoles, de toute l'administration des secours publics. Le pouvoir a encore les récompenses honorifiques à sa disposition. Il a, pour tenir le pays dans sa dépendance, la force, l'intérêt et la vanité.

Notez que toute cette armée est englobée dans une hiérarchie très-savante et très-complète. Chaque fonctionnaire reçoit la consigne d'un chef immédiat, jamais d'un chef supérieur de deux degrés : rien de plus habile. Quand un général commande une revue, il donne aux troupes à haute voix l'ordre de se mettre en mouvement : tout le monde l'entend ; personne ne bouge. Les colonels répètent l'ordre : même immobilité ; puis les commandants de bataillon, et enfin les capitaines. A la voix de ces derniers, les compagnies s'ébranlent, et le mouvement s'accomplit. Voilà l'image de l'administration. On a mis hier dans le *Moniteur* que tel canal serait livré demain au public. L'éclusier, qui a lu le *Moniteur* comme tout le monde, va-t-il de son chef ouvrir ses vannes pour le premier bateau qui se présentera ? Non, l'article du *Moniteur* est non avenu pour lui. Il attend l'ordre de son conducteur. Et le conducteur donnera-t-il cet ordre ? Non, s'il n'a reçu celui de l'ingénieur ordinaire, qui lui-même est mis en demeure par l'ingénieur en chef, l'ingénieur en chef par le préfet, le préfet par le ministre. Qu'en résulte-t-il ? C'est que personne ne prend rien sur soi, ne consulte sa propre intelligence, et que si un ordre est donné, quel que soit le degré de l'échelle d'où il est parti, tout ce qui suit obéira aveuglément, machinalement. La tête de ce grand corps est unique ; elle est à Paris. Il ne s'agit que d'avoir les deux ou trois têtes de colonnes, et l'on a toutes les colonnes. Pour disposer souverainement d'un million d'hommes, il n'y a à vaincre que deux ou trois hommes, qui tiennent tous les autres par des fils[1]. C'est ce qui explique le rôle de Paris dans les révolutions. La tête de l'administration est à Paris ; la province est obligée d'obéir passivement. Une seule fois, et c'est le 18 mars 1871, Paris a fait une révolution pour lui seul. Ce sera le chef-d'œuvre de la politique de M. Thiers d'avoir, pour la première fois, circonscrit la révolution dans un espace de cinq à six lieues. Jusqu'à ce jour-là, Paris décidait de tout. La France apprenait, par ses journaux, ce qu'elle était devenue. Le nouveau gouvernement, âgé de quelques heures, avait son administration complète, à savoir l'administration du gouvernement déchu. Et il n'y a rien à dire aux fonctionnaires pour cela : ils ne sont qu'un mécanisme. Ils ont leur chef immédiat qui décide pour eux, et de chef en chef, la décision n'appartient qu'aux chefs suprêmes. C'est ce qu'avait compris le général Malet. Il a échoué par hasard. Le hasard pouvait le faire réussir. Quand même il n'eût réussi que pour un quart d'heure, peut-on fermer les

---

1. On ne saurait trop méditer les paroles suivantes que nous empruntons à un homme réservé et modéré, à un esprit pénétrant, à un administrateur consommé dans la théorie et la pratique de nos lois. « Le gouvernement, dit M. Vivien, s'est plu à ne voir dans les fonctionnaires que les serviles agents de sa volonté, dépourvus d'indépendance individuelle et privés de libre arbitre ; on a introduit dans les services civils l'obéissance aveugle qui, dans l'armée même, n'est pas sans limites. Qu'en est-il résulté ? La centralisation ainsi comprise a fourni au pouvoir central et à ce que, dans la polémique des partis, on appelle Paris, le moyen de tenir la France sous le joug. Un ordre parti du siége du gouvernement n'éprouve, quelle qu'en soit la source, aucune résistance. Pour entrer en possession de toute la puissance publique, il ne faut que devenir maître de la capitale, s'emparer des ministères et disposer des télégraphes. » (*Études administr.*, 2e éd., t. 1, p. 76.)

yeux devant de telles chances? Son succès n'aurait pas été son œuvre, mais celle de la centralisation exagérée.

Il est difficile de ne pas ajouter un mot, un seul mot, sur les candidatures officielles, qui ont été le maître-ressort de l'Empire, et que tout gouvernement despotique essayera de faire revivre : témoin, la Commune de Paris. A un moment donné, le gouvernement dissout la Chambre élective,.et appelle le corps électoral, c'est-à-dire tout le monde, à nommer des députés. Il s'agit pour le pays d'exercer par ses représentants le contrôle auquel la Constitution lui donne droit sur le gouvernement lui-même; cependant le gouvernement sent le besoin d'éclairer et de conseiller les électeurs. « Donnez-moi, dit-il, tel surveillant plutôt que tel autre. » C'est que le peuple n'est pas bon juge de ses intérêts, et les ministres savent mieux que lui ce qu'il lui faut. Le peuple est si maladroit qu'il n'écouterait peut-être pas autant qu'il est nécessaire les conseils désintéressés qu'on lui donne. Que fait alors le gouvernement? Il charge les préfets de recommander les candidats agréables, de les accompagner, et de mettre à leur service tout le personnel administratif, c'est-à-dire la centralisation. Tout fonctionnaire, depuis le préfet jusqu'au garde champêtre, comprend immédiatement, ou peut-être s'imagine que son avenir dépend de l'élection : il en résulte une grande ferveur dans tous les rangs, peut-être, par aventure, quelques excès, à coup sûr une inégalité flagrante entre l'opposition et les candidats officiels, une victoire de l'opposition obtenue dans des conditions semblables peut passer pour un tour de force : est-ce bien là le suffrage universel? L'élection finie, fonctionnaires et administrés se trouvent face à face, mais dans des conditions nouvelles. Une lutte de vingt jours ne passe pas sans laisser de traces. Il est difficile que les vaincus ne se prennent pas pour des opprimés. Mettons que tous ces griefs soient faux; ils passeront pour vrais, et cela suffit. Ce million d'affidés, si dangereux pour la liberté quand le gouvernement est sans scrupule, accable un gouvernement honnête en le rendant suspect par la force même des choses [1].

Je résume le système préventif en deux mots : c'est un système de défiance envers le citoyen, et de confiance absolue envers le gouvernement. Cette défiance envers le citoyen n'est pas juste, elle est dégradante, elle est démoralisante. Cette confiance envers un gouvernement, qui a souvent un intérêt distinct de l'intérêt général, est excessive. Elle est dangereuse pour le gouvernement lui-même. En mettant tous les intérêts privés à la merci de sa politique, elle fait taire les oppositions, mais elle accumule les haines.

Il est singulier que la centralisation rende le pouvoir à la fois tout-puissant et précaire. C'est une toute-puissance en disponibilité, pour le premier habile homme qui possède le *Sésame, ouvre-toi.* Les conservateurs, qui, pendant si longtemps, ont été enthousiastes de la centralisation, n'ont pas songé qu'ils ne conservaient qu'une méthode, également prête à fonctionner pour eux ou contre eux.

Mais il est possible qu'en organisant cette formidable machine, on n'ait pas prévu le cas où un fonctionnaire opprimerait un fonctionnaire inférieur, ni celui où un fonctionnaire se servirait de l'autorité qui lui est déléguée pour opprimer un citoyen ? Tant s'en faut ; l'ancien régime avait déjà établi des garanties pour la liberté civile ; et les restaurateurs de l'administration n'ont eu garde de les abandonner. Ils les ont perfectionnées au contraire ; et si l'administration est très-forte contre les citoyens, les citoyens de leur côté sont bien armés contre les prévarications des administrateurs.

Ils ont deux ressources : s'il s'agit d'une décision illégale ou erronée, ils peuvent la déférer au conseil de préfecture, et en appel à la section du contentieux du conseil d'État ; s'il s'agit d'un abus d'autorité, d'un passe-droit,

---

1. Voyez le discours sur les Candidatures officielles, prononcé par M. Thiers le 14 janvier 1864, et le discours de M. Jules Simon, sur le même sujet, le 16 mars 1866.

d'un déni de justice, commis par un agent administratif dans l'exercice de ses fonctions, ils peuvent se plaindre de l'inférieur au supérieur; ou, si le cas est plus grave, demander au conseil d'État l'autorisation de poursuivre le fonctionnaire prévaricateur devant les tribunaux ordinaires.

Voilà, en deux mots, le bilan de toutes nos richesses. Examinons-les de près; car on ne saurait trop connaître ses droits, et en être trop jaloux.

Le conseil d'État délibérant au contentieux décide souverainement en matière administrative, comme la Cour de cassation en matière judiciaire, c'est-à-dire qu'on ne peut pas appeler de sa décision. L'analogie entre les deux corps s'arrête là. D'abord les conseillers d'État ne sont pas inamovibles; en outre, la section du contentieux, qui est composée de six membres, et qui instruit seule les affaires, ne peut les juger qu'avec le concours de dix conseillers d'État pris arbitrairement dans les cinq autres sections, et renouvelés tous les deux ans par moitié; en cas de partage, la voix du président est prépondérante, ce qui n'a pas lieu dans les tribunaux de l'ordre judiciaire; enfin la procédure du conseil n'aboutit qu'à un projet d'arrêt, et ce projet ne devient définitif que s'il est adopté par un décret contre-signé par le ministre de la justice. Ce décret peut n'être pas conforme au projet proposé par le conseil d'État. Dans ce cas, la seule formalité imposée par la loi au gouvernement est l'insertion de sa décision au *Moniteur* et au *Bulletin des lois*[1].

On voit quel est le sens du recours par la voie contentieuse; voyons quel est celui de la plainte.

Je ne regarde pas, pour ma part, comme une garantie absolument nulle, le droit de porter plainte à l'autorité. Je rends hommage à l'esprit de justice de l'autorité en France; je crois que les fonctionnaires sont en général

---

1. Décret organique du 25 janvier-18 février 1852, art. 24.

honnêtes et animés de bonnes intentions. Ils aiment la légalité, et ne permettent pas à leurs subordonnés de s'en
affranchir. La plupart des abus dont je me plains sont
imputables à l'organisation même de l'administration, et
non à la personne des administrateurs.

Cependant, il est clair que s'il fallait compter sur la
justice de l'administration pour réparer les injustices de
l'administration, cela nous mènerait tout droit au gouvernement absolu, et à la suppression de toute liberté. Le
supérieur peut être de mauvaise foi, il peut être ignorant,
il peut être malveillant, il peut être secrètement l'insti-
gateur de la mesure dont on a à se plaindre, il peut être
le complice du fonctionnaire dénoncé. Il peut aussi se
de rendre inaccessible, en refusant une audience, et en ne
recevant pas les suppliques. Il peut enfin être trompé par
l'esprit de corps. Il s'agit d'ailleurs très-souvent d'une
réparation qu'il n'est pas en son pouvoir de donner. Dans
beaucoup d'administrations, le supérieur ne peut ni destituer, ni suspendre, ni punir son subordonné ; dans aucune, il ne peut lui imposer une réparation civile ; il n'est
pas toujours assez fort pour lui commander une restitu-
tion. Il fallait donc recourir à la justice ordinaire, aux tribunaux ordinaires : c'est ce que l'on a fait. Rien de plus
naturel, de plus protecteur, de plus conforme aux principes de 1789.

Mais permettra-t-on au premier venu d'entraver par
une poursuite la marche du gouvernement? Si cette poursuite est suspensive, insérera-t-on dans la loi un article
qui met la loi et les organes de la loi à la merci des fraudeurs et des perturbateurs? C'est cette crainte exagérée
qui a donné naissance à la loi du 22 frimaire an VIlI
(22 décembre 1799), dont l'article 75 est ainsi conçu :

« Les agents du gouvernement autres que les ministres
ne peuvent être poursuivis pour des faits relatifs à leurs
fonctions, qu'en vertu d'une décision du conseil d'État : en
ce cas, la poursuite a lieu devant les tribunaux ordinaires. »

On a pensé évidemment que le conseil d'Etat, composé
de fonctionnaires du premier ordre et habitués aux grandes affaires, serait un juge équitable, non pas entre le
fonctionnaire et le plaignant, mais entre l'administration
et le public. Comme il n'a pas d'ordres à donner, et que
ses membres sont parvenus à la plus haute dignité de
leur carrière, il présente en effet des garanties sérieuses
d'impartialité et de capacité. Il n'est pas d'ailleurs chargé
de poursuivre et de juger, mais simplement d'autoriser
les poursuites, c'est-à-dire de procéder comme chambre
du conseil, et de déclarer qu'il y a ou qu'il n'y a pas
présomption suffisante. L'intention manifeste du législateur est que le conseil d'État autorise toutes les fois que
la plainte est sérieuse et n'a pas le caractère d'une
manœuvre.

Mais autre chose est la question de fait, qui peut toujours être prise en bonne part, autre chose la question de droit. S'il fallait juger du droit par le fait, il
n'y aurait plus de liberté. Titus faisait, dit-on, les dé-
lices du genre humain ; mais le gouvernement en vertu
duquel Titus régnait était au plus haut degré tyrannique et oppressif. Or, à considérer le conseil d'État
dans sa nature et son origine, qu'est-il autre chose
qu'une compagnie de fonctionnaires? Les conseillers
d'État sont nommés par le gouvernement, qui les prend
où il veut ; ils sont révoqués par le gouvernement ; ils
attendent du gouvernement des places de présidents
de section, de directeurs généraux, de ministres. Leur
position élevée ne les empêche pas d'être dans la
dépendance du gouvernement, qui les associe directement, nominativement à sa politique. Il est donc contre
tous les principes de les rendre arbitres entre les administrateurs et les administrés : ils sont l'administration
elle-même ; et du moment que la poursuite devant les tribunaux ne peut avoir lieu qu'avec l'assentiment du conseil
d'État, il devient parfaitement exact de dire que l'admi-

nistration, en France, ne peut être poursuivie qu'à la condition qu'elle y consente.

On est étonné de voir la nécessité de l'autorisation préalable maintenue par l'Assemblée constituante de 1848. Cette Assemblée, à la droiture de laquelle on rendra justice un jour, mais qui était peut-être plus dévouée au libéralisme qu'à la liberté, ce qui malheureusement n'est pas encore la même chose, se laissa tromper en cette circonstance et en beaucoup d'autres, par ce sophisme, à l'usage de tous les partis : « Le droit que je m'attribue en ce moment serait excessif et tyrannique, s'il était exercé par d'autres, mais moi qui représente véritablement le peuple, moi qui suis l'incarnation de la liberté, je dois rendre mon administration toute-puissante par respect pour la liberté et pour le peuple. »

Il y avait d'ailleurs une raison toute particulière pour que l'Assemblée constituante confiât au conseil d'État cette énorme prérogative. Elle avait rendu le conseil complétement indépendant du pouvoir exécutif. Elle le faisait nommer pour trois ans par chaque législation nouvelle ; elle lui interdisait tout cumul ; elle rendait électives toutes les dignités intérieures de présidents des sections et des comités. Le conseil ainsi constitué pouvait donc être considéré à la rigueur comme un corps indépendant, et comme un équitable intermédiaire entre les administrateurs et les administrés. Mais cette indépendance était loin d'être entière ; le conseil, quelle que fût son origine, était en majorité composé d'anciens administrateurs, ses relations continuelles avec les ministres et la nature même de ses attributions, le rattachaient très-intimement aux autres fonctionnaires ; de sorte que, même alors, la nécessité de l'autorisation préalable équivalait presque à un bill d'indemnité pour l'administration. Les législateurs eux-mêmes n'avaient pas une confiance entière dans l'impartialité de leur conseil d'État, puisqu'ayant à organiser un tribunal des conflits, ils l'avaient composé par moitié de conseillers à la Cour de cassation chargés de représenter l'ordre judiciaire, et de conseillers d'État, chargés de représenter l'ordre administratif.

C'est à tort qu'on se sentirait rassuré par cette pensée que le conseil d'État ne fait qu'autoriser les poursuites, et qu'il agit en cette circonstance comme la chambre du conseil d'un tribunal ordinaire. L'attention du conseil d'État ne porte pas exclusivement sur les présomptions de la cause; ce qui le préoccupe, c'est l'intérêt de l'administration, la dignité des corps constitués. Son intervention est éminemment protectrice à l'égard des fonctionnaires attaqués. Elle les protége contre qui? Ce n'est pas contre les tribunaux, qui ne sauraient être suspects; c'est donc contre le public. La décision du conseil est d'ailleurs souveraine. Elle se rend en l'absence du plaignant et à la suite d'une enquête administrative; de sorte que l'injustice la plus criante, commise par un fonctionnaire, resterait impunie, si le conseil d'État jugeait à propos d'arrêter la plainte. Il est donc de la dernière évidence que l'administration, armée de ce droit de couvrir ses membres, est inviolable, s'il lui plaît de l'être.

Ce serait se laisser tromper par une fausse analogie que d'invoquer l'exemple des Corps législatifs qui ont toujours eu le droit d'accorder ou de refuser l'autorisation de poursuivre leurs membres. Ce droit, à l'égard du député, est limité par la durée de la session. En outre, il est fondé sur l'importance exceptionnelle des fonctions de législateur, et sur l'impossibilité de laisser au premier citoyen venu les moyens de paralyser le résultat d'une élection, ou de modifier une majorité. De pareils motifs n'existent pas dans l'ordre administratif, où les attributions de chaque place sont si bien déterminées que l'absence du fonctionnaire n'interrompt jamais la fonction. Nous avons d'ailleurs l'exemple de tous les pays véritablement libres, où cette solidarité absolue de l'administration n'existe pas. En Angleterre, par exemple, les fonctionnaires dépendent bien moins de leurs chefs, et bien plus du public, qui peut toujours les prendre à partie devant les tribunaux. L'action du gouvernement en est-elle entravée? Je dis qu'il n'en est rien, et que c'est une expérience concluante. La liberté est toujours bonne. Non-seulement l'administration anglaise ne souffre pas de la responsabilité individuelle de ses agents, mais elle y gagne d'avoir des agents plus scrupuleux; et les agents eux-mêmes, loin d'être diminués par cette obligation de répondre immédiatement, directement de leurs actes, en tirent plus de force et de dignité. Ils sont soumis à la loi comme tout le monde, et non pas au caprice d'un chef.

Nous disons bien haut, en France : agents responsables! mais, grâce à la barrière du conseil d'État, barrière dont l'administration tient les clefs, sait-on où se trouve en définitive cette responsabilité du pouvoir exécutif? Dans la personne du ministre. Les ministres, en effet, pouvaient être mis en accusation sous la charte de 1830 et sous la constitution de 1848 par la chambre élective; aujourd'hui ils peuvent être poursuivis directement, en vertu de l'abolition de l'article 75. C'est là, dit-on, pour la liberté publique, une précieuse garantie, car si le conseil d'État s'obstinait à rendre les agents secondaires de l'administration inviolables, on aurait la ressource de poursuivre le chef du département ministériel, dont la responsabilité est toujours engagée, parce que rien ne se fait sans ses ordres ou sans son aveu. La facilité avec laquelle certains esprits admettaient cette fiction sous le régime constitutionnel est une des plus grandes preuves que l'on puisse donner de notre malheureuse indifférence et de notre ignorance sur les conditions les plus essentielles de la liberté. Pendant vingt-sept ans, la responsabilité ministérielle n'a été invoquée que deux fois: une première fois après la révolution de 1830, une seconde fois après la révolution de février. On n'y a pas songé en 1870. Il ne faut pas moins qu'une révolution pour faire de cette grande, de cette suprême garantie autre chose qu'une lettre morte; et la plus juste des révolutions a dédaigné de le faire. Même avec une chambre élective à peu près toute-puissante, avec la sécurité la plus complète pour la liberté individuelle, avec une presse indépendante et toujours prête pour le scandale, il n'était guère possible à un citoyen de passionner les membres de l'opposition pour son injure personnelle. S'il y parvenait, l'opposition, qui ne connaissait que le plaignant et qui n'avait pas les pièces administratives à sa disposition, portait l'affaire à la tribune, et fournissait au ministre accusé l'occasion d'achever d'accabler un adversaire obscur, et de remporter un triomphe oratoire. Le comble, c'est que cette injustice était presque juste. Quand une société est organisée de telle sorte que, pour venger la victime d'un déni de justice ou d'un passe-droit, il faut déconsidérer le pouvoir, mettre, pour ainsi dire, le gouvernement en interdit, arrêter toutes les affaires, bouleverser en un mot le monde politique, peut-on espérer qu'un grand corps, chargé des intérêts généraux et permanents de la nation, va ainsi prendre fait et cause pour une injure individuelle, et que la majorité qui soutient un ministère se laissera arrêter dans sa politique par un obstacle de cette nature? En vérité, cela n'est ni raisonnable ni possible. La responsabilité ministérielle n'est que pour les cas de haute forfaiture. Elle n'a rien à voir avec les détails de l'administration. Il n'est pas vrai qu'elle constitue un recours contre la toute-puissance du conseil d'État en matière de poursuites judiciaires. Cela n'était pas vrai, même sous le régime constitutionnel.

La responsabilité des fonctionnaires devant le conseil d'État seulement équivaut, en fait, à l'irresponsabilité; c'est un régime oppressif pour les citoyens, et démoralisant pour les fonctionnaires. Le prétexte sur lequel il est

fondé tombe devant ce seul fait, que les collecteurs de
l'impôt sont soustraits à la protection du conseil d'État,
et peuvent être directement déférés au pouvoir judiciaire
en raison de toute perception illégale. Cette exception sur
le point le plus important peut-être n'a jamais entravé
la marche de l'administration; de sorte qu'on peut dire
que le droit et le fait condamnent également la nécessité
du recours au conseil d'État. C'est une question jugée. Il
n'y aura de liberté civile en France que le jour où la responsabilité des agents du pouvoir central cessera d'être
une fiction, le jour où le citoyen qui se prétend lésé par
l'administration trouvera entre elle et lui un autre juge
qu'elle-même[1].

Nous pouvons conclure de tout ce qui précède, que l'administration française est ruineuse pour le budget; qu'elle
est dure à l'égard des fonctionnaires, puisqu'elle les retient dans un état de gêne pécuniaire et de subordination
excessive; qu'elle altère le caractère national en substituant dans un très-grand nombre d'esprits l'habitude de
demander à l'habitude de travailler; qu'elle détruit chez
les citoyens cette confiance dans ses droits et dans ses
propres ressources, qui est le principal ressort du génie
industriel et du caractère; qu'en s'étendant à tout, elle
accroît sans mesure et sans prudence sa responsabilité;
qu'au point de vue politique, elle absorbe la France dans
Paris, et met le pays à la merci d'un coup de main; qu'au
point de vue de la liberté civile, elle est éminemment op-

---

1. « Il y a, nous ne dirons pas dans telle ou telle des constitutions qui
se sont si malheureusement succédé en France depuis soixante ans, mais
dans les entrailles mêmes de notre droit public, un principe placé au-dessus de toute contradiction. C'est celui qui assure une sanction, une garantie, qui, pour employer la langue du Palais, ouvre une action à tout
citoyen invoquant un droit. Ce principe appartient à tous les temps et à
tous les lieux. Il forme une des conditions fondamentales d'un État social
régulier, et la base même sur laquelle la justice repose. Le nier, c'est
proclamer le règne de la force et rétrograder vers la barbarie. » (Vivien,
Études administr., t. I, p. 130.)

pressive, par la protection dont elle couvre ses agents de
tous les degrés. L'administration, en France, fait presque tout; elle peut faire tout ce qu'elle veut; et si elle administre justement, il faut en savoir gré à sa modération;
car la loi ne donne aux simples citoyens aucun recours
sérieux contre elle. Pendant qu'elle accroît tous les jours
ses attributions, en restreignant la faible part qui reste à
la liberté, la division des fortunes affaiblit chez les citoyens les moyens de résistance légale. Il y a peu de familles qui puisent une importance exceptionnelle dans la
grandeur de leur héritage; il y en a peu qui soient en
mesure d'affronter les chances de ruine qu'un procès,
même quand il est bon, traîne presque toujours à sa suite.
Ainsi, par la force des choses, tout s'abaisse devant ce
pouvoir qui ne cesse de grandir et d'envahir.

5. De la décentralisation.

1° LE DÉPARTEMENT.

Nous avons vu déjà combien il y a de réformes tout à
la fois urgentes, faciles, avantageuses pour la bonne administration. Parmi les besognes imposées aux administrateurs, il y en a qui ne servent à rien. On dirait que la
place a d'abord été créée, et qu'on a ensuite imaginé des
écritures pour que la place ne fût pas absolument sans
fonctions. Voilà, en grand nombre, des branches inutiles
qu'il faut élaguer. Un directeur habile couperait, tran-
cherait dans ces formalités. Les commis, débarrassés de
leur routine, ne sauraient plus que faire de leur temps.
Il faudrait bien se résoudre à en sacrifier un grand nombre; à moins d'avoir dans les bureaux des pensionnaires,
des chanoines, entretenus pour leur propre agrément aux
frais de l'État. Les fonctionnaires conservés, après cette
première élimination, auraient plus de goût à leur ou-

vrage parce qu'ils en comprendraient l'utilité. C'est un mortel ennui que de travailler avec la pensée qu'on fait un travail perdu pour tout le monde. Quand même on les surchargerait, cela n'en vaudrait que mieux. Loin de nuire aux affaires, ces exigences nouvelles leur seraient profitables par le surcroît d'activité et d'intelligence que les employés y puiseraient. Les affaires sont l'école des fonctionnaires. Ces employés ainsi réduits en nombre et surchargés, tout le monde trouverait juste de les rémunérer à proportion de leur travail. On leur ferait une position au moins équivalente à celle des industriels. Ils n'auraient plus besoin de recourir à des moyens factices pour se donner de l'importance. Leur tâche, devenue difficile, les rendrait considérables, nécessaires à la chose. Ils se sentiraient appuyés, non par un chef ou un protecteur, mais par leur talent. On les dépouillerait dans presque tous les cas de l'humiliante et oppressive protection qui ne les défend contre le public qu'à condition de les livrer sans défense aux caprices de leurs supérieurs : ils y trouveraient un avantage inappréciable, car rien ne les couvre du côté de leurs chefs, tandis que le public n'aurait action sur eux que par les tribunaux et conformément à la loi commune. Cette substitution d'une responsabilité légale à une responsabilité arbitraire serait à la fois un accroissement de dignité pour les fonctionnaires, redevenus citoyens, une émancipation des citoyens, garantis contre les excès ou les erreurs de l'administration, et un véritable débarras pour l'administration qui, à force d'être irresponsable devant la loi, est, à l'excès, responsable devant l'opinion. Les mœurs, du même coup, gagneraient en pureté, en indépendance. La liberté politique deviendrait possible, tandis qu'avec ce demi-million de fonctionnaires, la liberté de la presse, des élections et de la tribune ne suffit pas à rendre la nation maîtresse d'elle-même.

Toutes ces réformes peuvent être accomplies, même en laissant à l'administration, prise dans son tout, les attributions étendues qui lui sont dévolues aujourd'hui. Cependant nous savons qu'un grand nombre de ces attributions sont de trop. Le gouvernement a l'air de nous faire une concession, quand il nous laisse quelque liberté sur un point; il devrait au contraire se résoudre à regret à empiéter sur la liberté individuelle. Dès qu'on entre dans cet ordre d'idées, qui est le vrai, le seul conforme au principe des sociétés, à leur intérêt, à la nature humaine, ce n'est plus seulement le nombre des commis ou employés d'une administration qu'il faut retrancher, ce sont des administrations entières qui disparaissent. La réduction des impôts à une base unique ferait à elle seule une économie de cent mille fonctionnaires. L'État peut d'un seul coup s'enrichir, et nous enrichir; il n'a pour cela qu'à se retirer. C'est en vérité une singulière illusion des gouvernements de croire qu'on a besoin de les sentir. C'est le contraire qui est le vrai : on a besoin de ne pas les sentir; et ils ont, eux, pour leur stabilité, le besoin de ne pas être sentis. Sans doute, il vaut mieux beaucoup de gouvernement que beaucoup de désordre; mais c'est faire payer l'ordre bien cher, si on ne peut l'avoir qu'à force de gouvernement. L'idéal est d'avoir de l'ordre dans l'État, par l'effet de bonnes lois répressives, sans système préventif et sans une légion de fonctionnaires. En résumé, des besognes actuelles de l'administration beaucoup sont inutiles : elles ressemblent à la besogne accomplie par les prisonniers anglais qui font tourner une roue, laquelle ne produit hors d'elle-même aucun mouvement; ces besognes supprimées, il y aurait encore à demander des efforts plus grands à chaque employé, ce qui profiterait à tout le monde et amènerait des suppressions nouvelles dans le personnel; enfin, troisième suppression plus importante que les deux autres, il faudrait détruire presque partout la prévention, et par conséquent restreindre la compétence et l'armée civile du gouvernement.

Ce n'est pas tout : il y a lieu de rechercher si toutes les choses qui doivent être gouvernées doivent l'être à Paris, et par les agents du pouvoir central. Voilà le germe d'une quatrième et dernière réforme, aussi fructueuse pour le budget, aussi satisfaisante pour les citoyens, aussi favorable à la liberté, à la morale, au développement de l'activité intellectuelle. Non-seulement, sous notre administration compliquée, les individus ne sont rien; mais les communes et les départements ne sont pas autre chose que des cercles de l'administration centrale avec un semblant d'autonomie. C'est là maintenant qu'il faut regarder. Si nous ressuscitons le département et la commune, le Briarée aux cent bras va prendre enfin des proportions humaines. C'est ici une des conditions fondamentales, la pierre d'assise de la liberté. Il y a des communes en Angleterre et en Belgique. Si jamais nous pouvons faire qu'il y en ait en France, nous ne tarderons pas à y avoir des citoyens. Alors la liberté y sera possible sous tous les gouvernements. A présent, sous tous les gouvernements, elle est impossible.

On a beaucoup accusé les Girondins de fédéralisme. Je crois même que cette accusation les a tués. Rien n'est meurtrier comme un mot dans notre pays. Du temps des Girondins, le souvenir des provinces était récent, il pouvait être ressuscité; la nouvelle division territoriale en départements d'élection et d'administration était une des trois ou quatre grandes réformes révolutionnaires que l'Assemblée avait le droit de maintenir et de défendre. Aujourd'hui la Normandie, la Bretagne, la Provence sont bien mortes : il n'en reste que leur histoire, et quelques traits d'originalité dans le caractère; mais il n'y a plus de trace d'intérêts communs, pouvant nuire à l'unité nationale. S'il se forme quelque part en France un centre d'intérêts particuliers, il ne sera plus déterminé par ces anciennes limites provinciales, mais par quelque

cause plus matérielle et, en quelque sorte, plus effective ;
ce sera l'intérêt d'un bassin houiller, ou d'une zone in-
dustrielle. Ces centres-là, ces coalitions-là ne sont pas des
forces qu'on puisse vaincre par une division géographique ;
et même, il n'est pas dans tous les cas nécessaire de les
vaincre. Laissons donc de côté, comme désormais chimérique, toute préoccupation de la renaissance des provinces.
Il y a déjà cinquante ans que cette résurrection est impossible.

Il serait fort absurde de s'inquiéter des départements,
et de craindre un fédéralisme de nos quatre-vingt-neuf
conseils généraux. La Bourgogne, la Bretagne, la Normandie étaient de gros morceaux ; elles pouvaient faire
échec au gouvernement central, dans un temps surtout
où l'unité du code judiciaire et l'unité du code administratif n'étaient pas encore entièrement consolidées. Mais
il y a loin d'un préfet à un gouverneur, et d'un conseil
général à des états provinciaux. Il n'est pas d'ailleurs
question de toucher aux trois points cardinaux de la politique : le code, l'armée, le trésor. Mettons à l'abri ces
trois instruments de l'unité et de la force de la France.
Avec un code unique, une armée régulière, et des ressources financières réunies sous la main du pouvoir central pour être employées par lui conformément à la loi,
nous serons toujours un même peuple ; et nous pourrons
laisser les habitants d'une circonscription départementale
répartir leurs impôts, gérer leurs propriétés, faire leurs
routes, gouverner en un mot leurs affaires locales, qu'ils
connaissent seuls, et auxquelles ils sont le plus directement
intéressés.

Que menace la centralisation ? La liberté intérieure.
Que menace la décentralisation ? La prépondérance du
pays au dehors. Le problème est d'armer le pouvoir central de tout ce qui est nécessaire au maintien et à l'accroissement de la grandeur du pays, sans lui sacrifier
la liberté. Pour faire de bonnes lois et de grandes choses,

pour tenir son rang, c'est-à-dire le premier rang en Europe, notre gouvernement n'a pas besoin de nous asservir.

Il s'agit, dans le département des Côtes-du-Nord, d'ouvrir une route qui relie directement Loudéac à Quintin, Guingamp et Lannion, sans passer par Saint-Brieuc, c'est-à-dire sans faire dix ou douze lieues de trop. Il y a trois éléments de l'affaire : l'utilité, la dépense, les ressources. Qui faut-il charger de l'enquête et de la décision? Le conseil général du département, ou le ministère de l'intérieur, résidant à Paris? Voilà, dans une question, toute la question.

Certes, il faut avoir de l'intelligence et de la pratique pour juger cette affaire en connaissance de cause. De Loudéac à Lannion, quel est le mouvement d'affaires? Ce mouvement est-il susceptible d'être accru par la création d'une voie de communication? Le port de Lannion est-il un débouché pour les communes du centre? Loudéac peut-il devenir le centre d'un trafic entre Vannes, Lorient et la côte nord-ouest de Bretagne? L'agriculture peut-elle se passer des varechs que la presqu'île de Lézardrieux et toutes les côtes du Trégorrois lui fourniraient? Quel est, sur ce parcours, le prix de la terre et de la main-d'œuvre? La nature du terrain entre Quintin et Guingamp ne rendra-t-elle pas l'exécution coûteuse ou la voie pénible et par conséquent inutile? Le département n'a-t-il pas, vu l'état de son industrie et de ses ressources, des travaux plus urgents à mettre en chantier? Ce n'est là qu'une partie des questions qu'il faudra résoudre. Personne ne songe à en contester la difficulté et l'importance. Cependant voici ce qui se passait jusqu'à la loi du 18 juillet 1866. Le conseil général faisait une enquête, puis il émettait un avis. Cet avis ne décidait rien, cette enquête ne démontrait rien. Le gouvernement, saisi de l'affaire, procédait à une contre-enquête, consultait le préfet, prenait son temps, se laissait solliciter par les intéressés, et finissait par accorder ou refuser l'autorisation d'ouvrir le chemin, suivant le bon plaisir des bureaux, qui ne savaient trop de quoi il s'agissait. Ces étranges formalités ont paru nécessaires à notre unité nationale et à notre influence européenne jusqu'au 18 juillet 1866. On s'est aperçu ce jour-là qu'on se donnait beaucoup de peine, uniquement pour empêcher le bien de se faire. C'est un progrès, qui pourrait en douter? Mais comme il faut procéder avec maturité en matière de réformes, on a eu grand soin de déclarer que si le chemin sortait du département, ne fût-ce que d'un kilomètre, le conseil général serait réduit à son ancien rôle, et ne ferait qu'émettre un simple vœu. En effet, si le chemin va de Loudéac, qui est dans les Côtes-du-Nord, jusqu'à Napoléonville, qui est à deux lieues de là dans le Morbihan, il faudrait une correspondance entre les deux conseils généraux : cette seule pensée fait frémir. Nous ne poussons pas, grâce à Dieu, notre amour de la décentralisation jusqu'à cet excès de démence.

Malgré cette restriction, inspirée par une crainte assez puérile, la loi du 18 juillet 1866 réalise de grandes améliorations. Elle permet au conseil général d'aliéner les biens départementaux, ou d'en changer la destination sans recourir à l'autorité centrale. Elle ne fait d'exception que pour l'hôtel de la préfecture, les tribunaux, les casernes de gendarmerie ; ces exceptions paraissent assez justifiées. Elle donne en outre, au conseil général, le droit de voter des centimes extraordinaires, dans une limite déterminée chaque année par la loi, et de les affecter à des dépenses extraordinaires. Ce n'est pas la liberté, mais c'est au moins de l'espace. L'État conserve sa suzeraineté par le droit de véto qu'il peut exercer pendant deux mois sur toutes les décisions du conseil général. Est-ce un véto suspensif ou un véto absolu? C'est évidemment un véto absolu, puisqu'il peut se répéter indéfiniment. On voit donc qu'après tout les départements ne sont pas émancipés ; seulement, la tutelle devient moins lourde. On n'a pas même pensé à importer de Belgique l'excellente institution de la députation permanente. Le conseil général s'assemble pour quelques jours, il délibère et il disparaît, ne laissant rien de lui-même en dehors de ses décisions et de ses procès-verbaux, et n'ayant d'autre ressource que de protester inutilement, un an après, si le préfet n'a pas exécuté ses ordres, ou si le ministre, usant de son droit de véto, les a supprimés.

Si la loi du 18 juillet est incomplète, elle marque pourtant un progrès important dans nos habitudes administratives. Elle a d'ailleurs un mérite : c'est d'être franchement ce qu'elle est. Elle est également claire dans ses concessions et dans ses restrictions. Il en était tout autrement de la loi du 25 mars 1852, fort abusivement appelée loi de décentralisation. Cette loi ne faisait que transporter aux préfets des attributions précédemment réservées aux ministres. On se demande en vertu de quel principe une pareille opération pouvait porter le nom de décentralisation. Qu'est-ce qu'un ministre? C'est le pouvoir central. Qu'est-ce qu'un préfet? C'est l'agent nécessairement docile du ministre; c'est donc encore le pouvoir central. Charger le préfet de faire ce que d'abord faisait le ministre, cela peut être une meilleure organisation du service, mais cela n'est à aucun degré une diminution de l'autorité gouvernementale, une augmentation de l'initiative individuelle; ce n'est donc pas une décentralisation. Rien n'est plus funeste que de pareilles erreurs, qui ressemblent de trop près à des mensonges, et ne peuvent avoir qu'un de ces deux résultats : ou tromper le peuple, ou déshonorer le pouvoir[1].

---

1. Au moment où paraît cette édition, l'Assemblée nationale vient d'adopter une nouvelle loi, qui portera la date de 1871, et qui a pour but d'augmenter les attributions des conseils généraux. La loi sur les attributions des conseils communaux n'est pas encore à l'étude.

2° LA COMMUNE.

La réforme s'est arrêtée au département, et n'a pas poussé jusqu'à la commune. La tutelle à laquelle la commune est condamnée dans notre pays demeure entière, avec cette différence qu'elle sera plus souvent exercée par le préfet, et moins souvent par le ministre. Au fond, la commune importe plus à la liberté que le département. Le département est en quelque sorte un être fictif : on a découpé la carte de France en quatre-vingt-six parts à peu près égales, et cela s'est appelé les quatre-vingt-six départements. L'unité de cet être collectif n'est fondée ni sur la communauté des souvenirs, ni sur des raisons géographiques, ni sur des intérêts spéciaux ; elle tient uniquement à l'administration qu'on lui a donnée. Il n'en est pas de même de la commune, centre de rapports très-réels, très-intimes entre les citoyens qui l'habitent. Une ville a son histoire, son orgueil, son patriotisme ; elle a ses habitudes particulières, ses mœurs ; elle a de graves intérêts à défendre ; elle a des propriétés à gérer. Tout le monde s'y connaît, s'y rencontre fréquemment. On n'y est pas seulement concitoyen, on y est voisin. On fait partie de la même garde nationale, on envoie ses enfants à la même école, on y profite dans une proportion égale des chemins, des rues, des places, des cours d'eau, des bibliothèques, des musées. C'est un être collectif reconnu par la loi, mais qui tient à la nature même des choses, à leur essence. La loi politique trouve la commune, elle ne la crée point. Le patriotisme communal est l'école du patriotisme ; l'intervention dans les affaires de la commune habitue les citoyens à la vie publique, les initie à la connaissance des affaires ; la stabilité, la grandeur des institutions communales est la plus sûre de toutes les garanties de l'ordre dans les commotions politiques. Ce n'est pas exagérer que de dire qu'une bonne organisation des communes importe plus que toutes les constitutions politiques, à la société et à la liberté.

Maintenant quelle est, en France, la situation des communes? Un seul mot la résume : elles sont en tutelle [1]. On les traite comme des mineurs, des incapables ou des interdits. C'est ce qu'il sera facile de montrer.

Toute l'autorité est remise au maire et au conseil municipal : voyons dans quelles conditions ils l'exercent.

Le maire est administrateur de sa commune, officier de l'état civil, officier de police judiciaire, et juge de police dans les communes qui ne sont pas chefs-lieux de canton [2]. Comme officier de l'état civil, officier de police judiciaire et juge de police, il agit sans le concours du conseil municipal. Comme administrateur, il ne fait guère, dans la plupart des cas, qu'exécuter les résolutions du conseil ; mais il en est membre, il le préside, il lui soumet les affaires, il y a voix prépondérante. Cependant, sous le régime impérial, ce magistrat dont la situation est capitale, et sur qui principalement repose le soin des intérêts communaux, était nommé par l'Empereur ou par le préfet, suivant l'importance de la commune, et pouvait être pris en dehors du conseil municipal. Maintenant [3], il est toujours pris dans le sein du conseil; mais dans les chefs-lieux de département ou d'arrondissement et dans les villes de plus de 20000 âmes, il continue à être nommé par décret du gouvernement. Il peut être suspendu pour deux mois par le préfet, pour un an par le ministre de l'intérieur, et révoqué à volonté par le gouvernement.

De son côté, le conseil municipal, quoique élu par le suffrage universel des habitants de la commune [4], ne peut

1. Et depuis longtemps. L'ordonnance qui soumet la comptabilité des villes à la surveillance de l'État a été rendue sous Colbert. Cf. M Pierre Clément, *Histoire de Colbert*, p. 154 sq.

2. Loi du 24 août 1790.

3. Loi du 16 avril 1871.

4. Loi du 5 mai 1855, art. 7.

s'assembler que sur la convocation du maire, quatre fois par an, pour une session qui ne peut durer plus de dix jours. Si une session extraordinaire est nécessitée par les besoins urgents du service, elle ne peut avoir lieu qu'avec l'autorisation du préfet, qui en détermine la durée. La plus importante fonction du conseil est de régler le budget de la commune, qui lui est présenté par le maire. Ce budget des recettes prélevées sur les citoyens, et des dépenses faites à leur profit n'est en réalité qu'un projet soumis à la sanction des préfets pour les communes dont le revenu n'atteint pas cent mille francs, et à celle de l'administration supérieure pour les autres communes. L'administration peut inscrire d'office sur le budget les dépenses obligatoires; elle peut retrancher ou restreindre les dépenses facultatives. Si la commune ayant de l'argent placé sur l'État a besoin d'en retirer une partie pour faire face à une dépense imprévue, le maire ne peut autoriser par mois que le retrait d'un douzième. Si le retrait d'un second douzième est nécessaire, il faut l'intervention du sous-préfet: il faut celle du préfet pour aller au delà. Créer des foires, des marchés, les supprimer, commencer un travail quel qu'il soit, fût-ce un simple travail de réparation dont la dépense doit dépasser trois cents francs, ouvrir ou redresser un chemin vicinal, en déterminer la largeur, changer la destination d'une propriété communale, telle qu'une halle, une fourrière, une salle de spectacle, créer un abattoir, aborner un cimetière, fixer le tarif du prix de concessions à perpétuité ou temporaires dans les cimetières, le tarif des places pour le stationnement dans les rivières, les rues, les ports, les marchés, traiter avec une compagnie pour l'éclairage de la ville, le curage des rivières, l'enlèvement des boues, régler l'alignement des rues et des places, les droits de parcours, la vaine pâture, toutes ces menues opérations d'administration courante sont soumises à l'approbation du préfet, et quelquefois à celle du ministre. À plus forte raison, la commune est-elle bridée lorsqu'elle veut agir comme personne civile, comme propriétaire. Pour accepter une donation ou un legs, autorisation; pour poursuivre son droit en justice, ou même pour répondre à une poursuite, autorisation; pour acquérir un immeuble, une loi; pour acquérir des meubles, une bibliothèque, une horloge, autorisation du préfet; pour aliéner un immeuble, une loi. Le conseil ne peut pas même vendre les matériaux d'une maison en démolition, sans s'y faire autoriser par le préfet. Il ne peut, sans une autorisation, ou une loi, suivant les cas, échanger ses immeubles, vendre ses bois, les défricher, les affranchir des droits d'usage par le cantonnement ou à prix d'argent, placer les reliquats de son budget sur des biens ou sur des particuliers. Les placements en rentes sur l'État sont les seuls qu'il puisse faire de son propre mouvement; on lui accorde cette faveur. Pour s'imposer extraordinairement ou pour contracter un emprunt, les communes dont le revenu excède cent mille francs sont obligées d'obtenir un acte du Corps législatif. Elles ne peuvent même donner à bail leurs immeubles, ou prendre elles-mêmes un immeuble en location, sans recourir au préfet, pour les baux au-dessous de dix-huit ans, et sans se faire autoriser par un décret pour tous les baux d'une plus longue durée. Dans ces deux cas, et toutes les fois qu'un devis ou une estimation est nécessaire, ce n'est ni le maire ni le conseil qui nomme un expert, c'est le sous-préfet. La création d'un octroi municipal est aussi une faveur qu'il faut obtenir du ministre de l'intérieur. Le conseil vote qu'il y aura un octroi; puis il transmet son vote au sous-préfet, qui le transmet au préfet, qui à son tour le transmet au ministre avec son avis; et si le ministre juge à propos qu'il y ait un octroi, le vote du conseil est suivi d'effet. En réalité, les conseils municipaux, chargés en apparence par la loi, de régler, de décider, d'administrer, ne font pas autre chose que d'exprimer des vœux sur les affaires locales : voilà où en est chez nous la commune.

Il va sans dire qu'un conseil municipal ne peut délibérer que sur les affaires qui lui sont soumises par le maire conformément à la loi ; qu'il ne peut s'adresser à l'administration supérieure que par la voie hiérarchique, c'est-à-dire par l'intermédiaire du sous-préfet ; qu'il lui est formellement interdit de correspondre avec un autre conseil municipal, ou avec le conseil de son arrondissement, interdiction incompréhensible, quand il y a tant d'intérêts communs entre les territoires voisins[1] ; qu'il ne peut envoyer une députation au gouvernement, que sur l'autorisation formelle du préfet, confirmée par celle du ministre de l'intérieur ; qu'il a besoin des mêmes autorisations pour offrir à un citoyen un don, un hommage, un encouragement ; qu'il ne saurait sous aucun prétexte prendre directement la parole devant le public, par affiche ou autrement, et publier une opinion, une adresse ; qu'enfin ses séances sont rigoureusement secrètes, comme celles du conseil général. Les habitants de la commune qui veulent savoir si des centimes additionnels ont été votés, ou si on a fixé le taux de la rétribution scolaire, peuvent

1. Dans la discussion de 1837, on avait proposé de réunir les maires tous les ans au chef-lieu de canton pour délibérer sur les intérêts communs du canton. Cette proposition n'eut pas de suite, parce qu'on regarda cette assemblée de maires comme faisant double emploi avec le conseil d'arrondissement, et parce qu'en outre, par un souvenir fort intempestif des fédérations de communes sous la Convention, l'esprit de la législation française est de repousser les délibérations en commun de magistrats appartenant à des localités diverses. Il y aurait au contraire de grands bénéfices à tirer de ces assises des maires, des juges de paix, des conseils municipaux, et le même principe pourrait être appliqué avec avantage à des réunions de préfets et de conseils généraux, toutes les fois, par exemple, que plusieurs départements ont des intérêts solidaires, tels que les départements vinicoles, ou les départements manufacturiers, ou encore les départements qui peuvent être inondés par la même rivière. Il suffirait, pour écarter tout inconvénient, que l'objet des délibérations fût connu et déterminé. Pense-t-on que des conseils municipaux ou des conseils généraux se transformeraient en société secrète?

obtenir à la mairie communication du procès-verbal. Ce conseil muet, secret, dont les délibérations sont strictement renfermées dans le cercle des affaires communales, qui ne peut se réunir spontanément, et dont toutes les décisions sont soumises au véto du préfet, du ministre ou de la chambre, est tout ce qui nous reste de la commune du quatorzième siècle, et de celle de l'Assemblée constituante. Pourquoi tant de protection et tant d'entraves? On a craint, d'une part, que la commune fût trop puissante, et, de l'autre, qu'elle fût trop incapable. On la déclare incapable de se gouverner elle-même, et on tremble qu'elle ne veuille gouverner la France.

C'est que nous réunissons sous le même nom de commune les choses du monde les plus différentes, la commune de Rouen, celle de Marseille, et vingt-sept mille six cent trente-neuf communes[1] dont la population ne dépasse pas cinq cent quarante habitants. On n'a fait de lois spéciales que pour Paris et Lyon; et, chose remarquable, ces lois spéciales ont un caractère restrictif. Quand on fait une loi qui doit régler une commune dont la population dépasse seize cent mille âmes, qui renferme tous les dépositaires du pouvoir central, qui possède, à elle seule, autant de ressources que plusieurs départements, et plus de pouvoir que tous les départements ensemble, il est naturel qu'on évoque le fantôme de la Commune de Paris; et quand on dispose la même loi pour qu'elle convienne à une commune de moins de cinq cents âmes, il est naturel qu'on pense à des conseillers municipaux ignorants et incapables, et à un maire qui ne saura pas lire. On prend les grandes communes en tutelle, à cause de l'ignorance des petites, et on accumule les précautions politiques contre les petites et inoffensives communes, à cause du pouvoir exorbitant que quelques communes importantes avaient usurpé dans d'autres temps. C'est une situation, une organisation, une loi équivoques. On a essayé, à plusieurs reprises, et notamment

1. En comptant les communes de l'Alsace et de la Lorraine.

en 1848[1], de remédier à la petitesse des communes par la création du canton. Mais ce nouveau mécanisme n'a jamais pu fonctionner. Ou le canton est la commune agrandie, ou il n'est rien. Il faut faire les communes assez étendues pour n'avoir pas à craindre leur incapacité ; et quant à leur influence politique, il faut avoir des lois assez libérales pour n'avoir rien à craindre des aspirations des corps municipaux vers la liberté. On a réellement détruit la commune en France, le jour où l'on a fait de trop petites communes[2].

Quel a pu être, dans ce morcellement, le but du législateur ? de rapprocher le maire et le conseil municipal des habitants ? de faciliter les élections ? Évidemment non. La loi permet d'avoir un adjoint par section de commune, quand, par suite de l'éloïgnement ou d'un obstacle, les habitants pourraient difficilement se rendre au chef-lieu pour l'accomplissement des actes de l'état civil. Rien n'empêche de diviser aussi le scrutin, quoique cela soit certainement moins nécessaire et moins politique. Il était donc bien simple de donner plus d'importance à la commune en lui donnant plus d'étendue et de population. Mais c'est précisément ce qu'on a voulu éviter. Partant du principe faux de la centralisation, on n'a songé qu'à fortifier le pouvoir central, et on l'a fait de deux façons : en l'armant de tous les pouvoirs répressifs, et d'une grande

1. Constitution de 1848, art. 77. Un projet de loi sur les conseils cantonaux avait été élaboré au conseil d'État et allait être discuté, quand arriva la révolution de 1851.

2. En présence de ce tableau de nos administrations communales, on peut relire les chapitres où M. de Tocqueville démontre que les subdélégués de l'ancien régime étaient les maîtres souverains de l'administration paroissiale. La Cour des aides (remontrances du 6 mai 1775) se plaint qu'on en soit venu « à cet excès puéril de déclarer nulles les délibérations des habitants d'un village quand elles ne sont pas autorisées par l'intendant, en sorte que si cette commune a une dépense à faire, quelque légère qu'elle soit, il faut prendre l'attache du subdélégué de l'intendant. »

masse de pouvoirs préventifs : en énervant, en subordon-
nant toutes les forces qui n'émanaient pas de lui, et qui
auraient pu lui faire obstacle.

En effet, grâce à cette atténuation de la commune, qui
la met pour ainsi dire en poussière, grâce à ces lois qui
rendent les élections communales illusoires en ôtant aux
élus toute autorité réelle, on peut dire qu'il n'existe pas
en France d'autre autorité que celle qu'exerce le pouvoir
central, ou celle qu'il délègue temporairement pour être
exercée par ses agents sous sa surveillance. Il en résulte
que les fonctions électives ne sont pas souhaitées, parce
qu'elles ne sont pas puissantes ; et que les élections municipales se font languissamment, parce que les citoyens
sentent bien qu'ils ne seront pas réellement administrés
par leurs élus; qu'on ne prend pas l'habitude de se mêler
aux affaires, qu'on n'apprend pas à les connaître ; que
les illusions sur ce qui est possible, utile et juste en matière de gouvernement, se répandent et s'enracinent au
détriment du pays et de l'administration elle-même, et
qu'on ne connaît pas de milieu entre l'obéissance inerte
et l'insurrection.

On pourrait nous objecter que le maire représente à la
fois la commune et le gouvernement. Son autorité est
mixte, et c'est pour cela que les constitutions antérieures
la faisaient dériver à la fois de l'élection et du pouvoir
central, en donnant au chef de l'État le droit de choisir
les maires, et en l'obligeant à les choisir dans le sein du
conseil municipal. Nous devons aussi reconnaître qu'une
administration locale pourrait être égoïste, et multiplier à
l'excès les travaux pendant son exercice pour laisser une
glorieuse trace de son passage, en épuisant les ressources
de la commune ; ou qu'à force de voter des centimes additionnels, elle pourrait rendre la perception du principal
de l'impôt difficile ou impossible. Mais si le gouvernement reste maître de révoquer le maire et de faire appel
à l'élection, et si la gestion de la fortune municipale est

soumise à des règles fixes et déterminées par la loi, qui remédient à l'imprévoyance et empêchent la dilapidation, pourquoi infliger aux communes la peine de l'interdiction que les tribunaux prononcent contre les flétris et les prodigues? Cet asservissement détruit l'esprit municipal, et de proche en proche, il énerve le patriotisme.

Le régime de la liberté au contraire est sain, fortifiant, viril. Il forme des citoyens, des hommes, des hommes d'affaire. Il élève les âmes, il éclaire les esprits. Les économistes ont remarqué que quand un laboureur se mêle des élections, quand il intervient par des fonctions municipales dans le gouvernement des intérêts de la commune, il est aussi plus actif dans ses affaires particulières, plus entreprenant, plus sagement entreprenant. C'est une observation vieille comme le monde : on apprend à penser en pensant, à travailler en travaillant, à être libre en usant de la liberté. C'est pourquoi il est absurde de ne songer qu'à la liberté politique, dont le foyer est toujours loin, excepté dans les rares moments des élections, et de négliger la liberté communale, dont le foyer est près de nous. La commune anglaise, la commune belge sont libres. Si l'administrateur temporaire de la commune anglaise ne peut pas arbitrairement aliéner la propriété communale, il est soumis à cet égard, non à la tutelle d'un député-lieutenant ou d'un ministre, mais à celle d'une commission de la chambre élective, qui procède en quelque sorte judiciairement, et devant laquelle il se fait représenter par un avocat. Il y a loin de cette intervention du pouvoir législatif dans un cas grave et rare, à la surveillance de tous les instants exercée par le préfet sur nos municipalités. Je ne mets pas en doute que la forte constitution des communes en Angleterre[1] et en Belgique n'ait été la principale cause du

---

1. Je ne parle ici que des communes urbaines jouissant des droits de corporation.

salut de ces deux monarchies lorsqu'en 1848 toutes les autres ont été ébranlées; et si le peuple anglais se fait remarquer en général par un grand sens pratique, et par son patriotisme, c'est incontestablement à la commune qu'il le doit; c'est en intervenant dans les affaires de la commune qu'il apprend les conditions d'une bonne gestion et d'une sage liberté.

S'il y a un préjugé enraciné, un préjugé funeste, c'est celui qui fait de la liberté le synonyme de désordre, quand il faudrait dire au contraire que la liberté est le synonyme de l'ordre, et que le meilleur moyen d'intéresser les hommes à l'ordre, c'est de leur apprendre les affaires. Depuis la Constitution de 93, qui chargeait les assemblées primaires d'élire les électeurs, les juges, les jurés, les administrateurs et les conseillers de département, les maires, adjoints et conseillers des communes, et qui, semblable aux constitutions grecques, faisait du métier de voter l'unique occupation du citoyen, il est passé en proverbe qu'un usage immodéré du scrutin condamne les ateliers au chômage et rend toute industrie impossible. Mais nous sommes en vérité passés d'un extrême à l'autre. Nous faisions trop de politique dans ce temps-là; à présent nous n'en faisons plus du tout. Il y a un juste milieu à prendre; et l'on ne voit pas que les Suisses, les Belges, les Anglais, qui votent souvent, et qui prennent part au gouvernement de leur pays, n'aient plus d'ouvriers dans leurs fabriques. On pourrait aller plus loin qu'eux sans inconvénient. Les hommes ont besoin de se sentir libres; c'est un des instincts les plus forts de leur nature. En leur refusant la liberté, on leur refuse une des conditions du bonheur; on leur impose une souffrance. Cela seul est déjà un mal qu'on leur fait. Quand la privation de la liberté n'entraînerait pas d'autre suite, il faudrait y regarder à deux fois avant de s'y résigner. Non-seulement ils ont le goût, l'instinct, le besoin de la liberté; mais ils y ont droit. Dès qu'ils ont

quelque culture d'esprit, et qu'ils cherchent à se rendre
raison des choses, ils se demandent d'où vient le commandement qu'on leur fait, et d'où vient la nécessité
de l'obéissance. Il est absurde de supposer qu'une
créature humaine qui a une intelligence même bornée,
et des passions, va subir toute sa vie une domination,
sans jamais réfléchir à l'origine de l'autorité. Identifier
l'autorité avec la force, porter le peuple à penser que le
gouvernement n'a le droit que parce qu'il a la force,
c'est commettre un sacrilége, c'est faire une faute. Le
sacrilége est de troubler la notion de la justice, car la
force doit être au service de la justice, et n'en peut jamais
être le fondement ; la faute est de se mettre au hasard de
la première insurrection venue : car si jamais le peuple
s'aperçoit de sa force, il en usera, et se croira légitime
en se voyant puissant, tant on oublie de lui montrer
que la force est autre chose que le droit. Au lieu de la
force, est-ce l'utilité qu'on invoque? Grande besogne de
faire comprendre à la masse qu'il lui est utile d'être gouvernée par un pouvoir unique, absolu, qui s'étend à tout,
à la politique générale, et à la plus petite affaire de cours
d'eau et de vicinalité. L'ignorant ne comprendra pas
cela ; le savant le comprendra encore moins, surtout s'il
est ou se croit plus capable que l'autorité. Reste le droit.

Et en effet l'autorité ne peut reposer que sur le droit.
Les intérêts feront éternellement varier les hommes sur
l'utile, et la force n'appartiendra jamais au pouvoir contre
le peuple, qu'en apparence ; car le peuple est le nombre.
Mais le droit, cet unique fondement de l'autorité, d'où
vient-il? De la possession? On ne possède pas les hommes. Comme il n'y a pas de prescriptions contre le droit,
il n'y en a pas contre la liberté. L'ancienne société ap-
puyait le droit sur la foi religieuse : c'est par là qu'elle
a vécu. Cette longue alliance entre la royauté et la religion est la seule explication de la longue histoire de la
royauté absolue. Aujourd'hui, l'alliance est rompue :

c'est un fait tellement définitif que ceux mêmes qui le déplorent, le reconnaissent. A cette force morale qui s'appelait la religion, s'est substituée une autre force morale, qui s'appelle la raison. Désormais il n'y a plus d'autre droit public que celui que la raison établit. La religion elle-même, irrévocablement séparée de l'État, invoque la raison, pour obtenir sa liberté dans l'État. Or, qu'est-ce que le droit fondé sur la raison? C'est le droit identique à la liberté; le droit commun à tous, n'appartenant en particulier à personne; c'est l'égalité. Du moment que la liberté et l'égalité sont de l'essence du droit, la seule autorité légitime est l'autorité déléguée, l'autorité constituée par la volonté de tous. Dans cette délégation l'unanimité est-elle possible? Il est clair qu'elle ne l'est pas. Donc l'autorité absolue est illégitime. Il faut qu'il reste toujours à la minorité une chance de démontrer qu'elle a raison, et de faire pacifiquement reconnaître son droit. Si le progrès n'est pas impossible, il est clair que l'autorité immuable est contre la nature des choses; et il faut qu'une génération nouvelle ait toujours un moyen d'améliorer l'organisation de la société. Pourquoi les hommes, individuellement possesseurs d'une part égale de liberté, délèguent-ils l'autorité à un homme ou à un corps? Déléguer l'autorité, c'est faire une opération analogue à l'impôt; car celui qui se soumet à l'impôt renonce à la moindre partie de la propriété pour sauver l'autre; et celui qui délègue l'autorité renonce à une partie de sa liberté pour sauver le reste. Donc il est de l'essence de l'autorité déléguée de ne pas être absolue : car du moment qu'elle est absolue, elle perd sa raison d'être. Celui qui, dans un incendie, abat une partie de sa maison pour faire la part du feu est un homme sage; celui qui raserait sa maison de peur qu'on n'y mît le feu serait un fou. Quand les anciens rois disaient: « Je tiens mon pouvoir de Dieu, donc mon pouvoir est absolu, » ils se trompaient sur le principe; mais ils étaient dans la logique. Si les rois modernes disaient : « Je tiens mon pouvoir du peuple, donc il est absolu, » ils auraient raison dans leur principe, mais leur conséquence ne serait pas seulement fausse, elle serait contradictoire. Le peuple ne peut retrancher de sa liberté que la portion strictement nécessaire à la conservation du reste. Ce qu'il en retranche de plus, par erreur, ou ce qu'on en retranche par la force, est d'abord une injustice qu'il subit, et qu'il constate tôt ou tard, et c'est ensuite, pour les délégués, un accroissement d'autorité fatal ; car ils auraient été le droit, si la délégation avait été renfermée dans ses justes limites ; et parce qu'elle excède, ils ne sont que la violence.

Le peuple, dit-on, ne raisonne pas. C'est possible ; mais par un moyen ou par un autre, il arrive à la conclusion du raisonnement. Tout ce qui est contraire à la logique est éphémère. Un gouvernement qui fonde son droit sur la délégation reconnaît par là même la liberté. C'est autant son intérêt que son devoir, de n'accepter qu'une délégation strictement limitée par la nécessité sociale. Tout ce qu'il prend au delà est une cause de désordre, une chance de ruine pour lui, et de trouble pour la société. Il se fortifierait en se restreignant[1]. On peut poser en axiome que tout homme aspire à la liberté avec une force d'expansion telle, qu'il renverse infailliblement les barrières factices qu'on lui oppose et qui l'empêchent pour un temps de se rétablir dans son état naturel. C'est pour cela que tout gouvernement absolu est rétrograde. Il s'oppose aux progrès de la raison publique, parce que la raison publique ne pourrait pas faire de progrès sans le renverser.

---

1. « Ce n'est pas impunément qu'on se joue des lois constitutionnelles d'un État, et la protection des lois est plus nécessaire encore aux gouvernements qu'à leurs sujets. » (Discours de Boissy d'Anglas à la Chambre des pairs, dans la discussion de la loi de 1814 sur la presse.)

On parle de l'incapacité du peuple ; c'est l'argument de M. de Bonald. Selon lui, le peuple est incapable de se gouverner et de choisir son gouvernement ; il faut donc qu'il reçoive comme un bienfait le gouvernement qu'on lui impose. Ne faisons pas ici de théorie absolue, il ne nous faut que des faits, et n'étendons pas la question outre mesure ; ne dépassons pas l'horizon de l'administration communale. De quoi s'agit-il? De conserver et d'améliorer une très-modeste fortune, d'en dépenser les revenus avec intelligence dans l'intérêt commun, de nommer à quelques emplois locaux, de surveiller quelques fonctionnaires, de fonder et d'administrer une école, un asile, un hospice, de maintenir la tranquillité dans les rues, d'ouvrir et d'entretenir un chemin, de faire en un mot pour une ville ou pour un village ce que fait chez soi le père de famille. C'est une tâche importante, mais modeste. La question est de savoir si, dans une commune un peu étendue, telle qu'il serait facile d'en constituer en France en ne s'astreignant pas à donner à chaque village une municipalité[1], on ne trouvera pas douze hommes capables de la remplir avec intelligence et probité ; et si les habitants, que ce choix intéresse au plus haut degré, ne seront pas mieux placés que le préfet ou le ministre pour découvrir les administrateurs qui leur conviennent. Quand on réduit la question à ses proportions véritables, on a presque honte de la voir controversée. Il est clair que la commune ne manquera ni d'administrateurs capables, ni d'électeurs intelligents ; qu'il n'y a pas même de prétexte pour porter ailleurs le droit de choisir ; que

---

1. Il y avait en France, avant 1871, 37 000 communes pour une population de 37 400 000 habitants, ce qui donne une moyenne de 1000 habitants par commune. Sur ce nombre, 433 communes ont une moyenne de 76 habitants ; 2560 ont une moyenne de 156 ; 4157, une moyenne de 252 ; 4618, une moyenne de 349 ; 3915, une moyenne de 446 ; enfin 11 955 ne dépassent pas en moyenne 706 habitants. Cela fait une moyenne de 539 habitants pour 27 639 communes. Voyez le *Dictionnaire des communes de France*, par Ad. Joanne, p. LXVIII de l'Introduction.

cette violation de la liberté est injuste, vexatoire, inutile,
dangereuse ; et que les administrateurs les plus en état
de mettre de l'ordre dans la commune, sont ceux que la
commune elle-même a préférés. Grâce à cette autonomie
de la commune, les citoyens auront le sentiment de leur
importance et de leur dignité, le sentiment de leur droit.
Ils grandiront dans leur propre estime, en se mêlant aux
affaires publiques. Ils jouiront doublement du bon ordre,
qui sera leur œuvre. Ils prêteront main-forte à une administration choisie par eux dans leur propre sein, et qui
ne sera que l'expression de leur intérêt et de leur volonté.
Ils se tiendront au courant, en leur qualité de surveillants
et de futurs électeurs, de toutes les déterminations du
pouvoir municipal; ils en sauront les motifs, ils en verront la nécessité ; ils seront les premiers à réclamer l'intervention de l'autorité, au lieu qu'à présent ils se laissent mener passivement. Si quelqu'un redoute que les
communes émancipées manquent d'économie et se laissent entraîner à des emprunts inconsidérés, il n'y a qu'à
voir le chiffre auquel s'élève la dette communale sous le
régime de la tutelle administrative. Nos communes, si
bien surveillées, ont été ruinées par la loi du 10 juin
1793[1], par la loi du 24 août 1793[2], par la loi du 20 mars
1813[3]; elles sont presque toutes surchargées d'emprunts
écrasants. L'absence de vie propre décourage les dona-
taires, éteint le zèle des administrateurs. Un des plus
sûrs moyens de mal raisonner, c'est de vouloir toujours
regarder les maux futurs et de ne jamais tenir compte
des maux présents. Qui a besoin qu'il y ait de l'ordre
dans la commune? c'est la commune : personne ne fera
la police mieux qu'elle. Qui payera les centimes addi-

----

1. Décret des 10 et 11 juin 1793, concernant le mode de partage des
biens communaux.

2. Décret du 24 août 1793, supprimant l'actif des communes et chargean
l'État d'acquitter leurs dettes, § 29, art. 70 et 91.

3. Loi du 20 mars 1813 sur l'aliénation des biens communaux.

tionnels rendus nécessaires par l'emprunt ou par le gaspillage ? c'est la commune : personne ne la remplacera dans le désir et dans la capacité de faire des économies.

Même pour les matières étrangères à l'administration municipale, le gouvernement deviendra plus facile quand les citoyens, habitués à gouverner une commune, connaîtront les conditions et les difficultés réelles d'une administration. Ils se rendront compte du motif de toutes les mesures, ils verront les objections et les conséquences; ils sauront supporter une gêne, ils sauront attendre. Ils ne mettront plus comme aujourd'hui la responsabilité du gouvernement partout. A l'heure qu'il est, quand les vignes ont coulé, quand les épis ne rendent pas, on se plaint du gouvernement. C'est insensé, et c'est presque juste. Il succombe également sous le poids des occupations dont il se charge, et sous celui de la responsabilité qu'il assume. C'est mal servir l'ordre, en vérité, que de condamner le pouvoir central à la maladresse ou à l'impopularité.

Tout le monde veut des places et de l'autorité : c'est un résultat de la centralisation; que de gens entravés, gênés, garrottés, se croient libres uniquement parce qu'ils ont le pouvoir de gêner les autres, et parce qu'ils ont à gouverner d'autres affaires que les leurs ! Un second résultat, c'est que le gouvernement seul peut donner des places et de l'autorité. C'est là, dit-on, une grande force pour lui, un grand moyen d'administration. Il n'en est rien. A chaque place qu'il donne, il fait un heureux et vingt mécontents. Il n'est entouré que de mendiants, et servi que par des flatteurs. Il est obligé de créer des places, non parce qu'il y a une fonction, mais pour qu'il y ait un fonctionnaire. Il fait nécessairement de mauvais choix, qui le discréditent. Le nombre immense des mécontents et des disgraciés n'a d'autre espoir que de renverser l'ordre établi, et de faire le lendemain une curée. Toutes ces places sont une ruine permanente pour le budget, une entrave permanente pour les affaires, un appât pour toutes les am-

bitions. On se dit : « Ayons notre tour ! » Le vrai, c'est
d'émanciper les communes, de retrancher cette immense
quantité d'agents du pouvoir central qui seraient immédiatement remplacés par les élus du peuple ; d'ouvrir à une
ambition honorable la voie des fonctions municipales ; de
rendre les citoyens maîtres chez eux pour qu'ils n'aspirent
pas à être maîtres chez les autres ; de les accoutumer à
préférer le produit du travail au revenu d'une place. Voilà
les conditions, la voie royale de l'ordre. Le gouvernement, partout et toujours, les places innombrables, les
agents imposés, ne sont que de la compression.

Il y a tant de choses dans un État, tant d'intérêts opposés, tant de révolutions dans les intérêts, qu'on a peine à
comprendre l'utilité d'un agencement qui, en rendant tout
solidaire, ne permet pas aux citoyens d'effectuer eux-mêmes
les menues réformes dont ils sentent le besoin. Quand il
faut ou tout subir ou tout changer, quand il n'y a pas de
moyen terme, la société est sous le coup d'une perpétuelle
menace. Le secret de rendre les révolutions impossibles,
c'est d'empêcher qu'elles soient désirables. Il y a un terrible malentendu entre les hommes, parce qu'ils confondent l'ordre avec la compression, et la liberté avec l'anarchie. Le vrai parti de l'ordre, c'est le parti de la liberté [1].

Il n'est pas bon qu'il y ait dans un pays le pouvoir d'un
côté, et le simple citoyen de l'autre. Cela n'est bon ni pour
le pouvoir, ni pour le citoyen. Le pouvoir est plus précaire quand il est unique, et sa chute, si elle arrive, ne
laisse rien subsister. Tout tombe avec ce colosse. La
famille et la propriété se trouvent menacées par une révolution qui n'aurait dû emporter qu'une forme politique.
La liberté communale a ce double effet de rendre les révolutions plus rares et moins complètes. L'histoire permet

1. « Les progrès du gouvernement consistent surtout dans la substitution graduelle de l'activité de la société à celle de l'administration, et
de la police judiciaire à la police administrative. » (M. Dunoyer, *La liberté du Travail*, t. III, p. 373.)

d'ajouter que cette liberté est aussi un puissant rempart contre l'invasion étrangère. Tant que la commune est solide, la société n'est pas compromise dans les agitations purement politiques. Le toit peut être emporté par une tempête, mais les fondements demeurent[1].

3° L'ASSOCIATION VOLONTAIRE.

Les mêmes raisons qui rendent indispensable l'accroissement et la consolidation de la commune, qui est une association nécessaire et naturelle, obligent aussi à considérer l'association volontaire, pourvu qu'elle se fasse au grand jour et n'essaye pas de se soustraire à l'action des lois répressives, comme une des conditions essentielles de la liberté et un des fondements de l'ordre. Je ne parle pas des associations politiques qui, lorsqu'elles ont pour but de transformer le gouvernement, ne sont que des conspirations; ni par conséquent de l'Association internationale des travailleurs, qui est devenue, dans ces derniers temps, une sorte d'agence pour porter au pouvoir les ennemis de la liberté, de la propriété et de la civilisation. Je parle uniquement de l'association des intérêts. Dans ces dernières années, sous l'influence des idées saint-simoniennes et de la doctrine fouriériste, l'association était devenue à la mode. On la rêvait partout; on la regardait comme une panacée universelle. Tantôt on prêchait l'as-

---

[1]. « Il existe un moyen de diminuer la puissance des gouvernements au profit de la liberté et du bonheur des peuples : il consiste dans l'application de cette maxime dans la déclaration des droits que je vous ai présentée : « La loi ne peut défendre que ce qui est nuisible à la société, elle ne peut « ordonner que ce qui lui est utile. » Fuyez la manie ancienne des gouvernements, de vouloir trop gouverner; laissez aux individus, laissez aux familles le droit de faire ce qui ne nuit pas à autrui; laissez aux communes le droit de régler elles-mêmes leurs propres affaires, en tout ce qui ne tient pas à l'administration générale de la République. Rendez à la liberté individuelle tout ce qui n'appartient pas naturellement à l'autorité publique, et vous aurez laissé d'autant moins de prise à l'ambition et à l'arbitraire. » (Discours de Robespierre à la Convention, 10 mai 1793.)

sociation limitée et volontaire, et tantôt on voulait établir une association absolue, embrassant nécessairement tout le monde et toutes choses. Rien, au fond, ne se ressemble moins que l'association volontaire et limitée et l'association universelle. Entre l'une et l'autre, il y a la liberté : c'est tout un monde. L'association universelle n'est rien moins que le communisme; l'association volontaire et limitée est une des grandes forces, une des grandes ressources, une des grandes espérances de la société et de la liberté. Il ne faudrait pas que le juste discrédit où sont tombées les doctrines qui voulaient tout réformer étourdiment, et nous rendre heureux malgré nous par des moyens ou frivoles ou coupables, atteignît le principe même de l'association, qui est fécond et excellent; et il ne faudrait pas non plus désespérer de l'association limitée, à cause des espérances puériles qu'on avait fait naître dans certains esprits. A en croire les enthousiastes, les ouvriers n'avaient qu'à s'associer pour produire mieux, avec plus de bénéfices pour eux, et à meilleur marché pour les acheteurs ; et les consommateurs, de leur côté, n'avaient qu'à s'associer, pour obtenir immédiatement de meilleures marchandises à meilleur compte. La raison, disait-on, en était fort simple; l'association des ouvriers supprimait le patron, et l'association des consommateurs supprimait le marchand. On ne songeait pas qu'on supprimait du même coup le crédit et le talent; ou du moins un genre de talent très-nécessaire à l'industrie et à l'humanité, celui de diriger et celui d'échanger.

Mais, sans partager l'exagération des utopistes, sans oublier que la condition de l'association pour les ouvriers est de transformer le salaire fixe en salaire aléatoire, tandis que la dépense reste invariable pour le plus grand nombre parce qu'elle est bornée au nécessaire; sans méconnaître que certaines industries ont besoin d'être nourries par le capital, attachées à une responsabilité nominale, et dirigées par une intelligence spéciale et exceptionnelle; que le commerce, de son côté, est un art très-compliqué et très-difficile, et qu'un grand marchand qui sait commander à propos, écouler ou emmagasiner à propos, proportionner l'offre aux besoins, répondre immédiatement à la demande, ou la provoquer en créant de nouvelles ressources, rend un immense et indispensable service à la production et à la consommation, il faut bien admettre que les associations entre capitalistes, entre patrons, entre ouvriers, ou même les associations mixtes, ouvrent à l'humanité une carrière toute nouvelle ; et à présent que le temps a fait justice des folies de l'école saint-simonienne, et que les anciens Pères ne peuvent plus regarder sans rougir ces fameuses jaquettes qui ont fait tant de bruit en 1830, il n'est que juste d'avouer que cette école mêlait à ses bizarreries un grand fonds d'idées élevées et fécondes, et qu'aucune doctrine n'a contribué davantage à donner, par l'association, un nouvel essor à l'industrie, au commerce et aux grands travaux d'utilité publique[1].

Il y a, dans notre organisation actuelle, deux motifs de tenir à l'association : l'un, c'est l'extrême division des fortunes; l'autre, c'est l'excessive extension des droits de l'État. En Angleterre, où les fortunes sont considérables, un particulier peut faire une fondation; ici, pour fonder quelque chose, nous avons indispensablement besoin de nous réunir. Chez nos voisins, où la liberté individuelle est garantie, et non-seulement la liberté passive, qui consiste à ne pas être attaqué dans son bien et dans sa personne, mais la liberté active, qui consiste à pouvoir user de son talent et de ses capitaux sans être entravé par la force publique, un simple citoyen peut aller de l'avant, par ses propres ressources; il n'en est pas de même pour nous, qui avons à subir tant de formalités, à demander tant d'autorisations, à passer par tant de filières : nous userions nos forces, notre patience, notre crédit, nos

____

1. Cf. *Le Travail*, par Jules Simon, chap. VI, VII et VIII.

ressources, si nous ne savions pas nous épauler les uns les autres, et devenir presque forts en associant nos faiblesses. Il n'y a que les progrès de l'association qui puissent permettre à l'État de retirer sa main ; car, avant de cesser d'agir, il faut qu'il soit remplacé. S'il n'y avait pas de compagnies capables de creuser nos canaux, d'ouvrir et d'exploiter nos voies ferrées, il est clair que nous serions obligés de demander à l'État de s'en charger lui-même : cet exemple est frappant ; la même nécessité s'étend à tout : aux routes, aux hôpitaux, aux écoles, aux bibliothèques., aux institutions de crédit. C'est une association qui a fondé le jardin zoologique d'Anvers ; chez nous, si l'État rayait de son budget le muséum d'histoire naturelle, il n'y aurait plus, en France, une seule collection.

Les grandes associations financières dépendent plus que toute autre institution de la forme politique du gouvernement. Sous un pouvoir absolu, elles se développent rapidement, et déploient beaucoup d'ardeur et d'audace. En revanche, si elles vont plus loin et plus vite, elles aboutissent plus souvent à des catastrophes. Cette double conséquence tient à une cause unique, l'absence de publicité, ou du moins de publicité indépendante. Le rapide accroissement et l'irrémédiable chute de la banque de Law auraient été impossibles sous un gouvernement moins despotique.

Outre les grandes compagnies qui associent leurs capitaux pour les faire fructifier au bénéfice des déposants, et qui se vouent soit à des opérations de crédit, soit à des travaux industriels, nous avons en France un assez grand nombre d'associations de caractères différents. Il y a d'abord les associations entre ouvriers, qui remontent à 1848. Ces associations ont eu diverses origines et ont été constituées sur divers principes. Les unes ont été fondées sur l'égalité des salaires et à l'exclusion du capital. Il va sans dire qu'elles n'ont pu subsister dans de telles conditions. D'autres n'ont accepté que l'apport des ouvriers

associés; d'autres enfin ont fait appel aux capitaux. Parmi
ces dernières on peut citer l'association des maçons, qui
est aujourd'hui dans un état de grande prospérité. Des
associations de tailleurs, de fabricants de limes, d'ébénis-
tes, de lampistes, de laquistes, de fabricants de lanternes
pour les voitures ont produit de bons résultats financiers,
et des résultats moraux d'une importance inappréciable. Il
y a des associations pour la vie à bon marché, qui fonc-
tionnent avec succès à Lille et à Grenoble. Ces associations,
dans lesquelles sont entrés un grand nombre de fonda-
teurs qui ne participent pas aux bénéfices, appartiennent
plutôt à l'assistance qu'à l'industrie. Il en est de même
des sociétés de secours mutuels, où beaucoup de cotisations
proviennent de membres qui n'auront jamais besoin de
recourir au fonds commun. Des rapports récemment publiés ont fait connaître les rapides accroissements des sociétés de secours mutuels. Ce qui n'était qu'une exception, il y a
quelques années, est devenu un fait considérable, qui tient
désormais une place importante parmi nos institutions.
Rien ne prouve mieux la grandeur de nos ressources en tout
genre, si nous savions en user. On ne saurait croire combien il y a en France de dévouements disponibles[1]. A Paris
et dans quelques villes de département, on a fondé des académies, pacifiques associations ayant pour but et pour effet
de développer et de propager la science et les lettres. Il
faut compter au premier rang, parmi elles, l'Association
philotechnique et l'Association polytechnique de Paris, qui
font des cours gratuits aux ouvriers, l'Orphéon pour l'enseignement du chant; faibles mais honorables commence-
ments d'une propagande littéraire, scientifique, artistique
qui pourrait devenir pour la France une véritable régénération. On fait aussi par souscription, depuis quelques an-

----

1. « On peut se demander avec raison, dit M. Vivien, si ce ne sont
pas plutôt les occasions de servir qui manquent au zèle, que le zèle aux
occasions de servir. » (*Études administratives*, t. II, p. 45.)

nées, des bibliothèques communales. En général, il y a
peu d'associations inspirées par l'esprit patriotique. Nous
avons, en revanche, un grand nombre de sociétés de bienfaisance. Ainsi, on agit, il y a un mouvement : mais combien il s'en faut que ce mouvement soit général ! Les
compagnies lucratives sont en bonne veine de propagation ;
les sociétés de secours mutuels s'étendent et se multiplient : tout le reste est languissant. Quelques hommes
zélés font obscurément un peu de bien, et c'est à peine si
leurs concitoyens leur en tiennent compte. Les divers cours
publics qui se font à Paris, en dehors des établissements
de l'État, n'ont pas réussi à attirer la foule. C'est un vrai
malheur pour la liberté. Les professeurs de l'État ne seront jamais absolument indépendants : il est regrettable
qu'il ne se fonde pas, à côté de leurs chaires, des institutions libres, comme en Allemagne, en Belgique, en Angleterre. La bienfaisance si active en France, si généreuse,
manque presque partout d'organisation. Elle s'épuise et
elle produit peu, faute de méthode. Il y a beaucoup à faire
de ce côté-là pour tout le monde, et surtout pour les
jeunes gens et pour les femmes. Les femmes sont comme
la société française : elles sont trop gouvernées. Il en
résulte qu'elles ne savent plus agir, et qu'elles n'en ont
plus le goût. Assurément je ne désire pas qu'elles fassent
des assemblées pour discuter je ne sais quelles puérilités
sociales et philosophiques, ou qu'elles se donnent en
spectacle comme les bloomeristes : je ne suis pas assez
platonicien pour cela. Mais quand on a tous les jours
sous les yeux le touchant et sublime spectacle des sœurs
de la charité, et de ces nouvelles venues qu'on appelle les
petites sœurs des pauvres et qui seraient dignes d'être aussi
les enfants de saint Vincent de Paul ; quand on voit, dans
le monde, tant de nobles femmes sans cesse occupées à
soulager des misères, à relever des courages de leur bourse,
de leurs soins et de leur cœur, peut-on ne pas souhaiter
que les femmes s'emparent avec plus de résolution du

gouvernement de la charité privée, et qu'elles centuplent le bien qu'elles font et le régularisent par l'association ? Si ce vœu, que j'exprime ici en passant, mais du fond de mon cœur, pouvait éveiller quelqu'une de ces vocations qui s'ignorent, je regarderais un tel résultat comme une marque de la bénédiction de Dieu sur ce livre.

Est-ce là de la philanthropie ? Qu'importe le mot ? Est-ce du patronage ? Le patronage a été bon, quand la société était dans l'enfance ; il n'est que dangereux aujourd'hui, parce qu'il entretient la misère à force de la soulager. Il faut l'abandonner, sans le maudire, partout où il s'applique aux valides : ceux-là, s'ils souffrent, peuvent et doivent se sauver eux-mêmes ; il faut le conserver pour les impuissants et les incurables : de même que dans la vie politique, il faut protéger l'enfant et laisser l'homme à lui-même. La fraternité, que les catholiques appellent la charité, est à la fois une vertu et un danger ; ou plutôt, c'est une vertu qui n'est bonne et efficace qu'à sa place. L'intervention de la charité comme celle de l'État n'est légitime que quand elle est nécessaire.

Il faut donc, en certains cas, des associations pour aider ; il en faut surtout, dans l'état normal, pour rendre le secours inutile.

Mais pour que les associations se multiplient, s'étendent et prospèrent, il ne faut pas que le gouvernement mette la main sur elles. Il a le droit de les surveiller, il a le devoir de les encourager, de les aider, au besoin de les éclairer : qu'il se garde bien d'aller au delà, et de les transformer en rouages administratifs. Si on venait à faire des associations une annexe de l'administration, on leur ôterait du même coup ce qui fait leur attrait et ce qui fait leur force : mieux vaudrait une nouvelle branche d'administration, cela serait plus franc et plus juste. Je veux bien m'associer librement à des compagnons de mon choix, et pour une œuvre que j'ai à cœur, avec la liberté de modifier mon programme et de me retirer si l'œuvre cesse de me convenir; mais entrer dans une corporation pour y mener la vie passive d'un fonctionnaire, porter mes statuts au visa de l'autorité, faire le bien en vertu d'un diplôme, accepter un supérieur que je n'aurais pas choisi, c'est s'enrôler, cela, ce n'est pas s'associer. Associons-nous, non pour cesser d'être libres, mais pour rendre la liberté inattaquable et féconde. L'association forcée et réglementée est un abandon de la liberté individuelle; l'association volontaire est une extension de la liberté individuelle.

Nous donnerions beau jeu aux communistes, si nous restions dans notre isolement; notre faiblesse les rendrait irréfutables; ils montreraient trop aisément que nous ne sommes rien, que nous ne pouvons rien, que liberté et stérilité ne font qu'un. Nous avons beau avoir des bras et de l'intelligence, qu'est-ce qu'un homme fera de ses bras, s'il est seul? Qu'il entreprenne seulement de bâtir sa maison, il mourra avant de l'avoir finie. Et que fera-t-il de sa fortune, même s'il est millionnaire? Sait-on ce qu'il faut enfouir de millions dans un tunnel ou dans un viaduc? C'est encore pis pour l'intelligence. Nous admirons Descartes, Newton, Leibnitz. Mais ôtons de leurs livres tout ce que l'éducation et l'étude leur avaient donné, que restera-t-il? Ces grands hommes ne sont que des pygmées, qui dominent la foule parce que la foule les porte sur ses épaules. Nous commençons une œuvre, et la mort nous prend : elle nous arrête juste au moment où nous allions entrevoir ce qu'il y avait à faire. Notre labeur serait perdu, s'il n'y avait à côté de nous un autre homme pour prendre la charrue de nos mains défaillantes et continuer le sillon commencé. Nous ne pourrions pas même faire le bien, sans l'association; la misère lasserait notre dévouement, elle renaîtrait derrière nous à mesure que nous l'aurions secourue, et nous enfermerait comme dans un cercle magique. Sans l'association, nous ne serions rien contre l'État. Il pourrait impunément devenir violent et injuste ; la liberté n'aurait pas de sanction. Nous aurions tout sacrifié au désir d'être libres, et nous ne serions devenus qu'impuissants. Nous ne pourrions ni user de la liberté ni la défendre.

Pour qu'un homme comprenne et aime la liberté, il faut qu'il se sente fort. L'égalité en nous séparant nous affaiblit, et donne occasion de naître au despotisme. Le remède est dans la Commune et dans l'association volontaire, qui remplacent les grandes situations individuelles par les grandes situations collectives.

Certes le communisme se trompe étrangement quand il identifie sa doctrine avec celle de l'association, et la nôtre avec celle de l'isolement. Il ne faut pas dire : ici l'association, là l'isolement ; mais bien : ici l'association forcée, là l'association volontaire. Voilà la vérité, voilà la juste part de chaque doctrine. Dans le système de l'association volontaire, nous avons à la fois les bénéfices de l'association et ceux de la liberté. Nous acquérons la grandeur intellectuelle et physique sans rien perdre de la grandeur morale. Notre association est une association de frères, et celle des communistes n'est qu'un accouplement de forçats.

Quand la liberté a commencé à couvrir le monde, ceux qui regrettaient le passé ont prononcé contre elle un anathème terrible ; ils l'ont appelée l'égoïsme. La Révolution pourrait répondre qu'en écrivant sur son drapeau liberté, fraternité, elle avait mis le remède à côté du mal. Mais, quand on regarde les faits et non la doctrine, il est incontestable que c'est la liberté qui préoccupait l'Assemblée de 1789, et que la fraternité n'était pour elle qu'une aspiration et une théorie. A une société fondée sur le catholicisme, qui prêche le renoncement, on substituait une société fondée sur la raison, qui proclame la liberté et l'égalité, c'est-à-dire le droit individuel. Le roi de l'ancienne société était à la fois le représentant de Dieu, qui le sacrait, le père de la famille et le symbole de l'honneur

national ; tout sujet lui devait obéissance, amour, dévouement ; le nouveau roi n'était, sous un vieux nom, qu'un
délégué de tous les intérêts, auquel on ne devait obéissance que dans la mesure de la délégation qu'on lui avait
faite et du profit qui en résultait pour tous et pour chacun.
Autrefois tous les membres d'une même patrie étaient
répartis dans des classes diverses, qui, depuis le monarque jusqu'au dernier sujet, exerçaient ou subissaient
l'autorité suivant des règles séculaires, avec la condition
pour le supérieur de protéger son subordonné, et pour le
sujet de servir son seigneur, pour les uns comme pour
les autres, de s'aimer et de ne faire qu'une famille. La
famille elle-même était organisée comme l'État, sur le
principe de l'autorité paternelle, de l'obéissance filiale et
d'un dévouement réciproque. Le droit, dès son premier
jour, brisait les classes, puisque sa formule est égalité. Il
supprimait le dévouement, ou en faisait une vertu suréro-
gatoire. Il pénétrait dans la famille, et traçait la limite
des obligations réciproques du père et du fils. L'un et
l'autre avaient désormais des intérêts distincts, et qui
pouvaient être en guerre. Un jour devait fatalement venir
où la doctrine du droit, poussée à son extrême conséquence, s'exprimerait dans cette barbare formule : chacun
pour soi, chacun chez soi. Voilà par quel côté les ennemis
de la Révolution sont forts. Ce n'est pas être juste envers
les de Maistre et les Bonald, qui sont de grands esprits
et de nobles cœurs, que de les soupçonner d'aimer le privilége pour lui-même ; ce qu'ils aiment dans la société
privilégiée, c'est l'amour.

Nous n'avons que trop de quoi leur répondre. Leur société non plus ne doit pas être jugée par la théorie ; il
faut la prendre au fait, à la réalité. Il faut voir si l'amour
était autre chose qu'une déclamation. On apprenait aux
jeunes nobles à aimer leurs vassaux ; on prêchait la bienfaisance aux seigneurs dans leurs chapelles. Soit ! toute
organisation a sa rhétorique. Le poids du servage en était-il

moins dur? Le partage de l'impôt en était-il moins inique? Le talent mal né en était-il moins honni? Le trésor public en était-il moins prodigué aux courtisans? La théorie elle-même, quoique au premier abord séduisante, qu'est-elle autre chose qu'un sophisme? Le droit est le droit; coûte que coûte, il faut le subir. Il n'est au pouvoir ni d'un homme, ni de tous les hommes d'abandonner le droit pour un autre principe, puisque le droit est l'éternel maître qui gouverne les forces intelligentes, comme le principe de la gravitation règle les mouvements de la matière. L'amour est brillant, c'est la poésie. Le droit est solide, c'est la science. A chacun sa place : fondons la société sur le droit, parce qu'il le faut; et de toutes nos forces et de tout notre cœur, propageons à côté de lui l'amour. Ne mettons que le droit dans la loi, parce que toute loi qui n'est pas l'expression du droit, est factice, éphémère, sans solidité, sans raison d'être. Mais, à côté de la loi, créons des institutions qui fassent naître la fraternité, qui la favorisent, qui ramènent l'amour dans les cœurs et dans la société. Faisons en un mot la société sur le modèle de la nature, qui a donné les passions pour auxiliaires à la raison, et qui n'a pas voulu qu'elles en fussent jamais les maîtresses.

Il faut distinguer la loi et les institutions. La loi est contraignante, et par conséquent elle ne peut à aucun prix s'écarter du droit, coûte que coûte. Les institutions sont libres : il est du devoir du législateur de les disposer pour corriger ce que la loi absolue a de dur et souvent de terrible. Dans la morale comme dans la politique, la charité n'a de place qu'après la justice.

Autre chose est la loi humaine, autre chose la loi divine. Non pas que la loi humaine puisse jamais s'écarter de la loi divine : l'homme ne prescrit qu'après Dieu. Mais la loi divine va plus loin que la loi humaine. Nous ne pouvons mettre dans nos codes que la justice : Dieu a mis dans le sien la justice et la charité. En matière de propriété, que dit la justice? « Tu ne voleras point. » Elle ne dit rien de plus. Si la loi humaine ajoute : « tu donneras ton superflu, » elle va contre elle-même, elle ouvre la porte à la violation du droit, à l'arbitraire ; elle ne garantit plus la propriété. Elle ôte à la charité sa grâce et son mérite. La loi divine, au contraire, peut condamner le mauvais riche. Le prêtre, le philosophe ne connaissent pas le devoir, quand ils le mesurent strictement sur le droit. Toutes les richesses que nous pouvons conquérir par le travail et toutes celles que nous distribue libéralement la Providence, la fortune, le génie, ne sont que des trésors dont nous sommes dépositaires. Membres de la famille humaine, irons-nous nous absorber dans notre droit, et vivre pour nous-mêmes, heureux et inutiles, quand l'humanité souffre, travaille et saigne à côté de nous? Et ce grand Dieu, voilé mais présent, qui est à la fois un juge et un père, nous a-t-il faits, nous, intelligents, sensibles et libres, pour que nous soyons à nous-mêmes notre propre but, quand le reste des êtres créés, depuis les soleils jusqu'au grain de sable, conspirent à l'harmonie et à la beauté universelle? Malheur à la société qui oublie de mettre la justice au-dessus de tout; et malheur à la société qui oublie d'appeler l'amour à son aide par toutes les forces de la persuasion et de l'éducation! Le tort de l'ancien monde était de ne compter que sur l'amour et d'oublier la justice : le danger du nouveau est de ne compter que sur la justice, qui devient un dissolvant quand elle est seule, parce que l'homme est à la fois une raison et un cœur. La société humaine ne peut ni imposer le dévouement, ni s'en passer. Inscrivons la justice inflexible sur les tables de la loi; et par les mœurs, par la famille, par l'association volontaire, par la philosophie, par l'éducation publique et privée, par les paroles et les exemples des magistrats, faisons la propagande de la fraternité humaine et de la loi divine.

CHAPITRE V.

CONCLUSION [1].

1. Il y a trois théories de l'absolutisme : l'absolutisme traditionnel, l'absolutisme révolutionnaire et l'absolutisme empirique. — 2. Réfutation commune à ces trois théories.

1. Il y a trois théories de l'absolutisme : l'absolutisme traditionnel, l'absolutisme révolutionnaire, et l'absolutisme empirique.

1° DE L'ABSOLUTISME TRADITIONNEL.

On prend quelquefois l'autorité et la liberté pour œs ennemies : singulières ennemies, qui ne peuvent pas vivre l'une sans l'autre. L'autorité est aussi nécessaire à la liberté politique, que la loi naturelle à la liberté morale. Toute la question est de maintenir l'autorité et la liberté, chacune dans sa sphère. La politique, à vrai dire, n'est pas autre chose que le discernement exact de ce qui doit être laissé à la liberté en vertu de son droit, et à l'autorité en vertu de sa nécessité. Il arrive trop souvent qu'on se passionne pour l'un ou l'autre de ces deux

1. Cette conclusion paraît aujourd'hui telle qu'elle a été écrite en 1859, sans aucune modification.

principes, pour la liberté par amour du droit, pour l'autorité par amour de l'ordre. Alors, selon le jeu éternel de la passion, qui ne voit que son objet, les uns, à force de revendiquer le droit individuel, tombent dans l'anarchie, et les autres, à force de haïr l'anarchie, tombent dans le despotisme. Si nous voulons aboutir à un juste tempérament, et savoir à quel titre et dans quelle mesure l'autorité est légitime, la meilleure méthode sera peut-être de donner d'abord la parole à ceux qui l'aiment et l'appliquent avec excès.

Or, les doctrines politiques qui exagèrent le principe de l'autorité au point de ne laisser aucune place à la liberté peuvent se diviser en trois classes, suivant qu'elles appuient les droits de l'autorité sur la tradition, sur la souveraineté du peuple, ou simplement sur les nécessités sociales. Il y a donc trois sortes d'absolutismes : l'absolutisme traditionnel, l'absolutisme révolutionnaire, et l'absolutisme empirique.

Je désire, avant d'aller plus loin, bien expliquer qu'il ne s'agit pas ici de la tradition, de la souveraineté du peuple, et de l'expérience considérées en elles-mêmes ; mais des conséquences absolutistes que certaines écoles font découler de chacun de ces trois principes. S'il fallait s'expliquer sur les principes eux-mêmes, je dirais qu'il n'y a pas entre eux d'incompatibilité absolue; au contraire, la science politique bien entendue doit les admettre et les utiliser tous les trois. La souveraineté nationale est le vrai; mais elle doit respecter la tradition, et compter avec l'expérience. C'est donc par un abus de la logique qu'on est arrivé à isoler les uns des autres des principes qu'il fallait rapprocher, et à construire sur cette triple base les trois doctrines que je vais exposer et réfuter. Loin d'ébranler un principe, on le fortifie, en montrant qu'il ne porte pas réellement les conséquences funestes qui lui ont été imputées.

Une autre remarque préliminaire est également indispensable. Des doctrines absolutistes sont, par définition, des doctrines excessives; nous allons donc supposer des théories qui ne font aucune place à la liberté. Ces théories sont-elles professées aujourd'hui? Je reconnais avec empressement qu'elles ne le sont pas. Ainsi je ne combats que des morts. Personne ne songe à regretter le gouvernement du bon plaisir, ou à recommencer les sinistres journées de la Terreur. Il n'y a plus en France de parti dont on puisse dire qu'il n'a rien appris et rien oublié.

Mais pourquoi combattre des abstractions? Ces calmes études, qui ne peuvent offenser personne, sont fertiles en avertissements pour tout le monde; elles signalent des écueils contre lesquels personne ne viendra se heurter, mais dont peut-être on se rapprocherait trop sans ces avertissements fidèles. Si la sagesse est de se tenir constamment au milieu du fleuve, rien ne saurait être plus utile qu'une exacte description des rivages.

Je demande à présent la permission d'écarter des doctrines que personne n'invoque plus, et qui embarrasseraient inutilement notre marche. C'est d'abord la fameuse théorie du droit de conquête, si célèbre au siècle dernier, si profondément oubliée maintenant, et qui dut une sorte de résurrection au préambule de la charte de 1814. Cette théorie est bien morte aujourd'hui. Ceux qui voulaient partager la nation en vainqueurs et en vaincus ne font plus école parmi nous. Ils ont contre eux le fait, car l'histoire n'admet pas cette identification de la noblesse avec les populations franques et germaines qui ont envahi la Gaule; le temps, car, après quatorze siècles, les effets de la conquête ne peuvent raisonnablement subsister; le droit, car l'asservissement des vaincus n'est qu'un abus de la force.

D'autres ont voulu remonter à des constitutions, à des lois à peine connues, et nous enchaîner pour jamais à la volonté de nos ancêtres barbares; comme si les siècles étaient solidaires, l'humanité immuable, les mœurs, la

civilisation, les croyances identiques à mille et quinze
cents ans de distance; et comme si une loi devait être
d'autant plus sacrée pour nous, qu'elle a été imaginée
pour les passions ou pour les besoins de quelque peuplade
païenne, dont nous ne savons plus ni le nom ni l'histoire.
Si la tradition, unique fondement du privilége, est quelque chose, elle est ce que dans la langue du droit on appelle la prescription, c'est-à-dire le fait usurpant par la
durée les apparences et les caractères du droit. Il est sage
d'admettre la prescription, parce qu'il faut que la société
s'établisse et se repose ; mais elle ne vaut qu'en l'absence
du droit, à son défaut pour ainsi dire, jamais contre lui.
Quand le parti du droit et celui du privilége se sont trou-
vés face à face dans l'Assemblée nationale, les représentants de cette société séculaire, dont l'organisation était si
savante et si compliquée, n'ont pas trouvé à leur service
une raison plausible, pas un prétexte, pas même un
sophisme. Tout leur système s'est écroulé comme leur
Bastille, sans pouvoir même être défendu.

Peut-être faut-il rappeler aussi la théorie des gouvernements théocratiques, non pas qu'elle soit actuellement
en faveur parmi les publicistes, mais parce qu'elle est la
forme la plus naturelle et la plus logique des gouvernements de droit divin. Il semble en effet que si Dieu a
voulu être honoré par un culte public, et s'il a établi à cet
effet une Église, il ne peut avoir en même temps organisé
lui-même une hiérarchie dans la société civile, sans soumettre l'ordre temporel à l'ordre spirituel, et le magistrat
au pasteur[1]. Il est impossible de concevoir la coexistence
dans un même pays d'une Église officielle et d'une constitution civile, sans se sentir obligé de subordonner la reli-

---

[1]. « La religion doit constituer l'État, et il est contre la nature des
choses que l'État constitue la religion. » (De Bonald, *la Législation pri-
mitive*, l. II, chap. xix, art. 6.) Ainsi l'État doit obéir à la religion, et les
ministres de la religion doivent obéir à l'État dans tout ce qu'il ordonne
de conforme aux lois de la religion. » (*Ib.*, art. 8.)

gion à la constitution comme en Russie, ou la constitution à la religion, comme à Rome. Mais ce système si simple et si régulier des gouvernements théocratiques a contre lui un argument qui, dans l'état actuel des lumières et des mœurs, le met pour ainsi dire en dehors de toute discussion possible ; c'est qu'il est fondé sur la négation absolue de la liberté de conscience. Or, toute doctrine absolutiste, lorsqu'elle ne recule pas devant la conséquence de son principe, doit arriver en effet à la négation de la liberté de conscience ; mais la doctrine dont nous parlons est la seule qui prenne l'intolérance pour point de départ, qui soit obligée de s'en faire un axiome, et de la présenter d'abord toute nue et sans préparation à l'acceptation des hommes. Tout le monde s'est insensiblement accoutumé à une certaine indépendance ; et ceux mêmes qui voudraient que la société fût religieuse désirent au fond du cœur qu'elle reste laïque.

Aujourd'hui, ce n'est plus ni à la conquête ni à la tradition, ni aux droits de l'Église qu'on en appelle ; c'est à la nature de la société, à ses besoins, aux enseignements généraux de l'histoire. On nous attaque ainsi avec nos propres armes, et les arguments qu'on nous oppose ne manquent pas toujours de solidité, et ne manquent presque jamais de grandeur. Nous nous efforcerons de les résumer sans les affaiblir. Les voici.

Il plaît aux libres penseurs de faire de la société un contrat social, c'est-à-dire une association purement volontaire et d'origine purement humaine. C'est une erreur complète. L'homme n'a jamais été seul ; il n'a jamais pu être seul. Son cœur est fait pour ressentir l'amour, la pitié, toutes les affections bienveillantes ; il sent profondément le besoin de les inspirer. Son esprit ne lui a pas été donné pour tenir imparfaitement la place de l'instinct, et pour le diriger dans la recherche de ses aliments ; c'est un esprit fait pour la science, et qui, par conséquent, demeurerait inutile, si l'homme ne communiquait pas avec l'homme. Le Dieu qui n'a pas fait un grain de sable sans motif[1] n'aurait pas créé la plus grande, la plus merveilleuse de toutes les puissances, pour la condamner à une éternelle stérilité. C'est un principe dans toutes les sciences qu'il n'y a rien d'inutile ; si le physiologiste découvre un nouvel organe, il est aussitôt certain d'arriver un jour à en déterminer la fonction : comment le philosophe pourrait-il voir dans le cœur de l'homme toutes ces ardentes et vivifiantes passions, dans son esprit ces merveilleuses facultés de communication et de découverte, sans conclure par une conséquence infaillible que Dieu nous a destinés à vivre ensemble, à jouir ou à souffrir les uns par les autres, à chercher la vérité d'un commun effort, à soulager et, en même temps, à accroître notre intelligence, par des communications continuelles ? Nos qualités, nos défauts, nos tendances établissent une telle solidarité entre nous, que l'homme n'est rien sans l'histoire de l'homme. Nous héritons, en naissant, de toute l'histoire de la pensée ; nous trouvons la pensée arrivée à un point, et nous travaillons, avec notre génération, à la conduire un peu plus loin. Nos enfants travailleront après nous à la même trame. Les hommes qui ont été et qui seront, ne sont pas seulement nos frères, ils sont nos collaborateurs. Ainsi nous avons besoin des hommes pour en être aimés et pour les aimer, pour entendre leur voix qui nous est bienfaisante, pour profiter de leur travail intellectuel et pour leur communiquer le nôtre : forts et heureux par ce commerce, impuissants et malheureux par nos richesses mêmes, si nous étions relégués dans l'isolement. Il n'y a pas jusqu'à notre corps qui ne nous avertisse de notre condition ; nous ne sommes pas armés pour la défense, nous ne sommes pas protégés contre le froid et la

---

1. Οὐδὲν γὰρ, ὣς φαμεν, μάτην ἡ φύσις ποιεῖ. « La nature ne fait rien en vain. » (Arist., *la Polit.*, liv. I, chap. I, § 10. Trad. fr., t. I, p. 13.)

faim : nous avons tout à faire, et à faire en commun. Dieu a même voulu que l'enfance de l'homme fût la plus longue de toutes les enfances, afin de nous habituer à la société par la famille.

La société n'est donc pas un fait humain, quoi qu'en dise Rousseau[1]. Elle n'est un contrat à l'égard d'aucun de nous. Nous naissons dans la société et dans une société déjà organisée. Il ne se peut que nous ayons le droit de juger cette organisation, pour savoir si elle nous convient, et si nous voulons y entrer. La société politique ne peut être traitée comme ces associations volontaires dont on est libre de rejeter les charges et les bénéfices, parce qu'on les examine du dehors avant d'y entrer, et qu'elles n'ont en elles aucun caractère nécessaire. La même raison qui fait que nous ne pouvons pas nous passer d'un gouvernement, fait que nous n'avons pas le droit de le choisir. De même que l'humanité ne part pas de l'état sauvage pour arriver un jour, par un contrat, à fonder la société, aucun de nous ne part d'une indépendance native pour accepter ou refuser la forme de gouvernement sous laquelle il est appelé à vivre ; car ce droit individuel d'acceptation ou de refus équivaudrait à l'impossibilité et par conséquent à la nullité du gouvernement. Il est certain que les hommes ont des droits naturels, et il est certain que les droits politiques ne sont pas des droits naturels ; car, s'ils l'étaient, chacun de nous serait armé individuellement du droit d'insurrection, et il n'y aurait plus de droit social.

---

1. Ἐκ τούτων οὖν φανερὸν, ὅτι τῶν φύσει ἡ πόλις ἐστί, καὶ ὅτι ἄνθρωπος φύσει πολιτικὸν ζῷον, καὶ ὁ ἄπολις, διὰ φύσιν καὶ οὐ διά τύχην, ἤτοι φαῦλός ἐστιν, ἢ κρείττων ἢ ἄνθρωπος. « Il résulte de ces prémisses que la société est un fait naturel, que l'homme est naturellement un animal sociable ; et que si quelqu'un reste étranger à la société, par quelque cause interne et non par l'effet du hasard, il faut nécessairement que ce soit un être inférieur ou supérieur à son espèce. » (Arist., *Polit.*, liv. I, chap. i, § 9. Trad. fr., t. I, p. ii.) Ὥστε ἢ θηρίον, ἢ θεός, dit-il plus loin, § 12. « Ange ou bête, » c'est le mot de Pascal.

Il ne faut pas croire que chacun de nous possède individuellement les droits que la société humaine possède en commun : c'est encore une illusion des philosophes. Regardant la société comme un contrat, ils ne peuvent lui accorder d'autre droit que celui de représenter les droits individuels des associés, ou plutôt la partie de ces droits dont les associés ont fait l'abandon. Ainsi pour eux le droit de l'individu est direct et entier; le droit de la société dérivé et restreint. C'est le contraire qui est le vrai; et comme le pouvoir représente la société, son droit prime le droit individuel.

La société dans son ensemble a évidemment droit au plus grand bien-être qu'elle puisse atteindre ; et son gouvernement a le devoir d'employer tous les moyens honnêtes pour le lui procurer. Mais un citoyen isolé n'a aucun droit naturel à la possession de la plus grande somme de bien-être dont sa nature soit susceptible, et le devoir du gouvernement n'est pas d'assouvir toute son ambition et de satisfaire tous ses désirs.

C'est encore une erreur des philosophes de vouloir que le droit soit toujours armé. « Le droit et le devoir sont réciproques, disent-ils; et si j'ai droit à votre assistance, vous avez nécessairement le devoir de m'assister. » Cela est juste et vrai, pourvu que le droit ne soit pas armé; mais s'il l'est, la maxime des philosophes n'est que fausse et dangereuse. J'ai, en général, le devoir d'assister ceux qui souffrent; mais aucun d'eux n'a en particulier le droit d'exiger mon assistance, parce qu'il ne sait pas la mesure de ma puissance, et parce que mon obligation n'est pas spécialement relative à lui. Je manquerai à mon devoir si je ne fais pas à un malheureux tout le bien que je puis lui faire; et il manquera au sien s'il me contraint à lui venir en aide. De même dans la famille. Le père a le devoir de faire du bien à ses enfants par tous les moyens possibles, il n'y a pas de plus grand devoir; les enfants, de leur côté, ont droit à toute la bienveillance de leur père;

mais ce droit n'est pas armé : un enfant ne peut agir contre son père, il ne peut contraindre son père. De même dans l'État.

Parce que nous voulons maintenir l'autorité, les révolutionnaires affectent de croire que nous voulons maintenir les abus. Personne ne demande que les manants aillent battre les fossés du château pendant le repas de monseigneur pour empêcher les grenouilles de crier. Nous voulons, comme les philosophes, que l'humanité fasse des progrès, que le bon sens et la justice règnent. Seulement, pour y parvenir, les philosophes veulent nier et renverser les gouvernements ; nous voulons les fortifier et les éclairer, voilà toute la différence.

Nous disons aux philosophes : « Puisqu'il y a des abus, dénoncez-les. » Un abus connu pour tel par tout le monde n'a plus longtemps à vivre ; il n'y a pas besoin d'une révolution pour le détruire, il n'y a besoin que d'un pouvoir puissant. Au lieu de cela, vous ébranlez le pouvoir dans l'espoir d'en créer un nouveau qui ne laissera pas l'abus subsister. Mais en agissant ainsi, vous vous trompez deux fois : d'abord, vous inquiétez le pouvoir, et vous l'obligez de songer à sa défense au lieu de songer aux réformes utiles ; ensuite, vous affaiblissez, avec le pouvoir actuel, les pouvoirs futurs. C'est la force sociale elle-même que vous attaquez par votre théorie ; vous condamnez à jamais la société à être impuissante.

Pour nous, au contraire, si nous voulons un pouvoir fort et durable, c'est pour qu'il puisse rendre la société stable et heureuse. Nous aimons mieux le peuple que vous ; car nous voulons en faire un peuple heureux ; et vous, vous en faites un souverain misérable.

Quelle est la grosse affaire du peuple ? C'est la nourriture assurée et la sécurité des personnes, du travail et des propriétés. Il lui faut encore, outre la garantie du travail, un concours efficace du pouvoir central, car il y a des travaux que l'individu ne peut pas faire et qu'il faut faire pour lui, ou qu'il ne peut pas faire seul et qu'il faut l'aider à faire en lui fournissant des directions, des matériaux, des outils, des capitaux. Enfin il faut aussi au peuple une religion, des arts, des sciences ; car l'homme ne vit pas seulement de pain. Il lui faut une religion pure et respectée, des arts enseignés, encouragés, récompensés, des bibliothèques et des laboratoires pour la science, toutes les ressources sociales mises au service de la pensée. Or, si c'est là le but qu'il faut atteindre, il n'y a plus qu'à chercher le meilleur moyen d'y parvenir. Ce moyen c'est un pouvoir fort : il est à peine nécessaire de le démontrer.

Si le pouvoir est fort, il n'a pas à trembler pour lui-même. Il n'a pas d'intérêt distinct de celui de la nation. Donc son seul intérêt est celui de la nation ; donc il veut le bien[1]. En outre, il le peut, puisqu'il est fort, et il le peut d'autant mieux qu'il est plus fort. Tout ce qu'on ôte à sa force, on l'ôte à la droiture de son intention, puisqu'on lui crée un intérêt propre, et à la perfection de son action, puisqu'on donne au désordre une chance contre lui. Ce n'est donc pas dans l'intérêt du pouvoir, que nous ne considérons jamais que par rapport au peuple, c'est dans l'intérêt du peuple que nous demandons un pouvoir fort. Nous disons comme vous : Tout pour le peuple. Nous l'aimons comme vous. Nous reconnaissons ses droits comme vous. Seulement, nous pensons que son premier besoin et son premier droit, c'est d'être heureux.

Que fera ce pouvoir fort, que le peuple n'a pas institué,

----

1. « On ne voit que fort rarement les souverains donner des ordres absurdes, car il leur importe surtout, dans leur intérêt à venir et pour garder le pouvoir, de veiller au bien public, et de ne se diriger dans leur commandement que par les conseils de la raison. » (Spinoza, *Traité théologico-politique*, chap. xvi. Trad. de M. Saisset, t. I, p. 275.) «Quiconque a le souverain pouvoir, qu'il n'y ait qu'un maître, qu'il y en ait plusieurs, ou enfin que tous commandent, a certainement le droit de commander tout ce qu'il veut : et d'ailleurs quiconque a transféré à un autre, soit volontairement, soit par contrainte, le droit de le défendre, a renoncé tout à fait à son droit naturel, et s'est engagé conséquemment à une obéissance absolue et illimitée envers son souverain. » (*Ib.*, p. 276.)

contre lequel aucun droit n'est armé, et qui par conséquent tient son autorité et sa mission de Dieu même ?
Chargé par la Providence de rendre le peuple heureux,
et par conséquent de le rendre vertueux, car il n'y a pas
de bonheur sans la vertu, il sera à l'égard du peuple une
providence visible. Il a nécessairement un but et une
doctrine ; car sans cela il ne serait pas fort. Connaissant
son but, il ne s'en laissera pas détourner ; il ne souffrira
pas qu'on en propose un autre, ni qu'on crée dans l'État
un pouvoir différent de lui-même, une influence dont il
ne serait pas maître. Il ne donnera donc ni la liberté des
cultes, ni la liberté de la presse [1], ni même la liberté de
conscience [2]. Il ne doit aucune liberté, puisque personne

1. « Tout auteur prudent et sage consulte un ami avant de publier un
ouvrage. Le gouvernement, ami de tous les honnêtes gens et de toutes
les bonnes choses, dit aux écrivains : « Vous me consulterez comme un
« ami, avant de publier un ouvrage qui peut contrarier les doctrines pu-
« bliques dont je suis le dépositaire et le gardien. Je nommerai des
« hommes éclairés et vertueux, à qui vous confierez votre manuscrit.
« Ils seront à la fois vos conseils et vos juges, et vos juges naturels,
« puisqu'ils sont vos pairs ; ils vous indiqueront ce qu'il faut retrancher
« de votre ouvrage, ce qu'il faut y ajouter, et pourront en permettre ou
« en défendre l'impression dans l'intérêt de la société et surtout dans le
« vôtre. » (M. de Bonald, *Opinion* sur le projet de loi relatif aux journaux,
28 janvier 1817.)

2. « Il est certain que toute action volontaire dépend de la volonté, et
toute détermination de la volonté, du jugement que l'on porte sur la
moralité et les conséquences d'une action. Il importe donc à la paix que
personne n'introduise dans l'empire des opinions opposées aux lois du
prince. En effet, si la loi commande sous peine de mort naturelle ce
qu'une religion défend sous peine de mort éternelle, la loi ne sera pas
obéie. D'où il suit que le droit de juger les doctrines, de les permettre
ou de les interdire, appartient au prince. » (Th. Hobbes, *Éléments de la
politique*, l'Empire, chap. vi, § 14.) — « Soutenir que chaque individu
est juge du bien et du mal, c'est une opinion séditieuse. » (*Ib.*, chap. xii,
§ 1.) — « Comme, en fait de religion, les hommes tombent ordinairement dans de grandes erreurs, et que, selon la diversité de leur génie,
ils imaginent bien des chimères, il est certain que si personne n'était
tenu de droit d'obéir au souverain en ce qu'il croit appartenir à la religion, il en résulterait que le droit public dépendrait du jugement et de
la fantaisie de chacun : nul, en effet, ne serait obligé de se soumettre à
un droit qu'il jugerait établi contre sa foi et sa superstition, et chacun

n'a de droit contre lui [1]; il n'a pas de motif pour en donner, puisqu'il n'a aucun système et se croit sûr de la
légitimité de son but et de sa doctrine, et il manquerait à
son devoir en la donnant, puisqu'il détruirait sa propre
unité, et par conséquent sa force, et puisqu'en permettant à ses sujets de s'écarter de la vérité, il ne ferait autre
chose que de leur donner le pouvoir de choisir le mal et
d'abandonner le bien [2]. Par le même principe, il fera des
lois multipliées pour embrasser dans la réglementation

conséquemment en prendrait prétexte pour tout se permettre. Or, une
telle licence devant amener la ruine entière du droit public, il s'ensuit que
le souverain à qui seul il appartient, tant au nom du droit divin qu'au
nom du droit naturel, de conserver et de protéger les droits de l'État, a
aussi le droit absolu de statuer en matière de religion tout ce qu'il juge
convenable, et que tout le monde est tenu d'obéir à ses ordres et à ses décrets.» (Spinoza, *Traité théologico-politique*, chap. xvii, trad. de M. Saisset,
p. 281.)

1. « Comme toutes les disputes viennent de ce qu'on ne s'entend pas
sur le tien et le mien, le souverain décidera seul sur le droit, et fera
seul les lois civiles. » (Th. Hobbes, *Élém.*, l'Empire, chap. vi, § 9.)
« Puisque les lois sont faites par lui, elles ne sont pas faites pour lui,
et il n'est pas tenu de leur obéir. » (*Ib.*, chap. vi, § 14.)« Le prince ne
s'est obligé envers personne en recevant l'empire; car le peuple, en lui
déférant l'empire, a renoncé à être une personne, et on ne peut être
obligé qu'envers une personne. »(*Ib.*, chap. vii, § 12.) — M. de Bonald
dit dans le même sens : « La société ne peut exister avant le monarque,
parce qu'elle ne peut exister avant le pouvoir d'exister : donc il est absurde de supposer que la société peut prescrire des conditions au monarque. » (*Théorie du pouvoir*, liv. I, chap. ii, édit. de 1854, p. 139.) —
M. de Bonald résume ainsi toutes les lois fondamentales des sociétés civiles : «Religion publique, pouvoir unique, distinctions sociales permanentes. » (*Ib.*, p. 159.)

2. C'est, je crois, M. de Bonald qui a introduit l'usage adopté par quelques écrivains de distinguer entre le libre arbitre, pouvoir de faire ou de
ne pas faire, et la liberté, qu'on pourrait définir ainsi d'après ses principes : obligation de faire son devoir, impossibilité de ne pas le faire. Il
suit de là que, quand le pouvoir est d'ailleurs juste et éclairé, le sujet
est d'autant plus libre, qu'il est plus rigoureusement privé du libre arbitre. La confusion de la liberté avec la domination de la raison sur les
passions ennemies est fort ancienne en philosophie, et se retrouve dans
toutes les écoles panthéistes, comme on peut s'en assurer dans Plotin,
dans Spinoza; mais ce qui est propre à M. de Bonald, c'est d'avoir admis
le libre arbitre, et changé complétement le sens du mot liberté. Il ap-

toutes les actions importantes [1]; et, dans tout ce qui est
d'un intérêt général, il se fera représenter par des agents
dont le double caractère sera de participer de sa force
contre le sujet, et de n'en avoir aucune contre lui-même.
Enfin, comme il ne tolérera pas l'existence dans l'État
d'une Église indépendante, ni la création d'une doctrine
religieuse ou philosophique dont la direction ne lui ap-
partiendrait pas intégralement, il ne permettra pas non
plus, dans l'ordre matériel, la constitution d'une puissance propre individuellement à quelques citoyens, sous-
traite à son haut domaine, et dont ils pourraient se servir

pelle cette liberté d'une nouvelle sorte, *la liberté des enfants de Dieu*
(Cf. saint Paul, *aux Romains*, VIII, 21), et ce mot aussi a fait une certaine fortune. C'est de cette liberté qu'il veut parler quand il dit que
l'homme n'a de liberté politique que dans la monarchie, et de liberté
religieuse que dans le catholicisme. « L'homme vertueux est libre comme
être intelligent, et plus libre à mesure qu'il est plus vertueux, je veux
dire à mesure qu'il obéit à un plus grand nombre de lois ou rapports
nécessaires.... La liberté dans l'homme n'est donc pas le libre arbitre :
car le libre arbitre de l'homme est le choix entre le bien et le mal, entre
la liberté et l'esclavage.... Tant que l'homme a le choix entre le bien et
le mal, qu'on appelle libre arbitre, il n'a pas encore la liberté actuelle,
puisque la liberté actuelle n'existe qu'au moment où le libre arbitre
cesse. » (*Théorie du pouvoir politique et religieux*, seconde partie, liv. VI,
chap. VI; édit. de 1854, t. II, p. 259 sq.)

1. C'est ainsi que M. de Bonald regrette la plupart des droits féodaux les
plus oppressifs, par exemple le droit d'aubaine et le droit de poursuite.
Le droit d'aubaine faisait de l'étranger une épave du seigneur, après un
an et un jour passés sur ses terres; le droit de poursuite attachait le
paysan à la glèbe. « La suppression du droit d'aubaine a été célébrée
comme une opération philosophique.... Cette loi avait été introduite par
la nature même de la société, pour empêcher le déplacement des hommes, et fixer chacun autant qu'il est possible sur le sol qui l'a vu naître
et qui doit le nourrir, et dans le pays qui a été le berceau de sa famille.... Dans les individus comme chez les peuples, les plus voyageurs
sont toujours les plus corrompus. La suppression du droit d'aubaine n'é-
tait bonne qu'à dépeupler les sociétés de sujets, pour peupler l'univers de
cosmopolites : comme l'effet nécessaire de l'abolition de la loi qui attachait le paysan à la glèbe a été de dépeupler les campagnes de cultiva-
teurs pour peupler les villes d'indigents et de vauriens.... L'homme, pour
être libre, doit être dépendant. » (*Théorie du pouvoir*, seconde partie,
liv. VI, chap. VII, t. II, p. 282.)

pour braver ses lois et son autorité. La richesse, quand
elle est réglée par des lois stables, et placée en dehors de
l'action gouvernementale, est pour les citoyens comme un
lieu d'asile contre le pouvoir absolu. L'État, qui représente
l'intérêt général contre les écarts de l'intérêt particulier,
traitera donc la richesse comme la société féodale traitait
la propriété, c'est-à-dire en la plaçant sous sa mouvance,
et en retenant tous les droits de retrait lignager, redevances
et services personnels. Ainsi il s'attribuera le droit d'ex-
proprier, de confisquer, d'imposer; le droit d'intervenir
dans la transmission volontaire ou héréditaire de la propriété. Le propriétaire sera maître de sa terre après le roi,
c'est-à-dire après l'État[1].

Les philosophes ont deux sortes d'arguments contre ce
système : les prétendus droits de la liberté, qui ne sont
que la révolte du scepticisme contre la vérité; et l'hypothèse que le pouvoir abusera de son autorité pour tromper
les citoyens sur leurs intérêts spirituels, et pour les contrarier dans leurs intérêts temporels. Mais le premier
argument porte à faux, puisque l'homme ne vit que par
la société, et la société que par un pouvoir fort; et le second argument ne vaut pas mieux, puisque le pouvoir,
tranquille sur lui-même et n'ayant évidemment, une fois
sa sécurité garantie, aucun intérêt distinct de l'intérêt
commun, discernera mieux cet intérêt, y tendra plus di-

---

1. « Ce qu'on nomme propriété n'est que la portion des biens de l'État
que chaque citoyen peut conserver sans blesser les lois et avec l'agrément du souverain. Le détenteur d'un bien a le droit de le défendre contre tout autre particulier, mais non contre le souverain, qui, ayant le
droit absolu de faire la loi, ne peut être arrêté par les conséquences
d'aucune loi. » (Th. Hobbes, *Élém. de la pol.*, l'Empire, chap. vi, § 15.)
« Ce n'est pas la loi naturelle qui détermine le sens de ces mots : vol,
meurtre, adultère; c'est la loi civile, émanée de la volonté arbitraire et
irresponsable du souverain. » (*Ib.*, § 16.) « Soutenir qu'on est maître
absolu de son bien, c'est une opinion séditieuse. Celui qui a un maître
au-dessus de soi n'a de pouvoir absolu sur rien. La propriété ne vaut et
ne dure qu'autant qu'il plaît au souverain. Nier cela, c'est vouloir renverser la société civile pour retourner à l'état sauvage. » (*Ib.*, chap. xii, § 7.)

rectement, et l'organisera avec plus de vigueur que ne
pourrait le faire l'initiative des citoyens[1]. Quand même
l'équipage d'un navire ne serait composé que de marins
d'élite, il vaut mieux choisir pour pilote le marin le moins
habile, que d'attendre de l'anarchie et des intérêts divisés
une bonne direction[2].

1. « On reproche à la royauté de détruire la sécurité des personnes,
puisque le prince peut ordonner même la mort d'un innocent. Mais cela
n'est à craindre que sous un mauvais prince, et seulement pour ceux
qui l'approchent. » (Th. Hobbes, *Élém. de la pol.*, l'Empire, chap. x,
§ 7.) « Il faut un prince absolu à un État, comme un général à une
armée. » (*Ib.*, § 17.)

2. La tendance de l'absolutisme monarchique est de rendre les sujets
égaux devant le pouvoir, sans quoi le pouvoir serait divisé et restreint,
inégaux entre eux, sans quoi le pouvoir serait isolé. C'est ainsi que les
nobles, sous la monarchie française, n'avaient pas de pouvoirs politiques, et conservaient des priviléges. Le roi pouvait les opprimer, et ils
pouvaient opprimer leurs vassaux. La distinction du peuple en nobles et
roturiers, poussée un peu loin, aboutirait à l'esclavage ; et au fond, tout
absolutisme y conduit, aussi bien l'absolutisme révolutionnaire que l'absolutisme monarchique. On a peur des mots, mais on ne recule pas devant la chose. (Les mots, depuis un siècle, sont ce que les pouvoirs
redoutent le plus.) Voici une note de M. de Bonald qui repousse l'esclavage en théorie, et le déclare incompatible avec l'esprit de l'Évangile,
et qui pourtant le regarde comme admissible, et même juste, dans le
seul cas où l'application de cette monstrueuse doctrine soit encore possible : « L'abolition de l'esclavage dans nos colonies a été marquée au
coin de cette sauvage et féroce ineptie qui a caractérisé toutes les opérations des usurpateurs du *pouvoir* en France. En donnant l'indépendance aux nègres, ils ont signé l'esclavage et la mort des blancs. La philosophie s'élevait contre le préjugé qui séparait le blanc de l'homme de
couleur. C'était un sentiment que la nature même avait placé dans le cœur
des blancs pour empêcher le mélange des races, que les passions ne
rapprochaient que trop : et il n'est pas inutile de remarquer qu'en pé-
rissant par les hommes de couleur (vrais auteurs des désastres des colonies), les blancs ont péri par leurs enfants. Que les nations à colonies
écartent bien loin de l'Europe cette race de noirs, qui, quelle qu'en soit
la cause, semble née pour obéir, qui n'ont de l'homme policé que les
passions, et de l'homme sauvage que la force, et dont la meilleure et
presque la seule qualité morale, est quelquefois une fidélité qui semble
tenir plus de l'instinct de l'animal domestique que du sentiment de l'être
intelligent. » (M. de Bonald, *Théorie du pouvoir*, t. II, p. 257 sq.) M. de
Bonald, dans ce passage, en est encore à la théorie d'Aristote. (*Polit.*,
liv. I, col. 2, § 20. Trad. franç., t. I, p. 37.)

Telle est la théorie de l'absolutisme traditionnel. Nous ne disons pas qu'on le soutienne aujourd'hui dans toute sa rigueur, que Thomas Hobbes, ou même M. de Bonald, dont l'absolutisme était tempéré par tout ce qu'il y a de profonde douceur dans l'Évangile, aient parmi nous des disciples fidèles. Nous présentons la doctrine avec toutes ses conséquences, parce que c'est l'absolutisme lui-même que nous voulons juger, et que nous n'avons point affaire aux personnes. Nous résumons toute cette théorie d'un seul mot; mot terrible, mais profond, parce qu'il est juste, et nous l'empruntons au maître et au poëte de l'absolutisme : « On demande ce que doit être la société pour être bien organisée? Ou un couvent ou une caserne. »

Avant de répondre au nom de la liberté, qui est bien aussi quelque chose, et de la loi naturelle, impossible, incompréhensible sans la liberté, nous allons donner la parole à des absolutistes d'une tout autre espèce, venus de l'autre point de l'horizon, et que nous appellerons les absolutistes révolutionnaires, jusqu'à ce que leur véritable nom, leur nom terrible et maudit, sorte de l'exposition même de leur doctrine.

2º DE L'ABSOLUTISME RÉVOLUTIONNAIRE.

Les absolutistes révolutionnaires commencent par une critique amère de l'ordre établi, qui ne fait, suivant eux, que consacrer et éterniser le privilége. Privilége de castes ou privilége d'argent, c'est toujours le privilége. Les castes étaient peut-être même moins odieuses, parce que leur origine était éloignée et inconnue, tandis que la richesse s'acquiert sous nos yeux par des moyens que la conscience réprouve. Ils ont, contre l'organisation politique et sociale, une verve de critique intarissable; et comme il y a toujours un mauvais côté dans les choses

humaines, ils mêlent beaucoup de vérités à beaucoup
d'erreurs, et par là séduisent et entraînent même des
âmes honnêtes. Comme ils s'adressent surtout à la foule,
ils ont beau jeu à lui étaler les plaisirs et le pouvoir des
riches. « Et vous, pourquoi souffrez-vous ? Valez-vous
moins ? Où est la justice ? » A les entendre, le monde se
divise en deux mondes : un très-petit monde d'heureux
et de tout-puissants, qui font les lois, qui retiennent le
capital, qui vivent dans les palais ; un monde presque
innombrable de déshérités et de souffreteux, toujours
gouverné, toujours exploité, travaillant du matin au soir,
ayant à peine du pain et un logis ; en un mot, ceux qui
jouissent sans travailler, et ceux qui travaillent sans jouir.
Cependant les hommes naissent égaux ; ils apportent en
venant au monde les mêmes droits. Est-ce que Dieu fait
des nobles et des vilains, des riches et des pauvres, des
gouvernants et des gouvernés ? Il fait des hommes ; c'est
nous qui faisons des misérables. Si la société est ainsi
faite qu'elle sacrifie le grand nombre méritant au très-
petit nombre inutile, il faut la refaire. Qu'a-t-elle en soi
de si sacré ? C'est un être de raison, qui n'a que la valeur que les citoyens lui donnent. La société n'a par elle-
même aucun droit ; elle est une association ; elle ne peut
pas opprimer les associés. Nous mettons nos droits en
commun, notre travail en commun : cela est bon, et
même nécessaire ; mais à condition de partager également les fruits, d'abandonner tous la même portion de
nos droits, de rester égaux enfin, puisque la nature nous
a faits égaux. Pourquoi subirions-nous la tyrannie d'une
abstraction ? Les droits abstraits de la société ne sont
qu'une chimère ; il n'y a pas d'autre droit que le droit ;
et le droit, dont chacun porte au fond de sa raison l'éternel exemplaire, appartient également à tous les individus, et n'est plus rien en dehors d'eux. Les vieilles constitutions ont été faites à des époques de barbarie et
d'ignorance ; elles sont l'œuvre de la force ; elles consa-

crent le privilége : elles ne peuvent subsister après l'avénement du droit. Loin d'invoquer le passé, il faut tout refaire à nouveau, puisque la raison n'a pas été consultée, et que tout s'est fait en quelque sorte de hasard, suivant les intérêts et les caprices du plus fort. Il est donc juste, utile, nécessaire, de tourner le dos à l'histoire, de rompre brusquement toutes les traditions, de fonder sur un principe nouveau un ordre nouveau, et de proclamer sur les ruines de la tradition la souveraineté de la raison, c'est-à-dire la souveraineté du peuple[1].

Mais que fera de sa souveraineté le peuple souverain ? Il en usera pour appliquer le principe même qui la lui confère, et pour appliquer le droit dans sa rigueur; le droit absolu, l'égalité absolue. Le peuple fera justice de toutes les distinctions de castes; il égalisera les fortunes pour égaliser les puissances; il ne souffrira pas qu'une nouvelle aristocratie s'élève pour ramener les institutions vaincues. Quelque forme qu'elle prenne au début, soit qu'elle se manifeste par l'ambition politique, ou par l'accumulation du capital, ou par l'appropriation exclusive du sol et des instruments de travail, ou par le monopole des produits, le peuple la détruira dans son germe. Il empêchera tout citoyen de s'élever au-dessus du rang de citoyen, pour que personne ne descende au-dessous de la qualité d'homme.

La souveraineté du peuple pour principe, le bonheur du peuple pour but, l'égalité absolue pour moyen : voilà la doctrine. L'égalité remplace la hiérarchie, les droits de la société ne sont plus qu'une délégation; tous les droits individuels sont reconnus; la souveraineté, la propriété, la possession, le travail et les fruits du travail sont également répartis, et la société revient à l'état de

1. Dans le *Mémoire au roi sur les municipalités*, attribué à Dupont de Nemours, mais certainement inspiré sinon dicté par Turgot, on lit déjà que « les droits des hommes réunis en société ne sont pas fondés sur leur histoire, mais sur leur nature. »

nature, plus la communion des idées et la solidarité des
efforts et des intérêts : telle est la nouvelle foi, nécessairement intolérante comme la première; car l'attaquer
c'est, dans la pensée des hommes dont nous développons
la doctrine, attaquer l'égalité elle-même. Or, celui qui
attaque l'égalité attaque la justice, le droit, l'humanité.
La société doit être forte contre lui, puisqu'il est en insurrection contre elle. Elle a le droit de prévenir cette
insurrection, et le droit, si l'insurrection se produit, de
l'écraser. Sous le régime de l'égalité absolue, tout dissi-
dent est un ennemi, car, s'il dogmatise, il est la théorie
du privilége, et s'il pratique, il est le privilége lui-même.
Le peuple, c'est-à-dire l'égalité ou la justice, est contre lui
en état de légitime défense. De là la dictature révolutionnaire, et sa forme historique, la terreur.

Il n'est personne qui ne voie par quel côté se ressemblent les deux doctrines que je viens d'exposer. Un roi,
ou des démagogues; des castes, ou des clubs; des priviléges ou le désordre : voilà les différences. La destruction
de la liberté individuelle, voilà la profonde et fondamentale analogie. Or, qu'est-ce qu'une société humaine qui
ne respecte pas la liberté humaine? C'est une société communiste. De sorte qu'il y a deux communismes : le communisme traditionnel et monarchique, et le communisme
révolutionnaire.

3° DE L'ABSOLUTISME EMPIRIQUE[1].

Ce n'est plus la mode aujourd'hui (il y a des modes
jusque dans la spéculation scientifique; l'âme des bêtes,
l'origine du langage, les idées innées ont été à la mode),

---

1. Je cite plusieurs fois dans ce paragraphe le livre de M. Dupont-
White, *l'Individu et l'État.* Ce n'est pas que M. Dupont-White ait soutenu l'absolutisme; mais son livre contient la plus forte exposition des
doctrines dont les absolutistes dont je parle ici ont abusé, pour con-

ce n'est plus la mode parmi nous de discuter les questions de principe en matière de gouvernement, peut-être parce que tous les principes ont été confondus dans des alliances hybrides, peut-être parce que nos esprits se sont rapetissés, et sont devenus matérialistes en philosophie et fatalistes en histoire. C'est un tort, car aucune discussion ne peut être lumineuse et définitive si elle ne remonte aux principes fondamentaux et à leur déduction logique. Il en est des spéculations morales comme de la chimie, qui a besoin d'étudier les corps simples en eux-mêmes, quoiqu'on ne les rencontre en réalité que sous la forme de composés. Pendant la Restauration, la présence du droit divin escorté de ses théoriciens imposait à tous les esprits la question de principe, et l'on disputait partout, dans les écoles, dans la presse, à la tribune, sur le droit des rois et celui des peuples. Aujourd'hui, on prend la question par l'autre bout, et sans vouloir s'embarrasser de l'origine de l'État, on s'en tient à discuter ses attributions. Il importe assez peu, dit-on, de réveiller les anciennes disputes sur le droit divin ou la souveraineté du peuple. Ce qui importe, c'est de déterminer le rôle du pouvoir, de savoir exactement s'il doit faire ou laisser faire, suppléer l'activité individuelle, ou simplement la garantir contre les collisions. En un mot, le pouvoir, quel qu'il soit, étant donné, de quelles attributions a-t-il besoin pour accomplir sûrement et infailliblement sa mission? En réduisant la question à ces termes, on se flatte d'arriver à la résoudre par les faits, et d'échapper à la métaphysique. Voyons si l'on y réussit.

Ceux qui exagèrent les droits ou la fonction de l'État,

tester à la liberté ses droits les plus évidents et les plus nécessaires. M. Dupont-White n'est pas plus responsable de ces excès, que dans un autre monde Descartes n'est responsable du spinozisme. Dans la discussion d'une thèse générale, il faut toujours exagérer, pour abréger. M. Dupont-White est d'ailleurs un de ces adversaires qu'on discute avec reconnaissance, parce qu'ils donnent à penser.

sans aucune autre arrière-pensée que le désir de procurer
plus sûrement l'ordre et le progrès, nous disent que le gouvernement doit agir par des lois préventives, comme un
père, ou par des créations, comme une personne[1]. Il est
absurde, suivant eux, de le réduire à une sorte de présidence désintéressée; car, d'une part, cette inaction où on
le relègue crée les crimes par l'incurie du pouvoir, et
oblige à une pénalité excessive; et, d'autre part, elle re-
tarde partout le progrès, puisque les efforts divergents
des individus n'ont ni les ressources, ni la constance, ni
la portée, ni la puissance à triompher des obstacles, que
la concentration des forces sociales dans une seule main
donne aux opérations de l'État.

Pour nous rendre compte du sens exact de cette doctrine, il est bon de distinguer les deux conséquences analogues, mais pourtant différentes, qu'elle entraîne : à savoir, l'action préventive de l'État, et l'action créatrice, ou
l'initiative de l'État.

Le meilleur moyen d'expliquer en quoi consiste l'action

1. « S'il étend sa domination, c'est avec la conséquence, non-seulement d'acquérir de nouveaux sujets, mais d'ouvrir de nouveaux marchés.
— Établit-il des bureaux de consignation et d'enregistrement, il rend par
là un service en même temps qu'il bat monnaie. — Quand il ajoute l'élec-
tricité au télégraphe et l'hélice à la vapeur, la communauté y trouve son
compte aussi bien que l'administration de la guerre, de la marine et des
affaires étrangères. — Codifier est l'inclination et l'intérêt des gouvernements ; mais la loi y acquiert une qualité précieuse pour les citoyens,
la *cognoscibilité*, comme dit Bentham. — Qu'importe que Louis XI n'ait
songé, quand il institua la poste, qu'au transport de ses dépêches ? —
Le gouvernement anglais a transporté au loin ses condamnés pour s'en
débarrasser ; chemin faisant, il a peuplé et fécondé l'Australie. — On a
fait de nos jours, dans certaines parties de la France, des routes stra-
tégiques qui ne servent pas moins à la circulation des denrées qu'à celle
des baïonnettes. — Nul n'ignore que l'Imprimerie royale n'imprime
pas seulement le *Bulletin des Lois*. — Quand le premier consul a fondé
la Banque de France, il est permis de croire qu'il songeait surtout à
grouper les capitalistes sous sa main et à son usage; il n'en fécondait
pas moins le commerce et la production.... Il y a toujours, de la part
de l'État, un exemple donné, quand il n'y a pas un service rendu. »
(Dupont-White, *l'Individu et l'État*, 2ᵉ édit., p. 10 et 11.)

préventive de l'État, ce sera de prendre quelques exemples ; je m'en tiendrai à ces deux-ci : une émeute, un délit de presse.

Si l'État se borne à la répression, les citoyens peuvent se réunir, avoir chez eux des armes et des munitions de guerre, sortir en armes, conspirer, pour ainsi dire, à ciel découvert, et déclarer un beau jour la guerre à la société, après avoir organisé contre elle une force capable de soutenir la lutte. Ce n'est qu'au moment où l'attaque est manifeste, et par conséquent le délit accompli ou commencé, que la société a le droit d'intervenir pour résister d'abord, et pour punir ensuite. Deux conséquences de ce système : la guerre, et la peine.

Au contraire, que l'État par sa vigilance empêche le danger de naître ; qu'il défende ou surveille les réunions et les associations ; qu'il contrôle la vente des armes, qu'il en défende la détention à domicile, qu'il ait le droit de s'assurer au besoin par des visites domiciliaires que les maisons privées ne se transforment pas en arsenal : par ce système, il produit la paix, il évite aux sujets les dangers de la collision, et à ceux qui auraient voulu troubler l'ordre, il épargne à la fois et la punition et le crime.

De même pour la presse. Quand l'État a pour système de laisser faire, la provocation se produit : il intervient alors, après le mal commencé, et il prononce l'amende, l'emprisonnement, des peines plus dures. Mais si, au lieu de cela, il trace par avance à l'écrivain la ligne qu'il doit suivre, ou mieux encore, s'il examine l'ouvrage avant d'en permettre l'impression, c'est tant mieux pour le public qui ne sera pas inutilement agité, et pour l'écrivain qui ne courra que le risque de perdre son manuscrit. J'accumulerais les exemples sans utilité, car ces deux-ci résument bien toute la question, et montrent parfaitement dans leur opposition le système préventif et le système répressif.

Appliquons maintenant le même procédé à l'action créatrice de l'État. L'État peut créer en morale, en hygiène, en industrie, en beaux-arts. En morale, exemple : autrefois, la loi laissait la femme et les enfants à la merci de l'au-torité paternelle; il en résultait des excès qu'il fallait ensuite punir : aujourd'hui elle a réglementé l'autorité paternelle et maritale, créé une tutelle officieuse, des voies de recours. Elle a produit ainsi un progrès moral dans l'intérieur de la famille[1]. On peut rapporter au même ordre la loi sur le partage égal des successions, et tout ce que l'État fait pour l'éducation publique. En hygiène, il agit par la limitation des heures de travail (lorsqu'il les limite), par la loi sur le travail des enfants, par les qua-rantaines et les cordons sanitaires, par la proscription des logements insalubres, etc. En industrie, il fait des routes, des canaux, des chemins de fer; il fabrique lui-même le tabac et la poudre; il fait des tapis à Beauvais, des glaces à Saint-Gobain, des porcelaines et des cristaux à Sèvres, des canons et des machines à Indret et à Brest. Pour les beaux-arts, il a des bibliothèques, des musées, des écoles, des pensionnaires, des commandes. Que ferait l'industrie privée, livrée à elle-même et chargée de pourvoir à toutes les nécessités sociales? Elle songerait à ses intérêts : d'où les entreprises médiocres, incohérentes, mal exécutées, à courtes échéances. En éducation, le charlatanisme, des résultats hâtifs, superficiels; en travaux publics, des con-structions sans solidité, sans durée; partout la préoc-cupation des gros et prompts dividendes, le dédain du beau et du définitif; point de ressources, ou des ressources ache-tées par l'agiotage, qui dépense inutilement la moitié des forces qu'il déplace.

Les adversaires de l'initiative individuelle vont même jusqu'à soutenir que l'État peut seul procurer le progrès. C'est l'État qui augmente le nombre des lois pour aug-menter la moralité; qui sous Henri IV plante des mûriers,

____
1. Dupont-White, p. 44.

fonde des fabriques de soie et de drap, relève l'agriculture, creuse le canal de Briare; qui sous Louis XIV sillonne la France par des routes magnifiques, ouvre des ports, construit des arsenaux, joint les deux mers par le canal du Midi; qui sous Louis XVI, avec des finances délabrées et un pouvoir déjà croulant, conquiert sur l'Océan le port de Cherbourg, etc., etc.

Nous pourrions répondre à ces arguments, que si, pendant une trop longue période de notre histoire, l'État seul fait le bien, c'est qu'il a réduit tout ce qui n'est pas lui à ne rien faire. En Hollande, en Angleterre, où l'on se reposait sur l'activité individuelle, n'y avait-il pas de progrès ? Il y en avait plus que chez nous : donc l'expérience est pour l'individu contre l'État. On dit que c'est l'État qui a fait les écoles primaires en 1833 : il est vrai; mais on oublie que pour fonder une école, même une école gratuite, il fallait un diplôme et une permission[1]. On dit que c'est encore lui qui a fait les chemins vicinaux[2]. J'en conviens; mais il faudrait ajouter, que ni les communes, ni le conseil général du département n'ont de véritable initiative en matière de travaux publics. Quand on croit le louer de l'activité qu'il déploie, on ne le loue en réalité que de l'activité qu'il supprime. Si l'État a beaucoup de puissance pour le bien, il est impossible de nier qu'il en ait au moins autant pour le mal. Dès qu'on entre dans les énumérations, on doit compter le mal après le bien, sous peine de n'avoir rien prouvé. La liste du mal que l'État a pu faire, et celle surtout du bien empêché, pourrait être longue : ce serait un triste pendant à l'étalage des bienfaits de ce pouvoir unique, en faveur duquel on propose à tous les hommes d'abdiquer. Je ne pense pas

---

1. La permission a été remplacée depuis par un certificat de moralité, loi du 28 juin 1833, art. 4, et par un droit déterminé d'opposition, accordé à l'administration académique, au préfet et au parquet, loi du 15 mars 1850, titre II, chap. II, art. 25, 27 et 28.

2. Dupont-White, p. 17.

non plus qu'on soit dans le vrai en disant, que le nombre
des lois s'accroît à mesure que l'intelligence et la moralité
publique font des progrès, et que l'augmentation du nombre des lois est à la fois le signe et la cause de l'amélioration générale. Ce n'est là qu'un malentendu. Si le monde
s'accroît, ce qui est également possible au moral et au physique, la loi s'étend par l'extension des objets ; mais, tant
que nous restons dans le même cercle, chaque progrès de
l'intelligence et de la moralité publiques rend la tutelle de
la loi moins nécessaire. Il faudrait donc peut-être retourner
la proposition, et dire que, plus les peuples sont parfaits,
moins ils ont de lois. En tout cas, il serait juste de distinguer entre les lois qui augmentent les attributions préventives du gouvernement, et celles qui ne font que réprimer des délits. Lorsque la loi française, en 1852, a pour
la première fois couvert les animaux domestiques de sa
protection, c'est que l'humanité, par le progrès des mœurs,
faisait un pas en avant dans un monde nouveau, et elle y
entrait avec sa condition ordinaire, c'est-à-dire avec la loi[1].
Cette loi a dû punir le délit, parce que la philosophie
l'avait constaté. De même quand le cri de l'humanité,
longtemps poussé en vain, a obtenu l'abolition de la traite[2].
Le pouvoir législatif n'a fait qu'obéir.

Mais au fond, ce n'est ni par l'histoire, ni par l'étude
des faits politiques que la question doit être tranchée. Les
faits sont comme la cloche de Londres : chaque système
les fait parler pour lui. Quoiqu'il paraisse évident que
l'histoire donne tort à ceux qui augmentent l'action de
l'État au point de gêner et d'annuler l'individu, la méthode
la plus sûre est d'interroger le droit, et la nature, toujours
d'accord avec le droit. La liberté est-elle un droit ? La nature nous fait-elle pour être libres ? Si la liberté est un
droit, l'État ne peut se développer au point de nuire à la
liberté, sans blesser la justice ; si nous sommes faits pour

1. Dupont-White, p. 75. — 2. Id., *ib.*

la liberté, l'État ne peut nous réduire à une condition passive, sans condamner l'humanité à rester au-dessous de sa destinée. L'exagération de sa force est, dans cette hypothèse, une diminution de la force totale. C'est donc entre la liberté et le pouvoir absolu qu'il faut choisir. Tout est là, et il n'importe pas qu'on fasse dériver le pouvoir de la tradition ou de la révolution, puisque dans les deux cas le résultat est le même. Nous revenons donc forcément, en dépit des utilitaires, au dilemme posé par les philosophes ; et nous nous trouvons obligés de choisir entre la liberté d'une part, et le communisme de l'autre.

2. Réfutation commune aux trois théories.

Maintenant il faut voir, avant d'aller plus loin, si les théories du pouvoir absolu ont été jusqu'à un certain point appliquées et réalisées dans l'histoire, ou si nous n'avons devant nous que de pures utopies.

Je commence par dire que, quand nous n'aurions affaire qu'à des théories, il serait utile de les réfuter. Il ne faut pas se persuader qu'une doctrine peut devenir innocente à force de rompre en visière au sens commun, et que ce qui est excessif est par là même impossible, et cesse d'être dangereux. Ce sont là des sentences d'endormeurs. Nous avons vu de nos jours des excès longtemps déclarés impossibles, et que leurs ennemis mêmes ont pour ainsi dire réalisés de leurs mains, en dédaignant de les combattre, quelquefois même en jouant avec eux, en s'en faisant des instruments, jusqu'à l'heure où ils en étaient terrassés. C'est le propre de tout ce qui est établi, pouvoir ou idée, de s'exagérer sa force et la faiblesse de ses adversaires. Toute idée ennemie est à combattre, sinon par la violence, qui ne frappe que l'homme, et laisse l'idée intacte ou sanctifiée aux yeux des peuples, au moins par la réfutation, par la sainte et infatigable propagation de la vérité et de la justice.

Mais ici nous n'avons pas seulement affaire à des
théories. Le communisme pur, le despotisme sans limites,
n'a peut-être jamais existé, parce qu'il est contre nature,
mais on s'en est rapproché souvent. Notre propre histoire
nous offre le double type du despotisme traditionnel et
du despotisme révolutionnaire.

Le gouvernement français, tel qu'il était constitué sous
Louis XVI, peut être considéré comme le type du despotisme traditionnel. Ce despotisme était tempéré par la religion, par les mœurs, par la tradition. Le gouvernement
valait mieux que la Constitution ; mais malgré les prétentions du parlement, celles de la noblesse, et l'appel aux
états généraux, la Constitution était despotique.

A qui, sous l'ancienne constitution de la France, appartenaient toute la politique extérieure, les traités de commerce, la paix ou la guerre ? Au roi seul. Qui était maître
de l'armée ? Le roi. A l'intérieur, il faisait les lois : personne n'avait qualité pour demander une loi, pour la préparer, la discuter et la voter : tout émanait du trône, l'initiative, la préparation, la sanction. Les états généraux
avaient autrefois participé au pouvoir législatif ; mais le
roi, dans les derniers siècles de la monarchie, l'avait
exercé seul. Les parlements, par la vérification, s'étaient
attribué un droit de doléance, un droit de remontrance ;
mais cette vérification n'était au fond qu'une formalité,
c'était simplement le mode de promulgation ; le roi, par
les lits de justice, demeurait maître absolu ; il put, quand
il voulut, suspendre ou détruire le droit de remontrance ;
il put dissoudre sa cour de parlement et la remplacer par
les magistrats du grand conseil ; il put se faire apporter
les registres à Versailles pour déchirer les pages qu'il ne
voulait pas laisser subsister ; il put, par un édit, restreindre les parlements à leurs fonctions judiciaires et
leur ôter toute attribution politique [1]. Législateur souve-

1. « Je n'oublierai jamais ce que feu mon père me dit la première fois

rain, sans appel et sans partage, il était aussi le grand justicier de ses sujets. A l'origine il avait exercé lui-même
les fonctions de grand justicier [1]. Quand il les abandonna
à son parlement, cet abandon n'eut que le caractère d'une
délégation. Il resta, en droit et en fait, maître d'ordonner ou de défendre les poursuites, maître des attributions
de juges, maître de créer une chambre spéciale, temporaire, devant laquelle toutes les juridictions disparais-
saient, maître d'évoquer toute affaire, en quelque état
qu'elle fût, à son conseil ou à lui-même, d'annuler une
procédure commencée ou parfaite [2], de supprimer un jugement rendu ou de faire procéder à un jugement nouveau, par les mêmes juges ou par des juges différents. Il
n'était pas moins absolu en tout ce qui tenait à l'administration. Toute affaire administrative, grande ou petite,

qu'il m'admit à raisonner avec lui sur la politique. Il s'agissait des mouvements du parlement contre l'autorité royale. J'étais conseiller au parlement, et lui garde des sceaux et président du conseil des finances.
J'avoue qu'alors je défendais, avec toute la vivacité de mon âge, les arguments et les propositions soutenues par mes collègues; je voyais de
leur côté toute raison et toute justice. Quand j'eus fini une tirade assez
emportée sur ce sujet, mon père me répondit froidement et en peu de
mots : « Mon fils, votre parlement a-t-il des troupes? Nous avons
« cent cinquante mille hommes à faire marcher. Voilà à quoi tout se
« réduit. » (*Mémoires* du marquis d'Argenson, édit. Janet, 1857, t. I,
p. 477.)

1. La sentence qui condamna Jacques Clément à la mort fut prononcée par la bouche même d'Henri IV.

2. En voici, sous Louis XV, un exemple mémorable. Le duc d'Aiguillon, accusé de subornation de témoins dans l'affaire de La Chalotais, demanda lui-même des juges. La Cour des pairs commença immédiatement les procédures. Trois mois après (le 4 avril 1770), le roi, dans
un lit de justice, anéantit toutes les informations faites, et fit ôter la
cause du rôle. « Le roi..., considérant que les incidents de la procédure
tendent à soumettre à l'inspection des tribunaux le secret de son administration, l'exécution de ses ordres et l'usage personnel de son autorité, convaincu que la conduite du duc d'Aiguillon et de ceux dénommés
dans les informations est irréprochable, annule les procédures, les
plaintes réciproques, etc., et impose sur le tout le silence le plus absolu. » (Cf. Henri Martin, *Hist. de France*, t. XIX, p. 102.)

était du ressort de son conseil; les provinces étaient administrées souverainement par les intendants ou commissaires départis, membres de ce conseil d'État qu'il avait dans sa main et qui n'était que le ministre de ses volontés; les subdélégués représentaient l'intendant dans les subdivisions de provinces; les préteurs, consuls, maires, capitouls, échevins qui, sous différents noms, exerçaient l'autorité municipale, dépendaient en tout des subdélégués et des intendants. Si, dans quelques villes, la forme élective s'était conservée, ce n'était qu'un reste insignifiant des libertés du treizième siècle, une vaine formalité : ou l'intendant faisait l'élection, ou l'élu était sans pouvoir. Le roi supprimait un jour l'élection par ordonnance, et la rétablissait par ordonnance quelque temps après, pour se faire payer en argent ce semblant de privilége. Le privilége vendu et payé, les élections faites, la cour ne se gênait pas le moins du monde pour revenir à l'ancien système des nominations royales. Il en était de même de la noblesse : le roi la donnait, la vendait, l'attachait à cette charge, et tout à coup, par ordonnance, la déclarait mal acquise, et replongeait les nouveaux nobles dans la roture. Il était certainement maître de l'état civil de ses sujets, puisqu'il défendait aux protestants de se marier. Depuis la révocation de l'édit de Nantes jusqu'aux derniers jours du règne de Louis XVI, les mariages des protestants n'existèrent pas aux yeux de la loi; leurs femmes ne furent que des concubines, et leurs enfants des bâtards. Ils n'héritèrent que par legs ou par personnes interposées; et quand les collatéraux catholiques réclamèrent les héritages, les fils du mort furent judiciairement expropriés par les parlements. Il fut ordonné par des édits d'instruire les enfants dans la religion catholique, malgré la volonté du père, de les ôter au père pour les mettre entre les mains d'un tuteur, ou dans une école catholique. Tous les liens de la famille furent à la merci du gouvernement. La vie privée fut gouvernée comme la

vie publique ; il y eut des lois somptuaires[1], des prescriptions religieuses auxquelles le sujet dut se soumettre
entre les quatre murailles de son logis[2] ; ce qui ne tomba
pas sous le coup des innombrables lois qui formaient la
jurisprudence des tribunaux put être puni par des lettres
de cachet ; le roi et ses favoris et les favoris de ses favoris
purent emprisonner et exiler à leur gré sans alléguer de
motifs et sans encourir de responsabilité. En 1749, on eut
besoin de peupler le Mississipi : ce fut une affaire de police ; on fit *la presse* dans les rues de Paris, et on enleva
surtout les filles[3]. Un exempt déguisé, avec trois ou quatre
hommes, faisait main basse à la chute du jour sur les servantes qui se hasardaient dans la rue ; on les poussait
dans un fiacre, de là à la prison de Saint-Martin ou à
l'hôpital Saint-Louis, puis au Havre pour l'Amérique. La
police, quelques jours après, s'en prit aux enfants d'une
dizaine d'années. On avait déjà appliqué ce même système
pour la même cause en 1720. Un écrivain médiocre, mais
sensé et réservé, qui raconte ces sauvages expéditions de
la police, ajoute à son récit ce singulier commentaire :
« Il faut observer que, *de tout temps*, on prend les petits
libertins et fainéants qui jouent sur les portes et dans les

---

1. Jusque sous Louis XV. Louis XV fit enregistrer une loi fiscale sur
le luxe dans le lit de justice du 18 septembre 1759.

2. Le parlement a obligé M. l'archevêque de donner, par un mandement, la permission de manger des œufs dans le carême (1751), jusqu'au
vendredi qui précède le dimanche de la Passion, à cause de la cherté du
maigre ; mais en revanche, pour indemniser l'Hôtel-Dieu qui ne vend
pas les œufs, la viande s'y vend huit sous et demi la livre ; encore est-
elle mauvaise. Voilà comme tout enchérit dans ce pays-ci. » (Barbier,
t. V, p. 26.)

3. *Journal* de Barbier, novembre 1749, édit. Charpentier, 1857, t. IV,
p. 401. « Ce bruit s'est répandu dans tous les quartiers et a mis l'alarme ;
en sorte que les servantes n'osent plus trop sortir seules. On dit même
qu'on a pris ainsi quelques filles d'artisans ou de bourgeois, mais je ne
crois pas trop cela, ou du moins l'exempt peut avoir passé ses ordres....
La grande recrue s'est faite par des visites de nuit des commissaires
dans tous les quartiers. »

carrefours, et que les gens de police, préposés pour ces captures, à qui on donne une rétribution par personne, abusent de leurs ordres pour arrêter du monde[1]. Il y avait bien quelque émeute parmi le peuple, quelque père qui courait sur les exempts pour leur disputer son fils. Mais on en était quitte pour pendre deux ou trois de ces mutins en place de Grève, et force restait à l'autorité royale[2]. La compétence du roi en matière de religion et

---

1. *Journal* de Barbier, p. 434.

2. « Depuis huit jours on dit que, dans Paris, des exempts de la police déguisés rôdent dans différents quartiers et enlèvent des enfants, filles et garçons, depuis cinq ou six ans jusqu'à dix ans et plus, les mettent dans des carrosses de fiacre qu'ils ont tout prêts ; ce sont des petits enfants d'artisans ou autres qu'on laisse aller dans le voisinage, qu'on envoie à l'église ou chercher quelque chose....

« Aujourd'hui, samedi matin, 16 de ce mois (mai 1750), on a pris ou voulu prendre, dans le quartier de la rue de Fourcy et du Port-aux-Veaux, un enfant ; c'est dans la rue des Nonandières et la rue Tiron : l'enfant qu'on jetait dans le fiacre a crié, quelque commère est survenue, a crié aussi, le peuple est sorti des boutiques, et dans Paris, en plein jour, sur les dix ou onze heures du matin, l'assemblée devient bientôt considérable.... Le peuple, les gens du port, les laquais se sont assemblés en fureur : les exempts et archers ont voulu fuir ; quelques-uns sont entrés dans les maisons, on les a poursuivis, on les a maltraités et estropiés ; cette émeute populaire est devenue plus générale pour la poursuite des archers, et elle s'est répandue dans tout le quartier Saint-Antoine jusqu'à la porte, et cela s'est ensuite dissipé.

«... Tous ces exempts, archers et gens de cette espèce, qui sont des coquins par état, pour gagner la rétribution promise, que l'on dit être de quinze livres et même plus par chaque enfant, ont cherché à attraper, par finesse, caresse ou autrement, toutes sortes d'enfants, garçons et filles, dans la ville, indistinctement, même en présence de leurs pères et mères, dans les rues, au sortir des églises ; cela paraît certain par tous les rapports que j'ai entendu faire. On a même battu la caisse pour des enfants perdus....

« Vendredi, 22 de ce mois, il y a eu une émeute considérable dans quatre quartiers de Paris....

« Dans les autres rues de Paris, on était par pelotons, aux portes et à chaque coin de rue, à ne parler que de ces malheurs.

« Samedi, 23, la sédition a été plus forte ; l'affaire a commencé à la butte Saint-Roch, où l'on dit qu'on a voulu prendre un enfant.

« Cet événement est d'autant plus singulier que le peuple de Paris en général est assez doux et assez tranquille, et l'on convient que, depuis

de morale fut absolue. Il ordonna ce qu'il fallait pratiquer, et ce qu'il fallait croire. On parle de religion d'État : il y en avait une d'abord, et l'on ne pouvait la quitter sans perdre les droits de citoyen ; mais, dans cette religion même, on était gouverné et surveillé de très-près. Si l'on voulait faire gras en carême, il fallait un certificat de médecin, et une permission écrite du curé. A Paris, l'Hôpital général avait seul la permission de vendre de la viande depuis le mercredi des cendres jusqu'à Pâques, et personne ne pouvait en acheter sans un bon de l'autorité paroissiale. Le roi et le parlement prenaient parti dans les querelles théologiques, et l'on n'était pas assez catholique si on ne l'était comme le confesseur du roi et son procureur général. Pendant les longues querelles du jansénisme, le roi était d'un côté, et le parlement de l'autre. Les curés exigeaient des billets de confession, le parlement emprisonnait les curés. Les jansénistes au lit de mort faisaient sommation par huissier au curé de leur

quarante ans, on n'a point vu de pareilles séditions, même dans les années de pain cher. Les émotions qu'il y a eu ont été dissipées en peu de temps et plus aisément. Apparemment que ce fait d'enlèvement de leurs enfants leur a été plus sensible et les a plus irrités.

« ... Aujourd'hui lundi, 3 août, l'arrêt qui condamne trois émeutiers à être pendus a été affiché aux coins des rues et même crié par quelques colporteurs, et il a été exécuté en place de Grève. Cette expédition a été faite sur les cinq heures de l'après-midi. Le charbonnier, qui est un homme bien fait, est celui qui, ayant été frappé par un archer dans une bagarre, avait cassé la jambe à l'archer.

« ... Il est vrai de dire que cet événement, qui a fait l'histoire du jour et la conversation de tout Paris, y avait mis une certaine consternation ; on plaignait les malheureux, quoiqu'on sentît bien la nécessité d'un exemple, parce que tout le monde est convaincu que, dans le fait, on a pris grand nombre d'enfants, et que les gens de police avaient des ordres pour le faire sans que ces ordres et la volonté du prince aient été manifestés à cet égard, et qu'il est très-naturel au peuple de s'opposer à l'enlèvement de ses enfants ou de ceux de ses voisins. Il est certain que ces exécutions ne déshonoreront point la famille de ceux qui ont été pendus.

« ... Le corps des charbonniers a fait dire des messes de *Requiem* et un service pour le repos de l'âme du charbonnier qui a été pendu, dans l'église des Carmes de la place Maubert. » (*Journal* de Barbier, t. IV, p. 426-438, 441, 442, 451, 453-456.)

paroisse de leur administrer les sacrements. L'archevêque de Paris, exilé à Conflans, déclarait excommunié *ipso facto* quiconque lirait ou conserverait les arrêtés du parlement favorables aux jansénistes, et le parlement, par représailles, faisait brûler les mandements de l'archevêque en place de Grève par la main du bourreau. Non-seulement l'oppression spirituelle, mais la contradiction dans l'oppression. Les brefs du pape et les actes des conciles étaient soumis à la censure du parlement, ce qui paraît difficile à concilier avec les principes de l'Église catholique. La censure ordinaire avait droit de vie et de mort sur tout ce qui s'imprimait : religion, philosophie, littérature, théâtre, tout avait besoin, pour paraître, du passe-port de la police. Il y eut des doctrines économiques, des doctrines historiques, condamnées par arrêt du parlement. La pénalité était monstrueuse : le carcan, les galères, la mort[1]. Nous avons vu que le roi vendait à ses sujets la permission de travailler. Il vendait aussi au plus offrant le monopole du travail et du commerce. Tout était réglé par ordonnance : l'âge des apprentis, les heures de travail, le lieu et le taux des transactions. La propriété proprement dite était à peine plus respectée. La confiscation était prodiguée dans les codes ; le droit d'imposer, longtemps disputé par les états généraux, avait fini par appartenir au roi sans conteste, et il en usait dans des proportions formidables. Le roi, par les

---

1. 3 avril 1768 : « Le parlement de Bretagne a rendu un arrêt le 29 mars, qui condamne un nommé Boctoy à être enfermé le reste de ses jours dans une maison de force, comme soupçonné d'avoir voulu faire imprimer une brochure *sur les troubles de France*. » (*Mémoires secrets*, t. IV, p. 3.) — 2 octobre 1768. « On a exécuté ces jours-ci un arrêt du parlement de Paris qui condamne J. B. Josserand, garçon épicier, Jean Lécuyer, brocanteur, et sa femme, au carcan pendant trois jours, ledit Lécuyer à la marque et aux galères pendant cinq ans, sa femme à être renfermée pendant cinq ans dans la maison de force de l'Hôpital général, pour avoir vendu des livres contraires aux bonnes mœurs et à la religion. Ces livres sont : *le Christianisme dévoilé*, *l'Homme aux quarante écus*, *Éricie ou la Vestale*. » (*Ib.*, p. 113.)

arrêts de surséance qui suspendaient indéfiniment les droits et l'action des créanciers, était maître de toutes les valeurs mobilières, maître souverain du crédit. La terre ne payait plus le travail. Saint-Simon raconte un trait de Louis XIV qui fait frémir. Le peuple succombait sous les impôts; il en frappa un nouveau, et lui-même sentit sa conscience bourrelée. Il fut sombre pendant plusieurs jours; enfin il porta ses remords à son confesseur qui lui mit l'âme en paix. « Il m'a consolé, dit le roi ; il m'a fait voir que tous les biens de mes sujets sont à moi, et que je leur donne tout ce que je ne prends pas par les impôts[1]. » Ainsi rien ne restait, ni la famille, ni la propriété, ni la pensée : le roi donnait aux citoyens toute la liberté qu'il ne leur prenait pas par l'exercice de son bon plaisir.

On nous dispense sans doute de faire la même démonstration pour la Terreur. Qui était libre en France, sous la Terreur? Les prêtres de toutes les religions étaient proscrits; un mot sur la politique, s'il n'était conforme à la doctrine de la secte dominante, entraînait la mort; la loi des suspects enchaînait la liberté de circulation, détruisait toute sécurité personnelle. On respectait mieux la propriété territoriale, car les nobles ne furent dépouillés qu'après émigration, et par l'application de la loi de confiscation, admise de temps immémorial (admise à tort, mais admise); mais l'État usa jusqu'à l'excès, jusqu'à la spoliation du droit de réquisition; il se joua de la liberté du commerce; il fixa un maximum pour la vente des marchandises; il imposa ses assignats et se substitua en tout au mouvement naturel du crédit et de l'échange. Il est étrange, mais juste, de dire que la Terreur n'inventa rien, la loi des suspects, la détention arbitraire[2], le

1. *Mémoires de Saint-Simon*, t. IX, p. 6.
2. On ne peut plus, par crainte de redites, parler de la Bastille et des lettres de cachet. Nous nous bornerons à mentionner la *Lettre* écrite par le baron de Breteuil aux intendants, le 15 octobre 1784, au sujet des

jugement par commissaires, les accusés au criminel privés du ministère d'un avocat [1], les procédures secrètes, les condamnations en masse [2], les exécutions sommaires après simple constatation de l'identité, les confiscations, l'impôt écrasant, la réglementation oppressive du travail et du commerce [3], l'oppression absolue des consciences, les assignats et les banqueroutes, sont des armes qu'elle trouva toutes forgées. Elle n'eut que le triste privilége de les employer toutes à la fois dans un court espace de temps

lettres de cachet et ordres de détention. Cette lettre, qui a pour but de mettre un terme aux abus d'autorité, classe ainsi les personnes que l'on peut enfermer : 1° les fous; 2° les débauchés et les dissipateurs qui n'ont pont commis de délit prévu par les lois; 3° les coupables dont il y a lieu de ménager les familles. Outre les prisons légales et les prisons d'État, le gouvernement avait encore à sa disposition des lieux de détention sans aucun caractère public. C'est ainsi que, pour éviter l'espèce de solennité d'un emprisonnement à la Bastille ou dans quelque autre prison officielle, on avait converti en prisons plusieurs maisons de santé de la capitale. Dans une assemblée des Chambres au mois de mars 1783, d'Espréménil déclara qu'il y avait dans Paris vingt-deux maisons de cette espèce, et qu'il résultait de ses recherches que, dans l'année 1777, la population de ces prisons clandestines égalait celle des prisons régulières surveillées par les magistrats.

1. Ordonnance de 1670, titre XIV, art. 8. Le premier président de Lamoignon, l'un des commissaires chargés de rédiger cette ordonnance, protesta avec énergie contre cet article. « Si le conseil a sauvé des coupables, dit-il, ne peut-il pas arriver aussi qu'un innocent périsse faute de conseil? Et ne vaut-il pas mieux absoudre mille coupables, que de faire périr un innocent? »

2. « Au mois de juin 1686, on comptait déjà plus de six cents réformés au bagne de Marseille et à peu près autant à celui de Toulon, condamnés pour la plupart sur une simple décision du maréchal de Montrevel ou de Lamoignon de Bàville. Le régime des galères était alors d'une dureté, etc. » (*Histoire des réfugiés protestants de France*, *depuis la révocation de l'édit de Nantes*, par Ch. Weiss, t. I, p. 99. Relisez tout le premier livre de cet ouvrage.)

3. Non-seulement le roi, les ministres, les intendants et les parlements intervenaient dans les transactions entre vendeurs et acheteurs, mais on faisait presque à chaque règne des lois somptuaires, pour régler les vêtements, le nombre de plats qu'on pouvait avoir à son dîner suivant les conditions, etc. En 1597, à l'assemblée des notables convoquée par Henri IV, le tiers état demanda « qu'on renouvelât les anciennes lois somptuaires. »

avec une sorte de furie sauvage, et de verser peut-être plus de sang que n'en avaient fait répandre les dragonnades et la guerre des Cévennes.

Il fallait faire ce parallèle, parce qu'il faut rendre hommage à la vérité, et parce que le plus grand enseignement de l'histoire est le spectacle des horreurs où les hommes se laissent emporter, quand ils abandonnent ces grands principes de toute loi humaine, de toute société humaine, la liberté, la loi morale. Je n'ignore pas combien ce rapprochement peut sembler dur à ceux qui jugent sans connaître, et pour ainsi dire par instinct. L'image de la Terreur est toute vive au milieu de nous; nous avons encore, dans nos vieillards à tête blanche, des échappés de ses prisons : nos rues sont pleines des enfants de ses victimes. Depuis soixante ans qu'elle est vaincue, tout le monde s'acharne contre elle, les uns parce qu'elle est la Terreur, et les autres parce qu'elle est la fille illégitime de la Révolution, et qu'ils espèrent déshonorer la Révolution en lui imputant les crimes mêmes qui l'ont tuée. Le règne de Louis XV, au contraire, les favorites, le parc aux Cerfs, les roués de la régence, la question [1] et la Bastille,

1. Il ne faut jamais oublier que la question fut abolie sous Louis XVI (la question préparatoire, le 30 août 1780, et la question préalable le 1er mai 1788). La question préparatoire faisait partie de l'instruction. Elle se donnait par l'eau à Paris; ailleurs, on employait les coins et les brodequins. La question préalable faisait partie du supplice; les juges en déterminaient l'espèce dans l'arrêt. Lors du jugement de Ravaillac, une partie du parlement trouvant la question par le brodequin trop douce, proposa de recourir à la question usitée seulement à Genève, et qu'on appelait la *barate* ou la *beurrière*. « Question si pressante et si cruelle qu'il n'y a jamais eu de criminel à qui on l'ait donnée qui n'ait été contraint de parler. » (L'Estoile, mai 1610.) Les condamnés à mort étaient pendus, roués ou brûlés, selon les cas. On ajoutait divers accessoires au supplice principal, tels que l'amende honorable, le bâillon, l'écriteau, le poing coupé ou brûlé, la langue percée ou arrachée. Berquin, conseiller d'État, condamné au feu comme huguenot, et Vanini, condamné au feu comme athée, eurent d'abord la langue percée d'un fer chaud: L'amiral Coligny, après sa mort, fut pendu avec des chaines. Favras fut pendu ayant sur la poitrine un écriteau. Lally fut mené au supplice avec un

les lettres de cachet et les billets de confession, les dragonnades, les guerres religieuses, l'horrible nuit du
24 août, le bûcher de Dolet, la potence de Dubourg, sont
bien loin de nous. L'indignation humaine ne remonte pas
si haut, tout s'efface dans l'histoire. Il n'y a rien que
l'homme foule aux pieds si aisément qu'un cadavre. S'il
nous reste quelque chose des passions de nos pères, c'est
la haine du privilége, haine vivace qui nous sauve de la
renaissance de l'aristocratie, comme l'amour de la liberté, si nous savions le garder dans nos cœurs, nous
sauverait de la résurrection du despotisme. Ce n'est donc
plus que par le raisonnement, en faisant toucher du doigt
les plaies de l'ancien régime, qu'on arrive à cette conclusion, que la Terreur n'a fait qu'appliquer des lois anciennes. Encore faut-il ajouter, pour être juste, que ces
lois, qui trouvèrent sous la Terreur tant de ministres
implacables, restèrent le plus souvent impuissantes sous
la monarchie. La force, la volonté manquaient également
pour les appliquer. Les lois étaient atroces, le gouvernement était humain; il menaçait trop, dans l'espoir de
n'avoir pas à punir. Triste système, qui entretenait l'illusion de la liberté, et qui, dans les moments de lutte ou
de colère, ou quand il naissait un mauvais roi, remplis-
sait les prisons et doublait les échafauds. Les princes,
même aux plus mauvais jours, combattaient pour la
limite de leur pouvoir, et non pour leur pouvoir lui-

baillon. Ravaillac et Damiens furent appliqués à la question du brodequin, on leur brûla ensuite la main droite sur un feu de soufre, puis on les
tenailla aux bras, aux jambes, aux cuisses et aux mamelles, et l'on versa
sur les blessures du plomb fondu, de l'huile, de la résine et du soufre;
enfin, on les écartela à quatre chevaux, et l'on jeta aux flammes les
tronçons de leurs cadavres. L'écartèlement de Damiens dura une demi-
heure; l'extension des membres était incroyable : il avait perdu les deux
cuisses et un bras, et il vivait encore. Quoiqu'il fût sorti à trois heures
du palais de justice, le jour commençait à tomber, et les commissaires,
pour épargner des torches, ordonnèrent de couper les principaux muscles
du bras qui restait....

même : car jamais, fût-ce après Charles Ier, la pensée d'être détrônés ne leur vint. Peut-être avaient-ils le cœur généreux, même quand ils ordonnaient l'incendie du Palatinat et les massacres des Cévennes, même quand ils dévoraient la substance du peuple pour leurs plaisirs deux fois adultères. Ils faisaient le mal par ignorance, le bien par bon cœur. Ils n'écrasaient que ceux qu'ils ne voyaient pas. Le plus malheureux d'eux tous, balancé entre ses croyances et ses instincts, avait en lui assez de vertus pour être un bon prince, si le ciel ne l'avait pas condamné à lutter contre une révolution qu'il ne pouvait ni aimer ni comprendre. Il ne m'en coûte pas d'amnistier les rois, comme, dans un autre ordre d'idées, je veux bien convenir que les chefs de la Terreur ont été excités par les périls de la Révolution, qu'ils ont cru de bonne foi que la paix, la liberté, la justice pouvaient naître sur un sol arrosé de sang, et qu'en fauchant les hommes autour d'eux, ils se comparaient à des généraux obligés de mitrailler une armée pour sauver un peuple. Le cœur humain a tant d'abîmes, qu'il faut être plein de miséricorde envers les acteurs du drame. Ce qui fait surtout la grandeur et l'utilité de l'histoire, c'est qu'en nous montrant les événements à distance et comme sur la scène, elle nous permet d'en apprécier froidement la portée et la moralité, sans que la pitié ou la colère trouble la sérénité de nos jugements.

Nous pouvons réfuter à la fois deux doctrines qui paraissent à des observateurs inattentifs, et qui sont en effet dans l'esprit et dans l'âme de ceux qui les défendent, l'opposé l'une de l'autre, parce que nous n'avons contre elles qu'un seul et même argument, la liberté humaine. Nous pourrions disputer pied à pied contre chaque école, accorder ceci, refuser cela, nous enfoncer dans des labyrinthes; c'est peine perdue que de se traîner ainsi dans les subtilités et les misères de la dialectique, quand on a pour soi un fait, un droit, une évidence.

Niez-vous la liberté comme fait? Vous ne la niez pas,
vous, absolutistes ou communistes de la monarchie, qui
joignez presque tous des croyances religieuses à vos
doctrines politiques, et qui savez que la liberté de
l'homme est, avec la spiritualité, le point de départ du
christianisme; vous ne la niez pas, vous, révolutionnaires, infidèles sans le savoir à notre commun drapeau,
et qui commencez par réclamer le droit pour arriver,
hélas! à la force. Et en vérité, qui pourrait la nier,
quand toutes les consciences parlent, quand le genre humain se lève? Est-il au pouvoir d'une misérable argutie
d'école, conspuée par toutes les écoles, d'empêcher mes
yeux de voir la lumière, et ma conscience de se sentir
libre? Oui, vous êtes libres, nous disent les communistes, mais votre liberté ne vous vaut rien. C'est un jeu
barbare de Dieu ou de la nature qui vous a faits libres
pour vous faire misérables. Nous corrigerons l'erreur de
Dieu, nous remplacerons le plan de la Providence par le
nôtre. A cet esprit ardent, qui veut tout scruter et tout
discuter, nous imposerons notre foi. S'il se révolte, nous
le châtierons; s'il ne peut contenir sa force, nous l'abêti-
rons. S'il s'élève dans cette âme quelque amour qui con-
trarie notre plan, nous l'extirperons par la persuasion
ou par la violence. Idiot ou homme de génie, nous plie-
rons tout à notre volonté, nous enfermerons tout dans
notre niveau. Nous organiserons la paix, nous ferons
taire la résistance. Ce sera un grand spectacle! Il n'y
aura plus deux mondes, celui de la fatalité et celui de la
liberté, car nous mènerons les âmes comme les lois physiques mènent les corps. La loi physique ne sera ni plus
immuable ni plus forte que le pouvoir. Voilà leurs prétentions; voilà en deux mots le communisme, quelle
qu'en soit l'origine et la forme.

Allons, Titans, essayez vos forces contre la liberté et la
loi morale. Luttez contre mon instinct, contre mon cœur,
contre les lumières et les ardeurs de ma pensée, contre

ma volonté libre ; contre le plan que Dieu a décrété, contre la dignité qu'il m'a donnée, contre mon droit, contre le droit éternel. Rendez-moi heureux à force de me délivrer de moi-même. Et contestez entre vous pour savoir s'il ne me faut qu'un maître, ou s'il m'en faut des millions pour que ma félicité soit parfaite.

Dieu a fait l'homme libre, la société ne doit pas le faire esclave. Il est absurde que l'industrie humaine s'emploie à dégrader la nature humaine. Ma liberté est certainement ce qui me rend l'image de Dieu et l'objet de ses complaisances. Toute doctrine spiritualiste s'attache à démontrer que Dieu, en me faisant libre, m'a choisi en quelque sorte pour coopérateur de son œuvre, qu'il ma rendu capable de mériter, et par conséquent de m'élever au-dessus de ma condition présente. Si ces pensées sont aussi justes que consolantes, la morale m'ordonne de conserver ma liberté comme mon bien le plus cher, et un ordre social qui violente ma liberté ou qui la détruit, offense la loi de Dieu et dégrade en moi son ouvrage.

Voyez bien ce que vous me prenez. Vous commencez par m'ôter toute intervention dans la direction des affaires communes. Je subirai donc le pouvoir, ce qui n'est pas un mal, et je ne l'exercerai pas, ce qui est contre mon droit et contre ma nature ; car l'égalité est mon droit, et ma nature m'inspire l'amour du pouvoir dans une sage mesure. Vous vous introduisez dans les relations de famille, ce qui ne peut avoir d'autre résultat que de les troubler ou de les détruire ; car la famille est une œuvre complète, la plus complète, la plus admirable qui soit sortie de la main de Dieu. Là tout est réglé par la Providence même, qui n'a laissé rien à faire à l'homme. Le père a sa charge et son autorité ; la mère, comme mère et comme épouse, a ses devoirs tracés, ses droits précis et incontestables. Tous les esprits sont frappés de l'évidence du devoir ; tous les cœurs sont pleins des sen-

timents qui les rendent faciles. Ici, c'est la protection et
la direction; là, le dévouement et la tendresse; dans les
enfants c'est une habitude d'être aimés, et un besoin
d'obéir. Le moraliste qui veut décrire les éléments de
la famille, n'a qu'à copier la nature; et le poëte qui veut
ravir notre esprit et toucher nos cœurs, n'a qu'à la copier comme lui. Il s'en faut tellement que la grande société, celle dont l'organisation (sinon l'institution) est
humaine, ait le droit de modifier cette petite société, que
c'est ici, dans ce petit monde, qu'est l'éternel modèle du
philosophe. Voilà le sanctuaire où le devoir est toujours
compris, toujours obéi, toujours adoré. C'est une folie
d'y porter la main, et cette folie est un sacrilége. Une
fois entrés dans la famille, sans droit comme sans prétexte, vous allez plus loin, vous pénétrez pour ainsi dire
jusqu'en moi-même. Vous portez vos lois et votre despotisme jusque dans ma conscience. Dès mon enfance,
vous choisissez des maîtres pour moi, sans consulter
mon père : plus tard, vous me gênez dans le culte que je
veux rendre à Dieu; vous me prescrivez ce que je dois
croire en morale, en religion, en politique; dans votre
ardeur de réglementation, vous ne me laissez rien de
moi-même. Vous détruisez en moi, autant que possible,
la créature pensante, en m'habituant à une soumission
passive, en m'ôtant la libre disposition de ma pensée.
Est-ce donc pour ce gouvernement intérieur que la société est faite? Nullement: la société n'est que la mise en
commun des actions; tout ce qui se passe au for intérieur lui est étranger; votre intrusion dans mes pensées
et dans mes sentiments est une usurpation, un acte de
piraterie sauvage. En vain direz-vous que vous possédez la
vérité, et que vous m'obligez, pour mon bien, à la connaître. Puisque vous êtes un homme en dissentiment
avec un autre homme, vous ne représentez que votre
opinion. Persuadez-moi, c'est votre devoir : ne me con-
traignez pas, ce serait un sacrilége. La seule arme que

votre qualité de représentant de l'intérêt social vous donne contre moi, c'est l'intérêt social; or l'intérêt social peut gêner mes actions; il n'a rien à voir à mes pensées. Gouvernez le citoyen, puisqu'il le faut, pas plus qu'il ne faut : ne touchez pas à l'homme. Ce sanctuaire que vous envahissez en profanes, avec vos lois et vos sbires, est celui même que Dieu s'est réservé en moi. C'est là, dans ma conscience, que je me recueille loin de vous pour entendre sa voix. Si je sais qu'il y a une justice, c'est parce que j'en vois resplendir l'idéal au fond de ma raison, au-dessus du libre mouvement de ma pensée. Vous qui voulez, et qui devez représenter la justice, ne m'empêchez pas de la connaître !

Enfin vous me dépouillez virtuellement de ma propriété, puisque vous vous en attribuez le haut domaine, et que je n'en dispose plus que sous votre bon plaisir. Mais d'où vient la propriété? Du travail. Voilà mon champ; vous dites : Il est à tous. Mais ce champ n'est rien sans la culture. J'ai fait la culture, et vous me prendrez le fruit? Vous consacrez donc l'iniquité; car moi, qui ai travaillé, vous m'ôtez ce que j'ai produit, pour le donner à tel qui n'a rien fait. Ou bien, vous me laissez un usufruit viager; et comme le maître qui héritait de son esclave, vous prenez à ma mort mon pécule. Mais que deviendront mes enfants? Quelle sera la perpétuité du travail? Vous vous chargez, vous, État, de répartir les fruits du travail, de diriger le travail, d'adopter les orphelins. Donc il n'y a plus ni homme ni famille. Mais étudiez donc un peu l'homme, voyez ce qu'il est, entrez dans son cœur. Est-ce que j'élèverai mes enfants pour cette adoption banale de l'État? Est-ce que l'État, toute abstraction à part, sera vraiment une famille pour les orphelins? Est-ce que le distributeur de la richesse commune sera vraiment impartial? Est-ce qu'il traitera le fils de Jacquard comme le fils d'un voleur? S'il fait des parts inégales, est-ce qu'il sera éclairé? Est-ce qu'il sera juste ?

Si ma manufacture ne doit pas être à mon fils, est-ce que je la construirai? Est-ce que je pousserai mon commerce, pour que ma maison soit en dissolution à ma mort? Est-ce que l'effort isolé sera possible dans ce système? Non, dès que vous sortez de la propriété, soyez logiques; monopolisez le travail avec le fruit du travail. Nous disions tout à l'heure que vous faites du monde une prison : vous en ferez d'abord un atelier, dont vous serez le maître, le contre-maître, l'ingénieur, le commanditaire et le bénéficier. C'est donc une prison, comme nous le disions à bon droit; car c'est vous qui dirigerez ma pensée et mon bras, vous qui me donnerez mon logement et ma nourriture, vous qui serez le père de mes enfants. Mais quelle utopie! Quel étrange système! Platon l'a rêvé un jour; jamais aucun peuple ne l'a pratiqué; quand on s'en est rapproché dans les lois et dans les faits, on a du même coup arrêté le travail et le commerce, arrêté la pensée et le cœur de l'humanité. Et vous dites qu'il y a quelque part, dans la volonté de Dieu, ou dans la tradition, ou dans le suffrage universel quelque chose qui vous autorise à faire d'un homme un automate, à lui retrancher l'amour paternel et l'amour filial, l'ambition, le désir de gloire, ce qui lui rend le travail aimable et la vie supportable? Quel est donc le Dieu que vous invoquez, quelle est la nature que vous avez vue, quel est le cœur humain que vous avez sondé? Tous les faits et tous les principes crient contre vous.

Ceux qui traitent ainsi les droits et la liberté de l'homme n'ont qu'une excuse à la bouche; c'est qu'ils nous arrachent, par cette domination, à l'anarchie où nous ne manquerions pas de tomber, et que l'organisation qu'ils imposent à la société est précisément celle qui convient le mieux à ses intérêts.

Admettons leur sincérité. Il faut en effet avoir une conviction bien robuste pour se charger ainsi du rôle de la Providence. Mais toutes les fois que ceux qui gouvernent

répètent cette assertion, qu'ils possèdent la vérité absolue, la conscience proteste. N'est-ce pas déjà un avertissement de voir le même fanatisme au service de doctrines
si différentes? Non, il n'y a pas de criterium absolu;
et, par conséquent, il n'est jamais permis de contraindre.
La seule force, la force bénie, c'est celle de la démonstration; elle seule est conforme à la volonté de Dieu
et à la nature de l'homme. Quand même la force brutale
serait en effet au service de la vérité, elle n'en serait pas
moins condamnable. Certes, pour un catholique sincère,
Louis XIV avait raison de désirer passionnément la conversion des hérétiques. Tout ce qu'il pouvait faire en
exhortations, en prédications pour éclairer les dissidents,
était l'accomplissement de son devoir comme roi et comme
chrétien. Quand un protestant, éclairé par une discussion approfondie, reconnaissait sincèrement son erreur
et venait, sans arrière-pensée mondaine, avec une foi entière, se réconcilier avec l'Église, c'était, pour la vraie
religion, une heureuse et consolante victoire. Mais quand
le roi, recourant à la force, dispersait les prêches, rasait
les temples, dépouillait les huguenots, leur enlevait leurs
enfants, mettait à mort leurs ministres, ou arrachait à
leur faiblesse une participation hypocrite aux cérémonies
et aux sacrements de son Église, qu'y gagnait la foi,
qu'y gagnait le peuple? Il n'y avait plus dans le roi qu'un
crime, dans l'Église un scandale, et une souillure dans
l'âme du prétendu néophyte, qui, même en confessant la
vraie foi, mentait à Dieu et se rendait coupable de sacrilége. Voilà ce que vous faites, toutes les fois qu'oubliant
la nature de l'homme vous faites reposer, comme M. de
Maistre, tout l'ordre social sur le bourreau. Le roi et le
bourreau, dit-il : il a raison, il se peint bien par ce mot,
lui et son école. Rien n'y manquerait s'il ajoutait encore
l'inquisiteur. Mais, dans la vérité des choses, ce n'est
pas le bourreau qui soutient la civilisation; c'est l'a-
pôtre.

Nous aurions beau jeu à discuter, l'histoire à la main, les résultats de ces grands systèmes. Il n'y aurait qu'à faire le tableau de la France sous les dernières années de Louis XIV, sous la régence, sous Louis XV ; car je ne veux pas même parler de la Terreur. La pensée de ces échafauds en permanence. et des malheureux qui, par fanatisme, ou pour sauver leur tête, provoquaient, exigeaient chaque jour de nouveaux assassinats, soulève le cœur. Voilà une France prospère, avec une guillotine sur toutes les places publiques, et un peuple occupé à se baigner dans le sang, ou à trembler de peur ! C'était bien la peine, puisqu'on devait en venir là, de se débarrasser des favoris et des favorites, du livre rouge, de la Bastille, des lettres de cachet, de la taille et des seigneurs de villages ! O le peuple malheureux, qui n'a presque jamais su que quitter un joug pour un autre ! Mais nous n'avons pas besoin, pour juger le communisme, de le voir à l'œuvre dans l'histoire. Que peut faire ce pouvoir social, ce pouvoir unique, dans cette solitude qu'il s'est organisée au prix de tant de sacrifices, sans conseil, sans appui, avec un peuple sur les bras, et un peuple tout factice qui n'a plus rien de ce que la nature lui avait donné, un peuple de sujets, où il n'y a ni pères, ni mères, ni enfants, où tout le monde attend tout de lui, la vie du corps et la vie de l'âme ? Il ne peut que gorger une aristocratie, ou promener partout un niveau sanglant, selon son origine et sa nature. Et comment peut-on rêver que le suprême bonheur de l'homme sera de n'être plus un homme ?

Non, quoi que vous fassiez, vous êtes condamnés à l'impuissance. On ne fonde rien de grand, rien de stable, rien d'utile en dehors de la nature. La politique ne fait pas les hommes, elle les prend tels que la nature les lui donne, et elle en use[1]. Laissez-nous la liberté, puis-

1. Ὥσπερ γὰρ καὶ ἀνθρώπους οὐ ποιεῖ ἡ πολιτική, ἀλλὰ λαβοῦσα

que nous sommes des créatures libres. Ses périls, qui
sont réels, ne seront jamais aussi grands que ceux de
votre despotisme. Dieu a pourvu à tout, utopistes, et ne
vous a rien laissé. C'est au père et à la mère qu'il a confié
l'éducation des enfants : il a mis pour cela dans le cœur
des parents un instinct tout-puissant de dévouement
et de tendresse, et dans le cœur des enfants un respect,
une confiance, une amitié qui rendent l'enseignement
fécond et l'obéissance facile. A chacun de nous il a donné
la garde et le soin de sa propre vie, l'intelligence de
sa destinée et les moyens de l'accomplir à ses risques.
Notre responsabilité fait notre grandeur, et fonde notre
espérance. Il nous a, non pas condamnés, mais appro-
priés et destinés au travail, et pour cela, il a distribué à
chacun des aptitudes spéciales, qu'un père voit se développer dans l'intimité des rapports de la famille, dont
un fonctionnaire étranger et indifférent ne sera jamais
juge. Il a voulu, en nous inspirant des goûts très-vifs de
diverse nature, que le travail en certains cas pût être
attrayant par lui-même; et quand le travail ne devait être
qu'un effort pénible, il y a attaché des compensations,
des satisfactions propres à nous inspirer le courage. Tantôt c'est la gloire que le travail rapporte, tantôt la puissance, tantôt le bonheur des personnes aimées, tantôt la
satisfaction large des besoins de la vie. Cette organisation est complète, parfaitement appropriée à son but; il
faudrait être aveugle pour la méconnaître. Comme nous
étions destinés à vivre en commun, Dieu a aussi pourvu
à nos rapports. Il nous a laissés maîtres de nos actes;
mais il a écrit en caractères éclatants dans notre conscience
nos droits et nos devoirs, pour que notre liberté fût
gouvernée, dans l'intérêt de tous, par la loi de la justice.
Que vous reste-t-il à faire, à vous, socialistes, à vous

παρὰ τῆς φύσεως χρῆται αὐτοῖς. (Arist., *la Politique*, liv. I, chap. III,
§ 21. Trad. fr., t. I, p. 59.)

gouvernements, à vous philosophes? Vous n'avez rien
à créer, vous n'avez qu'à suivre. Le but est écrit, la loi
est donnée, et les ouvriers et les mobiles. Appliquez-
vous à éclairer les intelligences, à développer les principes
de la morale, à fortifier la liberté, à faciliter le travail;
soyez les auxiliaires de la nature et de la Providence;
rendez tous les efforts plus faciles en écartant les obstacles, en empêchant les conflits, en prêchant, en encoura-
geant l'association volontaire, la fraternité volontaire. Vous
concourrez ainsi aux vues de la nature et au bonheur
de l'homme. Mais si vous venez avec votre système
d'unité absolue vous substituer à cette organisation qui
n'est pas humaine et à laquelle on ne peut toucher sans
crime; si vous étouffez tous ces instincts, ces penchants, ces affections, qui sont à la fois le stimulant
et la récompense de nos efforts; si vous enchaînez, au
hasard de votre réglementation, chaque intelligence à
un but et à une méthode, sans consulter, sans connaître
ses goûts et ses aptitudes, attendez-vous de cette humanité de votre façon un résultat meilleur que si vous aviez
respecté le vœu manifeste, l'impulsion de la nature? En
changeant la fonction et la destinée de vos sujets, leur
donnerez-vous des affections nouvelles en place de celles
que vous étouffez? Vous vous trompez sur tous les points :
vous n'obtiendrez pas la régularisation que vous rêvez,
parce que la nature humaine se révolte; vous n'aurez
que des ouvriers languissants, parce que nous aimons à
travailler selon nos goûts et nos méthodes; vous vous
tromperez à chaque instant sur les aptitudes spéciales,
qu'un père même éclairé par l'amour paternel et par une
étude continuelle méconnaît quelquefois; les produits de
la fabrique n'égaleront pas ceux que nous avons aujour-
d'hui, et qui vous paraissent insuffisants. Et quand vous
les aurez emmagasinés, empêcherez-vous vos fonctionnaires d'être des pillards et des égoïstes? Par quelle
grâce du ciel donnerez-vous à vos distributeurs la jus-

tice et la perspicacité sans lesquelles votre société ne sera que la pire des anarchies, une régularisation violente et injuste? Si, par impossible, vous réussissiez à résoudre ces insolubles problèmes, qu'auriez-vous fait pour nous? Cet accroissement de fruits, cette absence de lutte, voilà donc le bonheur? Mais le bonheur n'est pas une utopie, c'est un fait. Il résulte de la satisfaction légitime des besoins et des affections. Pour que nous soyons heureux, il faut que nous puissions aimer une femme, des enfants, un ami; que nous puissions mériter et obtenir la reconnaissance et l'estime; que nous soyons payés d'un sacrifice volontaire, que nous arrivions par la force de notre génie à découvrir une loi, une vérité, une méthode nouvelles; il faut que nous entrions dans un monde où jamais nous ne pénétrerions à votre suite, dans le monde de l'idéal qui est notre vraie patrie; il faut en un mot que nous soyons des hommes et non des machines. Vous voulez, sincèrement, nous rendre heureux, et vous nous ôtez d'abord l'instrument et comme l'organe du bonheur, la liberté! Quelle est l'accumulation de trésors et de sensations délicieuses qui remplacera jamais, pour une âme droite, le plaisir de se mouvoir librement dans le monde, de choisir ses relations et ses affections, d'accomplir vaillamment une tâche difficile, mais aimée, de se reposer du travail en rêvant pour son activité de nouvelles conquêtes, de gagner par une lutte acharnée l'estime des honnêtes gens et l'approbation des esprits d'élite? Le vrai bonheur, et en quelque sorte l'essence de la vie, c'est d'agir. Le reste n'est qu'un rêve qui nous berce. Apprenez que tout ce que vous ôtez à notre activité spontanée, à notre liberté, vous l'ôtez à notre bonheur. Sacriléges envers Dieu dont vous mutilez l'œuvre, envers nous dont vous dégradez la nature, vous n'avez pas même l'excuse de nous rendre heureux sur cette terre.

L'homme est un mélange de grandeur et de faiblesse. il sent sa grandeur dans le développement de sa force;

la fatigue l'avertit de la limite de ses facultés. Lorsqu'en
poursuivant une découverte, il voit sans cesse l'horizon
s'élargir, et que sa force intérieure, au lieu de s'épuiser
et de décroître, acquiert à chaque pas plus de facilité et
de puissance, il sent dans son âme une douceur et une
sérénité qui l'élèvent au-dessus des misères et des limites de ce monde. Si tout à coup, après un dernier
effort, des espaces inconnus et immenses se découvrent à
lui tout brillants des splendeurs de la vérité, il a dans cet
éclair un avant-goût du bonheur qui nous est promis, et
que le christianisme exprime bien par ces paroles : Voir
Dieu face à face. Dieu lui-même, à qui seul appartient le
bonheur, qu'est-il, sinon la toute-puissance actuellement
exercée, ou comme dit avec énergie saint Thomas, un
acte immanent, *actus immanens?* Le bonheur, ou la plénitude de la vie, c'est l'exercice le plus parfait de l'action
la plus parfaite, et par conséquent de l'action libre[1].

Résumons cette discussion en quelques mots. On la re-
trouvera du reste à toutes les pages de ce livre.

Qu'est-ce que le communisme?

C'est toute doctrine qui substitue la vie en commun à la
vie individuelle.

Pour que l'organisation de l'État soit communiste, il
n'est pas nécessaire qu'elle nous fasse asseoir à la même
table, vivre sous le même toit, travailler dans le même
atelier. Le communisme n'est pas dans ces formes exté-
rieures de l'association ; il est dans la loi. Si la loi m'ôte
le gouvernement de moi-même pour m'obliger de travailler, de penser, de faire tous les actes de la vie d'après

---

1. Διαγωγὴ δέ ἐστιν, οἵα τε ἡ ἀρίστη, μικρόν χρόνον ἡμῖν. Οὕτω γὰρ
ἀεὶ ἐκεῖνό ἐστιν. Ἡμῖν μὲν γὰρ ἀδύνατον· ἐπεὶ καὶ ἡδονὴ ἡ ἐνέργεια
τούτου· καὶ διὰ τοῦτο ἐγρήγορσις, αἴσθησις, νόησις, ἥδιστον. « Dieu
possède le bonheur parfait dont nous ne jouissons que par instants; il le
possède continuement, ce qui nous est impossible. Jouir, pour lui, c'est
agir; et voilà pourquoi veiller, sentir, penser, est pour nous le plus
grand plaisir. » (Aristote, *Métaphysique*, liv. XII, ch. VII. Traduction de
M. Cousin, p. 199 sq.)

une règle, la loi est communiste. Au surplus, pour nous faire une idée nette du communisme, nous n'avons pas besoin d'un grand effort d'imagination. Il y a de petites communautés organisées jusque dans la société la plus libre. Une caserne est une communauté, parce que le soldat porte un uniforme, mange à la gamelle, dort à la chambrée, se lève et se couche au coup de la baguette, fait l'exercice, tourne la tête à droite, à gauche, lève le bras, avance la jambe au commandement de ses chefs et suivant le règlement. Un couvent est aussi une communauté, quoique le moine vive seul entre les quatre murs d'une cellule, parce que la règle, et non sa volonté, détermine toutes ses actions, tous ses mouvements; parce qu'elle l'oblige à réciter ce psaume dans telle posture, à telle heure; parce qu'elle fixe ses vêtements, sa démarche; parce qu'elle le dépossède entièrement de lui-même, pour le donner comme une propriété, comme une chose, à son supérieur. Celui qui a dit « un couvent, ou une caserne, » était aussi communiste que Babeuf.

Bien loin que cette chimère de la vie en commun, qui réussit dans un couvent, grâce au renoncement religieux, et dans une caserne, grâce au grand prévôt et à la loi martiale, puisse être réalisée en grand, on peut dire qu'elle est une exception contre nature. Il est dans le plan de la Providence que nous soyons libres, que nous restions libres; nous aimons naturellement à disposer de nous-mêmes; nous ne sommes heureux qu'à cette condition. Les grands biens, la grande abondance, la profonde sécurité qu'on nous promet pour le jour où la communauté sera établie, quand ils seraient aussi assurés qu'ils sont chimériques et impossibles, ne nous consoleraient jamais de la liberté perdue. Personne n'a le droit de nous priver de notre liberté, c'est-à-dire de nous mutiler, de nous dégrader, de nous ôter le caractère le plus essentiel de l'humanité. Nous-mêmes nous n'avons pas le droit de renoncer à notre liberté. Elle est notre bien, mais un bien inaliénable, comme la vie, qu'il ne nous est pas permis de jeter loin de nous quand nous en sommes fatigués. L'idéal de la société humaine est précisément l'opposé du communisme ; car c'est une société maîtresse d'elle-même, et dans laquelle chaque citoyen naît et demeure maître de soi.

Maintenant que les principes sont rétablis, et les droits de la liberté revendiqués, qu'allons-nous faire ? Devons-nous, en haine des communismes, demander à la fois, le même jour, toutes les libertés, réduire le pouvoir social à néant, remettre non-seulement à l'homme le gouvernement de l'homme, mais à la société tout entière le soin et le devoir de se garder sans délégation et sans représentation ? C'est bien ici qu'il nous faut imiter Platon, qui créait d'abord un monde idéal, et qui, après l'avoir décrit avec complaisance, daignait descendre au milieu de nous, et compatissait à nos faiblesses, en permettant au fait d'atténuer la rigueur des principes. Si la société était composée de philosophes, capables de discipliner eux-mêmes leur liberté sous le joug de la loi morale, et dignes par conséquent de n'avoir pas de maîtres, je dirais : Restons ce que Dieu nous a faits, dans la plénitude de notre nature et de nos droits ; le devoir et l'amour seront le seul lien de la société humaine ; chacun veillera sur soi et sur ses frères avec une sollicitude égale ; il y aura entre les hommes une émulation de sacrifices ; on n'aura pas d'autre ambition que celle d'être appelé à rendre le service le plus périlleux et le plus difficile. Malheureusement il faut reléguer ces rêveries dans les plaines fortunées de l'*Atlantide*[1]. L'homme dont je parle, et qui sans le secours de la loi écrite, sans l'intervention du magistrat, jugeant lui-même sa capacité et son devoir, règle sa propre vie selon la morale, et contribue avec empres-

---

1. Voy. le préambule du *Timée* de Platon.

sement au bonheur commun, fût-ce au prix d'un sacrifice, est bien l'homme ; je le vois, je le reconnais ; mais
c'est l'homme éclairé, infaillible, sans mauvaises passions
comme sans erreurs. Le mal moral existe : donc il faut un
pouvoir social, une loi qui exprime la loi naturelle, un
pouvoir qui la fasse respecter, et qui dompte, au besoin,
les passions ennemies.

Il y a donc certainement une part à faire à l'autorité,
nous accordons ce point aux communistes. Mais ils veulent
que l'autorité absorbe la liberté, ou tout au moins que
l'autorité domine, et ne laisse à la liberté qu'une petite
place par faveur, la plus petite place possible. Nous disons, au contraire, que la liberté est le droit et la règle,
que l'autorité ne doit paraître dans le monde que comme
une conséquence de l'infirmité humaine ; qu'il faut lui
faire une place strictement mesurée sur le besoin qu'on a
d'elle, qu'elle est légitime dans cette mesure et seulement
dans cette mesure. Voilà les tendances opposées des deux
doctrines.

Il ne faut pas écouter ici les défenseurs aveugles de
l'autorité, qui déplacent la question et parlent d'un pouvoir inquiet de sa durée, gêné par des formalités et des
lenteurs, servi par des agents qui mesurent leur obéissance, sans moyens suffisants pour récompenser et pour
punir, obligé de demander son budget et de justifier ses
dépenses, manquant d'initiative dans les circonstances
imprévues, serviteur de la volonté populaire au lieu d'en
être le guide, incapable également de se faire respecter
et de faire respecter la loi. Toutes ces belles maximes
portent à faux, car nous ne demandons pas d'énerver le
pouvoir, mais de le restreindre. On ne peut pas, sans
contradiction, reconnaître que l'autorité est nécessaire,
et en même temps la désarmer. Qu'elle soit donc forte,
pourvu qu'elle soit définie. Que rien ne lui manque pour
l'exécution de la loi, et que tout lui manque au contraire
pour l'usurpation et l'oppression. Elle y gagnera en mo-

ralité, et, quoi qu'on en dise, en durée, car tout ce qui est excessif est éphémère. Les plus grandes choses de ce monde ont été faites, et sont faites encore tous les jours par des pays libres. La tyrannie est si peu de chose, qu'elle n'est pas même un des ingrédients de la gloire.

Mais dans quelle mesure le pouvoir est-il nécessaire? En d'autres termes, quelle place la liberté peut-elle laisser au communisme ?

Puisque la liberté est le droit, et que l'autorité n'est légitime qu'à condition d'être nécessaire, et dans la mesure de sa nécessité, nous devons demander d'abord pourquoi l'autorité est nécessaire.

Or, elle est nécessaire, parce que les hommes ne sont ni assez éclairés, ni assez justes.

De là deux conséquences : la première, c'est que l'autorité a deux fonctions différentes : contraindre les hommes à la justice ; les éclairer sur leurs intérêts.

La seconde conséquence, c'est que l'autorité doit décroître proportionnellement aux progrès de la raison et à ceux de la moralité humaine.

L'autorité pourrait être absolue, si l'homme était radicalement incapable de se conduire, et elle pourrait être supprimée si tous les hommes étaient capables de comprendre leur devoir et de lui obéir.

Des deux attributions de l'autorité, l'une, qui consiste à rendre la justice obligatoire, s'exerce par l'action répressive ; l'autre, qui a pour objet d'aider les hommes à faire ce qu'il est de leur intérêt de faire, s'exerce par l'action préventive.

L'action répressive de l'autorité n'est jamais contraire à la liberté. A la rigueur, la loi répressive peut survivre à son utilité, puisque dès qu'elle est inutile, elle est inactive. Si l'on exige que la peine soit proportionnée au délit, c'est parce que l'autorité n'a le droit de punir que dans la mesure du tort qui est fait à la communauté, et parce que toute loi écrite étant l'expression de la loi naturelle, doit avoir en même temps le caractère d'une contrainte et celui d'un enseignement; et s'il vaut mieux abroger une loi répressive quand elle est devenue inapplicable ou inutile, c'est pour ne pas surcharger les codes, pour ne pas donner le spectacle d'une loi tombée en désuétude quoique toujours subsistante, et pour éviter de fournir à l'usurpation des armes, à la tyrannie une excuse. Mais, je le répète, le danger ne vient pas, ou vient rarement de la loi répressive.

C'est l'action préventive de l'autorité qui est véritablement un empiétement sur la liberté, puisqu'elle remplace la volonté ou l'appréciation du citoyen dans ses propres affaires par la volonté et l'appréciation du magistrat. L'action préventive, dans le communisme absolu, embrasse tout. Ces gouvernements tout d'une pièce, où la métamorphose du citoyen en sujet, et de l'homme en automate est complète, ne se rencontrent guère que dans les livres; mais partout où, dans une loi spéciale, l'État dépossède les citoyens du gouvernement de leurs propres affaires ou de leur propre personne, sans une nécessité absolue, il fait en cela du communisme, et se rapproche, suivant son origine, de l'utopie de Thomas Hobbes, ou de celle de Babeuf.

Il est donc clair que l'autorité ne doit s'ingérer de régler l'activité individuelle, que quand cette activité est notoirement incapable de se diriger elle-même sans produire dans la société un trouble profond; et qu'elle ne doit se charger d'une fonction, que quand cette fonction est indispensable, et ne peut être exercée ni par les individus, ni par l'association libre et volontaire. Pour quiconque est convaincu de l'identité de la politique et de la morale, ou, pour parler plus généralement, de l'universalité et de la légitimité de la loi morale, ces principes ont la même évidence que les axiomes géométriques.

J'ajoute encore que non-seulement l'autorité doit se retirer à mesure que la civilisation avance, mais qu'elle doit travailler elle-même à préparer sa retraite. C'est dans ce sens et dans cette mesure qu'elle est un organe du progrès.

Plus un État est libre, et plus l'autorité est limitée; plus l'autorité est limitée, plus il est indispensable qu'elle soit forte. Nul État ne peut se dire libre, si l'autorité n'y est pas dans l'impuissance d'usurper, et les citoyens dans l'impuissance de lui résister tant qu'elle se renferme dans les limites de son droit.

De même que le père de famille conduit d'abord son enfant impuissant par la lisière, pour le laisser ensuite courir en liberté; et de même qu'il lui prescrit dans les premiers temps son travail et ses méthodes, et l'habitue peu à peu à lutter tout seul contre les difficultés, et à chercher une solution sans secours et sans guide, jusqu'au moment où, reconnaissant dans son fils un égal, il renonce au pouvoir, et ne garde plus que le droit de se dévouer et de se sacrifier : de même le pouvoir social cherche plutôt à créer des citoyens que des sujets; il n'exerce la tutelle préventive que dans l'enfance des sociétés; il se préoccupe moins de régler les effets, que de féconder et de fortifier les causes; il sait que le développement de l'activité libre et spontanée est le vrai fondement de la puissance des États, et il travaille de toute sa force à se rendre inutile. La même règle gouverne souverainement les individus et les empires; et cette règle tient en deux mots : Conserve intacte ta liberté; obéis uniquement à la loi naturelle.

FIN.

TABLE DES MATIÈRES.

CHAPITRE IV.

LA RÉFORME ADMINISTRATIVE.

CHAPITRE V.

CONCLUSION.

FIN DE LA TABLE

Paris. — Typographie Lahure, rue de Fleurus, 9.